U0932620

中国交通报30年发展纪念文集

《三十而立心——中国交通报30年发展纪念文集》编委会 编

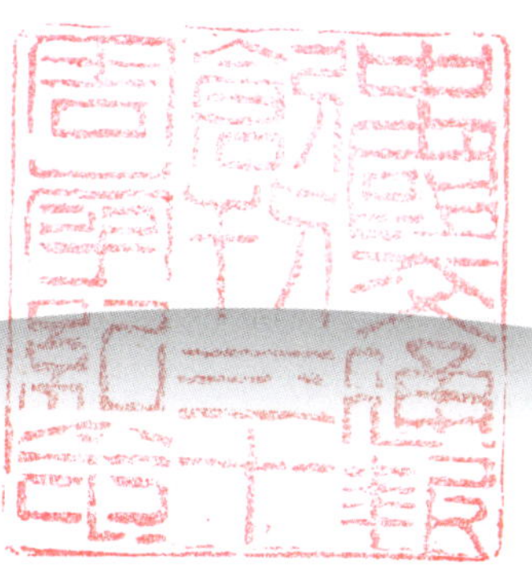

内容提要

本书共收录了四十余篇交通运输相关部门老领导、曾经在中国交通报社工作过的同志以及读者撰写的纪念中国交通报创刊三十周年的文章，讲述了他们与《中国交通报》的渊源与故事，从中可以看出三十年来中国交通运输的发展以及时代的进步。书中还精选了《中国交通报》创刊三十年来的部分版面以及珍贵照片，见证了《中国交通报》作为行业主流媒体的责任与担当。

本书可供交通运输行业从业人员阅读，也可供交通新闻宣传人员参考。

图书在版编目(CIP)数据

三十而立心：中国交通报30年发展纪念文集 /《三十而立心：中国交通报30年发展纪念文集》编委会编. -- 北京：人民交通出版社股份有限公司, 2015.5

ISBN 978-7-114-12203-3

Ⅰ.①三… Ⅱ.①三… Ⅲ.①交通运输—报纸—中国—纪念文集 Ⅳ.①G219.25-53

中国版本图书馆CIP数据核字（2015）第083635号

Sanshi er Lixin Zhongguo Jiaotongbao Sanshinian Fazhan Jinian Wenji

书　　名：三十而立心——中国交通报30年发展纪念文集

著 作 者：《三十而立心——中国交通报30年发展纪念文集》编委会

责任编辑：刘永超　贾秀珍

出版发行：人民交通出版社股份有限公司

地　　址：（100011）北京市朝阳区安定门外外馆斜街3号

网　　址：http：//www.ccpress.com.cn

销售电话：（010）59757973

总 经 销：人民交通出版社股份有限公司发行部

经　　销：各地新华书店

印　　刷：北京市密东印刷有限公司

开　　本：787×1092　1/16

印　　张：17.75

字　　数：490千

版　　次：2015年5月　第1版

印　　次：2015年5月　第1次印刷

书　　号：ISBN 978-7-114-12203-3

定　　价：49.00元

（有印刷、装订质量问题的图书由本公司负责调换）

三十而立心

——中国交通报30年发展纪念文集

编委会

序

每天都是新的

——中国交通报创刊30周年巡礼

立言，立心，立德，三十而立。2014年11月7日，在连续出版5872期之际，全国交通运输行业自己的报纸迎来了30岁生日。回顾、展望，交通报人上下求索之心从未停歇——现在即未来，每一天都是新的起点。

党的十一届三中全会的召开，标志着我国进入了改革开放新时期。面对交通运输改革发展的新形势、新面貌，1984年4月，交通部党组果断决策，创办一张覆盖全行业的《中国交通报》。

自此，《中国交通报》秉承围绕中心、服务大局的宗旨，以植根行业、报效行业的使命与情怀，见证与记录我国交通运输高潮迭起的辉煌，同时成就着自己的华彩。

从周一刊四版黑白铅字印刷，发展到现在的周五刊八版电子化彩印，从单单的一张报发展到纸媒、新闻网、微博、微信、手机客户端等组成的全媒体传播矩阵，《中国交通报》围绕中心更自觉，贴近基层更紧密，服务交通更给力，应急报道更迅捷，讲述交通好故事，传递交通好声音，弘扬交通正能量，为交通运输行业科学发展营造了良好的舆论氛围，成为社会了解交通运输行业发展的主要窗口。

30年来，《中国交通报》与时代同呼吸，与行业共命运，真实记录了交通运输改革发展的历史轨迹。1998年抗洪救灾、2003年抗击非典、2008年奋战冰雪灾害和汶川地震、2013年芦山地震等方面的报道，既记载了交通人危难时刻挺身而出的壮举，也证明了报社同仁不怕牺牲、连续奋战的昂扬状态；"有路大家行车、有水大家行船"、五纵七横国道主干线、7918高速公路网、农村公路建设、一带一路、京津冀协同发展、长江经济带的宣传报道，见证了报社同仁紧跟时代脉搏的新闻敏感和专业水准；英模人物杨怀远、包起帆、陈德华、李素丽、许振超、陈刚毅、孔祥瑞和先进集体"华铜海"轮的报道，见证了报社同仁见贤思齐、弘扬社会主义核心价值观的思想道德情操；从25年前的"中国要不要修高速公路"大讨论到如今"收费公路政策如何完善"的反复论证，在我国高速公路从零到十万公里的跨越中，一代代报社同仁以开放的视野坚守理性，传播真知，为社会和行业的可持续发展鸣锣开道，摇旗呐喊。

交通运输部党组书记、部长杨传堂指出，作为唯一一家覆盖铁路、公路、水路、民航和邮政等交通运输领域的行业媒体，《中国交通报》是部党组的喉舌，是行业新闻宣传的主渠道和主力军，责任更加重大。《中国交通报》创刊30年来，在部党组的正确领导下，始终坚持正确的舆论导向，坚定不移地为交通运输改革发展鼓与呼，真诚表达广大群众的心声意愿，很好地发挥了行业新闻宣传主渠道的作用。始终坚持围绕中心、服务大局，及时传播部党组的决策部署，深入解读重要政策措施，积极引导社会舆论热点，不断挖掘宣传先进典型，很好地发挥了行业新闻宣传主力军的作用。始终坚持立足交通、服务社会，始终坚持贴近读者、面向一线，以专业性、权威性、指导性为价值追求，成为了交通运输干部职工的良师益友，充分发挥行业新闻宣传主渠道主平台的外溢效应，成为了社会了解交通的重要窗口和载体。

为了办好《中国交通报》，历届部领导多次到报社调研，现场办公，出台指导意见，帮助解决制约报社发展的问题。

对于记者站建设，各地交通运输部门鼎力支持，为《中国交通报》

构筑了四通八达、覆盖全国的通联网络。目前，中国交通报社建立了37个记者站，有驻地记者近百名、特约记者600多名和通讯员千余名，报社每年都举办内容新颖丰富的新闻业务培训，组织异地采访、交流和采风活动。

自创刊以来，《中国交通报》的新闻报道得到了同行的高度认可。作品多次获得全国新闻界最高奖中国新闻奖、全国行业报的最高奖中国产经新闻奖。在国家新闻出版主管部门组织的报纸编校质量抽查中，一直名列前茅。

党的十八大后，《中国交通报》围绕"稳增长、促改革、调结构、惠民生"，开专栏、设专版、出特刊，精彩报道层出不穷。2014年，习近平总书记对加快农村公路建设和弘扬"两路"精神两次作出重要批示，在部党组的部署和指导下，报社认真学习领会精神，精心策划，派出多路记者，推出连续时间长、全方位、大规模的报道。

30年来，报社陆续主办、承办了一系列主题策划活动，包括1990年的全国公路十佳养护道班、十佳养路工的"双十佳"评选，2002年的首届中国交通建设博览会，2006年的首届桥梁文化周，2009年的新中国成立60周年十大感动交通人物评选，2013年的感动交通十大年度人物评选、寻找中国道路运输风范人物领袖品牌等。2014年的丝绸之路经济带交通文化之旅活动，与中国国际广播电台等央媒合作采访，历时半个月，行经6省区14个城市五千多公里，在中央主流及省市和行业媒体刊发转发报道七百多篇；推出丝绸之路经济带交通运输峰会特刊12个整版，并精心组织制作了多语种画册《丝路行》。

报社充分利用资源、挖掘资源，与各地交通运输主管部门加强战略合作，陆续签订协议，优势互补，实现双赢。

2014年更是中国交通报社历史上可圈可点的一年，投资两千多万元建成的全媒体系统，标志着中国交通报社的各类媒介融合发展上了一个新台阶。

30年来，《中国交通报》见证了交通运输改革开放的发展变化和辉煌业绩，作出了对行业的贡献和担当。每一届政府发展交通的方针政策，一代代交通人的奉献和牺牲，一项项里程碑式的重要交通工程，都因为《中国交通报》的真实记录而载入史册。

30载春秋，打造了一张有高度、有深度的交通运输行业主流权威大报，构筑了覆盖铁路、公路、水路、民航、邮政系统的全媒体报道平台，锻造了一支采编、经营、管理高素质团队。

衷心感谢支持帮助中国交通报社发展的交通运输部历届领导、交通运输行业各级领导和广大干部职工。

衷心感谢30年来为中国交通报社发展壮大付出心血的报社老领导、老前辈和记者站同志。

衷心感谢关心爱护中国交通报社的广大读者和客户以及社会各界朋友。

当前，中国交通运输又站在新的起点上，传统纸媒也面临前所未有的大变局、新挑战，我们将继承发扬优良传统，忠实履行部党组赋予的使命，不辜负广大读者的厚爱和期望，再接再厉，再创辉煌。

中国交通报社党委书记、社长 蔡玉贺

中国交通报社总编辑、党委副书记 李咏梅

目录
contents

第一篇　30 年 · 历程

第二篇　30 年 · 我与中国交通报

第三篇 30年·我们

第一篇

30㊎·历程

在中国交通报 30 年发展座谈会上的讲话

(2014 年 11 月 6 日)

杨传堂

同志们：

今年是《中国交通报》创刊 30 周年。我们欢聚一堂，一同回顾 30 年走过的光辉历程，共同展望充满希望的美好明天，感到格外高兴。首先，我代表部党组，向中国交通报社全体干部职工，向为《中国交通报》

30年发展作出贡献的老同志，向为中国交通报社的发展给予无私支持、热情帮助的社会各界人士和广大读者，致以热烈的祝贺、诚挚的问候和衷心的感谢！

刚才，咏梅同志介绍了中国交通报社30年的发展情况，对报社下一步的发展也谈了初步的想法，讲得很好，听了后很受启发。30年来，中国交通报从无到有，从小到大，发展到今天实属不易，取得的成绩有目共睹，印象较深的有三个方面。

一是围绕中心、服务大局，始终坚持唱响主旋律。30年来，报社领导班子带领全社干部职工，始终坚持传递党的声音、反映人民的呼声、凝聚行业的力量、展现交通人的形象，坚定不移地为交通运输改革发展鼓与呼，很好地发挥了交通运输新闻宣传主渠道、主力军的作用，为交通运输事业波澜壮阔的发展历史书写了动人篇章，提供了思想保证，传播了正能量。

二是锐意改革、开拓创新，报纸的整体水平有很大提升。《中国交通报》坚持以改革促发展，以创新求生存，多视角、立体式地客观反映了交通运输发展的不平凡历程，多方位、多层面地展现了在推进行业改革中交通人所展现的独特风貌，成为交通新闻宣传战线中一面鲜艳的旗帜。30年来，无论是交通运输领域的重大政策、重要事件，还是热点问题、先进典型等等，都在《中国交通报》上有客观报道、深入阐述和理性评论，正所谓是"铁肩担道义，妙手著文章"。在改革发展征程中，《中国交通报》自身也日益壮大，从创刊时的周一刊到目前的周五刊，发行量超过10万份，经营年收入超过5000万元，在全国100多家行业媒体中名列前10位，实现了社会效益和经济效益的双丰收。

三是深入实际、服务群众，在行业内外深受广大读者喜爱。30年来，《中国交通报》始终坚持贴近读者、面向一线，始终以服务读者、报道真相、弘扬主旋律为价值追求，以独到性、专业性、权威性为鲜明特征，成为全国交通运输干部职工的良师益友；始终坚持立足交通、面向社会，充分发挥行业新闻宣传主渠道的外溢效应，成为社会了解交通的重要窗口和媒介。

《中国交通报》所取得的突出成绩，是大家共同努力的结果。这里面，有社会各界的倾心支持，有历届部党组的关心、支持与帮助，也凝聚了历届报社领导、记者和编辑人员的心血和汗水。尤其是广大采编人员，不畏酷暑严寒，不惧山高路远，深入一线采访，获得了大量一手的、很有价值的资料，确保了新闻稿件的高质量、高水平。无论是雪域高原，还是南海一线，无论建设工地，还是突发事件现场，有交通人的地方，都有他们的足迹和身影，像农村公路和“两路精神”的采访报道等等，同志们都出色地完成了任务，取得了很好的社会效果。对于报社的工作，对于同志们的辛苦付出，部党组是满意的，在这里，也向大家表示衷心的感谢！

当前，国际国内形势发生了许多新的复杂变化，习近平总书记就做好新形势下宣传工作作出了一系列重要论述，要求宣传思想工作一定要把围绕中心、服务大局作为基本职责，胸怀大局、把握大势、着眼大事，找准工作切入点和着力点，做到因势而谋、应势而动、顺势而为。我们要深入学习贯彻习近平总书记关于宣传思想工作的部署和要求，再接再厉，进一步做出新探索、取得新突破，为交通事业作出新的成绩。此前，在2014年9月12日举办的交通运输新闻发言人高级研修班暨中国交通报社新闻宣传工作会上，我曾就做好交通新闻宣传工作提出过四个方面的意见和要求。今天在这里，我再提几点希望和要求。

第一，始终坚持正确的办报方向。办报正确方向至关重要，是生命线。一要坚持党管媒体原则不动摇，始终把坚持正确导向摆在首位，讲导向不含糊、抓导向不放松。坚持什么、反对什么、说什么话、做什么事都要符合党的要求，尽职尽责为党和人民事业服务，为交通运输事业服务。

二要把握党性和人民性的统一，既要坚持正确政治方向，站稳政治立场，坚决同党中央保持高度一致，坚决维护中央权威，坚定宣传党的理论路线方针政策，坚定宣传部党组的重大决策和部署，又要把实现好、维护好、发展好最广大人民根本利益作为交通运输宣传工作的出发点和落脚点，多宣传报道人民群众投身交通运输发展的伟大实践，多宣传报道交通运输改革发展的不平凡成绩，多宣传报道基层一线交通人良好的精神风貌和感人事迹。交通新闻宣传工作要做到既接地气，又有品位、上档次。三要坚持政治家办报、办网站，认真贯彻党的十八大和十八届三中、四中全会精神，深入开展“三项学习教育”活动，不断增强政治意识、大局意识、责任意识、阵地意识、创新意识和职业道德意识，努力提高做好交通运输新闻宣传工作的能力和水平，真正做到守土有责、守土负责、守土尽责。

第二，切实提高舆论引导能力。报纸的生命在于其传播力、公信力、影响力、舆论引导力。正如习近平总书记所强调的，我们正在进行具有许多新的历史特点的伟大斗争，面临的挑战和困难前所未有，必须坚持巩固壮大主流思想舆论，弘扬主旋律，增强宣传工作的吸引和感染力。舆论引导能力大小，决定着《中国交通报》在全国交通人心中的地位，也决定其生死存亡。新闻是要客观如实地报道，但新闻报道形式一定要主动策划，丰富多彩。要不断提高新闻宣传策划水平，高度重视热点问题的引导工作，理直气壮地宣传交通运输改革发展取得的巨大成就，宣传交通人的奉献和担当，唱响主旋律，提振精气神。要拓展传播范围，创新传播形式，遵循新闻传播规律和新兴媒体发展规律，强化互联网思维，用主流声音引领网络舆论。《中国交通报》在交通新闻报道中要切实发挥主阵地作用，引领全国交通舆论，进而为交通运输的改革发展创造一个良好的舆论氛围。

第三，打好坚实的专业功底。《中国交通报》的最大特点和最强生命力在于立足行业的“专”和“精”。中国交通报社工作人员最大的优势和专长在于触角延伸广泛，兼具交通人和新闻记者的双重特点。大家都知道，凡是把准时代脉搏、激荡鼓舞人心、洞见指点未来的新闻作品，都是根植于深厚的知识积累，根植于丰富的实践经验。大家可能都读过《世界是平的：21 世纪简史》一书的作者托马斯·弗里德曼的故事，他所具有的远见卓识和开阔视野，与他对职业特性炉火纯青的修炼有着不可分隔的关系。我支持大家精炼本领、多有建树。《中国交通报》要认真对标专业一流水平，在“专”和“精”上进一步做好文章，多出好作品，多出精品。作为有影响力的新闻工作者，一定要有远见卓识和开阔视野，要有对职业的执著追求和刻苦修炼，希望大家苦练内功、增强本领、多有建树。

第四，与新兴媒体加强融合发展。新兴媒体的快速发展对传统媒体影响很大。中国交通报社要强化互联网思维，顺应新媒体时代信息接触载体、方式甚至时间和强度的变化，以移动化、社交化、视频化、互动化为方向转变信息采编和呈现方式，不断扩大受众范围，增强传播力、影响力和感染力。要高度重视大数据、云计算等技术的开发应用，借助于新的传播技术平台和大数据云计算技术，探索开展交通政策、交通需求、交通意见全样本、长时间跨度的收集和大数据分析，在增强读者参与度的同时，为交通发展获得第一手全景数据，为交通运输决策提供重要参考。要按照传统媒体与新兴媒体优势互补、并行并重、协同融合的路径先行先试，在体制机制、再造采编流程、引进专业人才方面勇于探索，力争在报网融合方面探索出一条新路子。

第五，高度重视人才队伍建设和作风建设。人才资源是第一资源，队伍建设是基本保障。对于智力密集型的报社来说，有再多的固定资产也不如拥有优秀的人才资源来得实在。中国交通报社在 30 年的发展历程中，培养造就了一支懂行业、爱新闻、乐奉献的专业人才队伍，这是报社未来发展的核心竞争力。在新形势下，要立足事业长远发展，大力加强人才队伍建设，积极引进人才、培养人才、留住人才、用好人才，努力建设一支符合行业发展需要、适应市场经营需求、具备较高能力素质的经营管理人才、专业技术人才和领军人才队伍。同时，还要认真学习习近平总书记系列重要讲话精神，认真贯彻落实党风廉政建设责任制和“一岗双责”的要求，进一步落实中央八项规定，继续巩固党的群众路线教育实践活动成果，严格执行“三严三实”要求，做好各项整改工作，营造一个风清气正、干事创业的良好氛围。今年，部里调整了报社领导班子，希望新班子能够带领报社干部职工，精诚团结，改革创新，探索出一条传统媒体成功转型发展的新路子。

同志们，新形势下交通运输新闻宣传工作任务更加繁重。希望大家进一步增强紧迫感、责任感、使命感，齐心协力，深化改革，以更加饱满的热情、更加务实的作风，扎实做好新闻宣传各项工作，为发展“四个交通”作出新的更大贡献。

最后，祝《中国交通报》在新的起点再创辉煌，明天更美好！祝同志们身体健康、工作愉快、阖家幸福！

植根行业 报效行业
讲述交通好故事 传递交通好声音

(2014 年 11 月 6 日)

李咏梅

尊敬的杨部长、各位领导、各位前辈、各位朋友：

感谢你们，与中国交通报人一起迎接报纸的 30 岁生日。今天，杨部长在百忙中参加报社 30 年发展座谈会，给我们肯定、激励、鞭策；我们的创刊号记载了 30 年前的同一时刻：交通部和海员工会等联合发文，推动《中国交通报》发行，时任部领导在创刊座谈会上致辞。

30 年，5872 期报纸，记载的是 10950 多个日日夜夜，丈量的是高速公路从 0 到 10.44 万公里的长度，仿佛很远。但是，创刊座谈会与今天的座谈会如此相似，又让我们觉得 30 年就是一挥间。

从中我们感受到部党组对《中国交通报》一以贯之的重视、支持、信任和重托，这促使我们持续地观察与思考我们所置身的交通运输行业；不断地自省与审视：《中国交通报》为行业做了什么，做得怎样。

在我们的笔尖下、镜头中、键盘上，交通运输行业是——

最开放的行业：在 20 世纪 80 年代改革开放的春潮中，它最先承诺："有路大家行车，有水大家行船"， 它面向海洋，联通世界。

最丰富多元的行业：它融合了铁路、公路、水运、民航、邮政……诸多的运输方式和领域，水陆纵横，海阔天空。

经济社会发展大局中最关键的行业：基础性、先导性、服务性是它的属性。它是中国动脉，是经济巨轮，是国家战略大棋局中的先手棋，是所有突发事件中的生命线。

与社会公众息息相关的行业：4000万交通从业者，服务13亿民众。从一年一度的春运中，我们就知道它承载着多少期待，对接了多少亲情，化解着怎样的乡愁。

最源远流长的行业：有最丰富的文化积淀和文明基因。长江之旅也是文化之旅，丝绸之路即是诗歌之路。李白用“朝辞白帝彩云间，千里江陵一日还”记载着始发、速度、抵达；杜甫用“窗含西岭千秋雪，门泊东吴万里船”描绘了沟通、跨越、喜悦。

这样的行业，理所当然的是新闻富矿。融身于交通行业，成为交通人，交通精神是中国交通报人的天然本色。在无数的夜晚我们习惯了默默地挑灯；在所有的突发事件中，我们习惯了说走就走，第一时间抵达现场。

我们又是职业新闻人，新闻工作是活泼的人从事的严谨事业，是炽热的人肩负的冷静使命，是浪漫的人从事的艰辛劳作。

我们身份独特，人数不多，从创办这张报纸的30后，到活跃在编采一线的90后，总共不过数百人。但我们使命重大，责任如山。部党组要求我们：“传递权威声音，反映基层动态，解读政策法规，探讨发展思路，发布交通消息，引导舆论导向，弘扬核心价值，建设交通文化。”一代代交通报人忠诚履职、薪火相传。让我们从5872期报纸中撷取几条线索，看看我们做得如何。

一、农村公路主题策划

2014年3月4日，习近平总书记就农村公路建设成就作出了重要批示。《中国交通报》推出组合报道，有社论、通讯、部长文章、图片、网络视频，“同心共筑小康路”系列，将各地农村公路的经验、成就、特色，作了精彩的持续展示，蔚为大观。

农村公路的成就缘于交通行业持之以恒的艰苦努力，从20世纪80年代的“以工代赈、民工建勤”，到2003年交通工作会议“让农民兄弟走上油路和水泥路”的承诺；从溜索改桥、老区村路的专项倾斜，到对独龙江公路建设的持续投入，体现着行业一脉相承的民生情怀。而独龙江隧道贯通当天，就挽救了一个重度烧伤女孩的生命，再一次证明着修路架桥的功德无量。

二、长江经济带策划

2014年是长江黄金水道的黄金元年，中国交通报社邀请新华社、《经济日报》、中央电视台组成联合报道组，下江浙、探两湖、往川渝，溯江而上，“走读长江、感知脉动”，系列报道风生水起。如果溯时间的河流而上，早在2002年，我们就唱响了三主一支持水运主通道的“水调歌头”，在2007年开启了第一次的长江之旅，2012年写下了大气磅礴的西江“跃”。在种种写实中贯穿着对国务院、交通运输部发展水运大政方针的解读、传播。这，体现着《中国交通报》“智者乐水”的理性自觉。

三、突发新闻报道

1998年抗洪，2000年易贡抢险，2008年的冰雪京珠路、汶川大地震，之后的玉树地震、舟曲泥石流、芦山地震、鲁甸地震……哪里有交通人挺身抢通，哪里就有交通报人现场跟踪。2008年，时任总理温家宝曾称“交通干部职工创造了修复修建公路史上的奇迹”。交通人创造奇迹，中国交通报人见证、记载奇迹。

四、综合交通报道

从1988年1月奏响“大交通交响曲”序曲，到1996年发表时任总理的重磅文章；从围绕交通运输大部制的持续解读，到对“四个交通”的精准阐述；从对铁路、民航、邮政的零星关注，到专门开设铁路、民航、中国邮政专刊，在发展综合交通运输实现交通现代化的进程中，我们从未“失声”，坚持“唱多”。

五、树碑行业文明，立传平民英雄

2013年，受交通运输部委托，报社具体承办了第一届感动交通十大人物评选。这个活动已经成为交通运输行业践行社会主义核心价值观、弘扬交通精神的重要载体，引领了行业文明建设的新风潮。

而早在1990年，中国交通报社就发起了首届“养护道班、养路工双十佳”评选，在社会上率先启动了和平年代寻找平民英雄的活动。“双十佳”与今天的感动交通十大人物遥相呼应。

《中国交通报》对平民英雄杭州驾驶员吴斌的报道，以对交通人职业精神的独特关注，感动了行业内外的读者，也获得了新闻人的职业最高荣誉——中国新闻奖。

六、坚守理性，回应质疑，消解误读

今天，我国高速公路的价值已得到广泛承认，但是，它从引进、诞生开始，就伴随着误读、曲解并延续至今。从1989年《中国交通报》发起“中国要不要发展高速公路”大讨论，到2013年对“塑造公路可持续发展新模式”的不懈探索，直至2014年9月，就修改《收费公路管理条例》建言“开启政策红利持续释放之路”……在高速公路从零到十多万公里的时间链条上，中国交通报人以开放的视野坚守理性，传播真知，为社会和行业的可持续发展鸣锣开道，摇旗呐喊。

此外，我们的日常性报道也精彩迭出。每年春运第一天的图文报道，从当初回家的人拎着大包、小包、蛇皮袋，疲惫的面容，渴望的眼神，到如今旅客在舒适温馨中平安潇洒回家，怀着期待，带着笑容……社会的变迁、时代的进步、民众的福祉跃然于报纸上。

各位领导、各位前辈、各位朋友，从以上叙述中可以看出，《中国交通报》始终植根行业、报效行业，为行业书写传诸后世的“交通史记”。交通运输行业对经济社会的巨大贡献和担当，历届政府特别是部党组的重要决策、实施过程及实践效果，一代代交通人的奉献甚至牺牲，一座座里程碑式的交通工程，都因为《中国交通报》的记载而永存史册。交通人有句老话，“路是躺下的碑，碑是立起来的路”，而我们交通报人说，“报是行业的碑，行业是报社的根”。我们忠实履行了部党组赋予的职责；发挥了上下沟通、凝心聚力，为交通运输行业健康和可持续发展创造良好舆论环境的功能；确立了部党组机关报和唯一覆盖交通运输各领域的主流媒体地位。

我们幸运，赶上了国家崛起的时代，赶上了行业跨越的高潮。我们与行业同呼吸与时代共命运。因为植根行业，得益于行业的滋养；因为报效行业，收获着自身的成长。从最初的周一刊四版黑白铅字印刷，到如今的周五刊八版电子彩印；从单单一张报发展到报纸、新闻网站、视频、决策参考、舆情分析、微博微信、手机客户端的全媒体矩阵；从三十几人的黑白奏鸣曲，到今天一百六十多人的华彩大合唱，我们由衷地感叹：这就是我们的黄金时代。

最近一段时间，陆续有一些老领导、老读者撰写文章或接受采访，讲述与本报的渊源、往事，表达对报纸的肯定、感谢，不乏溢美之辞。我们感受到浓浓的关切和期许，激发出对自家报纸的热爱，也升腾起不断进取的信心和动力。

植根行业获得生机，深耕行业就有未来。

交通运输行业依然光景日新。一系列国家战略、“两个百年目标”、“中国梦”……都是交通运输发展的机遇，也是交通运输人奋斗的目标。这样波澜壮阔的事业，仍将由中国交通报人与行业一同经历、分享、见证、记载。

党的十八大以来，习近平总书记对新闻宣传工作、媒体融合发展作出一系列重要论述，为我们指明了发展方向；2014年9月12日，杨部长在交通运输新闻发言人高级研修班暨中国交通报社2014年新闻宣传工作会议上的讲话，是我们“进一步做好宣传和舆论引导工作，为交通运输科学发展创造良好环境”的行动纲领；我们既备受鼓舞又深感责任重大，我们有六项庄严承诺：

一是坚持政治家办报，坚持正确办报方向，围绕中心，服务大局，做好深度报道宣传策划方案，切实把党中央、国务院的路线、方针、政策和部党组的决策、部署阐释好、宣传好。

二是提高报纸舆论引导能力，抓住行业热点难点问题，主动设置议题，做好解释剖析，引导舆论发展走向，为行业发展营造良好舆论环境。

三是提高报纸公信力，进一步发挥好媒体监督职能。在加大以理性、建设性为导向的批评性报道的同时，发挥好“交通决策参考”“舆情分析”的作用，及时反映行业发展存在的深层次问题和突出问题，为部党组决策提供参考。

四是不断提高报纸传播力影响力，以专业性、权威性、指导性为价值追求，打造更多的品牌栏目和优秀版面，坚持“全年有大戏，季度有高潮，每月有华彩，每周有重点，每期有亮点，每版有看点”。

五是全面推广战略合作模式，继续加大与各省厅、部属科研单位，以及大企业、大客户等战略合作协议签订工作，推介政府部门和企事业单位采购信息服务的现代理念，统筹制定整体宣传策划，提升宣传服务效果和水平。

六是竭尽全力打造纸媒与新媒体融合发展的新型主流媒体，用互联网思维改造传统媒体，整合统一平台，再造采编流程，调整组织架构，将采编与运营结合，重构用户关系，借力技术和资本，激发报社内生活力，在新形势、新常态中更好地发挥行业新闻宣传主渠道作用。

各位领导、各位前辈、各位朋友：从明天起，《中国交通报》就踏入了一个新的30年，我们将携三十而立的底气、继往开来的大气、勇于担当的锐气，创新求变的志气，深耕专业，服务行业，面向社会，在部党组的领导和政研室的指导下，在部机关和全行业的支持下，坚持植根行业，报效行业，讲述交通好故事，传递交通好声音，弘扬交通正能量，见证交通运输新辉煌！

最后，我代表中国交通报社，再一次感谢我们生于斯长于斯的行业；感谢历届部领导、老前辈的栽培、关爱；感谢读者持久的厚爱和信任——这份感谢，是绿叶对根的情谊。

谢谢！

李咏梅系中国交通报社总编辑

创刊、10年、20年、30年纪念版面

中国交通报
ZHONGGUO JIAOTONG BAO
1984年11月7日 星期三 创刊号

交通部政治部　中国海员工会　中国公路运输工会

关于组织发动订阅《中国交通报》的补充通知

各单位：

交通部政治部、交通部财务局和中国交通报社，曾于1984年9月3日联合发出《关于组织、发动订阅〈中国交通报〉的通知》。许多地方工会询问如何使用工会经费订阅《中国交通报》问题，经我们共同研究，再作如下补充通知：

一、各单位宣传部门和工会组织，要积极宣传和大力发动所属单位职工踊跃订阅《中国交通报》。工会组织要配合有关部门做好开展读报、评报活动。

二、是否用工会经费为座组订阅《中国交通报》不作统一规定，由各基层工会组织按照实际情况自定。

三、各级工会组织根据工作需要，可以用工会经费订阅《中国交通报》。

（本通知不另行文）　1984年10月25日

国务院授予焦红全国劳动模范称号的决定

河北省邯郸运输公司汽车驾驶员、共产党员焦红同志，自一九七六年开始驾驶汽车以来，以主人翁精神，兢兢业业，顽强拼搏，安全优质，文明行车，累计安全行车六十多万公里，为国家创造的财富逐年增加。一九八二年，他完成货物周转量五十三万六千吨公里，单车利润四万五千五百九十元。一九八三年，他出勤三百四十四天，完成货物周转量七十五万六千八百五十一吨公里，节油四点四吨，单车利润七万零四百一十五元，经济效益显著，为国家做出了贡献。国务院决定：授予焦红同志全国劳动模范的称号，并颁发全国劳动模范奖章和证书。

国务院号召全国各条战线的职工，尤其是交通系统的广大职工，向焦红同志学习，进一步加强社会主义物质文明和精神文明建设，为全面实现党的十二大提出的宏伟目标而努力奋斗。

一九八四年十月三十一日

国务院授予焦红全国劳动模范称号大会在石家庄举行

邯郸运输公司在会上宣布给焦红晋升工资两级颁发奖金三千元

图为大会会场。本报记者 彭继健 摄

本报讯　（记者毛忠明　余宝山　黄朗舟）国务院授予焦红全国劳动模范称号大会，于10月31日上午在石家庄市"八一"礼堂隆重举行。这天焦红身穿西服，携同妻子冯玉如，与来自河北省各地交通部门和工业系统的一千多名代表一起，喜气洋洋地步入会场。

河北省省长张曙光，交通部副部长王展意，河北省副省长郭志，中华全国总工会书记处书记王申泽等负责同志出席了大会，出席大会的还有河北省人大常委会副主任丁廷馨、省政协副主席陈治国等。

王展意代表国务院宣读了《国务院授予焦红全国劳动模范称号的决定》，张曙光向焦红颁发了全国劳动模范奖章和证书；大会宣读了《河北省人民政府关于向全国劳动模范焦红同志学习的决定》；邯郸运输公司在会上宣布给焦红晋升工资两级，并奖励三千元。

今年三十五岁的共产党员焦红，是河北省邯郸运输公司汽车六队的汽车驾驶员，于1972年6月参加工作，当过电工、修理工，自1976年起当货车驾驶员。他八年如一日，发扬主人翁精神，勤恳工作，顽强奋斗，取得了出色的成绩：1982年，他驾驶的黄河牌车，为国家创利四万五千五百多元，居河北省同类型车之冠；1983年，创利税七万零四百多元，节油四吨多，在全国交通系统名列前茅。今年一至九月，又创利税五万二千三百多元，节油四吨多。他一贯忠于职守，坚持"服务第一、信誉第一、质量第一"，千方百计地方便货主，一车不少装，一步不少走，一次不误点，同时做到万里行车一尘不染，八年多来，连续安全行车六十七万公里，年年被评为先进生产者，他的事迹在河北省交通系统引起了强烈反响，今年3月，河北省人民政府授予他"省劳动模范称号"，命名他为"河北省运输战线上的尖兵"。

郭志、王申泽和交通部公路局局长李振江分别在会上讲了话。邯郸运输公司经理赵子良介绍了焦红的先进事迹。他们高度评价了焦红在社会主义建设事业中作出的突出成绩。

大会号召全国广大职工，特别是交通战线的职工，开展学焦红、创先进活动，以高度的主人翁精神，兢兢业业，顽强奋斗，进一步加强两个文明建设，认真贯彻党的十二届三中全会精神，积极参加全面的经济体制改革实践，搞活经济的发展，为全面落实党的十二大提出的宏伟目标而奋斗。

本报举行创刊招待会

人大常委会副委员长叶飞、中顾委常委王首道等领导同志到会祝贺　钱永昌部长讲话

本报讯　10月20日下午，本报在首都民族文化宫云南厅举行创刊招待会。全国人大常委会副委员长叶飞，中共中央顾问委员会常委王首道，中顾委委员、原交通部长曾生、彭德清，国家经委顾问郭洪涛，地质矿产部长、原交通部长孙大光，全国记协书记处书记江泽等领导同志到会祝贺。人民日报，新华社，中央人民广播电台，经济日报，工人日报，解放军报，中国日报，人民铁道报，健康报及首都其它报刊，中央和首都有关单位，部机关各局负责同志等一百三十多人到会。

招待会由交通部副部长王展意主持，副部长于眉、郑光迪到会，钱永昌部长讲话。叶飞副委员长、郭洪涛、曾生、孙大光同志先后在会上讲了话。

钱永昌部长在讲话中，首先对中央领导同志、交通部历届老部长、有关单位和首都新闻界的同志出席招待会，表示感谢。他说，《中国交通报》经过近五个月的筹备，10月份进行了试刊，将于11月初正式创刊。这是建国三十五年来交通系统第一张全国性的报纸，是交通战线广大职工值得高兴的事。《中国交通报》在筹建过程中，得到了首都新闻界的大力支持，特别是工人日报、邮电部发行局、三元里邮局、纸张公司等单位给予了热情帮助，借此机会再次表示衷心的感谢。

接着，钱部长简要介绍了建国三十五年来，特别是党的十一届三中全会以来，我国交通事业取得的巨大成就，存在的主要问题，根据中央指示精神正在认真贯彻的五项改革措施。他表示，我国的交通事业，要在党的十二届三中全会关于经济体制改革的决定指引下，加快改革与建设的步伐，尽快地把交通运输搞通、搞活、搞上去，以适应四化建设的需要。他要求《中国交通报》大力宣传改革，促进改革，及时报道交通战线的大好形势，引导和激励交通系统广大职工，为发展我国交通事业不断做出新的贡献。同时希望首都新闻界和有关部门，对办好这份报纸继续给予大力支持和帮助。

叶飞副委员长等领导同志在即席讲话中，殷切希望把《中国交通报》办好，贯彻党的十二届三中全会精神，宣传改革，交流经验，传播信息，反映广大群众的呼声，为发展我国的交通运输事业做出贡献。

本报社论：《学习焦红 振兴交通》 汽车司机的榜样——焦红（一组照片） （见本报今日三版）

钱永昌部长在招待会上讲话。本报记者 王京生 摄

叶飞副委员长（左二）、中顾委常委王首道（左三）等领导同志在招待会上。本报记者 王京生 摄

心想群众　服务市场

两万吨柑桔将提前水运出川

本报讯　（记者毛忠明　李秉典　李周一）为使四川丰收的柑桔及时供应国内市场，让群众早日吃到新鲜柑桔，交通系统今年的水运柑桔出川工作比往年抓得早，抓得细。目前，准备工作就绪，有的港口已经开运。

今年四川将有两万多吨柑桔通过水运出川，运量比去年增加近二倍。由于国家将柑桔定为三类商品，不再统一收购、集中运销，由农民自产自销，这就使柑桔由以往的大批量的少次运输，变成小批量的多次运输。针对这种新状况，交通部成立了柑桔运输领导小组，深入柑桔产区和有关港航，认真做好准备工作。他们采用提前与货主签订合同的方式，对柑桔运输做到早计划，早安排；为保障运输中柑桔不腐烂变质，又要求港航密切配合，做到优先装卸，文明装卸，优先发运，优先过闸，优先挂拖。同时，为了调动各方面的积极性，交通部决定利用价格的杠杆作用，对客轮、货轮、驳船等不同类型的船舶实行不同的运价，并根据货源多少进行浮动。如重庆长江轮船公司的承运货轮运价向下浮动10%，驳船运价向下浮动20%。目前，一切准备工作已就绪，万县港已运出第一批二十吨柑桔。

国际海事组织秘书长应邀来访

本报讯　国际海事组织秘书长斯里瓦斯塔瓦及夫人于10月23日结束了对我国为期十天的友好访问。他们是应交通部钱永昌部长的邀请来访的。

10月15日下午国务院李鹏副总理会见了斯里瓦斯塔瓦夫妇。同日下午，钱永昌部长与斯里瓦斯塔瓦秘书长亲切会谈。钱永昌部长告诉秘书长，他决定捐款一万美元资助这个组织设在瑞典马尔摩的世界海事大学，同时中国政府向这个组织提供一万美元和五万元人民币的援助，作为这个组织设在大连海运学院的亚太地区海事人员培训中心举办短训班之用。

经去大连海运学院实地考察，国际海事组织秘书长建议将大连培训中心，改为世界海事大学的亚太地区分部。我国有关方面赞同他的建议。

（沈肇圻）

·国际海事组织简介·

国际海事组织，原名政府间海事协商组织，是联合国的一个专门机构，成立于1959年1月，总部设在英国伦敦，现有一百二十六个会员，这个组织的宗旨和任务是，在解决国际贸易的航运技术问题有关的政府规章和惯例方面，为各国政府提供合作机构，在海上安全、航行效率、防止及控制船舶对海洋污染方面，鼓励各国采用最高可行的统一标准，并处理与之有关的法律问题。

1973年3月1日我国正式参加这个组织。从1975年起，在每两年召开一次的全体大会上均当选为理事国。

喜闻山间铃响马帮来

雪清

据《云南交通报》载，地处滇中山区的双柏县，消失了十余年的马帮运输又活跃起来了，清脆悦耳的马铃声又回荡在山林之间。

马帮运输的恢复，在交通运输战线可谓区区小事，但它却很能启迪人们的思想。搞交通的人都知道，各种运输工具都各有所长，又各有所短。不在于运输能力的大小，而在于各有各的优势。万吨巨轮代替不了木帆船，大吨位的汽车代替不了马帮。马帮运输的重新出现，启发我们一个认识：你真的要把交通搞上去吗？那你就要认真实行多家经营的方针。

对于实行多家经营，有的同志并不是全力支持的。他们多年来已经习惯了独家经营，各部门、各行业、各地区，集体的、个体的运输发展起来了，他们的怕字也就出来了，一怕夺了生意，二怕"乱"了运输市场。他们明里不说反对，但在行动上则采取"禁"、"赶"的作法。应当说，这种思想是不合乎放宽搞活政策的！

交通运输实行多家经营，是从国情出发的。国营运输是主导，但它不能"包打天下"，发展集体、个体运输，各部门、各行业、各地区参加运输，补充国营运力之不足，是国家的大计，也是民生的必需。凡搞交通的人，特别是搞国营运输的同志，应当顺乎这个潮流，热情地迎接它，促进它。国家、集体、个体一起上，各种运输工具一起上，开展一个为四化服务的竞争，走出一条具有中国特色的发展交通的路子！

水陆纵横谈

交通信息

中日港湾首次技术交流会在秦皇岛召开

本报讯　十月下旬，由交通部和日本国际临海开发研究中心组织的中日港湾首次技术交流会在秦皇岛市召开。六十六位中日港湾专家和工程技术人员参加了会议。

会上，日本国际临海开发研究中心常务理事工藤和男、原横滨市港湾局长鹤见俊一等日本专家分别作了『日本港湾的机能与变迁』、『港湾与港湾城市』、『港湾计划的方法』、『日本港湾建设的最新技术』、『港湾建设的教学方法』等专题讲演，交通部计划局副局长卢希龄作了『中国港口的建设及其发展』的专题报告。

（王建州　苏俊峰）

美国总统经济顾问唐绍禹应邀考察长江水系

本报讯　应我国交通部邀请，美国总统经济顾问、万国企业服务公司副总裁、美国陆军工程兵团水力资源研究院高级经济专员唐绍禹先生一行五人，于十月下旬来我国长江水系考察，并就港口建设、航道整治、人才培养等同我方进行了技术交流，探讨了合作开发长江水系的可能性。

（蒋朝东）

镇江两个万吨级泊位提前建成

本报讯　镇江港大港港区首期工程是交通部的重点建设项目之一，要兴建四个万吨级深水泊位，由交通部第二航务工程局第四工程处承建，于一九八二年动工。四处实行塞组经济责任制和百元产值工资含量包干制，大大调动了职工积极性，使其中两个万吨级深水泊位于十月十一日提前两个月交付使用。

（江德旺）

汕头梅县开辟沿海与内河联运

本报讯　广东省汕头港和梅县航运局于十月七日成立了『汕梅沿海内河货运联营公司』。从此，由汕头中转到山区梅县的货物，可由梅县航运局的船舶直接过驳或靠码头装货，消除了过去环节多、费用大的弊病。同时，这家公司还开辟了海、江、河联运，衔接水路与铁路联运业务，做到一次托运，一次收费，全程包干，一票到家。

（周敏）

中国交通报
ZHONGGUO JIAOTONG BAO 中华人民共和国交通部主办
1994年11月8日 星期二 第1216号 统一刊号 CN 11—0122 代号1—72

在中国改革开放15年企业发展成就展览会期间

朱镕基等领导参观交通展台

本报讯 10月27日晚，朱镕基副总理等中央领导同志，在参观中国改革开放15年企业发展成就展时，详细观看了交通展台。

20点45分，朱镕基副总理来到二楼展馆交通展台，参展的16家交通企业有模型、有图片，十分引人注目。朱副总理在交通部体制改革法规司孙紫兴副司长陪同下，来到部属企业路桥公司展台。在展台值班的该公司总经济师吴德良同志马上迎上前去说："欢迎中央领导检查指导。"

朱副总理握着吴德良同志的手说："你们是哪个单位的？"

吴德良同志答道："我们是交通部直属的一家国际承包公司。"

朱副总理站在5米多长的大型黄石长江大桥模型面前，详细询问了这座长江大桥的长度、通航高度、什么时候完工等情况。

在此之前，国务院副总理邹家华、中央政治局委员、书记处书记吴邦国、人大常委会副委员长王汉斌等也先后到交通展台参观。邹家华副总理在参观时，听说黄石长江公路大桥可以提前完成，连声说："你们搞得不错，不错。"

参加这次展览的还有中国港湾建设总公司、中远集团总公司、上海港务局、长航集团、杭州长途汽车运输总公司、交通部第一公路工程总公司、交通部第二公司工程局等16家交通企业。

该展览已于本月初结束。 （周成新）

各界人士济济一堂庆祝本报华诞

十年耕耘十年收获 几多辛苦几多欢乐

本报讯（记者 赵爱国）《中国交通报》创刊十周年纪念大会昨天在北京傑林区宾馆隆重举行。

应邀出席大会的有中国新闻工作者协会常务书记王哲人、人民日报总编辑范敬宜、新华社副总编辑何凡路、工人日报总编辑雷粗增、中国产业报协会主席朱石川及首都其他新闻单位的负责同志。

出席大会的有交通部副部长郑光迪、原交通部部长彭德清和李清、原交通部副部长林祖乙、交通部各司局的领导、部分省市区交通厅局及部属在京单位的领导，共200多人。

纪念大会由报社党委书记鲁勤智主持。他首先宣读了交通部部长黄镇东的贺信。副社长陶淳在致词中说，《中国交通报》已经出版1215期，从明年元月1日起将改为周四刊。报纸的健康成长和迅速发展，与交通部党组的正确领导、部有关司局的大力支持是分不开的，与各地交通厅局、全国交通系统各单位的帮助是分不开的，与广大通讯员的努力和读者的厚爱是分不开的。对此，我表示衷心的感谢！

交通部副部长郑光迪代表部党组讲了话。他说，十年来，报社全体同志艰苦创业，认真贯彻党中央有关宣传政策，紧紧围绕部党组的中心工作，报道了交通系统在改革开放和两个文明建设中的成就、经验以及新人新事新风貌，反映了交通职工、旅客和货主的呼声与要求，传播了信息和文化知识，报纸已经成为受到交通职工欢迎的在全国有一定影响的行业大报。

他要求报社全体同志认真学习邓小平同志关于建立有中国特色的社会主义理论，学习十四届四中全会精神，学习党的方针政策，努力提高政治水平、业务水平和宣传艺术水平，把《中国交通报》办成一张读者喜闻乐见的报纸。他希望各地交通部门要一如既往地支持《中国交通报》的工作。

上图为庆祝会会场。右上图为郑光迪副部长（右）和王哲人书记举杯同贺。

本报记者 彭继健 杨东成 张力军摄

南粤交通建设双喜临门

广三路一期竣工 崖门出海航道开工

本报讯（记者 邓荣正 通讯员 罗肖汉 李恩舜）高歌猛进的广东交通事业10月28日上午双喜临门——广（州）三（水）高速公路第一期工程（即南海市兴贤至三水市西南路段）竣工通车，西江崖门出海航道建设工程正式动工。

广三高速公路是广（州）肇（庆）高速公路的一部分，全长30公里，总投资7.7亿元。其第一期工程修建长23.7公里的从南海市兴贤至三水市西南路段。该公路为双向四车道，全封闭、全立交，设计时速为100公里，由代表中方的佛山市公路工程公司与香港统怡投资有限公司、李利年有限公司合作建设经营，合作期为25年，工程分两期进行。

崖门是西江8个出海口之一，其出海航道北起崖南，与银洲湖、虎跳门水道相接，南至黄茅海荷包岛，全长38公里，按通航3000吨级海轮的规模建设，航道标准尺度为宽120米，水深-6米。这项工程建设还包括新建导标、航标、设站房、管理船艇等配套设施，总投资达11.2亿元。

全部工程竣工后，崖门出海航道可常年双向通航3000吨海轮，乘潮通航5000吨海轮，使江海沟通，把江海船直接引入大西江，实现江海直达运输，促进其腹地内物资的对外交流。

成都至绵阳高速公路奠基

四川第一条中外合资高速公路

本报讯（记者 蒋志荣 吴舟）10月18日上午，四川省第一条中外合作的高速公路——成都至绵阳高速公路开工奠基典礼隆重举行。全国政协副主席杨汝岱、省委书记谢世杰、中央统战部副部长蒋民宽、省政协主席聂荣贵和香港新中港集团董事局主席、四川成绵高速公路有限公司董事长徐展堂等出席。

成都至绵阳高速公路是国道主干线北京至昆明公路的一段，也是四川省规划实施的"一条线"经济干线。它由四川高速公路建设开发总公司与香港新中港高速公路有限公司合作修建，合作经营期为30年，双方共同投资13.59亿元，中方出资40%，港方出资60%，建设工期3年。该路起于成都三河场，与规划中的成都外环高速公路衔接，途经新都、青白江、广汉、德阳，终点为绵阳磨家，全长92.4公里。

成绵高速公路是四川省与外资合作修建的第一条高速公路和大型基础设施项目之一。按照合同规定，中外双方组建合作企业，其经营范围主要为建设、管理和经营开发成绵高速公路，其主要收益以收取车辆通行费为主。全线竣工后，将成为四川省一条经济大动脉，通过能力将大大提高，年平均昼夜交通量将达25000辆次以上。

世行代表团赴陕考察公路项目

省长白清才等会见来访客人

本报讯 世界银行公路代表团一行五人，于10月23至30日对陕西进行了考察，并就"九五"期间拟向陕西省公路建设计划中的重点工程项目贷款2亿美元，达成初步贷款意向。其中2000万美元拟用于陕西省贫困地区的县道改造。10月30日晚，省长白清才、副省长刘春茂会见了世界银行代表团全体成员，对其为陕西公路建设事业给予的支持和帮助表示感谢。

此公路项目包括渭南至潼关和西安过境高速公路、铜川至黄陵（含耀县至铜川半幅路）一级公路、蓝田至小商塬二级汽车专用公路和省道路网建设规划项目。这些项目均为陕西省"九五"期间重点工程项目，也是陕西省2000年前规划建设的公路主干线。世界银行代表团这次来访，是其贷款项目周期的第一步，其目的是参与和协助陕西省进行贷款项目的选定，收集和了解项目的基础资料，同时确定初步的贷款意向。 （池希钢）

路桥名字可卖钱

贵阳两桥一路待价而沽

本报讯（记者 春明）11月1日，贵阳市政府召开新闻发布会，宣布将向国内外公开拍卖位于市区的两桥一路的地名命名使用权和广告使用权。

将拍卖的两桥一路是：花果园立交桥、次南门人行天桥和环城南路。[illegible]

次南门人行天桥（工程名称）位于市区南部次南门十字路口，北口一座、南口一座，各长37米、宽3.3米，"两权"的卖底价为人民币58万元；环城南路改扩建道路位于市区南部，全长900米，宽40米，该路是贵阳通往湖南、广西的最[illegible]

[illegible]

小平家乡添"长虹"

本报讯 [illegible]

情有独钟 心系交通

江西省交通科技开发公司总经理 雷茂林

[illegible]

个体出租车司机见义勇为

李高令被青岛市出租车行业树为标兵

本报讯（记者 马志勇）[illegible]

海轮进出长江引航将实行一地交接

本报讯（记者 陈泉）[illegible]

这张报纸有看头

湖北省应城市交通局 方中明 陈杰

[illegible]

交通人的信息窗

深圳京样海运公司 李克明

[illegible]

交通报在我生活中

副省长拒绝参加表彰会

本报记者 田建江

[illegible]

见证中国交通二十年

风正一帆顺
沃土任驰骋

创刊二十周年纪念号

彰显典型

在本报成长壮大的20年中，交通运输和建设突飞猛进，涌现出许多可歌可泣的先进典型和人物。是他们代表了先进生产力的发展要求，彰显了交通行业的光辉形象，是他们为交通系统精神文明建设写下了浓墨重彩的一笔。

●贝汉廷 杨怀远 严力宾
包起帆 青岛港“华铜海”轮
陈德华 许振超 赵家富
……

情系读者

本报坚持贴近实际、贴近群众、贴近生活，关注行业的热点、难点问题，关注一线职工的疾苦、反映他们的愿望和呼声，成为一张深受交通职工欢迎的报纸。在北京零点调查公司交通类报刊调查中，本报读者满意率达到94%。

见证历史

本报是20年间中国交通发展史的忠实见证者和记录者。无论是老山前线的猫儿洞，还是抗洪救灾的生死场；无论是“5·7空难”的打捞现场，还是抗击非典的第一线——都会看到本报记者的身影。忠实记录发生在行业中每一个新闻事件，是我们义不容辞的使命。

●老山前线采访；
●沈大路通车；
●银河轮事件；
●1998年抗洪一线采访；
●11·24海难采访；
●全方位的治超报道
……

不辱使命

作为交通部主管的惟一一份行业报纸，本报始终紧跟部党组步伐，全力反映部党组发展交通的战略思想、执政理念和行业政策；以最快的速度将部党组的声音准确地传达给全行业，有力地推动了交通各项工作的开展和落实。

深入实际、深入群众、深入生活，及时将基层的情况反映上来，起到了很好的桥梁和纽带作用。

每年的全国交通工作会议以及部党组召开的重要会议，本报都要推出全方位的强力报道，并把当天的报纸专程送到大会会场。

历届交通部主要领导多次到本报视察工作，对办报方针、提高报纸质量作出一系列重要批示和指示，确保了本报沿着正确的方向不断发展壮大。

从每周一期、每期四版到每周五期、每期八版，
从黑白到套红到彩印，
中国交通报走过了不平凡的历程……
国内统一刊号：CN11-0122
邮发代号：1-72

20年前的“全家福”。

20年后的“全家福”。

关注高端

关注高端是本报20年间锲而不舍的追求目标，它充分展示出行业主流媒体的权威性。

胡锦涛、温家宝等党和国家领导人视察交通工作，本报都是在第一时间用最显著、最充分的版面报道，把党中央、国务院的关怀和指示传达给读者。

党中央、国务院关于交通发展改革的重大方针、政策、法规，以及国内外重大交通新闻，本报是最及时、最有力度的报道媒体。

历届全国人大、全国政协会议都有本报特派记者，与高端人士进行直接对话，都是本报凸显权威性的例证。

交通系统及相关行业的高端群体是本报最主要的目标读者。最近一次读者调查显示，交通系统各级领导和企事业单位中上层管理者、经营者约占读者总数的70%。

http://www.zgjtb.com 邮发代号：1－72 国内统一刊号：CN11－0122
2014年11月7日 星期五 第5872期 今日8版 交通运输部主管 中国交通报社主办

杨传堂在《中国交通报》30年发展座谈会上强调

围绕中心谋求新闻宣传新突破 服务大局唱响行业发展主旋律

本报讯 （记者 孙芙利）今年是《中国交通报》创刊30周年。11月6日，《中国交通报》30年发展座谈会在交通运输部机关举行。部党组书记、部长杨传堂出席座谈会并对《中国交通报》发展提出殷切期望。他强调，要把围绕中心、服务大局作为基本职责，胸怀大局、把握大势、着眼大事，找准工作切入点和着眼点，做到因势而谋、应势而动、顺势而为，进一步作出新探索、取得新突破，坚持唱响行业发展主旋律，为交通运输发展提供坚实的舆论保障。

杨传堂代表部党组，向中国交通报社全体干部职工，以及为报社30年发展作出贡献的老同志致以热烈的祝贺和诚挚的问候，对报社的工作和全社干部职工的辛苦付出给予充分肯定。他指出，30年来，在历届部党组的关心、支持和帮助下，中国交通报社领导班子团结带领全社干部职工，围绕中心、服务大局，锐意改革、开拓创新，深入实际、服务群众，报纸整体水平大幅提升，在行业内外深受广大读者喜爱。

杨传堂强调，当前国际国内形势复杂多变，习近平总书记就做好新形势下宣传工作作出了一系列重要论述。中国交通报社要深入学习贯彻习近平总书记的部署要求，再接再厉，为交通运输事业发展作出新贡献。

一是始终坚持正确的办报方向。坚持党管媒体原则不动摇，始终把坚持正确导向摆在首位，把握党性和人民性的统一，既要坚持正确的政治方向，也要把实现好、维护好、发展好最广大人民根本利益作为交通运输宣传工作的出发点和落脚点，多宣传报道人民群众投身交通运输发展的伟大实践，多宣传报道交通运输改革发展的不平凡成绩，多宣传报道基层一线交通人良好的精神风貌和感人事迹。坚持政治家办报、办网站，不断增强政治意识、大局意识、责任意识、阵地意识、创新意识和职业道德意识。

二是切实提高舆论引导能力。不断提高新闻宣传策划水平，高度重视热点问题引导工作，理直气壮地宣传交通运输改革发展取得的巨大成就，宣传交通人的奉献和担当，唱响主旋律，提振精气神。拓展传播范围，创新传播形式，切实发挥主阵地作用，引领全国交通舆论。

三是打好坚实的专业功底。《中国交通报》的最大特点和最强生命力在于立足行业的"专"和"精"，中国交通报社工作人员兼具了交通人和新闻记者的双重特点。要有对职业的执着追求和刻苦修炼，认真对标专业一流水平，苦练内功、增强本领，多出好作品、多出精品。

四是与新兴媒体加强融合发展。强化互联网思维，高度重视大数据、云计算等技术的开发应用。按照传统媒体与新兴媒体优势互补、并行并重、协同融合的路径先行先试，在体制机制、再造采编流程、引进专业人才方面勇于探索，力争在报网融合方面探索出一条新路子。

五是高度重视人才队伍建设。立足事业长远发展，积极引进人才、培养人才、留住人才、用好人才，努力建设一支符合行业发展需要、适应市场经营需求、具备较高能力素质的经营管理人才、专业技术人才和领军人才队伍。

交通运输部党组成员、驻部纪检组组长李建波向座谈会发来祝贺。他表示，报社和全体采编人员为交通运输事业发展作出了突出贡献，功不可没。由衷感谢报社30年来对交通运输系统党风廉政建设和反腐败工作给予的宣传报道和大力支持。祝愿报社事业兴旺、前程美好，在交通运输部党组的领导下，为交通运输事业发展、为交通运输系统党风廉政建设和反腐败工作作出更大的贡献。

中国交通报社党委书记、社长蔡玉贺主持座谈会，总编辑、党委副书记李咏梅介绍了报社30年主要发展历程。报社老领导、记者站老站长，部机关有关司局、部属在京单位和北京市交通委负责同志，以及来自武警交通指挥部和相关协会、企业、高校、媒体的特邀代表参加了座谈。

图为杨传堂部长与参加座谈会的老同志握手。 本报记者 吴三平 摄

□寄语《中国交通报》创刊30周年

座谈会部分代表发言摘要

中国交通报社原党委书记鲁勤智：我退休离开报社已近20年，但一直十分关注报社的发展，为报社的进步感到欣慰。《中国交通报》是记录了部交通运输改革发展成就变化的最重要载体。近年来，《中国交通报》组织了许多优秀的新闻报道，特别是"三讲七情"重视文化并参会部署组的报道和合年以来加快发展"四个交通"的报道，让我备受鼓舞、倍感自豪。希望报纸越来越精彩，报社发展越来越好。

中国交通报社原社长李育平：我在报社工作了5年，在报社30年历史中，只占了六分之一，但我对报社倾注了很深的感情。报社的开拓发展就像是接力，祝愿报社一代代干部职工，不断在前人创造的基础上，克服困难，不懈努力，取得新的成就。明天不容易，明天会更好！

交通运输部海事局党组书记许如清：长期以来，海事系统上下各单位和报社共同努力，合作共赢。特别是部党组提出加强海事"三化"建设以来，报社与海事相互配合，以"海事三化量"主题宣传为载体，挖掘和推出了一系列"三化"建设的好典型、好做法和好经验，为"三化"建设创造了良好的舆论氛围。祝愿报社在"四个交通"的建设发展中再立新功、再创辉煌，报社与海事深化合作的前景更加光明。

■今日看点

创刊30周年纪念
讲述交通好故事
传递行业好声音

2—3版

翁孟勇在安全生产集中整治第二次视频会上强调

"三个决不能"打好危险品运输攻坚战

本报讯 （记者 孙芙利）11月6日，交通运输部召开安全生产集中整治工作第二次电视电话会议。部党组副书记、副部长翁孟勇出席会议并强调，要对危险品运输领域存在的隐患保持高度警觉，下大力气抓好隐患治理，从源头上遏制事故苗头，以"零容忍"的态度切实做到"三个决不能"，集中精力打好危险品运输攻坚战。

翁孟勇指出，危险品运输集中整治工作开展以来，部制定实施了《关于加强危险品运输安全监督管理的若干意见》等安全管理制度，创新了安全管理的手段方法，深入基层加大隐患排查的力度，内外协调强化了监管的联合执法，保证了危险品运输安全生产形势基本稳定，有效遏制了重大事故多发频发势头。

翁孟勇强调，在取得阶段性成效的同时，危险品运输领域仍然存在着不少突出问题，要全力打好危险品运输集中整治攻坚战，凝心聚力做到"三个决不能"。一是决不能有丝毫懈怠，仔细分析问题隐患清单，制定整治策略和具体措施，加大力度、加快节奏尽快解决；强化跟踪督导，严防有令不行、有禁不止，以持之以恒的高压态势做到有始有终。二是决不能有丝毫姑息，真正做到全面查、彻底查，确保检查不走过场、不留死角盲区，对发现的隐患和问题动真碰硬、严肃处理。三是决不能有丝毫手软，对有问题的企业、车船、责任人依法依规严格问责，对于停业整顿仍不达标的严格注销经营资质，我行我素、以身试法的，一律从严上限处罚；对不作为、不整改、不履职的管理部门和企业严格问责追责。

翁孟勇要求，各单位、各部门要结合秋冬季节性特点，做好恶劣天气下的安全生产工作，做好重点时段、重点领域的安全生产工作，做好年终各项工作收尾，认真谋划明年安全生产工作。

部党组成员、运输司司长刘小明主持会议。部机关有关司局、在京有关部属单位负责同志及部分企业主管安全的负责人在主会场参加会议。

王昌顺主持部直属机关学习贯彻四中全会精神辅导报告会强调

抓好四个专题深入推进学习贯彻活动开展

本报讯 （记者 孙芙利）11月6日，交通运输部直属机关举办深入学习贯彻党的十八届四中全会精神首场辅导报告会，邀请中央政法委研究室副主任、巡视员宴朝晖作辅导报告。交通运输部党组成员、副部长、部直属机关党委书记王昌顺主持报告会并强调，要按照部党组的决策部署和杨传堂部长在部党组中心组学习班上的讲话精神，把深入学习贯彻党的十八届四中全会精神作为当前和今后一个时期的重大政治任务，组织开展好专题辅导、专题交流、专题培训、专题宣传，确保学习教育活动形成常态、取得长效。

宴朝晖结合参与党的十八届四中全会文件起草工作，围绕全面推进依法治国的重大意义、《中共中央关于全面推进依法治国若干重大问题的决定》（简称《决定》）起草思路、坚持中国特色社会主义法治道路、全面推进依法治国的重点内容等四个方面进行了系统解读，与现场听众进行了深度交流和互动。

王昌顺强调，各级党组织、广大党员干部，要以高度的责任感和强烈的使命感，认真抓好党的十八届四中全会精神的学习宣传和贯彻落实。一是组织好专题辅导，引导广大党员干部切实把思想认识统一到中央的决策部署上来，增强学习贯彻全会精神的自觉性和全面推进依法治国的坚定性。二是组织好专题交流，以基层党支部为重点，通过中心组学习示范、"三会一课"交流研讨等多种形式，原原本本学习全会精神，逐字逐句研读《决定》，每个党支部至少要开展一次研讨活动。三是组织好专题培训，部直属机关党委要结合部党组重点工作任务，以部机关处级以上党员干部为重点，开展好集中轮训工作；在京直属各单位要对中层以上干部进行全面轮训。四是组织好专题宣传，把学习党内法规和国家法律列入学习型党组织建设的重要内容，大力推动法治机关建设，着力增强党员干部的法治思维和依法办事能力，促进党员干部特别是领导干部带头遵守国家法律法规。要充分利用报刊、网络等多种形式的媒体，努力营造学法、尊法、用法、守法的良好氛围。

部机关党员干部、部属在京单位领导班子部分成员和中层干部代表200余人聆听了报告会。

长路修远 与您同行

——《中国交通报》创刊三十周年致读者

今天，2014年11月7日，是《中国交通报》30岁的生日。

招标公告 （详见6、7版）

□值班编委 刘金茂 本版主编 林兹 责编 毛剑 □E-mail:xw1b@zgjtb.com □新闻热线：(010)64255441 □发行热线：(010)65293561 □广告热线：(010)64250642

2—3版 2014年11月7日 星期五

创刊30周年纪念

中国交通报 CHINA TRANSPORT NEWS

1984-2014

衷心感谢三十年来为交通报发展壮大付出心血的报社老领导、老前辈和记者站的同志们。

衷心感谢支持帮助交通报的广大读者、客户及社会各界朋友。

衷心感谢关心爱护交通报的交通运输部历届领导、交通运输系统各级领导和干部职工。

讲述交通好故事 传递行业好声音

重大报道

追求卓越

一路同行

典型报道

我在现场

中国交通报创刊三十周年（1984-2014）留念

经典版面

中国交通报
ZHONGGUO JIAOTONG BAO
1988年1月20日 星期三 第322号 报纸代号：1－72

大交通交响曲
——潍坊市交通体制改革纪实

政出多门，多家管理，多头领导是交通由来已久的大弊端。不同的运输方式，就如乐队的弦乐、管乐、打击乐，各拉各的曲、各吹各的调，因为没有一个权威的乐队指挥，而演奏不出华美的乐章。在交通多元管理的关键环节——中心城市，这个弊端的危害尤大。一个中心城市只设一个交通主管部门的呼声日高。

在一座悄悄崛起的中等城市——山东潍坊，这种呼唤已基本变成现实。1987年1月1日，原归口市经委的交通局撤销，负责全面规划、组织、协调监督全市公铁水空邮，发挥大交通整体功能的市交通委员会成立。

当整个国家的交通运输管理体制酝酿改革，大交通的政府管理机构筹备建立之际，追溯、审视一个先行者的足迹，或许不无裨益。

确立先行意识和地位

1986年4月，潍坊市被列为全国第一批机构改革试点城市，很幸运，交通部门又被市里列为经济管理机构改革的重点。经过反复论证，潍坊迈出了有远见的一步——撤销原交通局，组建市交通委员会。市府赋予交委全盘规划、平衡、组织、控制、调节、城市公铁水空运输和邮电通讯业的职权，交委主任有资格直接出席市委和市府办公会，直接向市长汇报交通工作，交委有权清理旧法则，制订新法规，如需由市政府转发的，可直接提请市里批复。交委地位的确立，职责的明确，使之有条件基本上做到政出一门，政令畅通。

公铁水空邮协奏曲

潍坊交委充分发挥市府职能部门的宏观调节作用，围绕公铁水和互衔接，水陆空协调配套开展工作，交通基础设施建设，由原来单纯建养公路，变为修路与城市建设和港航通讯设施配套。

与城建部门共同拓建市县进出口路，是市委横向协调的另一成功之举，如今潍坊市12个市区县的进出口路全已拓改，进出口路上的堵车长龙已很少见。

联合运输是发挥综合运输总体功能的有效途径。潍坊交委成立后，内部设立了综合管理科，负责对各门类运输进行综合管理。新建的市交通联合运输调度中心，负责公铁水空联运的调度和信息工作，对用户实行一次托运，一次收费，一票到家的门到门服务。已先后与28个省市建立往来业务，初步形成外延76个联运企业、内联1000多家用户和站点的联运网络。交委已开辟了上海—青岛—潍坊公铁水联运线，并正酝酿开辟潍坊——香港陆上集装箱联运线。客运的公铁联合同样相当出色。运管处和联运调度中心组织专业和社会车辆在火车站驻点，实行三定四统一管理，使下了火车的旅客等乘汽车的平均时间由2小时缩为40分钟，汽车的平均实载率由原来的70%上升到80%以上。

主旋律——转变职能

撤局建委之初，不少机关干部既喜又忧，对部门得到加强感到高兴，又对如何挑起办大交通的担子心中无数，等、靠的情绪较重，交委领导班子意识到，如果不在思想观念和工作职能上尽快转变，有可能导致（下转第三版）

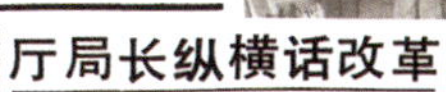

厅局长纵横话改革
本报今天二版文章值得一读

本报讯 今天本报2版以较大篇幅，发表各省市和直属企事业厅、局长话改革的文章。

厅、局长们结合本地区、本部门的实际，以民主对话精神，或谈改革得失，或谈改革见解，或谈改革打算，纵横捭阖涉及到改革的许多问题，很值得一读。

今天发表的仅是部分厅局长的文章，其他厅局长的文章本报将陆续发表。

大家支持 报纸就有希望
——致全国交通厅局长

●本报编辑部

这次全国交通厅局长会议，日程安排得很紧，来不及请各位到报社作客，谨借报纸一角，向大家表示问候。

新的一年，为了宣传好交通系统的改革和经济体制改革，交通报也准备改革自身的宣传，在提高报纸质量上下一番功夫，简单地说，叫做打基础，上水平，增活力，出特色。贴近读者，服务基层。要达到这个目的，既需要报社自身大胆探索，勇于创新，又需要上下左右鼎力扶持。

回顾三年来走过的路，我们深切地感到，离开地方交通厅和部直属企事业单位广大干部职工的支持，交通报就不可能生存，更不可能发展。为了办好这张报纸，许多厅局长费心为记者站建设创造条件，精心组织各种业务活动，亲自动手撰写文章，做了大量富有成效的工作。在30多家产业报中，我们报社的记者站是建立比较快比较多的，这主要由本来队伍，在通联、提供稿件，扩大报纸发行量等方面，发挥了很大作用。

中国交通报赖于各省厅和直属企事业单位的支持，已经有了再前进一步的能力。虽然办报条件尚待完善，虽然还有这样那样的困难，但改革的大气候和550万交通职工对交通报的热切期望，恰象炉火一样温暖着报社全体同志的心，我们对办好交通报充满了信心。我们希望继续得到全国交通厅局长和广大职工的理解和配合。中国交通报的潜力和希望正在这里。

参加全国交通厅局长会议的工作人员，决心以"宾馆水平"搞好这次会议服务，这组照片里展示只是部分工作人员工作的几个镜头，但也可见一斑。 杨烨 瞿欣英 摄影报道

●"一路辛苦了，请您上车。"（一）
●部党组副书记完会议报告，文件起草组的同志又忙上了。（二）
●"您要哪里？我们随时保证接通。"（三）
●"献一支玫瑰，祝您吉祥如意。"（四）

新路子开通以后
——连云港港口见闻之五

本报记者 戴文田 张纪成

去年11月28日，记者来到连云港墟沟港区。这里已经围起的海岸达100万平方米。

外地人过去并不知道这里有个墟沟港区。1985年10月，钱永昌部长、江苏省顾秀莲省长共同主持，与来自连云港后方经济腹地的河南、甘肃、陕西、江苏、安徽、新疆、青海七省区的代表，共商集资开发连云港大计。随后，签定了建设几个万吨级泊位的协议书，标志着开通了一条港口建设的新路子，各方有利，大家高兴。

自那时以来，各项筹备工作在紧张进行。港口建设指挥部于1986年完成了可行性研究，开展了计划工作。到1986年8月召开集资建港第二次协调会议时，各省区已与连云港签定了九个泊位的协议，其中在墟沟港区建设六个泊位。第三个协调会议去年10月底召开，讨论了墟沟港区一期工程计划任务书。在此期间，各省区积极性很高，陕西、甘肃两省要建设三个万吨级泊位，已经筹集资金750万元。

本报曾经报道过这件事情。时过两年，记者赶到连云港，准备报道这项重要工作两年多以来的进展情况。然而有关同志告诉记者，他们曾经与港口腹地一些省区接触过，得到的印象是，大家都很关心集资建港方针的贯彻实施。认为既然当初作为港口建设的新路子提出来，就应坚定地实行下去。他们担心由于体制变化对集资建港产生影响。

集资建港方针首先在连云港贯彻实施，不仅会大大加快这个港口的建设速度，对发展中原、中南及大西北的经济具有重要作用，更重要的是它为加速我国沿海港口建设开拓了一条新路，对集资兴办公路、内河航道以致整个交通基础设施建设，也将产生积极的影响。人们期望在加快和深化改革中，能够有力地促进集资建港工作的进程。

中国公路：今天和明天
——王展意副部长谈公路建设的现状和前景

本报记者 雷 禾

如果将我国现有的公路衔接起来，可以绕行地球24圈还多。记者带着这样的联想走进王展意副部长办公室，在一幅"国家干线公路网分布图"前，听他畅谈我国公路建设的现状和前景。

王副部长说："三中全会以来，我们制定了'全面规划、加强养护、积极改善、重点发展、科学管理、保证畅通'和'普及与提高相结合，以提高为主'的公路建设方针，根据这个方针，已经完成了全国公路的统一规划布局，划定了70条国道，总长11万公里；各省、直辖市和自治区的公路规划也已完成，并确定了"七五"期间和到本世纪末的奋斗目标，最近几年，在继续修建县乡公路的同时，加强了干线公路的建设与改造提高"。他列举了很多数字，1980年，我国一级公路只有196公里，现在已增加到1,200公里，二级公路由12,500公里增加到2,8000公里；在经济比较发达的地区和大城市附近，建成了一批标准较高的公路；为适应旅游事业的发展，7年来新建改建旅游公路5,000多公里；由于动用国家库存粮、棉、布以工代赈修路，贫困地区的公路建设发展很快，从1980年至今增加了近10万公里。

对于我国公路建设中的问题，副部长简洁地概括为：数量少，标准低、管理水平不高。他说："我国有960万平方公里土地，每百平方公里只有公路10公里，还有7%的乡镇没有通车。干线公路网还有一些断头路没有接通。目前，大多数公路是四级路和等外路，在很多三级路上日交通量已达到5000车次，车辆拥挤，通行不畅，严重影响了经济效益的发挥。我国大陆上还没有建成一条真正的高速公路，沥青路面只占公路总里程的23%。近几年，由于公路建设和改造提高任务增大，经费不足，挤占了一部分正常养护费用，有些地区的公路养护和维修受到一定影响，路况有所下降。公路建设和养护的管理水平也有待提高，特别是在公路改建时，只顾施工方便，不注意维持正常交通的情况相当普遍，给行车增加了困难，群众有意见，这些问题应该引起我们的重视"。

王展意副部长说："在'十三大'精神指引下，全国公路系统要进一步深化改革，普遍推行各种形式的经济责任制，切实加强管理，努力降低成本，提高质量。在改建公路时，要集中力量打歼灭战，尽量缩短工期，并注意修好便道，保证车辆正常通行。"

谈到我国公路建设的前景，副部长十分乐观。他说："今后13年，公路建设会有大发展。到本世纪末公路里程将达到120万公里，国道、省道都要达到三级或三级以上标准，经济发达地区干线将达到二级或一级标准。同时，要建成一批高速公路。到2000年，我国将拥有高速公路1500公里以上。那时，全国公路上通行不畅的状况将基本上得到解决。"

最近，记者在一份资料上看到王展意副部长的一幅墨迹："总结经验，开拓前进"。我想，这也是他对发展公路事业的期望。

（题头照片为本报记者杨烨 摄）

河北四家公司进京客车挂上"信得过"免检卡

本报讯 （记者 谭峰生）据悉，河北省廊坊、保定、衡水、沧州四家地区运输公司的进京客车，最近全部获得"信得过"免检卡，成为目前全国仅有的四家获得免检进京的运输单位。

廊坊、保定、衡水、沧州四家客运公司日平均进京客车400多辆次，往返运送乘客2.4万人次。去年1月，四家运输公司与北京市公安局丰台大队、大兴县公安局交通队签订了"安全管理协议书"，开展警民共建文明岗、文明路、文明车活动。四家运输公司对进京客车实行定人、定车、定路线、包安全的"三定一包"责任制，他们选派作风好，技术精的司机担任进京班车驾驶任务，进京车辆全部选车况好的，进京车辆还配合公安交通部门宣传交通规则，维护交通秩序。经有关方面对这四个运输公司进京的1880个车次的抽查，合格率达95%以上。

汕头以法治路效果明显

本报讯 （通讯员 欧阳世杰 记者郑炜献）国务院颁布《中华人民共和国公路管理条例》以后，汕头公路局各公路工区积极宣传"以法治路"，强化公路管理，取得较好效果。

市公路系统同公安、交通、城监、村建、工商行政管理等部门密切协作，清理路障，拆除违章建筑。据统计，全市共清除堆积在路面、路肩的杂物120处，清理路旁摊档356处，拆迁公路两侧违章篷棚340间、房屋280间，整顿公路集市贸易点45处，收回被占公路3200平米，还增设了公路安全标志，完善了交通管理设施。

北京市府表彰交通安全工作

本报讯 （记者 张向群）去年，为首都交通安全做出优异成绩的先进集体和个人，以及优秀交通干警，最近受到北京市人民政府的表彰和奖励。同时，对交通死亡事故大幅度上升的三个单位，分别给予了通报批评和罚款处分。

去年，全市交通事故死亡人数比上年减少128人，直接经济损失减少610万元，这是北京市1987年政绩上的一件大事，也是城市交通管理水平有了新的提高的表现，今年，北京市交通安全工作的重点是整顿自行车秩序。

运输生产建设全面完成计划
五百万职工全力奋战

本报讯 全国公路、水路500多万职工奋战整一年，全面完成了1987年的运输生产计划和基础设施建设任务。交通部提供的每一个最新统计数字，都浸透了全体职工辛勤劳动的汗水。

海洋运输历来在全国运输结构中起着举足轻重的作用。去年海洋船舶货运量完成1.5亿吨，沿海24个主要港口吞吐量完成3.95亿吨，分别比1986年增长5.4%和2.9%。国际集装箱港口吞吐量完成68万标准箱，国际远洋集装箱运量为52万标准箱，都比1986年有所增长。部直属海运企业客运量完成760万人次，为年计划的121.6%。港口压船压港情况继续好转。全国内河客货运输也取得了好成绩。

公路运输情况，交通部提供的是全社会的数字。全年公路客运完成66亿人次、2308亿人公里；公路货运完成66.2亿吨、2450亿吨公里。令人注目的是，城乡个体（联户）客运量为9.68亿人次，货运量为15.94亿吨，显示出强大的生命力。

去年由部统一安排的基建投资计划已全部完成。全年共建成投产34个泊位，新增吞吐能力1096万吨。全国的公路线又向前延伸了1.7万公路；全年改建公路1.5万公里。改建一级公路595公里，二级公路4400公里，是历年来修建一、二级公路最多的一年。新建桥梁4056座，总长14万延米。

1987年交通部安排扶贫公路建设资金3370万元，用于76条公路、49座桥的建设。动用粮、棉、布修建县乡公路和机耕道2.74万公里。

本版编辑 徐汉坤

●公路、水路运输均超额完成计划
●建成34个泊位，新增吞吐能力1096万吨
●新建公路1.7万公里，改建1.5万公里
●安排扶贫公路建设资金3370万元用于76条公路、49座桥的建设
●动用粮棉布以工代赈修建县乡公路和机耕道2.74万公里

1987年交通工作成就之三

部今年将邀请聘用八十名外国专家

本报讯 交通部今年计划邀请和聘用外国专家八十人来华工作和讲学，派出二百多人到国外培训。

过去三年中，交通部引进人才近五十人，在咨询服务、合作开放新产品、联合设计等方面收到良好经济效益。交通部第一航务工程勘察设计院通过与日本专家联合设计连云港庙岭煤码头，弥补了过去设计中的缺陷，仅软基加固一项就节省人民币一千万元左右。（引进办）

西藏控制公路货运车辆规模

本报讯 近年来西藏公路运输业发展迅速，运力大于运量的矛盾日益突出。为此，西藏交通部门决定控制一九八八至一九九五年公路货运车辆规模。具体对策是：严格执行载重吨位总吨模控制计划，凡超出吨位控制计划的企业，要求在两年内调整过来。

在一九九五年以前，原则上不再新建国营运输企业。国营运输企业有步骤地、稳妥地发展挂车，在不增加车辆的情况下，增加运力。同时鼓励各运输企业开展横向经济联合，密切协作又开展竞争，求得共同发展。

逐步建立一个以国营运输业为骨干，国营、集体、个体的机械、半机械、畜力运输协调发展的交通运输新格局。

港湾工程公司开辟新市场

本报讯 中国港湾工程公司最近又辟新市场，承包了孟加拉吉大港卡纳富利河航道疏浚工程项目。中国的挖泥船首次进入南亚地区，从而使过去荷兰疏浚公司长期垄断孟加拉及南亚地区疏浚市场的局面有所改变。（十志强）

我国制订出二〇〇〇年汽车生产计划

本报讯 我国目前已制定出二〇〇〇年年产汽车二百万辆的中期计划。

按计划，汽车工业将从两方面进行调整。一是改变生产组织形式，把现有的三十九个大型汽车厂中的二十四个合并为可以独立设计、独立生产的吉林、湖北、山东三大汽车工业公司，其余十五个厂下放给地方管理。二是改变产品结构，计划在十五年内，八吨以上载重汽车的产量由占汽车总产量的百分之五上升到百分之十，八吨以下五吨以上的汽车由占总产量的百分之五十一下降到百分之二十，三吨以下汽车产量由总产量的百分之四十四上升到百分之七十。

ZHONGGUO JIAOTONG BAO

1989年4月19日 星期三 第449号 报纸代号：1－72

暂时的支付 长远的效益

——我对修建高速公路的基本看法

京津塘高速公路北京段工程指挥部高级工程师 夏传芬

编者按 高速公路在国外早已司空见惯，但在我国的出现不过是近一两年的事，只有几条。总结世界公路建设经验和中国公路发展的情况，逐步发展高速公路是大趋势，目前国内对修建高速公路尚有各种不同的意见，甚至有一种意见认为目前私人小汽车还没有那么多，无需修建高速公路。为帮助读者进一步认识高速公路，今天我们摘要发表高级工程师夏传芬同志的文章，今后还将陆续组织这方面的文章。

高速公路与一般公路相比，具有很大的优越性。它具有4个以上的车行道，没有平交分隔带，采用立体交叉并控制出入，有完善的安全防护设施，专供快速车辆行驶，是一种高速、安全、舒适的现代化新型公路。

高速公路的产生和发展，是一个国家和地区的国民经济发展到一定阶段，人民生活水平提高到一定程度的客观需要和必然产物。它是客观经济规律的反映，并不是人们主观意识的产物。

（一）

高速公路的造价，比一般公路、高等级公路都高。但世界各国对高速公路的建设，都注入了极高的热情。技术、管理水平也日益提高，国际上也成立了相应的组织，以进行学术、技术交流。高速公路真可谓不胫而走，世界高速公路的里程增长很快，技术发展很快。据了解，目前世界上修建高速公路的国家和地区，不仅有经济发达的国家和地区，也有发展中的国家和地区，不仅版图大的在发展，版图小的也在发展；不仅技术先进的有，技术落后的也有。尤其是近年来一些发展中国家也十分重视发展高速公路，匈牙利已修建了8条汇集于首都布达佩斯的高速公路，全长约1600公里。朝鲜在1978年建设了从首都平壤至元山的180公里长的高速公路，还建设了平壤至南浦的高速公路。印度也修建了从首都新德里至各地300公里长的高速公路。

世界各国对高速公路早就有公正、客观、一致的评价。对高速公路的巨大作用，有不少国家作了很好的说明。

有人说：只有在欧洲建成四通八达的高速公路网，才能说建设起了真正的欧洲。

日本人称高速公路网"是对国家兴亡关系重大的道路"，"是国土均衡发展基础的骨架"。

美国联邦公路总署出版的一份材料把美国的公路网称为"影响到每个美国人的生命线"。

比利时全国公路运输联合会的一位先生说：公路就是比利时的"国民经济大动脉"。

对于南北欧国际高速公路正在建造中，人们称它是"通向未来之路"。

有位从美国回来的朋友谈起美国的经济时说：从某种意义上来讲，没有美国的高速公路就没有美国的一切。

（二）

世界各国为何如此重视发展高速公路？除了是由于为适应交通运输迅速发展的迫切需要，必须采取既有高效能、又有安全保障的途径之外，还因为高速公路能够大大提高运输效率，促进经济发展。

美国政府估计，州际公路网总投资约900亿美元，但从1950年至1980年的24年中，在节约汽车燃料、降低轮胎消耗、减少交通事故和提高运输效益等方面，获益达1390亿美元，几乎是造价的一倍半。

美国联邦公路总署测算，在州际公路网使用期内，每1美元的投资，可以给使用者带来2.9美元的收益。

日本高速公路10年内的直接经济效益为对公路投资的3倍。1983年日本工厂选址在高速公路20公里以内的占50%至80%。

西德每年死于交通事故的，高速公路仅占7%，一般公路占55%，城市道路占38%。日本高速公路上的行车事故率，仅为一般公路的十分之一。

美国1987年出版的《我们国家的公路》一书中，对1967年至1985年的运量和死亡事故进行了分析：1967年运量为4亿车英里，到1985年为7亿车英里，增长75%；同期的死亡人数，则由51000人下降为44000人，下降14%。在死亡人数中，高速公路的死亡人数，比一般公路的死亡人数相比，低1倍到1.2倍。

法国过去从巴黎到里昂，汽车要走9小时，修建高速公路后，现在只需4个小时。高速公路创造了成千上万的工作岗位。单是专门服务于高速公路的餐馆，就有近百个，维修站近两百个。高速公路每50公里有一座维修站，沿线还出现了不少新的村镇等。

以我国台湾省修建的基隆至高雄高速公路为例，其经济效益也十分明显。该路建成后在其周围地带，已经形成了大片地区的经济繁荣。

通车一年仅车辆营运费就能节约新台币56.71亿元。

（三）

我国尚处社会主义初级阶段，属发展中国家，尽管我国经济尚不发达，财力也十分有限，但逐步地发展高速公路是十分必要的。我的观点是：支付是暂时的，效益是长远的。从京津塘高速公路的修建来考察，高速公路不可避免地将在我国发展，特别是商品经济发达地区，大城市出入口地段，必将率先发展。

目前，北京市已经具备了一个以9条放射性干线和一个联络环路为骨架，辅以一般干线及县、乡公路的初具规模的公路网。但是，还有不少问题。

一、公路数量少，截至1986年底，总里程只有8849公里，其密度为每平方公里仅有公路0.62公里，与一些发达国家和发展中国家的首都相比，差距较大。

二、公路质量差，高级路面仅占总里程的1.7%，低级路面却占50.5%，还有6%的土路。由于路面恶化，超期服役，桥梁结构性和功能性缺陷，表现在所能承担的交通量、载重能力、服务水平不相适应。

三、北京市的公路的发展与机动车的增长速度不同步，后者的增长速度大于前者。

由于公路里程与机动车的增长不同步，也是造成交通拥挤、堵塞的原因之一。

近10年来，北京市公路建设为解决向心性交通、过境交通和"出城难"，对9条放射干线中的重要路段，新改建为一级公路、汽车专用公路和山区二级公路，随着交通量的增长，人们时间观念的增强，公路建设的标准、设施等，正向更高的服务水平发展。这说明重要干线公路已由量的发展，转移到质的提高。要求有更大的交通容量，适应车辆的顺畅通行，从而尽可能地发挥干线公路的最大功能。

在我国修建高速公路能否象国外那样获得良好的效益呢？根据京津塘、沪宁、广深等高速公路的可行性研究报告，用贴现的方法，将使用期内高速公路的总投资和高速公路使用者得到的总效益进行分析比较，其总效益与总成本之比值分别为2.23、3.12、1.96，其内部利用率分别为11.3%、19.2%、19.5%。也就是说，高速公路的造价虽高，但效益更大，足以弥补其造价昂贵的不足；而交通量越大，其经济效益就越高。

京津塘高速公路建设的经济效益也是多方面的，尤其是北京，受益更高。

在效益计算中，仅按一级公路，用货币计算的直接效益，包括车辆行驶费用的节约，旅客时间节约，交通事故减少等因素。全部工程的投资回收费为10年。在建成投产使用第一年，因线型舒畅，运行快捷，解除拥挤，可节省汽、柴油2.9万吨，轮胎1.3万只。使用20年，可节省汽、柴油70万吨，节省轮胎41万只，汽车运输成本估计可以降低20%以上。再加上交通事故的减少，合理分担铁路短途运输，促进国际交往等等，直接、间接经济效益都十分显著。

京津塘高速公路工程项目的意义，不仅仅在于项目本身的效益，还在于他对我国高等级公路、高速公路的影响，还在于项目本身将培养一批人材，锻炼一支队伍，还在于对北京市有着特殊的意义。

修建高速公路，国家将付出一定的代价，将要投入一大笔投资。但是，我确信这只是一种暂时的支付，效益将是长远的。

"三秦公路杯"书法大赛落下帷幕

本报讯（记者 郭崆）4月8日中午12点，5位评委反复斟酌，终于最后敲定了42位获奖者名单。至此，为期4个月的"三秦公路杯"全国交通系统书法大赛落下了帷幕。

规模大，水平高，反响强烈是这次大赛的显著特征。自去年11月份发出征稿启事后，共收到一千多幅应征作品。其中大多数具有一定功力，有些作品堪称佳作，为书法行家所首肯。

由著名书法家刘艺、李铎、林岫、欧阳中石、夏湘平组成的评委会，采取投票评选的办法，对少数有争议的作品进行了磋商，陈嫘建、杨弦、张彦华荣膺一等奖，此外还有39名佼佼者分获特别奖、二等奖、三等奖和纪念奖（名单见本报四版）。一二三等奖获得者平均年龄38岁，年龄最大者为61岁的王文铄，最小的林楠只有26岁，他们大都来自生产第一线。

这次比赛得到交通系统各界的热情关注和支持。据有关人士透露，待适当时机，还将举办第二届书法大赛。

楷书（一等奖） 长春市第二货运公司 张彦华

▲本版编辑 徐汉坤

篆书（一等奖） 交通部第二航务工程局 杨弦

隶书（一等奖） 安徽省宣城地区汽运公司 陈嫘建

别有一番滋味在心头

●本报评论员

同一件事，在不同环境便具有不同内涵。

书法比赛已是司空见惯了，然"三秦公路杯"非同凡响，在交通系统竟掀起一股翰墨热潮，人们议之论之，并竞相挥毫书之。书法，向来是文人骚客的情雅之事，与"大老粗"似有些河相隔，曾几何时，长满厚茧的"老手"也捻起竹杆细竹，真、草、隶、篆绝不亚于那些名家，艺不惊俗！

的确，也不错，时代在变，交通职工的素质和意趣也在变，"干活吃饭"不再是他们唯一的信条，物质与精神的双向索取已成为人生的驱动力。这，就是"翰墨热潮"所显示的真正含义。

有些人曾为有自己的健大里程而自我自物，如今，这种形象已成过去，交通职工正以自己的才智努力跻身于现代文明的前列。

为此，当我们品评"三秦公路杯"的作品时，真可谓别有一番滋味在心头啊！

南京油运公司抓三级计生管理网建设

计生率、晚育率、领证率均达100%

本报讯 南京长江油运公司针对船舶流动分散的特点，采取一系列行之有效的措施，使这项工作取得了明显效果：计划生育率、晚育率、领证率都达到100%，达到了无多胎、无计划外二胎、无大月份引产等指标，先后被区、市、省评为计划生育先进集体称号。在1988年度市、区计划生育工作检查评比中，又以满分的成绩名列榜首。

这家公司有6000名职工，来自全国26个省、市、自治区，而且船员大多数分散在船上，计划生育工作相当难开展。以前这项工作上面头头抓不起来就睁眼瞎，下面懒得抓就闭上眼睛。仅1979—1983年生2胎的就有37人（其中有县级证明的11人，无证明的26人），生3胎或3胎以上的有32人，独生子女领证率只在40%左右。1983年公司因严重超计划生育被市政府通报批评，这事引起了公司领导的高度重视。公司成立了计划生育办公室，并着手组建了公司——船队——船舶三级计划生育管理网络，把计划生育工作辐射到每个船舶班组。对家住外地的船员和回家探亲的船员进行九访五问工作，对探亲船员送药具到船头。并针对公司2800多名育龄夫妇实行一条龙服务，从他们领取结婚证书到采取绝育措施，整个漫长的育龄过程，分阶段开展一系列指导和跟踪性服务，通过发放书籍，传授有关知识，使新婚夫妇掌握必备的知识，从而确保计划生育指标的实现。（吉家树）

张家口运输公司近3年计划生育率均达100%

本报讯 河北省张家口运输公司积极推行计划生育目标管理责任制，近3年计划生育率均为100%，多胎率为0，综合节育率为97%，连年被评为计划生育工作先进企业。

张家口运输公司在推行计划生育责任制中，根据运输行业特点，采用追踪式教育方法，复制了一套计划生育录像带，到各基层单位和驻站点巡回放映，受教育面达90%。去年初，他们运用人体生物钟原理，指导适龄青年优恋、优身、优孕，深化了超前教育。（米录）

镇江港连续8年被评为市计划生育工作先进单位

本报讯 3月28日，在镇江市召开的计划生育工作会议上，镇江港务局被评为市先进单位。该港连续8年计划生育率、节育率、独生子女领证率、节育措施落实率均达到100%。（赵建民 蒋继龙）

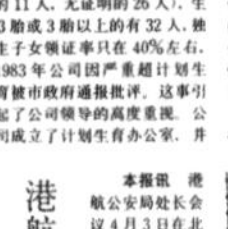

港航公安局处长会议召开

本报讯 港航公安局处长会议4月3日在北京结束。

去年，港航公安机关严厉打击刑事犯罪，整顿港航治安秩序，取得了显著成绩。去年共侦破刑事案件1,316起，打击处理犯罪分子1,843人，查处治安案件7,928起，治安处罚1.2万人次，查获堵截各类违法犯罪分子6,972人。全年有274名干警和78个集体立功受奖。有11个单位没有火灾。

交通部副部长林祖乙在会上讲话强调要动员各方面力量，运用政治的、经济的、行政的、法律的手段，进行综合治理整顿，单靠公安一家不行。他要求各级党的领导要重视、理解和支持港航公安工作，既抓经济效益，又抓社会效益，改变那种认为公安部门是企业负担的狭隘意识。

（李良君）

●**本报讯** 由中国交通报、吉林日报、吉林人民广播电台、吉林电视台、城市时报等5家新闻单位与吉林省交通厅联合发起的公路客运"88畅达杯"竞赛活动近日在长春揭晓。

长春市客运北站、公主岭市客运站等8家客运公司、集安市运输公司客车队等6个车队被评为文明客运站和文明车队，捧走了金光闪闪的奖杯。还有64名"八大员"被评为标准"八大员"。（杨建华）

●**本报讯** 去年首季长江干线港口航道航政船闸的近十万职工，面对航道水浅、货源和运力不足的情况，通力合作顺利地完成了1－3月份的装卸任务。据不完全统计，全线25个港口共完成货物吞吐量3096万吨，有676万旅客安全出港分别为计划的111.4%和104.6%。

（桂慧琪 刘海俊）

●**本报讯** 经交通部批准，青岛远洋运输公司职工学校正式成立。成立大会及首届学员开学典礼4月3日举行。（胡顺维）

面对大海 面对世界

——访中国航海学会理事长彭德清

●苗木 张向群

当人类把跨出陆地门槛占领遥远彼岸的幻想付诸实践的时候，便产生了航海。生活在具有18,000公里海岸线的版图上的华夏民族，她的兴衰和强弱自然地同海联系在一起。据专家考证，早在7,000年以前，我国沿海先民已经可以制造木船了。然而，在我国把航海做为一个独立的学科加以研究，则是近年的事。中国航海学会，从1979年4月成立，至今不过10年时间。

前几天，我们访问了中国航海学会理事长彭德清。他正在审阅在学会成立10周年会议上的讲话稿。谈起航海，彭老显得十分兴奋。因为他的一生，同大海结下了不解之缘。他们家乡在福建沿海，少年时，当过水手，下过南洋。参加革命后，一度离开了他所钟爱的大海，1954年回到海军工作，任东海舰队副司令员兼厦门基地司令员，1955年被授予海军少将军衔。1981年，在他任交通部长期间，兼任了中国航海学会理事长。

10年来，中国航海学会在航海学术、科普等方面开展了活跃的工作。去年4月，被国际航行联合会吸收为会员。

彭老将一本刚刚出版的"中国航海史"拿给我们看，我们从蓝色的封面上感受到海的辽阔。他在为这部书写的前言中说："航海事业是一个国家对外联系的纽带，体现着这个国家经济的兴衰。没有一个发达国家的航海是虚弱的，也没有一个国家航海事业衰败而这个国家是强盛的。"

彭老说：他早就想为中国航海历史立传。1983年，他给中顾委薄一波副主任写报告，希望通过航海史资料的搜集、写作，来"探索和总结中国航海历史上的一些规律和经验。"薄一波在"当代中国"丛书编委会上讲话时，特别提到彭德清退居二线后，仍有雄心壮志，他说："这种精神对已经离休退休和再有一两年就要退下来的老同志很有意义。要把老同志的才能调动起来，把许多东西记载下来。"在航海史编写过程中，彭老曾亲自到江苏、福建等地考察有关郑和的历史遗迹。

中国航海，有着悠久的历史和丰富的史料。明代航海家郑和七下西洋，比当过海盗的哥伦布发现新大陆早了半个世纪。彭老兴致勃勃地向我们讲述航海史封面的设计思想。他说：三朵浪花代表古代、近代和现代。古代是一朵大浪花，说明我国航海在古代很发达。近代是一朵小浪花，因为明王朝后期有"禁海"政策，航海出现了停滞和衰退。清朝时，内有封建统治，外有帝国主义侵略，以致我国航海事业受到严重破坏。现代，一朵更大的浪花代表着旺盛的生机和活力。薄一波在为"中国航海史"写的序言中说："纵观我国航海的发展史，从中可以得到两条重要的历史经验和启示，一是什么时候实行对外开放，积极扩大对外经济文化往来，国家的航海事业以及整个国民经济和社会文明就得到促进，走向繁荣和进步；相反，什么时候实行闭关锁国，切断对外的联系，国家的航海事业以及整个国民经济和社会文明就受到窒息，处于衰败和停滞的境地。"

前不久，彭德清率领中国航海学会代表团访问英国，英国同行听说"中国航海史"即将出版，他们感到惊讶。他们因为资料散失，至今没有编出一本航海史来。

先人说："立言，谓言得其要，理足可传。"中国航海史，是一部可以传诸后世的书了。我们望着面前这位为这本书付出了心血的老人，心中涌起由衷的敬意。

北京重点整顿自行车交通秩序

本报讯（记者 王建军） 整顿自行车交通秩序，已被北京市当做迎接建国四十周年和第十一届亚运会的第一炮。

记者从有关方面获悉，目前北京市自行车已达730多万辆，数量大，违章多。据不完全统计，仅去年一年纠正自行车违章达200多万起。1988年全市交通肇事死亡567人，其中自行车负主要责任以上的事故就死亡147人，占全市交通死亡总数的26%；如果把与自行车有关的交通死亡事故都算在一起，则占全市交通死亡事故的70%以上。

日前，北京市召开万人大会，张百发副市长讲话呼吁，消除骑车人不讲交通公德、不守交通规则的现象。

中国交通报
ZHONGGUO JIAOTONG BAO
1989年7月29日 星期六 第478号 报纸代号：1－72

根据国情加快我国高等级公路建设

钱永昌部长就战略设想、规划和政策措施提出要求

本报讯（记者倪玮 特约记者唐杰）在最近举行的交通部高等级公路建设经验交流现场会上，交通部部长钱永昌提出了我国高等级公路发展战略设想，对完成"七五"后两年任务，及抓紧"八五"公路建设规划提出了要求。

钱部长首先肯定了近几年交通系统利用有限的资金，在原来欠帐较多情况下，重点建设我国城市出入口、重点经济区、贫困和边远地区公路取得的成绩。一是国家集中资金重点安排干线公路的建设。"七五"期间共安排42条，计划建成干线公路27条，现已建成投入使用4条，明年可全部完成；其中安排6条高速公路的建设，有部分已建成投入使用，效果很好。二是由交通部门拨款共修建大中城市出入口公路3000多公里，拓宽了路面，提高了质量，使110个大中城市出入口公路拥挤状况，得到不同程度的改善。再就是连续3年帮助贫困地区发展交通，国家采取"以工代赈"办法，拨出粮棉布折合人民币17.8亿元，在全国220个贫困县修建县乡道路和机耕道12万公里，其中新建等级公路5万多公里，使60%的贫困地区初步脱贫。

但是，我国公路交通发展还存在很多问题，如投资比例小、公路标准低、通过能力小，造成效率低、事故多等。对此，钱部长指出，修建高等级公路是我国公路交通发展的必由之路，要根据我国国情，在力所能及的情况下，加快高等级公路发展。他说，在2000年前，我国有3300公里的路段每天的汽车交通量将逐渐达到平均一万辆。从我国经济发展来看，内陆大城市与大城市之间，内陆大城市与主要港口城市之间以及大城市与卫星城市之间，应该修建高速公路或高等级公路。

钱部长在讲话中，提出了发展我国高等级公路的战略设想。他认为，首先要树立正确的指导思想，制定公路建设和发展战略规划，要以小平同志最近讲话精神做为制定发展交通战略和长远规划的指导思想，落实到我们规划和建设高等级公路的全过程中去。他提出，从"八五"开始建设公路主骨架，主要是建设一些高标准、高质量，全封闭和全立交的汽车专用路和高速公路。重点建设12条共2～2.5万公里的国道主干线。到1990年，高速公路、汽车专用公路和一级公路的目标要达到2000公里，已完成了1820公里，预计可超额完成。二级公路要求达到30000公里，也已提前和超额完成，达32949公里。

谈到今后建设高等级公路的政策措施，他说，高等级公路建设资金，主要由地方自筹，实行多渠道集资。国家今后的投资部分主要用于全国性大骨架和对经济发展有重大影响，社会效益显著的项目。用小的比例对地方项目作适当补助。地方自筹可以考虑下列资金来源：即适当提高养路费率，争取多返还一些能源交通基金，利用汽车购置附加费，收取过路费等。最后，钱部长还说，今后国家对各地补助资金的投向，要根据各地政府重视的程度而定。

国务委员邹家华对高速公路建设发表意见

不是要不要发展 而是必须要发展

- ●这次会议对全国高等级公路建设将有一个推动
- ●交通部应提一个"倾斜"报告，国务院具体研究
- ●要综合考虑各种运输工具制定长期发展规划

本报讯（记者倪玮 陈旭）国务委员邹家华7月20日在交通部高等级公路建设经验交流现场会闭幕式上，充分肯定近几年我国高等级公路特别是沈大高速公路的建设经验。他认为，高速公路不是要不要发展的问题，而是必须要发展。

邹家华同志在讲话中说，虽然沈大高速公路还没有完全建成，但是可以肯定地说，这条公路是具有巨大经济效益的，是一条成功之路，辽宁的经验很全面，他们既分析了辽宁的经济发展需要，又分析了全国经济发展的需要，做出了有战略意义的决定，并且把这样一个认识和决心，变成了各个方面和广大群众的共同思想。因此，这条路的建设就有了一个很广泛的群众基础，而不是靠简单的行政命令。这次会议很重要，就是想用辽宁的经验来推动全国高等级公路的建设。

谈到前一时期对高速公路有些不同看法时，邹家华认为这是对各种运输方式都要发展，不要互相排斥，而是要互相补充。他说，我们国家很大，各地条件不同，需要很多各有特点的运输方式，建设什么等级的公路，要根据经济发展的需要来定。从经济发展要求看，必须提高速度，所以现在应该说，高速公路不是要不要发展的问题，而是必须要发展。发展高速公路不仅是着眼于今天，而且着眼于明天。

邹家华特别提到发展高速公路要有一个长远规划。他说，各地建设公路要首先从最拥挤的路段和预计将要拥挤的路段开始。要根据各地实际经济发展需要，综合考虑各种运输工具制定长期运输发展规划。他要求交通部根据我国的体制和资金的分配，多方考虑，从全国出发，先把大的骨架考虑好，主骨架的路必须考虑建高等级路，否则就发挥不了它的作用。根据实际需要，高等级的路一定要全封闭、全立交，否则不但速度保证不了，安全更保证不了。交通部作为国务院的一个部门，一定要把全国的交通统筹规划好，有一个全国统一的规划。整个网络的建设要依靠地方配合，条块结合。

对于大家提到的政策倾斜问题，如能源交通基金、养路费、调节税、土地占用税等方面的建议，邹家华请交通部把大家的意见综合起来，向国务院提出一个向交通"倾斜"的报告，由国务院具体研究。他说，我们现在一些小车不收公路费用，美国收汽车附加费、汽油附加费、轮胎附加费，这都可以研究。

最后，邹家华对这次会议做了较高评价。他说这次会议很有意义，有小平讲话做会议的指导思想，有辽宁沈大路的实际经验做会议交流内容，交通部有长远规划。通过这次会议，对全国高等级公路建设将有一个推动，对我们整个国民经济发展有一个促进。

安徽省蚌埠航运系统职工全力以赴，连夜奋战在防汛抗洪运输第一线。他们战胜家和码头、机械被淹没造成的困难，采取搭建临时简易码头，架设皮带运输机等办法，及时抢运了支农化肥等物资五千多吨，确保运输畅通无阻。图为港口一角。 江永华摄

大同千余名机关干部组成"抗洪护路队"

一个多月疏通公路17处，清路障39处

本报讯 进入汛期以来，山西省大同市10个公路运输公司为了保证公路畅通无阻，克服洪水的危害，他们专门组织了一支由各公司机关干部参加的一千多名抗洪排危护路队，分布各条公路进行抗洪工作。

近一个多月来，他们在国家没有投资一分钱的情况下，开通路基排水渠20公里，修筑坑凹路面383处，清除路障物39处，疏通危险公路17处。这些抗洪排险的护路干部，他们个个不顾盛夏炎热，日夜轮流以路为"战场"，每天干十多个小时以上的工作。六月下旬，在一场罕见的大暴风雨后，各公路经受了洪水的"考验"，无一处因洪水冲击中断了车辆的行驶。为此，"抗洪护路队"受到了大同市政府防汛领导组的表扬。 （李尚）

宝鸡市一运防汛工作「三落实」

本报讯 陕西省宝鸡市第一汽车运输公司对防汛工作认真做到人员落实、车辆落实、地段落实，把防汛措施落在实处。

这个公司在本市和外地有21个汽车站，驻地分散，给防汛工作带来很大困难。针对这一情况，该公司于6月中旬就制定了防汛措施，公司和6个分公司成立了防汛领导小组，各小组成员划分了抢险任务和地段，并在汛前上路下线逐站落实防汛措施。他们还抽调了近百辆汽车和近百名司机，组成3个防汛抢险队。公司机关和6个分公司从6月底实行了昼夜值班制度，遇到险情值班人员随时调派车辆、调派人员，并指定了防汛疏散负责人、车辆和人员撤离路线、疏散地点，达到了人员落实、车辆落实、地段落实、分工明确的效果 （董馨娅）

十四名职工奋战抗洪第一线

八昼夜抢修航标十五座次

本报讯 到7月16日，南京航道处大桥航道站14名职工已在抗洪第一线连续奋战8昼夜，及时抢修和恢复15座次被打船撞坏的航道标志，使大桥辖区的航标维护完好率保持到100%。

该站每天有近2000艘船舶通过南京长江大桥航道。6月中旬以来，由于长江沿线大面积降雨，南京水位暴涨，汛情严峻，加上汛期洪水流量大，流速快，船行至大桥航段难于控制，致使船舶常常撞坏航道标志，航标一旦破坏，船舶就要失去"眼睛"，将直接威胁大桥安全和航道畅通。为确保南京长江大桥汛期安全和航道畅通，大桥航道站职工以船为家，坚守抗洪第一线，做到值班人员到岗，防汛材料到位，并及时组织力量突击把500公斤的30个水泥坨石、16只备用浮标和1000米钢丝绳送到位。

在南京航政分局大桥监督站协助下，他们还对大桥航道标志逐一"检查，昼夜巡视，坚持"勤看水位、勤探测、勤移标、勤检查"和"多瞭望、多联系、多检查信号"，使标志标位正确，规格整齐，颜色鲜明，灯光明亮。由于采取了以上措施，使航道上每盏灯都保持良好的技术状态，确保了船过大桥安全和航道畅通。 （孟宪桐）

不进"赌场"进"赛场"

"赌汉"贾应山竞争夺先进

本报讯（通讯员 张海清）昔日"一说赌博精神爽，发下工资进赌场"的赌博汉，今年第一季度跨入了先进行列。他就是太原汽车运输公司三队司机贾应山。

贾应山过去由于嗜好赌博，丈母娘瞧不起，妻子意不起，公司职工看不起，影响很不好。在今年季行的首季开门红立功竞赛活动中，公司和车队领导注意思想政治教育，用送喜报、留立功纪念照、上光荣榜等有效形式，激发职工的企业精神和奋发向上的进取意识，使贾应山深受教育。他痛改前非，向公司经理做了再不进赌场的保证，安下心来大干工作。其间，昔日「赌友」三番五次约他，他都没有动摇。结果，他取得了车吨月产破万关，完成产量十五点二万吨公里，实现利润一点二五万元的优异成绩，在全队四十二辆东风车中独占鳌头。

当公司领导敲锣打鼓把贾应山的立功喜报送到他丈母娘家中时，丈母娘起初以为搞错了，继而高兴的热泪盈眶，连连说：「真没想到应山能有今天，从今往后我要对女婿另眼相看了。」

海港杯短新闻大赛

交通部召开海员外派工作座谈会

林副部长要求加强统一管理

本报讯（记者杨烨）加强海员外派工作的领导和统一管理，健全海员外派工作的各项规章制度是推动海员外派事业更大发展的可靠保证。这是在最近召开的交通部海员外派工作座谈会上与会代表的一致看法。

我国海员外派工作近年来取得了较好的成绩，已同80多家船公司建立稳定的业务合作关系。截止到1988年底为国家创汇8.429万美元，累计派出20585人次。

代表们认为，我国海员外派工作存在的主要问题是没有一个统一的管理机构。经国家批准同意经营的外派业务公司，交通系统有2家，经贸系统有15家。还有许多不具备经营此项业务条件的公司也在从事这项业务，自此引起盲目竞争，使一个全套船员的年合同额已从30余万美元降到22万美元，外国船东坐收渔利。另外外派海员队伍不稳定，把海员外派当做一项福利或照顾，采用大轮班的方式。

林祖乙副部长在会上强调指出，当前要加强管理监督，建立健全各项规章制度和宏观调控体系创造一个有秩序的比较和谐的竞争环境。他还就海员证的审批签发，加强培训考核，消化吸收国外先进管理制度，组织开展市场预测等项工作，作了具体的指示。

国家计委、劳动部、海员总工会、部人劳司等共40个单位的领导同志参加了会议。

本版编辑 徐汉坤

不"短视"大陆开放政策

香港景华公司投资成立合营公司

本报讯 香港景华船务有限公司不"短视"大陆对外开放政策，冷静地认清中国的当前形势，对青岛的投资环境和发展前景表示乐观。7月17日，这个公司在上海正式和青岛港务局、青岛外轮代理公司签订了投资合同，三家共出资100多万元成立了青岛市第一家集装箱维修综合服务公司。

近年来，青岛地区集装箱运输发展较快，每年海运集装箱吞吐量已突破10万个标准箱，青岛已成为全国四大集装箱集散口岸之一。以往，青岛地区集装箱的修理都要运到外地，制约了集装箱运输的周转。合营公司的成立将彻底改变这种局面。 （李德尧）

安徽口岸首次出口冷冻蔬菜

本报讯 安徽省冷冻蔬菜出口首次由本省口岸外运。满载470吨新鲜冷冻蔬菜的浙江远洋公司洛伽轮，7月12日上午离开芜湖港前往日本神户。

1980年开港以来首次担负冷冻货物装船任务的芜湖港想方设法，克服经验不足、设备落后的困难，不仅提前20小时完成了装船任务，而且质量达到国际标准，亏舱只有10%，使船舶舱容得到充分利用，受到货主和船方好评。 （董书武）

山西查处31部违纪购买小车

本报讯 山西省长治县于今年5月开始对本县无编制、无准购、准运证、审批手续不明的小汽车进行了立案审查。现已查明的各种违纪小汽车31部，并全部予以封存。这些被查处的车辆，有的是公款购车上私人牌照；有的是开假发票、谎报用途，逃避监督；有的是挪用救灾、教育、生产等专项资金。 （梁勇全）

中国工农红军西路军长征最后一战纪念塔。此塔位于甘肃安西县城南，紧靠安敦公路，建于1988年9月，共设9层，塔高26.3米。此塔正面有李先念同志题词："为中国人民解放事业牺牲的烈士们永垂不朽"，塔的背后悬挂一匾，上有徐向前元帅题词："中国工农红军西路军最后一战纪念塔"。 李建元 摄

中苏边境贸易前景广阔

霍尔果斯口岸客货运量翻番

本报讯（记者 王之安）由于中苏在边境贸易往来中，相互信任、互相理解，贸易交往前景广阔，霍尔果斯口岸在恢复通商后的5年，客货运量翻了几番。

1983年11月16日恢复中苏霍尔果斯口岸边境贸易。近年来，随着对外开放的逐步深入，中苏边境贸易和人际交往发展非常快。1983年，进口商品品种只有4个，出口商品2种，货物进出口运量仅3800多吨，去年进出口货物运量已达到近9万吨，进口商品品种已达近20个，出口商品增加到15种。今年上半年，进口商品运量已接近8万吨。1983年过往该口岸旅客仅80多人次，去年过往旅客达到1.56万人次。今年3月1日，又开通了中国伊宁至苏联潘菲洛夫互通旅客班车，大大地方便了过往的客人。苏联一位货车司机告诉记者：他在这个口岸拉运货物已经4年了，中国方面接待热情，手续简便，装卸迅速，他感到十分愉快。如今的霍尔果斯小镇，四周绿荫环抱，建筑设计典雅，道路宽敞整洁，人如流，车如梭，热闹非凡。

青山汽运三公司转变经营思想

为生存互相"拉锯"节节败退 求发展优质服务步步进取

本报讯 武汉市青山区汽车运输三公司在运输市场的激烈竞争中游刃有余，积极开展为客户代提、代装、代运、代卸业务，扩大运输市场，挖掘运输潜力，上半年全面超额完成运输计划。

青山区汽车运输三公司位于武汉市水、陆铁路交汇处，紧邻大工业区，有着得天独厚的营运优势。过去由于缺乏全方位服务思想，不少找上门的业务往往因为服务不配套，不能满足客户的需要而被拒之门外。近年来，随着交通运输的开放搞活，社会车辆纷纷投入营运，公司的业务逐步被"吞食"。为了争夺业务"领地"，他们不得不和其他运输单位争"食"，互相"拉锯"，"饥一餐饱一顿"地捱日子，摊子越守越小，企业越搞越死。在严峻的事实面前，公司领导认真地进行市场调查分析，提出"方便、及时、安全、优质"的经营服务方针，采取"走出去，找上门"的方法，开展代提、代装、代运、代卸业务，办理水陆联运提供优质配套服务。客户仅凭一张提货单就能保质保量，按时收到货物，减少了中间环节，节省了人力、物力和时间，深受客户青睐。 （王海春）

●**本报讯** 黑龙江客车厂生产的龙江680型公路大客车出口菲律宾，首批20台于6月22日起运赴大连港，而后装船。

菲律宾进口公路客车，于5月初在世界各国招标，中、日、南朝鲜等国相继投标，5月下旬开标，连续7年获得交通部优质产品的黑龙江客车厂680型公共客车，在竞争中以报价低、交货快等优势，战胜对手，夺得第一标。第一批计划出口80台，9月前全部交货，总计划出口190台，创汇418万美元。这是黑龙江省客车行业第一次大批量出口，据权威人士介绍，全国大批量出口客车这也是首次。 （李德成 王震）

●**本报讯** 由中国市政工程西南设计院设计，云南省第六建筑工程公司第二工程处负责施工的云南省第一座大型城市公路立交桥——昆明西站立交桥已于6月底正式开工。该桥东西全长522.31米（含引道），南北长330米。桥分三层，底层为人车分流的非机动车及人行道；中层为环形机动车道，有东西南北四个道口与昆畹公路、环城西路、环城北路及交林路相通；上层为东西向快车道与昆畹公路和环城西路相连。立交桥高9.8米，总占地面积3.4万平方米。此桥建成后，将极大地缓解昆明市西大门交通拥挤阻塞状况。 （张志伟）

戒严部队授予北京交通运输系统9面红旗

本报讯 在北京市戒严部队表彰的近百个拥军爱军先进单位中，北京市交通运输总公司被授予9面锦旗。

北京市运输公司二场在动乱、暴乱期间，及时组织15部车、60名装卸工清理天安门广场，分别抢回两辆当路障的车，提前一个月完成了上半年生产任务。

化学物品运输公司一场将被围的52名解放军、3辆砸坏的军车抢救回场。

大型物资运输公司一场冒险保护了21名解放军和一名受伤军官，修复了两辆被损坏的军车，隐藏了一辆军用吉普车，保护了全场车辆没受损失，在动乱期间共出吊车10部次、板车27部次、56人清路障。

汽车配件公司建国门销售公司为部队送去54个品种60万元17车汽车配件，保障了戒严部队迅速地执行任务。 （周余忠）

不信青春唤不回

——写在沈大公路通车时

本报评论员

七、八、九三个月，天气最热，暑事好像也最多，京津塘高速公路8月25日部分开通迎来，东北的鲁滨——375公里的沈大路9月1日又正式通车，一个星期内，好事成了双。

曾几何时，高速公路这个名词，在国人眼里还是一个新鲜玩艺儿。现在，已经有不大不小的4条高速公路横卧在神州的土地上，人们大饱眼福，连得其利，巴不得所有的路都变成高速。

其实，最重要的不是几条路的通车，而是蕴本身包含着什么，意味着什么。几年前，当第一条高速公路动工时，一些同志就对中国有没有必要修高速公路，能不能修高速路表示担忧。对担忧的思考，主要是国力资金的困惑。有限的，用到铁路上好还是用到一般道路上好。后来的事实证明，这种担心就给了群众对高速路的理解和创造。这些年，中国人的交通意识完成了由量到质的飞跃。他们从5种运输方式都严重滞后的痛苦体验中，认识到只有大力发展综合运输才是真正出路，认识到高速公路的优势是其它任何运输方式都取代不了的，认识到发展高速公路是个时代趋势，财力紧张可以少修一些但绝不能不修。有了这个意识，就有了为国分忧的觉悟，就有了多方集资的本领。现在看，地方和群众的积极性超过了上面，创造精神也超过了上面。这种传统，就是我们近几年总结的话：过去要我修路，如今我要修路。

在为沈大路通车举写这段文字时，我们想到了古人的一首诗："不信春风唤不回，不容青史尽成灰。低徊海上成功事，万里江山酒一杯。"作者写此诗，意气豪迈万千，不信青春唤不回，是不服老，认为天下事仍多有可为也。高速道路建设者这些年奋发不拒，奋力拼搏，今日沈大路功成业就，这种气概感人！

交通部、中共交通部党组关于加强廉政建设纠正行业不正之风的决定

部党组在认真学习李鹏总理在国务院电话会议上关于加强廉政建设，纠正行业不正之风的重要讲话后，对交通行业风气的状况和存在的主要问题和进一步纠正行业不正之风的措施，进行了认真的研究。

近几年来，全国交通系统按照中央的部署和指示，为加强廉政建设和纠正行业不正之风做了大量的工作：通过广泛的调查研究，基本上摸清了交通行业不正之风的主要表现、产生原因和严重危害，提出了对行业不正之风进行综合治理的方针、措施和方法；开展了查纠行业不正之风和治理整顿运输市场的工作，对带有普遍性和群众反映强烈的行业不正之风进行了重点查纠，并基本实现了运输经营者经营证照的审验和经营资格的审查，开始着手对经营行为进行整顿，查处了一些违法违纪案件；加强了规章制度建设，颁发了货物运输、旅客运输、客运售票、工程招标投标等管理条例、规则或办法，制定了交通行业各类干部职工的职业道德规范和机关工作人员为政清廉的规定等约束交通行业行为的规章制度；初步建立了监督机制，从部到全国交通系统各单位，在党内建立了纪律检查机构，在行政上建立健全了监察、审计机构和信访部门，组建了稽查队伍，加强了社会监督，设立了众多的监督电话和检举箱，聘请了社会监督员；广泛地开展了职业道德教育，从一九八六年开始，先后组织了杨怀远等交通系统先进人物事迹报告团，武警交通部队修筑青藏、天山公路先进事迹报告团，交通系统学雷锋、树新风先进事迹报告团等，到全国各地巡回报告，今年又大力宣传了青岛远洋运输公司船员严力宾同志的先进事迹，在交通系统和社会上引起强烈反响，取得了良好效果。经过几年来的综合治理，交通行业风气逐步好转，在广大干部职工中忠于职守、遵章守纪、无私奉献的先进模范人物不断涌现。这是交通职工队伍的主流。

但是，由于行业不正之风具有长期性、隐蔽性、反复性、互染性等特点，目前交通行业风气仍存在着不少问题，有些问题还是严重的。一是交通管理、执法、监督部门少数工作人员以权谋私，利用港口调度指泊权，运输证照审批权，运输船舶检验权，水上安全监督权，工程招标和审定施工权，费用征收权等等，为个人和小团体获取利益。二是汽车客货运输部门部分司机、售票员私吞票款、运费，一些运输企业职工私分、私卖货物，严重地损坏了国家、企业和货主的利益。三是在路政、运政、稽征工作中，轻教育重罚款，罚款标准不一，存在着乱罚款、乱收费的问题。四是航运船舶少数船员，无视国家法律，利用职业之便，走私、倒卖录像机、录像带、彩电、香烟、摩托车、自行车及其它物品，由少量走私发展到大量走私，由个别走私发展到集体走私，严重腐蚀了职工队伍，败坏了企业声誉。五是在客货运输中，少数单位和职工，服务质量差，乱、差和服务态度冷、横、硬（冷淡、蛮横、生硬）的问题仍然存在。

为了贯彻落实国务院电话会议精神，根据李鹏总理所作的"思想教育是基础，制度建设是保证，领导干部是关键"的重要指示，我部特作如下决定：

一、要加强领导

纠正行业不正之风关键在领导。从交通部到各级政府部门和交通企事业单位的领导机关、领导干部，要坚持正人先正己，切实发挥模范带头作用。各单位对所属部门行业风气问题要实行负责制，要抓住工作重点，集中一段时间，彻底整治，抓出成效。对以权谋私严重，带头搞行业不正之风的领导干部，要坚决撤换。

各级党政领导要亲自动手，分管领导要具体负责，建立一级抓一级、一级带一级，层层负责、逐级管理的责任制，把纠正行业不正之风的任务落实到具体部门和领导，出了问题，该由谁负责的，就要追究谁的责任。

部要在年底前组织检查组分赴一些省、区、市交通部门和港航单位，检查贯彻落实国务院电话会议精神的进展情况。

各级领导机关和领导干部，要坚决克服官僚主义，对不正之风要敢抓敢管，敢于碰硬，对那些"老大难"问题要排除各种干扰，迅速、果断地作出处理。如果对群众反映强烈的问题置若罔闻，听之任之，不采取有力措施加以解决，就是一种失职渎职的行为，必须坚决纠正。

二、要加强教育

纠正行业不正之风根本在教育。要组织交通系统全体干部认真学习李鹏总理的讲话，把加强廉政建设、纠正行业不正之风作为当前我国政治、经济和社会生活中的一件大事，认识查纠的重要性和紧迫性。

广泛深入地开展职业道德和职业纪律的教育和轮训。凡尚未进行轮训的单位和个人，在今年第四季度开始抓紧进行。对新职工要坚持先培训后上岗制度。对已经经过培训的人员，也要进行一次考核，经考核未达标的，要"回炉"。对少数服务态度恶劣的人员，要强制整顿，在提高认识、转变态度，增强职业道德和纪律观念后，才能准许上岗。

加强法制教育。《中华人民共和国行政诉讼法》即将实施。这项法规，既赋予和保障各级政府工作人员的行政职权，又是对滥用行政职权的一种制约。要组织全体执法人员认真学习这个法规，并在十月一日前轮流培训。

三、要加强制度建设

纠正行业不正之风，制度建设是保证。要完善审批审验、证照发放、规费征收、船舶调度、人财物分配调拨等各项制度，程序和手续，定期检查执行情况，发现有违规制度、程序和手续擅自决定的事项，必须坚决纠正，并要追究承办人的责任。

逐步实行收支两条线分离制度。凡是可以通过银行缴纳和转账的钱款，收费、罚款人员不得直接收款。不得以收费款额的多少作为发奖金、补贴的主要根据。罚款不得与分配挂钩。部将在今年十月前颁发《道路运输违章处罚规定》及其它规定，结合这个规定的实施，各地、各单位要对现行收费、罚款项目，进行一次全面、彻底的清理检查：一查交通行业有哪些收费、罚款项目；二查项目执行标准；三查费款证来源；四查收费、罚款的开支使用情况。通过清理检查，凡有法规和政策依据的，要予以保留，继续执行。其中标准过高的，要进行调整；罚款、收费弹性过大的要明确档次，加以限制；不合法的要坚决取消。部对这项工作要进行监督，检查或抽查。

四、要加强监督机制

加强党内监督。各级党组织要把加强廉政建设，纠正行业不正之风，作为党内民主生活会的重要内容。各级党组织和纪律检查机关要定期检查共产党员，特别是党员领导干部在廉政建设方面的表现，发现有以权谋私的要批评教育，情节严重的要给予党纪处分。

加强行政监督。各级监察、审计机关要把加强廉政建设作为重要职责，经常检查、审查有无贪污受贿，收受回扣，利用公款大吃大喝，不给实惠就故意刁难等问题，并定期发出通报，表扬好的，批评差的，严肃处理违法违纪的人员。

加强社会监督。要公开办事制度，让办事制度、程序"上墙"，把证费、罚款规定、客运、货运收费标准、证照审批条件、招工条件，以及其它与群众关系密切的办事制度和程序，公布于众，以便群众掌握和监督。同时，要倾听群众反映，对来自报刊、电台、电视台等舆论渠道，来自上访、信函、电话等信访渠道，来自上级、职工正式反映的情况和批评意见，都要一一登记，认真查处，并将查处结果如实告诉反映意见的单位和个人。群众举报的重大问题，领导干部要亲自过问。

五、把加强廉政建设纳入到各部门的工作中去

解决行业风气问题，不只是某一两个部门的事情，各级交通机关的所有部门都有不可推卸的责任。机关各部门都要把干部管好，把自己分管行业的风气抓好。对分管行业存在哪些不正之风，要进行调查研究，摸清情况，掌握数据和情节，进行定性定量分析，并采取切实有效的措施加以解决，真正形成齐抓共管的局面。今后各部门汇报、布置、检查、总结工作，都应将加强行业风气建设作为一项重要内容。交通行业风气建设，由部体制改革司归口管理。

今年第四季度召开的工作会议，如全国交通系统费收工作会议、运输市场治理整顿工作会议、学雷锋、树新风经验交流会议及纪检、监察工作会议等，都要从不同的方面对加强廉政建设、纠正行业不正之风进行进一步的具体部署，以推动、促进行业风气建设。

六、要大力宣传、表彰先进单位和先进人物

在加强廉政建设、纠正行业不正之风工作中，全国交通系统各地区、各单位都要注意发现典型，培养典型，宣传典型，坚持以点带面，以先进带动后进。

部拟在明年上半年召开全国交通系统两个文明建设先进单位、先进集体和先进个人表彰大会，推动廉政建设和行业风气建设向广度和深度发展。

部号召各级交通部门和企事业单位以及全体交通职工，积极行动起来，认真贯彻落实国务院电话会议和李鹏总理重要讲话的精神，在加强廉政建设、纠正行业不正之风工作上作出切实的成绩。并请各省、区、市交通厅（局、委、办）和部属及双重领导交通企事业单位，于今年12月15日前，将有关情况报部。

沈大路通车典礼在大连隆重举行

一千八百多位中外来宾庆贺公路建设丰功伟绩

秦基伟、邹家华、钱永昌、全树仁为工程剪彩

本报讯（记者刘文杰 陈旭 张爱玲）9月1日上午，大连市普兰店海湾大桥上空飘起五颜六色的气球，举世瞩目的沈大高速公路迎来了正式通车的第一天，标志着中国的公路建设跨入了一个新阶段。

中共中央政治局委员、国防部长秦基伟上将，国务委员、国家计委主任邹家华，交通部部长钱永昌和辽宁省委书记全树仁为沈大公路通车剪了彩；国家有关部委、部分省市和沈阳军区等方面的领导同志参加了通车典礼；来自几十个国家和地区的350多名外宾及有关方面的代表共1800多人，一起渡过了这难忘的时刻。

沈大高速公路工程恢宏，四车道上下分向行驶。全路互通式立交桥26座，分隔式跨线桥75座，百米以上大桥16座。全线设施齐全，配备了应急服务系统、交通安全管理系统和通讯系统，沿线设7个管理所，25个收费站，13个微波通信站，6个服务区。修建这条高速公路共挖填土石方3500万立方米，修筑混凝土沥青路面930万平方米。

这条高速公路从设计到施工，借鉴了国外经验，但主要是依靠我们自己的力量。全部工程自行设计、自行施工，采用国产材料。在建路过程中，自始至终得到上下左右多方面的支持，奏出了一曲自力更生、团结协作的凯歌。

沈大高速公路纵贯辽东半岛，连接沈阳、辽阳、鞍山、营口、大连5个大中城市，为辽宁和整个东北地区筑起一条振兴经济和对外开放的黄金通道。对辽东经济实现服务全国，走向世界的宏伟目标将起举足轻重的作用。

交通部部长钱永昌、辽宁省代省长岳岐峰分别在通车典礼上讲话，向在沈大高速公路建设中给予大力支持的各个方面表示感谢，向参加建设的广大干部、工程技术人员、工人及家属表示慰问。

钱部长说，沈大高速公路是我国第一条高等级现代化高速公路，是我国公路建设史上的一个新的里程碑，它标志着我国公路建设进入了一个新阶段。交通部已经制订我国公路交通建设和发展的长远规划和设想，即从"八五"开始，用几个五年计划的时间，在全国建设几条2万至2万5千公里高等级公路干线的快速通道，形成以全国公路国道干线为主体的公路网络。

通车典礼结束后，各位领导和来宾乘车视察和参观了沈大高速公路。

推动治理整顿和行业管理

交通部要求加强运输业车辆技术管理

本报讯（记者吴国平 钟承祥）钱永昌部长8月8日在兰州召开的宣传贯彻13号部令工作会议上，要求全国各级交通部门加强对汽车运输业车辆的技术管理，学习甘肃省交通部门对营运车辆实行检测，通过服务搞好管理的经验，提高车辆技术状况，充分发挥运输车辆的效能，推动治理整顿和公路运输行业管理。

这次会议讨论了宣传贯彻《汽车运输业车辆技术管理规定》的具体措施。会议要求各地突出重点、远近兼顾、积极稳妥地贯彻执行；要加强对运输车辆的技术管理，建立健全运输车辆技术质量监督检验系统，对车辆的安全性、动力性、经济性进行定期检测，不符合运行条件的限期修复；把汽车综合性能检测站纳入公路运输行业管理的范围，进行统一规划、建设和管理，检测站要与企业脱钩，由运输行政管理部门直接管理；对运输车辆实行定期检测和强制维护制度，建立健全营运车辆的技术档案，将检测结果证明和技术档案作为发放、审核营运证的依据之一。会议要求各地加强对交通运输骨干力量大中型运输企业的车辆技术管理，克服车辆使用的短期行为；要搞好营运车辆发展规划，采取行政、经济、法律的手段，实现对运力不仅在数量上也要在质量上的宏观调控，进一步严格开业审查，坚持"先申请，后购置"的原则，逐步解决运输车辆结构不合理和车辆技术状况差的问题；要抓好汽车维修制度的改革，改原来的"定期维护、计划修理"为"定期检测、强制维护、视情修理"，取消三级保养，争取用3年左右的时间完成新的汽车维修制度的推广工作。

高速公路建设势在必行

专家学者讨论发展综合运输

本报讯（记者 葛运涛）几十名专家、学者前不久聚首中国交通科学研究院，纵论中国高速公路的发展与综合运输的问题。他们的学术观点让人深思。

与会专家认为，高速公路是社会经济发展的必然产物。纵观世界发达国家所走过的经济发展道路，无不与高速公路的延伸及网络的完善有着密不可分的联系。美国由于1956年以后高速公路的大发展，才为经济实力的同步增长开辟了条条大道。五十年代的经济奇迹出现在西德，六十年代的经济奇迹出现在日本，而这两个国家在高速公路的建设与发展上是令世人瞩目的。在我国党的十一届三中全会以后，经济建设迅速发展，随之而来的是交通量大幅度上升和公路的严重不适应。在"走投无路"的情况下，人们被"逼上梁山"，高速公路建设出现了"零的突破"。

综合国际、国内交通发展的规律、经验及我国具体国情，与会专家们的共识是：现在世界交通已经进入了各种运输方式综合发展的时代，这也是解决中国交通问题的唯一出路。党的十三大所确定的"发展以综合运输体系为主轴的交通业"的方针，才是中国交通运输发展的长远方针，才是中国交通战线广大职工为之而合力奋斗的目标。这是因为中国是一个幅员辽阔的国家，地区间经济发展很不平衡，必须因地制宜地发挥各种运输方式的优势，不能以任何一种运输方式"包打天下"。根据国情，交通部提出了在现有公路网的基础上有重点地发展由高速公路和一、二级汽车专用路所组成的国道主干线高等级公路网，作为全国公路交通的主骨架。这样才能通过"向主通道汇集，大流量通过"的主干道的系统工程，充分发挥公路运输的经济速度。

这个中国式的公路发展道路，是根据我国经济发展的特点和交通量发展的要求所确定的，是符合社会主义初级阶段的国情的。

天津北洋集装箱有限公司投产

北方最大的集装箱生产基地

本报讯（记者 张向群）我国北方目前最大的集装箱生产基地——天津北洋集装箱有限公司8月28日建成并投产。

这家设在天津经济技术开发区的首家从事重工业生产的企业，总投资额为1250万美元，由天津远洋运输公司和香港的4家公司合资兴建，年产7200标准箱集装箱，计划90%销往国外，年产值为2000万美元。

中国汽车运输总公司自1988年在大亚湾核电站工程项目中一举中标后，没有聘请外国专家，依靠自己工人同技术人员相结合的力量，认真学习国外的质量管理技术，建起高精度设备运输所必须的严密的质保系统，实现了"求实奉献、精心组织、消除风险、万无一失"的目标，获得工地内业主、各主承包商以及外国专家的好评。

目前核电工程进入高峰阶段。

图为中汽总的同志在核电站现场。

本报记者 彭斌健 杨坤 摄影报道

对人类生存环境高度负责

广远"航行卫生"抓得好

本报讯 广州远洋运输公司始终坚持重视环境保护，并取得成绩。在去年被广州市评为环保先进单位后，今年又有新的提高。

广州远洋公司有船150艘，航行到世界130多个国家和地区的900多个港口，环境保护做得如何，关系到人类生存环境和我国威望。为此，公司从1976年开始就建立了环保机构，设专职环保干部。近10年来，这个公司先后对100多艘旧船的防污设备进行更新改造，耗资达700多万外汇人民币。对近几年新造的40多艘船，安置了具有八十年代水平的防污设备。因此，污染事故和经济损失均呈逐年下降趋势。以1988年与1989年为例，事故案数从11起降至9起，经济损失从90892元降至7736元；今年上半年事故降至4起，经济损失降至3150元。

目前这个公司的全部船舶防油污设备均符合国际防污公约要求，并经国内外验船机构检验合格，获得国际防止油污证书。（黎铁）

中国与塞浦路斯共和国海运协定签字

本报讯 中华人民共和国政府与塞浦路斯共和国政府海运协定签字仪式于八月二十九日在北京举行。杨尚昆主席和乔治·瓦西利乌总统出席了签字仪式。交通部部长钱永昌、塞浦路斯外交部长乔治·雅可夫分别代表本国在协定上签字。

塞浦路斯位于地中海东部。塞浦路斯的利马索尔港是我国远洋船舶在东地中海的重要中转港口。（陈志明）

乍浦港明年可靠万吨轮

本报讯 杭州湾无出海口岸的历史，将随着乍浦港的崛起而宣告结束。

位于杭州湾北岸平湖县境内的浙江省第一个海河直达联运港——乍浦港建设一期工程，由交通部、浙江省和嘉兴市联合投资兴建，目前工程量已完成过半。明年六月工程完工后，万吨轮可直接停靠。

据了解，乍浦港一期工程将建成万吨级泊位和千吨级泊位各一个，内河港池一百吨级泊位十二个，年货物吞吐量为九十七万吨。（陈志衣 陈正玉）

"老烟枪"戒烟

大连公路杯短新闻大赛

"'老烟枪'还真的把烟给戒掉了！"这是8月16日笔者在基层采访时得到的一个信息。

"老烟枪"名叫钟达炎，是江西省吉安地区汽运公司的客车司机，因烟瘾较重，人们给他取了个"老烟枪"的绰号。1988年底，钟达炎因工作出色开上了豪华的"依卡露斯"空调车，可没过多久，他便苦恼了。原来，因车辆密封度高，车厢里空气本来就不新鲜，吸烟后，更使一些易晕车的旅客胸闷、恶心、呕吐不止。经过一番痛苦思考，有过数次戒烟失败教训的钟达炎决定再戒烟了。俗话说得好：心诚则灵。打去年底至今，钟达炎果真没再吸一支烟。

为使旅客有一个干净舒适的乘车环境，从今年4月起，钟达炎又备置了风油精等药品，还自费买了数百只小塑料袋，送给晕车的乘客。

随车采访中，乘务员高兴地告诉笔者："很多旅客得知钟师傅戒烟的事后，也自觉地不在车上吸烟了。"

（金建国）

本版编辑 徐汉坤

ZHONGGUO JIAOTONG BAO 中华人民共和国交通部主办
1990年12月26日 星期三 第622号 统一刊号CN 11—0122 代号1—72

全国公路系统百万养路工人的光荣与骄傲

十佳养护道班十佳养路工表彰大会在京举行

钱永昌、李清、王展意、郑光迪、方嘉德、左建昌等领导出席大会并发奖

钱永昌致词勉励广大养路工人进一步发扬“铺路石”精神

本报讯 （记者 李志高）12月24日下午，在北京中日青年友好交流中心的世纪剧院内，洋溢着热烈的气氛，全国公路系统十佳养护道班、十佳养路工表彰大会在这里隆重举行。交通部部长钱永昌，原交通部部长李清，交通部副部长王展意、郑光迪，中华全国总工会书记处书记方嘉德，总后军交部部长左建昌，原武警交通部队主任伍坤山，以及交通部工程管理司司长杨盛福、《中国交通报》社社长刘凤桐出席表彰大会，并为“双十佳”发奖。从河南、河北、天津和北京郊区专程赶来的几百位养路工代表，也兴致勃勃地参加了表彰大会。

会前，出席会议的领导同志亲切会见了从全国各地汇聚北京的十佳养路工、十佳养护道班的代表，以及优秀养路工、优秀养护道班的代表，并同他们合影留念。

下午2时45分，当身着米黄色服装、佩带红色绶带的十佳养路工和十佳养护道班的代表步入会场时，全场响起了热烈的掌声，表达了人们对他们的尊重和热爱。

大会由王展意主持，方嘉德宣读荣获十佳养路工和十佳养护道班的名单。钱永昌代表交通部和全国公路运输工会，向获得十佳养护道班、十佳养路工和优秀养护道班、优秀养路工荣誉称号的同志们表示热烈的祝贺和敬意，并向常年工作在公路养护战线，为保障公路完好畅通辛勤操劳的全国公路养护职工表示感谢和问候。他勉励广大公路养护职工继续发扬“铺路石”精神，把公路养护管理得更好，为祖国的繁荣昌盛作出新的贡献。

钱部长讲话后，举行了隆重的颁奖仪式。在热烈的掌声和欢快的乐曲声中，十佳养路工和十佳养护道班的代表怀着激动的心情依次走上主席台，当他们从领导同志的手中接过奖牌、奖杯和荣誉证书时，不少同志眼里含着幸福的泪。当他们走下领奖台，记者请他们谈感想时，他们几乎有一个共同的要求，希望将今天的盛况尽快制成录像带带回去，让全国养路工友们都来分享他们今天的幸福和荣誉。

发奖仪式完毕，接着举行了以歌颂养路工奉献精神为主题的大型文艺演出，胡松华、李秀明、姜昆、毛阿敏、董文华、刘欢、杭天琪、姚金芬、王洁实、卢秀梅等首都著名演员纷纷登台献艺，受到与会者的热烈欢迎。

十佳养护道班

1、广东省深圳市宝安县公路局新桥道班
2、河南省周口地区沈丘县公路段白果道班
3、山东省烟台市莱州公路管理站苗家公路管理所
4、辽宁省大连市新金县公路段金山道班
5、内蒙古自治区哲里木盟奈曼旗八仙筒道班
6、宁夏回族自治区固原公路段和尚铺道班
7、新疆维吾尔族自治区和田地区墨玉公路段扎瓦道班
8、江苏省邳县公路管理站运河道班
9、浙江省温岭县公路段大溪道班
10、贵州省公路局水城养护公路总段盘南公路养护段夹马石道班

十佳养路工

1、吴新沙，江西省公路管理局吉安公路分局泰河公路段老营盘养路队队长
2、蔡泽壮，海南省公路局琼山县公路分局三门坡道班班长
3、吕永才，黑龙江省饶河县公路段永乐道班班长
4、马士秋，吉林省桦甸县公路段小城子道班班长
5、慈成禄，河北省廊坊市葛渔城中心道班班长
6、解晋元，山西省万荣公路段皇甫道班班长
7、李双宝，陕西省洛南公路段尖角道班班长
8、刘鸿湖，福建省龙海公路段港尾公路站站长
9、潘 荣，云南省东川公路管理总段汤丹公路管理段工程班班长
10、许蔺琴（女），四川省泸州公路养护管理总段古蔺分段扎山坝道班班长

优秀养路道班

1、黑龙江省密山市石嘴子道班
2、吉林省桦甸市小城子道班
3、陕西省洛南地区留坝县马道养护队
4、甘肃省甘南公路总段[illegible]道班
5、青海省湟源公路段退海道班
6、山西省原平公路段[illegible]道班
7、河北省[illegible]县黄沙岭道班
8、北京市顺义县大神管道班
9、天津市蓟县[illegible]道班
10、福建省泉州惠安涂岭公路站
11、四川省乐山公路总段峨眉公路段九里道班
12、安徽省泗县大庄道班
13、上海市上海县李江道班
14、四川省重庆公路总段二分段巴县张家湾道班
15、云南省六库公路总段平部养道班
16、湖南省湘潭公路总段湘潭县马家湾工班
17、江西省吉安公路分局宁冈县茅坪养路队
18、广西壮族自治区钦州市公路总段防城公路段平吉道班
19、海南省琼中县公路分局三十三道班
20、西藏自治区青藏公路管理局安多养护段109道班

优秀养路工

1、辽宁省本溪市桓仁县大山道班工人裴振文
2、陕西省西安市铜川道班班长王三林
3、甘肃省白银公路总段景城道班班长余清万
4、宁夏回族自治区固原公路段和尚铺道班班长何秉义
5、青海省湟源公路段退海道班班长路德芳
6、天津市公路处四间房道班班长高元昌
7、北京市门头沟区公路所清水道班班长马水花
8、内蒙古自治区锡林郭勒盟公路段养护队明星道班班长陈世杰
9、江苏省盐城公路处射阳县黄沙河道班班长周健
10、浙江省杭州市公路处建德道班班长杨阿六
11、安徽省淮北市九沟道班班长钱月兰
12、上海市金山县张堰道班班长凌根娣
13、山东省泰安市肥城县公路站孙伯分站站长刘金盾
14、河南省西峡县公路段榉树盘道班副班长黄自立
15、湖北省荆州地区松滋县胡家台道班班长王昌明
16、湖南省华容县公路段塔市工班班长何柞清
17、广东省佛山市南海县公路管理站南庄道班班长何有金
18、广西壮族自治区南宁总段武鸣县公路段雷花道班班长陈朝班
19、贵州省惠水公路段新杉道班班长魏光衡
20、西藏自治区昌都公路段工区长加树泽仁

在全国公路系统十佳养护道班十佳养路工表彰大会上的讲话

交通部部长 钱永昌

同志们：

今天，我们在这里隆重举行全国公路系统“十佳养护道班”、“十佳养路工”（简称“双十佳”）表彰大会。首先，我代表交通部和全国公路运输工会向获得“十佳养路道班”、“十佳养路工”和“优秀养护道班”、“优秀养路工”荣誉称号的同志们表示热烈的祝贺和敬意！并借此机会，向常年工作在公路养护战线上，为保障公路完好畅通辛勤操劳的全国公路养护职工表示诚挚的感谢和亲切的问候！

公路是国民经济发展的重要基础设施。“养好公路，保障畅通”是一项非常有意义的、重要的工作，也是广大公路养护职工的根本职责。几十年来，全国公路养护职工同志们为了保障公路的完好畅通，不畏严寒酷暑，风里来，雨里去，勤勤恳恳，任劳任怨，无私奉献，涌现出了许许多多先进人物和先进事迹。这次受表彰的“双十佳”和“优秀养护道班”、“优秀养路工”，就是全国近百万公路养护职工的优秀代表。他们集中反映了广大公路养护职工的精神风貌，是广大公路养护职工的光荣和骄傲！

改革开放以来，我国公路交通事业取得了显著成绩。但仍然不能适应经济建设的需要。今后在加快公路建设的同时，必须大力加强公路养护管理工作。

在公路养护管理工作中，要积极推进公路标准化、美化建设工程（简称GBM工程）。到本世纪末，初步建立起以科技兴路为主导，以智能化技术队伍为基础，以机械设备为依托，以依法治路为保障的公路现代化养护管理体系。要进一步加强职工队伍建设，广泛开展行之有效的、多种形式的创建文明道班活动。同时，也要继续关心养护职工的生活，努力改善生产、生活条件。要从思想、工作、学习、生活等各个方面解决养护职工急需解决的问题，充分调动广大公路养护职工的社会主义劳动积极性，促进公路事业的发展。

在全国范围开展公路系统“双十佳”评选活动，这在建国以来还是第一次。这对让全社会了解养路工、尊重养路工、支持养路工的工作是一个良好的开端。我们相信，通过这个活动，公路养护与管理工作的重要性、养护职工的辛勤工作一定能进一步被人们所理解，所尊重。广大公路养护职工也一定会继续发扬“铺路石”精神，把公路养护管理工作做得更好，用自己的实际行动把养路工人的高大形象树立在人们的心中。为祖国的繁荣昌盛作出新的贡献！

谢谢大家！

图片说明

报眼 “双十佳”表彰大会会场。
中图 交通部部长钱永昌等领导与养路工亲切交谈。
左下图 “双十佳”代表在观看文艺节目。

本报记者 彭继健、杨秉政、杨烨 摄

河南上海间开通水运通道

本报讯 （记者朱星甫 康继民）12月14日，河南省航运局与上海港务局在郑州签订了货运横向联系协议，从而在两省市间正式开辟了一条由河南省刘湾港码头直达上海港的水运通道。

近年来，河南已逐步成为新崛起的能源基地。每年有大量的煤炭、原油以及粮食、畜产和其它轻重工业产品运往国内、国际市场。这条通道的开通，不仅可大大缩减运输里程，降低运输费用，而且对加快河南经济的发展，进一步促进上海经济的繁荣均具十分重要的意义。今年以来，河南、上海两省市航运管理部门，经多次协商，达成了正式协议。协议规定：双方要互相支持，经常联系，及时沟通货源及运输各环节的情况；定期在两地联合召开货主座谈会，掌握货源，更好地为货主服务，共同为豫——申间干、支线直达航运业务的发展作出贡献。

上海市和河南省政府的有关部门的负责同志出席了签字仪式。

本版编辑 谭 鸿

南京开展治理整顿理论研讨

本报讯 （记者朱小铭 王瑞水）本月18日、19日南京市交通局、交通运输协会组织治理整顿运输市场理论研讨。这次行业性的专题理论研讨共收到了部、省市、区县交通部门和公安等有关部门送来的论文42篇。这些论文阐述了运输市场治理整顿中的理论、政策、操作、规范等方面的情况。

西临高速公路明日通车

本报讯 （记者姜志理）通向世界“第八奇观”的西临高速公路，明日将举行通车典礼。

西安是世界著名的历史文化古城，是旅游热点城市。秦始皇兵马俑的发掘，震动了世界，强烈地吸引着国内外旅游者前来观光游览，但通往临潼的公路很不适应旅游的需要。为改善交通不畅的状况，国家安排从西安到临潼修一条高速公路。西临高速公路起自西安市官厅，到临潼县苗家与西潼公路相接，全长23.888公里。这条路由铁道部二十工程局、交通部公路二局、西安市政一公司和陕西省路桥公司等单位中标承建。在建设中，设计、建设及科研单位大力采用新技术、新材料和新工艺。采用半刚性基层，在保证质量的前提下，减薄沥青路面的厚度，降低了工程造价。铺筑的路面坚实、平整，防滑性能好。

忘不了这个日子

本报记者 刘文杰

岁末的北京，寒意料峭。

12月24日下午，60名普通的养路工迈开他们走惯了土路和油路的脚板，踏着松软的地毯，走进了首都目前最豪华的艺术殿堂——世纪剧院，接受40年来首次专门为他们颁发的奖赏。

尽管为表彰会特地排练的文艺演出上荟萃了象毛阿敏、董文华等众多人所共知的明星，但是，在这个日子里，在这个特殊的环境里，主角无疑是20名身披大红绶带、面露喜色的“双十佳”代表，他们是全国百万养路大军中的佼佼者。摄像机的镜头轻轻摇过他们坐的第一排座椅，在当天晚上中央电视台的新闻联播节目中，这些极普通的劳动者的形象呈现在全国人民的面前。

下午2时30分，在表彰会前，钱永昌、原交通部部长李清和王展意、郑光迪、方嘉德、左建昌等交通部、全国总工会和总后军交部的领导同志来到养路工代表中间，与他们合影留念。钱部长频频向大家招手致意。合影之后，代表们簇拥着领导同志向会场走去。来自黑龙江的十佳养路工吕永才激动地说：“我是从祖国最北的珍宝岛赶来的，虽然当选，我们还要继续努力。”十佳道班班长吴辘华拉住部长的手说：“我们江苏运河道班的52名养路工向部长问好。”钱部长微笑着说：“谢谢同志们。”他告诉在场的养路工们：“公路养护和建设同样重要，这几年，我下去看了许多道班，感到你们作出了很大成绩，同时也看到大家很辛苦，希望你们能克服困难，把路养得更好。”山东省苗家公路管理所所长李守江请钱部长有机会到他们道班看看，部长高兴地说：“一定去，一定去。”在另一边，王展意副部长等领导同志也被养路工围住签名。时间对在场的每一个人来说，过得都太快了。

演出结束后，圣诞前夜的世纪剧院彩灯闪烁，更增添了迷人的辉煌气氛。“十佳养路工”中唯一的女养路工、四川省古蔺县扎山坝道班班长许蔺琴手捧奖杯，看着眼前的一切，情不自禁地对记者说：“我永远忘不了这个日子。”

侧记

交通部团员慰问武警交通官兵

本报讯（特约记者施泽华 通讯员韦宝志）交通部直属机关团委于元旦前夕组织慰问团，赴北京延庆康庄慰问武警交通独立支队官兵。慰问团的同志到每个连队看望、慰问基层官兵，同他们亲切座谈，并赠送了青年读物和文体用品。

第四版 中国交通报 1990年12月26日 星期三

荣誉属于艰苦奋斗、无私奉献的人们

——全国公路系统十佳养路工、十佳养护道班代表采访录

我希望早日养护上油路

——记江西省老营盘养路队吴新沙

"没想到自己会被评为全国十佳养路工，原以为评'十佳'起码得从全国劳模中选，我曾经把好多劳模的事迹从报上剪贴下来，觉得自己还有很大的距离……"眼前这位是江西省吉安公路分局老营盘养护队队长吴新沙，他似乎有些激动，一开口就滔滔不绝。

"我出生在养路世家，生在道班，长在道班，从道班人到参军，又回到道班，选择了养路，我很满足。现在，我一天不见路，一天就不踏实，有时候在外地，我宁肯自己花钱，也得到公路上看一看。"

也许是他和道班的这种特殊感情，说到今后的希望，自然也离不开路。

"我养了近20年路，可江西的路，黑色油路仅占40%。这些年，我们养路工最大的愿望，就是希望自己能早日养上油青路。" 刘洪韬

在首届十佳养护道班中，新疆和田公路总段的扎瓦道班距北京最远，有5000公里之遥。段工会主席[illegible]告诉记者：为了及时赶到北京，和田段派了专车送他们，两名司机轮番开了3天才到乌鲁木齐。[illegible]

年轻英俊、高大健壮的扎瓦道班班长[illegible]，[illegible]"太高兴了。"[illegible]他代表新疆养路工来京参加"双十佳"表彰会，[illegible]"双文明"建设取得更好。 李咏梅

当八仙筒道班被评为全国十佳养护道班的消息传到内蒙古哲里木盟奈曼旗的茫茫沙漠的时候，这些已获得了盟、交通厅、自治区、交通部等诸多荣誉的人们感到的却是压力。恶劣的环境，简陋的条件，平凡的事业早已使他们不会在荣誉面前沾沾自喜飘飘然了。

压力使他们把"两台驴车四头驴，两把洋镐七把锹"的"破大家"，变成有一座两层小楼，粮菜肉自给的大家庭。压力使他们把"远看像烧炭的，近看像捡破烂的"养路工，变成登堂入室的标兵先进。压力使晴通雨阻的土路，变成了畅通无阻的三级国道。压力使他们把寸草不生的茫茫沙漠，变成了绿荫遮蔽，树木成行的绿洲。当他们的班长马坤要到北京参加表彰会的时候，他们的愿望只是想让他代表大家去看看亚运村，看看这凝聚了许许多多像他们那样平凡的中国人的心血的圣殿。 本报记者 张俭

他想给贤妻捎句心里话

——访福建省港尾公路站刘鸿潮

这位在福建省龙海公路段港尾公路站苦干了33年的老养路工——刘鸿潮，谈起他的道班如数家珍。

"福建的养路工有句口号：把路放在心上，把心放在路上。我也有句口头禅：道班就是职工的家，既当家长又当妈。"

当妈妈就得开道班的"家谱"。记者发现，道班几乎包揽了所有年轻职工的婚事，为照顾职工子女在道班附近的中学上学，道班还专门办理了职工子女伙食。

听到这些，记者着实想象得出这"一家之长"为此付出的代价。可不，老刘一说起自己的家，就面露愧色，家离道班仅5公里，但他3年没回去过，甚至不知道家里自留地在什么地方。想到这，刘鸿潮要借此机会，给自己贤慧的妻子捎句心里话：感谢她的理解和支持。

本报记者 刘洪韬

好一个快言快语的东北大汉

——记黑龙江省永乐道班吕永才

"我来自黑龙江省饶河县永乐道班，那里离珍宝岛不远。"吕永才刚下火车，我就敲响了他的门。

"我今年38岁，干养路20年了，代表养路工接受这么高的荣誉，心里很激动，很高兴。我觉得我获得的荣誉不仅属于我个人，而是属于整个养路工。'双十佳'评选活动说明现在养路工的地位提高了，各级政府领导开始重视养路工的作用了。这次我来北京，开始是站里站长、书记送行，到了佳木斯，管理处领导把我送上火车，到哈尔滨后，厅长、书记、局长还设宴为我送行，这些小事就很能说明问题。"

"我到北京，班里的同志都很高兴。临行前，大伙都说，这回咱养路工可算'出头'了。大家希望我能把其他兄弟单位好的经验带回去，好好学习。我们决心明年更上一层楼。" 本报记者 徐汉坤

对山东省烟台市莱州公路管理站苗家公路管理所所长李守江来说，这次进京的首要任务仿佛不是领奖而是取经。记者推门，发现他正与也是山东人的吉林省桦甸市小城子道班班长马士收交流管理道班的经验。没与记者聊几句，他就开始诉说江苏运河道班的管理方法给他的启发……他说这次来一定把其他十佳道班和优秀道班的先进事迹和管理经验带回去，让它们在苗家镇开花结果。

谈到这次"双十佳"评选活动，他说，多少年来养路员工的社会地位和知名度从没有这么高。他们苗家镇公路管理所的80余名养路工，除他外都是农民合同工。一个这样的道班当选了全国首届十佳养护道班，在苗家镇，在莱州市成了头号新闻。市长提醒全市人民在24日收看中央电视台的新闻，镇里则把他们的当选称为"苗家镇有史以来的最高荣誉"。他们将更尽心尽力地养路护路，无愧于十佳养护道班的桂冠。 本报记者 李咏梅

他真想减去十岁，再干十年

——访吉林省小城子道班马士收

马士收怎么也没想到，他当选十佳养路工会引起那么大轰动：桦甸市长握着他的手说"你是我们山沟沟里出的英雄"；吉林市公路处、桦甸市公路段为他披上大红绶带，在送他去长春的小车上挂了大红花；当这辆披红挂彩的小车进入吉林省公路局时，几乎所有的省公路局工作人员都在门口夹道欢迎。省公路局党委书记翟恩祥说："局里开什么会人们都没这样积极。许多年轻人听说'马大干'来了，呼啦啦跑了出去，争相与他握手。"

是的，十几年来，吉林省公路系统的人早就熟悉了"马大干"这个名字。当他获得首届全国十佳养路工荣誉时，人们怎么会不为他高兴呢！面对这一切，年已56岁、不善言辞的马师傅不知怎样表达内心的激动，只是说："我真想减去10岁，再为公路干上10年！" 李咏梅

河南省沈丘县公路段白果道班班长是个年轻的小伙子，他叫魏永明，今年26岁。父亲是1945年参加革命的老同志，曾任河南省沈丘公路段的第一任段长，现在小魏的弟弟在公路段，妹妹也在公路段，全家5口，干公路的就占了4个。他接了父亲的班，养路干了8年，当班长已有6年时光。

"我这次来北京，各级政府很重视，在县里，县长、书记接见；在地区，专员看望，段长护送，还派车送到厅里；到了厅里，厅长派专车请公路局长亲自把我送到北京。我现在感觉担子更重了，压力更大了。我来北京是受班里同志们的委托取经的，他们希望我能把其他道班、养路工的好经验、好做法带回道班。目前，我们道班的生活和生产条件比其他兄弟道班可能要差一些，所以我们的任务还很艰巨。这次回去后继续努力，把道班建设好，把道路养好，改善养路工的生活，靠自己提高自己的社会地位。" 徐汉坤

他的伤腿激励着人们

——访云南省汤丹公路段工程班潘荣

"北京的变化太大了！"这位13年前在北京修过地铁的铁道兵战士感慨万分。潘荣是云南汤丹公路段工程班班长，他虽然在一次民兵演习中失去了一条腿，但他以一个军人的铁一般的毅力率领全班与泥石流展开了一场持久战……

当得知自己当选为全国十佳养路工时他说："我很惭愧，我能干什么？我是个残疾人，都是大家干的。"

但这条伤腿感动了许多人，凝聚了许多人，激励了许多人。当他带着这条伤腿向领导承包工程班的时候；当他带着这条伤腿查勘险情的时候；当他带着这条伤腿清除塌方的时候……

他来到北京，为能获得全国十佳养路工这一殊荣而感慨。他说："没有全班同志的努力和帮助，别说我是一个残疾人，即使我有三头六臂也寸步难行。" 张俭

跟别的代表不同的是，宁夏[illegible]班长刘秉义到京的第一句话就是："北京的天气真好。"他说，"[illegible]了好几场大雪了，公路上白茫茫一片，扫雪任务非常[illegible]。"

[illegible]道班的工人[illegible]条件非常艰苦，平时很难有机会出山。所以[illegible]来北京的，回去还要和大家好好讲讲呢。[illegible]一个记者陪同来京，要给刘秉义好好[illegible]"你平时不管家里，我认了，只要你[illegible]我将家也安好。"

感慨万分的刘秉义[illegible]"争取下次我们还能当'十佳'"，这样班里就会多一个同志来北京了。"

本报记者 新楠

浓浓的眉，[illegible]，瘦小，瘦削，[illegible]。他来自南国广东特区。"我是第一次来北京，借这机会我要好好看看北京城。来的时候，大伙都说北京冷，我带了[illegible]，北京没有我想像的那么冷。会下大雪吗？这次如果能看[illegible]"

这位新桥道班[illegible]，[illegible]31岁，已是一个8岁孩子的父亲了，现在[illegible]元。"[illegible]，可也有2间屋。我们用的都是[illegible]。这几年，道工生活条件得到了很大改善。我们先后建起了[illegible]、会议室、电视室、食堂等，总面积达2000多平方米，还修建了[illegible]、羽毛球场、蔬菜场，种了100多米长的绿化树带和各种花木果树300多株，[illegible]，特区就应该有特区的风格。我想今后多努力，把道班办成特区的窗口，为养路工人争光。" 徐汉坤

他依恋陕南的山山水水

——访陕西省尖角道班李双宝

当我握着这双布满厚茧的手，当我看见这张消瘦黑红的脸，我可以想见他是怎样在公路上滚打了20年。

陕西洛南公路段尖角道班班长李双宝默默无闻地在陕南山区养了20年路，做梦也没想到自己能到北京，没想到自己能获得如此殊荣。当他到北京的时候，他为首都的繁华所惊叹，更为自己能来到这个美丽的城市而兴奋。但他却似乎没有流连忘返，当我问他"第一次来北京是否多玩几天？"他马上摇摇头："我参加完会就回去。"为何如此行色匆匆？为何如此繁华的大城市留不住他的脚步？他更依恋在他梦中萦绕了20年的公路，更依恋陕南的山山水水，他不会忘记当他当选为全国十佳养路工时全班同志对他说的话："你当上了十佳养路工是我们全班的光荣。"他不能辱没了这种光荣，他要保持这一光荣。 张俭

提起夹马石道班，人称"马[illegible]"，光是这名称，就足以使人想象得出其环境的艰苦。它坐落在贵州省[illegible]的[illegible]中，9公里路72道弯，是当地典型的"四不够"、"八大难"道班。

可夹马石道班绝不只是因此而出名，它曾经一直是贵州省公路系统的骄傲。道班里9名养路工，17年来，[illegible]、[illegible]、[illegible]，心甘情愿与公路为伴，管养的9公里泥结碎石路，被过往司机誉为"绿色油路"。

而今，当夹马石道班荣获全国十佳道班时，坐在记者面前的道班班长一杨全开，言语中却没有流露[illegible]，他平静地说："我代表贵州的养路工，更代表夹马石道班的伙伴们，这次来北京最大的愿望，就是带回去兄弟省、市道班养护砂土路的好经验。" 刘洪韬

在全国公路系统，知名度最高的道班大概要数辽宁省新金县的金山道班了。不是吗？今年的全国公路管理与养护现场会在新金举行；全国第一座养路工人大型铜雕塑像矗立在新金县城；辽宁省政府日前授予新金县"公路文明县"的金匾……金山道班呢，从六十年代初开始，一直是新金县公路养护系统的排头兵。对于推荐金山道班参加全国十佳养护道班的评选，辽宁省公路系统显得很有信心。

代表金山道班赴京受奖的班长[illegible]深知这份荣誉得之不易。这是他们全班13名养路工坚持埋头苦干，科学养路的结果。这些年来，他们总结出"扫浆养护"、"粗砂磨耗层的铺筑"、"[illegible]化养护机械的研制和使用"等先进养护方法，具有较高的推广价值。[illegible]，荣誉属于过去，金山道班将百尺竿头，更进一步。 逯小文

白白净净，像个教书先生一样的吴建华，来自运河边儿，他的那个道班就叫江苏省邳县运河道班。运河道班名气大，人也多，男女老少加起来有五十来口。吴建华这个班长可当得不容易，从1984年他当班长以来，运河道班不仅好路率从30%上升到95%以上，多种经营更是锦上添花，吴建华也成为一个懂经营会管理，有现代意识的道班班长。

去年秋天，吴建华曾作为全国劳模进京参加表彰会，今天作为十佳道班的代表再次进京，他感到更加高兴，因为这份荣誉是属于大家的。但吴建华还对记者说："我们的好路率还没有达到100%，还要继续努力。"

临行前，道班的同志给他包里塞了几盒录像带："班长，好道班有的是，可惜咱去不了，翻录几个镜头回来，让咱也长长见识。" 新楠

浙江省温岭县大溪道班班长仇永春是十佳道班代表中最后一个到京的，这位操着浓重的浙南方言的中年人激动地向记者叙述了自己此次赴京的心情。

作为一名普通的养路工，他已经在公路上奋斗了四分之一个世纪，付出了艰辛，也赢得了崇高的荣誉，并三次进京。第一次是1987年，作为地区公路系统的标兵，他高高兴兴地来到北京观光。1989年，作为全国劳动模范，他二度赴京，感到自己做的还不够，而党和人民却给了这么高的荣誉，因此，心中感到惭愧。这一次作为十佳道班的代表赴京，他的心情是又高兴又惭愧。高兴的是自己和道班的全体同志几年的心血终于结出果实；惭愧的是，跟其他道班相比，总觉得还有差距，因此要加倍地努力。

本报记者 刘文杰

他有个美好的愿望

——访山西省皇甫道班解晋元

吕梁山深处的山西省运城地区皇甫道班班长解晋元带着一脸的憨厚第一次踏上了赴京的列车。临行前，县公路段长脱下自己崭新的公路制服披到他身上，语重心长地说："去吧，为咱吕梁人争分光荣回来。"道班的工人也说："解班长，替咱多看几眼北京，你在那儿好好开会，我们在家好好养路。"

这位42岁的十佳养路工，曾是一名民办教师，写得一笔秀气流畅的楷书。他注重用智慧和知识养路，并取得了令人瞩目的成绩。谈到此行的目的，他若有所思地说："要抽时间好好走访一下兄弟单位，还要上街买几本养路方面的书认真读读，下一回评'双十佳'，要争取成为十佳道班！" 刘文杰

本版照片均由本报记者 杨晔 杨秉政 摄

她是个倔强的"女娃儿"

——访四川省扎山坝道班许蔺琴

与十佳养路工的其他当选者不同，她是位女性（她的家乡把年轻女性称为"女娃儿"）。记者告诉她，中国交通报三版曾两次介绍过她的事迹，问她看过没有。她说："没有，我们那里两三个月才送一次报，一次也只有两三张。"记者闻之，心中一动：山里苦，在山里养路更苦，而女娃儿在山里养路就是苦中苦了，何况她还是个班长。

27岁的许蔺琴靠自强不息获得了今天的荣誉。她12岁时，当养路工的父亲冤死狱中，失去工作的母亲带着她和两个年幼的弟弟相依为命，艰辛的生活铸就了她倔强的性格。1985年她被安排在父亲生前的单位工作。她抱着"树活一张皮，人争一口气"的信念埋头苦干，带领另外4个女娃儿和4名男工，把处于深山峻岭中的扎山坝道班搞得红红火火。 李咏梅

他从天涯海角来

——访海南省三门坡道班蔡泽壮

蔡泽壮是一个典型的海南人，矮小精瘦，像大多数的道班班长一样，他皮肤黝黑，脸上皱纹密布，让人一看就忘不掉。

他这是第三次来北京了，第一次不堪回首，那是"文革"时大串连来的；第二次是去年参加全国劳模表彰会，这一次周围的人听说他又要去北京领奖，都羡慕得不得了，两个孩子也为有一个当养路工的爸爸而自豪，但蔡泽壮自己却很冷静，他说，如果没有道班全体同志的共同努力，我一个普通的小人物怎么能千里迢迢地来到首都领取这么高的荣誉呢？今后我更要加倍努力了。

正是年终检查总结之际，临行前蔡班长还在路上忙着，那条路牵着他的心。工友们依依不舍地把他送出道班，叮嘱道：班长，别忘了给咱们捎回点稀罕东西。 新楠

"我们的特点是以副养路"

——访河北省葛渔城道班慈成禄

典型的养路工形象：厚嘴唇、方脸、肤色黑里透红。不用介绍，他就是慈成禄，河北省廊坊市葛渔城中心道班班长。

"我们道班的特点是以副养路，这几年，我们尝到了甜头，8年前，道班家产只有1000多元，现在已有30多万元了。这些都是靠我们养猪、养鸡、生产粉丝挣来的。靠副业，道班今年创利10多万元。目前，职工吃的、穿的、用的都是集体给。去年、今年道班工人还轮流到秦皇岛、北京游览了一遍，共花销几千元；我们还买了汽车、摩托车。靠副业使过去道班工人连想都不敢想的事变成了现实。养路工的生活好了，社会地位也就自然能提高。这次我来北京，大伙儿很高兴，一桌酒就醉倒两个人。班里还特地花钱给我买了一台录音机，让我把好经验带回去。" 徐汉坤

本版编辑 李咏梅

本报地址:北京市朝阳门外酒家坡胡同2号 电话 5021087 5001195 邮政编码 100020 广告经营许可证 京朝工商广字030号 每月定价 1.56元 零售每份 0.18元 工人日报印刷厂印刷

ZHONGGUO JIAOTONG BAO 中华人民共和国交通部主办

1991年 7月25日 星期四 第710号 统一刊号 CN 11－0122 代号 1－72

以《讲话》为指南 鼓"八五"风帆

宁夏交通系统联系实际学《讲话》

本报讯（记者李宝文）宁夏交通系统广大干部职工在学习江泽民同志在庆祝中国共产党成立70周年大会上的讲话中，注重加深理解，注重联系实际。

自治区交通厅党组7月8日发出通知，强调在学习《讲话》中要坚持理论联系实际的学习方法。交通厅的领导指出"八五"期间，宁夏公路交通建设担负着"一能、二桥、四条路"的任务，因此，要通过学习江泽民同志的讲话，充分发挥广大职工的社会主义积极性，增强主人翁的责任感，克服当前公路建设及运输生产中出现的困难，保证"八五"计划的顺利实施。

宁夏公路管理局等单位在"质量、品种、效益年"活动中把《讲话》精神作为重要思想武器，指导各项生产建设工作。交通系统基层各段、队、车间还采取座谈会、演讲会、宣传栏、黑板报等形式开展了学习宣传《讲话》的活动。

结合今昔巨变和廉政工作

宁波港以《讲话》推动党风建设

本报讯（记者赵河川 韩军）宁波港务局广大党员和群众结合宁波港的发展变化和廉政建设，深入学习江泽民同志"七一"重要讲话。

江泽民同志的《讲话》发表后，宁波港务局各级党组织立即组织广大职工逐句逐段地学习讨论。许多老党员、老码头工人亲眼目睹了宁波港的今昔巨变，他们激动地说，宁波港开港已1200多年，到1949年解放时吞吐量只有4万吨。新中国成立40多年中，特别是改革开放以来，宁波港发生了巨变，1990年吞吐量达2500多万吨，是1979年的10倍，成为一个拥有10万吨级矿石中转码头和可装卸第三、第四代国际集装箱轮的专用码头的大港，全港年通过能力已达4400多万吨，是我国沿海主要的枢纽港之一。鲜明的对比，使广大港口工人深切地感到：没有共产党就没有新中国，只有坚持走建设有中国特色的社会主义道路，民族才能振兴，人民才能幸福。

在学习有关党的建设的论述时，不少党员、职工联系本局原副局长沈汉章利用主管基建的权力，收受巨额贿赂被开除党籍、逮捕法办的典型案例，进行了认真的剖析和讨论，进一步提高了加强廉政建设的自觉性。过去有的党员对腐败现象深恶痛绝，但对党风建设还缺乏信心。他们通过联系身边的事例学习《讲话》，深切地感到，我们党的各级组织是有战斗力的，党风的好转是有希望的。

甘肃党建会议号召学《讲话》

本报讯（记者钟永祥 赵志礼）甘肃省交通部门广大党员和职工要认真学习江泽民同志在庆祝建党70周年大会上的重要讲话，为实现第二步战略目标和"八五"交通建设计划做出自己的贡献。这是7月4日至8日甘肃省交通厅召开的党建工作会议的主题。

交通厅5名在家党组成员和来自全省14个公路总段的党委书记及厅属在兰州单位的负责同志，共同学习了江泽民同志的重要讲话。大家认为《讲话》以马克思主义的观点科学地总结了党所走过的70年光辉历程和积累的宝贵经验，明确提出了当代中国共产党人所肩负的历史使命，突出地提出了进一步加强党的建设这一核心问题，对指导当前和今后各项工作都具有十分重要的意义。

在讨论中，大家指出，当前摆在全省交通职工面前的生产和建设任务十分繁重，迫切需要号召广大职工认真学习《讲话》，用《讲话》统一思想，提高职工的思想认识，多鼓实劲，为实现甘肃"八五"交通规划而努力工作。

安徽有条『救命路』

——三一二国道在抗洪中大显威力

本报记者 倪玮 刘文杰

在安徽省洪涝灾区，人们把312国道合宁高速公路看成是"救命路"。

六七月间的两次洪水暴涨，将城市、乡村化作汪洋中的孤岛，当人民生命财产面临严重威胁的时候，一条刚刚出世的高速公路给人们送来了生存的希望，驱走死亡的威胁，在安徽抗洪救灾中发挥了"决定性的作用"。

这条高速公路由合肥至全椒，全长100公里，路基路面都按标准设计高出百年不遇的特大洪水水位高度50公分以上，跨河桥也以能抗击百年不遇的洪水为标准而建设的。

合肥遭受40多小时暴雨袭击后，通往省内外的6条公路干线中断，铁路干线中断，连唯一的空港——骆岗机场也与外界隔绝，被迫停航。312国道把合肥等地市县从洪水的威胁中拯救出来，成为一条冲不毁、淹不掉、联接省内外的唯一通道，是名副其实的生命线。省长们感慨地说，这样的公路今后还要多修。公路边的灾民们也激动地说：没有这条路，我们要死好多人。

肆虐的洪水为高速公路巨大价值做了无形的广告。狂暴的滁河水藐视一切，却也只能从高高的公路桥下驯服而过，桥身屹然不动；公路两旁暴涨的洪水，在路基下俯首称臣。7月上旬全椒县被淹，高速公路收费处变成了防汛指挥部，国务院抗灾工作组在此听取汛情通报。国务院总理李鹏从这条公路走到了灾区腹地。许多灾民拥上路肩躲避洪水，临难不惊，秩序良好，是高速公路让他们吃了定心丸。抗洪抢险以来，合宁高速公路共转运旅客21.1万人次，运送救灾物资19.4万吨，日车流量比平时提高了178%。

老合宁公路数十公里路段被洪水吞没，许多司机走投无路。有的人转悠了整整7天，又饥又渴，人困车乏，当把车开上了这条高速公路后，心甘情愿地对收费人员说，收吧，加倍收费我都干。

高速公路上有一批高水平的管理人员，在洪涝灾害中忘我救灾。如今，每天从高速公路上通过的救灾车辆超过300辆。公路管理人员尽快疏导，优先放行，免收过路费。每天损失达上万元的收入且不说，站在暑天烈日下维持秩序也非易事。一批新分配来的女学生个个成了"黑牡丹"。她们说，一出校门就接受百年不遇的磨炼，值得。

公路管理处的同志们为附近柴油机厂被水围困的工人们，蒸了数百个大馒头，烧了可口的菜送去，自己却接连数日只用冬瓜汤佐餐。一位80多岁的老太太家园被洪水吞没后，被公路部门的同志们接到单位住了一星期，当第二次洪灾来临时，她带着儿孙在高速公路旁维持秩序，叮嘱灾民避难时莫阻断了交通。

郑光迪到安徽灾区慰问交通职工

盛赞他们在抗洪救灾中作出了突出贡献

本报讯（记者刘文杰 倪玮 丁之东）郑光迪副部长率交通部慰问工作组一行5人冒着酷暑，深入到安徽灾区，看望战斗在抗洪救灾第一线的交通职工。

7月22日下午，郑光迪一行刚刚飞抵合肥，不顾旅途的劳顿，在省交通厅厅长俞明生等人的陪同下，来到了合肥汽车站，看望这里的工作人员。当郑光迪副部长听说这个车站在高峰时滞留旅客1万多人的情况下，昼夜为旅客提供服务时，表扬干部职工在抗洪救灾中忘我工作的精神。她还看望了坚持售票、托运、调度的工作人员，当她看到抗洪救灾物资没有做特殊标记时，当即指示要专门贴上标签，以便及时识别，快捷地发运。

在南淝河上，郑光迪副部长还沿河察看了航运企业被淹受损的情况，安徽省航运局局长沈永铮向她汇报了航运职工在自家进水的关头，顾全大局，奋勇地投入到抗洪救灾第一线，抢运物资、抢救群众的事迹。郑光迪同志赞赏地说："关键时刻，国营、集体运输企业的骨干作用发挥得好。"

在察看了肥西县三河镇被水淹没的现场之后，天色已晚，郑光迪同志坚持要到几十公里外的六安地区舒城县，看望在那里抢修水毁公路，确保国道206线畅通的三沟道班，鼓励养路工要像大灾之前那样再创全优。

夜里，安徽省副省长龙念会见了郑光迪一行，郑副部长说，这次慰问组来，一是慰问交通职工；二是了解情况；三是研究问题；四是学习灾区人民的精神。当她得知灾区水毁公路急需沥青时，当即指示随行的部工管司的同志与部里联系。

7月23日，天气异常炎热，慰问工作组一行从清早出发赶往受灾最重的金寨县、寿县灾区，转达交通部对灾区人民的亲切问候。

在金寨县城，他们深入到房屋倒塌严重的县交通局汽车队和公路站职工家中，询问灾情，指示当地交通部门的负责同志要设法安排好职工的生活，解决他们的实际困难。接着又驱车赶到寿县，乘船察看了被大水围困多日的村镇。

在听取上述两县负责同志关于灾情和交通部门抢险救灾的情况的汇报之后，郑光迪对各级政府对交通部门的信任表示感谢，并要求交通部门的同志们要发扬成绩，听从调遣，与当地人民一道重建家园，夺取抗洪救灾的全面胜利。在场的省、地、县交通部门的负责同志都表示一定不辜负部里的关怀，努力做好一切工作。

这一天，慰问工作组一行长途奔波14个小时，行程500多公里，沿途深入到公路、水运等部门，既有鼓励，又有期望；既有要求，又有叮咛。7月24日，交通部慰问工作组到皖南灾区继续调查灾情。

交通系统认真贯彻部通知精神 继续采取有力措施搞好抗洪救灾

本报讯 全国交通系统各单位认真贯彻国务院防汛工作会议精神和交通部的通知精神，继续采取有力措施，做好抗洪救灾工作，使又一批干线公路恢复了通车。

交通物资公司根据部领导指示和部务会议精神，向6个地区公司发出了紧急通知，为湖北省调拨了4吨30毫米钢板，为长江航务管理局调拨了300吨钢板加固码头。上海海运局近期增开了两班客运班轮，并从大连抢运1.7万吨柴油到上海，其中1万吨立即被转运安徽和江苏。部公安局向长江航运公安局发出了加强防汛治安工作的紧急通知，要求港航公安干警全力以赴投入抗洪救灾第一线，保卫人民的生命财产安全。

江苏省交通部门继续抢修干线公路，到7月14日，被水毁的26条国省道已抢修通17条。安徽省交通部门组织7.8万人，其中厅机关及直属单位1.3万人参加抢险救灾，水毁公路除1条未抢通外，其余的全部抢修通了。湖北省已抢修通公路61条、桥梁51座。广西河池和百色地区受灾，交通部门出动500余辆汽车抢运灾民2000余人，物资2500余吨。四川省有6个地区受灾，交通部门已出动200多辆汽车，抢运救灾物资1400余吨、灾民180余人。（唐杰）

交通部评出1990年度国家级节能企业

今年10月第二周为"全国节能宣传周"

本报讯（记者张向群 实习生钟十）全国交通系统1990年度国家级节能企业考核评审工作最近结束。天津港务局等7家企业荣获"国家节约能源一级企业"称号，天津远洋运输公司等32家企业荣获"国家节约能源二级企业"称号（名单见今日二版）。

1990年度全国交通系统申报并被受理评审的40家企业，能源消耗总量达297.79万吨标煤，占去年全国交通系统能耗的32%。其中，通过国家一级节能企业评审的有7家，这些企业节能基础工作评分均在93分以上，32家被评为二级节能企业的节能基础工作评分，有23家企业达到90分以上，另有8家在88分以上。在40家被评企业中，水运行业（含港口）能源消耗量为281.6万吨标煤，占1990年水运行业能源消耗总量的73%。这些数据表明，近几年来通过开展节能升级活动，企业在节能基础管理方面向深度和广度迈进了一步。

又讯 国务院决定今年10月的第二周（即10月7日－12日）为"1991年全国节能宣传周"。其目的是要大力宣传"能源工作必须坚持开发与节约并重的方针"，推动各行各业把节能放在突出地位，并作为"质量、品种、效益年"活动的一项具体内容。交通部已于近日发出通知，希望各单位结合本地区、本企业的实际情况，积极开展多种形式的节能宣传活动。

共和国重点工程建设青年功臣评奖活动落下帷幕

交通系统五十一人荣登金榜

本报讯（记者葛运涛 实习生卓启旺）由共青团中央、国家计委主办，中国青年杂志社承办的"共和国重点工程建设青年功臣评奖活动"，今日将在北京授奖。交通系统的8名代表与其他行业的功臣一道，在人民大会堂受到表彰、奖励。

这次活动由宋任穷同志担任指导委员会主任，国家计委副主任陈光健、共青团中央书记处书记冯军担任副主任，交通部副部长王展意等有关部委的领导担任委员。

在这次活动中受到表彰的功臣共有700名，他们分别是在340多项国家重点工程建设中做出突出贡献的青年优秀工程管理、设计、建设者。其中，交通系统的51名功臣分别来自19个项目的港口、公路建设、勘察设计等部门。进京接受表彰、奖励的8名同志分别是：连云港建港指挥部的严耀华、交通部第一航务工程局的沈成华、江苏省交通规划设计院的丁兆铭、武警交通一支队的谢忠、武警交通二支队的刘济轩、交通部第一航务工程勘察设计院的路小璐、上海航道局九州疏浚工程公司的周毓麟、交通部公路一局二公司的王建明。

汕头海湾大桥即将兴建

本报讯（记者邓豪正）被列为广东省"八五"交通重点建设项目的汕头海湾大桥的初步设计方案，日前通过了技术审查。该工程将于今年8月招标，11月动工兴建，计划1994年建成通车。汕头海湾大桥是广东省最长的一座特大公路桥梁。它横跨汕头港喉咽航道，北接龙湖特区，全长约2500米，主孔跨度超过400米，通航净空高度达40多米。该桥桥址附近地质、水文、气象条件比较复杂，施工难度较大。

● 本版编辑 王建良 ●

山乡老农见"京官"

本报记者 田建江

吉林运管杯 现场短新闻大赛

山西省盂县最北部一条砂石公路嵌在群山之中蜿蜒向北，半山腰悬着个道班。不远处的小山村掩映在绿树丛中，高耸的电视天线隐约可见。这道班与附近的一个小山村共有着一个耐人寻味的名字——骆驼道。

7月10日上午9点30分，一队北京客人在太行深山中经过4天考察跋涉来到骆驼道道班。三位年愈花甲的老农和道班工人一起忙里忙外，并不引人注意。

听完道班介绍情况，客人们来到院里，当得知这些老汉是专门来看北京来的客人的农民时，领头的那位干部饶有兴致地和他们攀谈起来。

"村里多少人？""200口。"

"人均年收入多少钱？""380元。"

"交通方便吗？""修了这条路就方便了，现在烧的煤解决了，运输也解决了，村里的核桃、柿子啥的都能卖出去了，有了路生活好多了，过去没路全靠背篓背，我这腰就是背篓压弯的。"说话的老汉扭过身展示了一下驼背。

"那你们都支持修路了。""咋不支持，这是一条幸福路，道班有事我们就来帮着干！"老汉笑得眼眯细了，皱纹深了。

"那你姓甚？是干甚的？"老汉问话淳朴中掺和着见过大世面的骄傲。

"我叫林祖乙，就是帮助群众修路的……"

陪同的同志连忙向老汉介绍："他是从北京来的交通部副部长，是专门来了解老区人民生活情况的。"

锡航公司加强行风建设 抓教育 治"蛀虫"

本报讯 江苏省无锡市航运公司针对企业的行业不正之风，狠抓思想教育，强化监督机制，严厉打击"蛀虫"，使企业健康发展。

为彻底纠正行业不正之风，锡航公司建立了专门办公室，通过发放《告职工书》，在企业报上开展讨论等形式，对职工进行职业道德和守法遵纪教育。同时，公司结合航运企业流动分散的特点，相继采取了聘请30多位社会兼职质量监督员，设立监督电话和举报箱，健全突击检查和夜间检查制度等措施，使行风建设置于社会监督之下。对于少数损害企业信誉的"蛀虫"，这个公司决不手软。今年3月份，这个公司从职工举报中发现一起盗卖钢材案的线索后，迅速会同公安部门进行侦查，逮捕2名犯罪分子，并处理了4名有以货换物行为的船员，使全公司职工受到了教育。

（承伟毅）

交通部提出公路勘察方针

本报讯 交通部工程管理司最近组织全国公路（交通）勘察（规划）设计院院长讨论了今后10年我国公路勘察设计工作的指导思想。根据国务院关于在全国开展"质量、品种、效益年"活动的精神，以及我国高等级公路不断增加的情况，工管司对全国公路勘察设计工作提出了"继续深化改革，提高队伍素质，改善测设手段，强化质量管理，推动技术进步，确保测设质量，增强综合效益，争创一流水平"的方针。（胡滨）

执法公平罚亲舅

——记胶州市胶东运管所所长、共产党员刘元佐

本报记者 赵丽芳

山东省胶州市胶东运管所所长、共产党员刘元佐，几年来拒绝十几起少则几十元多则上百元的贿赂，成为市运管部门拒贿反腐的带头人。

今年35岁的刘元佐从走上所长的岗位那天起，就坚持原则，拒贿反腐。今年3月，胶东运管所查到镇南庄一台违章经营的汽车，车主是青岛一个包工头。此车自1989年下半年以来什么费也没交，按规定，应交纳各种规费1500元。扣车后，先后有镇领导、派出所干警8人次来说情，都被刘元佐顶回。车主看"硬"的不行又来"软"的。当天晚上车主去刘元佐家中送去了200元人民币，请求开绿灯放车。第二天，刘元佐将200元钱带到所里，当面批评了车主的违法行为，令其按规定补交各种规费。车主一看软硬都不行，只得按规定交纳了各种规费。车主说："我承包工程在外这么多年，没有打不开的'缺口'，只有胶东运管所打不开，太硬了。"榜样的力量是无穷的。去年胶东运管所共拒收礼品和钱50多人次，受到当地群众地称赞。

一次，刘元佐在小麻湾村东头查车，发现了他舅舅的一台"上海50"拖拉机一个月没有交养路费和管理费。刘元佐立即扣住拖拉机，请驾驶员补交"两费"。驾驶员不但不交，反而把刘元佐的舅舅喊来，要求免交"两费"。舅舅感到外甥面前好说话，理直气壮地说："元佐，你还认我是你舅舅吗？难道你真的叫我补交'两费'不成？"此时，刘元佐极力控制住自己的感情，心平气和地向舅舅解释说："我这个当外甥的不合格，请你批评指教，但要我讲私情免交'两费'，是办不到的，请你谅解。"刘元佐说着就取出上级有关文件一字一句地读给舅舅听，最后终于说服了舅舅，对方如数补交了"两费"。刘元佐并按规定进行了罚款。从此，附近群众编了一句顺口溜："刘元佐罚他舅——公事公办。"

在刘元佐的带领下，胶东运管所形成了一个良好的"小气候"，实行"跟踪服务"和"户籍式"的全方位管理，"两费"征收连续两年突破百万元大关，成为交通系统的先进单位，刘元佐也被评为胶州市劳动模范。

站在八达岭长城的烽火台上鸟瞰，长城像一条巨龙伏卧在一片绿色的海洋中。那葱郁的绿色，孕育着山脚下那一群身着橄榄绿警服的武警交通官兵。

历史会写下天山公路、青藏公路的诞生史，会记下为这"新长城"献出青春的武警交通官兵，但却可能不会记下培育警官的摇篮——武警交通指挥部教导大队。

岁岁寒窗苦，年年育新人。作为武警交通指挥部唯一的警官学校，教导大队精打细算使用着上级每年划拨的有限经费，以教学为主，以育人为重，从官到兵，人人住着简陋的平房，吃着低标准的伙食，用着沙土训练场。

官兵们将各种开支一再压缩，将福利待遇一减再减，50多名教官、士兵不计个人得失，辛勤耕耘，乐于奉献。自1985年大队组建以来，共培训机械、驾驶等专业学员751人。

武警交通部队营以下基层干部，半数以上在教导大队受过训。他们在基层以过硬的本领，坚韧的意志，顽强的作风，带兵筑路、建港、架桥，为交通事业树立了一座座不可磨灭的丰碑。

压题照片为学员们正在上课。右上图为学员们正在苦练擒拿格斗。右下图为武警交通指挥部教导大队政委刘德瑞在指导训练。

中国交通報

ZHONGGUO JIAOTONG BAO 中华人民共和国交通部主办

1993年9月21日 星期二 第1044号 统一刊号 CN 11—0122 代号 1—72

中国公路建设达到世界一流水平的标志
京津塘高速公路全线竣工

本报讯（记者 郭秋）我国目前设计标准最高、工程管理制度最完善、施工质量最好的高速公路——京津塘高速公路，最近已全线竣工，它的建成标志着我国公路建设的技术和管理水平进入了世界先进行列。

京津塘高速公路始建于1987年12月，是国务院批准兴建的第一条高速公路，也是第一条跨省市、通向首都的高速公路，它全长142.69公里，双向4车道，全封闭全立交，设计时速120公里，路基宽26米，中央隔离带设防撞钢护栏，全部符合国际标准，沿线监控、通讯、收费、照明等交通工程系统均采用世界先进技术和设备。自1990年9月北京至杨村段试运行以来，国内外专家一致高度评价，认为这条路堪称世界上第一流的高速公路。

京津塘高速公路被誉为我国改革开放政策的典型示范工程。它率先利用世界银行贷款，在我国基本建设领域第一个按国际标准推行工程监理制度，开创了业主负责制之先河。京津塘高速公路所开发的工程管理体制的变革，已在我国公路建设中产生深刻广泛的影响。

这条高速公路把北京和天津紧紧连为一体，现在，从北京到塘沽用一个半小时，使祖国首都有了一条通往渤海岸大港快速而安全的通道。

修建京津塘高速公路总投资约20亿元人民币，工程费用由交通部使用车辆购置附加费解决，并从世界银行贷款1.5亿美元。京津冀三省市负责征地拆迁和连接线工程费用。这条高速公路对促进三省市及华北地区的社会经济发展和对外开放，都将发挥巨大作用。

庆祝中华人民共和国成立44周年

京津塘，中国公路新思维
——访京津塘高速公路总监理工程师杨盛福

本报记者 郭秋

工程监理——5年前，当这个陌生字眼猛然出现在中国大地上的时候，受到了漠视、怀疑，甚至种种非礼的待遇。与此相反，在世界绝大多数国家的工程建设中，监理连同那部十几万字的法典《菲迪克条款》，却是与工程的高标准、高效益、高质量联系在一起的。

为在中国公路建设中推行工程监理制，当时的交通部副部长王展意作出一项大胆决定，由交通部工程管理司司长杨盛福出任京津塘高速公路总监理工程师。一位政府高级官员担当某项工程的监理，以推动一项新的管理模式建立，这恐怕也属绝无仅有的"中国特色"。

如今，京津塘高速公路已全面竣工，并被国内外专家公认为达到世界一流水平。追忆往事，杨盛福心绪难平。日渐加深的鱼尾纹就是这几年艰辛的印证。

杨盛福告诉记者，京津塘高速公路是经过十几年反复论证和力争，顶着诸多非议，最终由国务院拍板兴建的。为此，工程质量的优劣，其意义远远超出路的本身。

我国公路建设长期存在的效益低、质量差，像难以治愈的痼疾，虽经多方努力和尝试，始终收效甚微。要想建设一条高质量的现代化公路，唯有从管理体制上动刀，这无疑又增加一重风险和艰难。

交通部的决策者们决心用全新的思维重塑中国公路队伍，以京津塘为突破口，在施工管理体制中引发一场革命，他们力主引进世界银行贷款，并籍此引进国外先进管理模式——实行业主负责制和公开投招标。在传统习惯还相当顽固并居主导地位的当时，这种新思维理所当然地遭到了反对。

当杨盛福率领百余位中外监理奔赴施工现场的时候，大有"风萧萧兮易水寒"的味道。

我们的干部和工人，习惯了打人民战争，听命于行政长官，习惯了自己管理、监督自己，至于科学的条款和法规，以及被无数成功事例验证的先进运转机制，则视作绳索和桎梏。

于是，在京津塘工地上，两种观念和模式发生了激烈冲撞。

关键时刻，国务院领导旗帜鲜明地支持这场改革。"那是1989年6月"，谈及此事，杨盛福的记忆非常清晰，"邹家华同志视察了京津塘工地后，斩钉截铁地说：'拿了人家的钱，就要按人家的规矩办事。'"

《菲迪克条款》终于叩开了中国的大门，开始走进工地，走进每个干部和工人的心灵。

"适合中国国情，尊近国际惯例"，杨盛福说："这是我们引进《菲迪克条款》的原则。"食洋不化，完全照办，在中国也是行不通的。为了建立中国特色的监理制度，施工中他们制定了一百多万字的监理文件。一部中国的施工"圣经"便孕育其中。

现在，监理不再被视作天外来客。他们的形象在天南地北的高速公路工地上日渐高大。一支支高水平并具有承包世行项目资格的施工队伍从京津塘走向全国以至世界。

"这仅仅是开始。公路建设领域的改革只能说有了个良好的开端。"杨盛福扳着手指，向记者历数了高速公路管理中的种种不足。他指出，现在有些工程推行《菲迪克条款》仍然阻力重重，除了运行机制的障碍外，便是行政干预过多。监理依旧隶属行政部门，这就缺乏公正性。监理的独立性和社会化势在必行，工程管理体制的彻底改革，还有待于大环境的进一步改善和大体制改革的深化。

改革只有起点，没有终点。那么，构架中国公路的新思维，也将永无穷尽。

京津塘高速公路示意图

北 NORTH
北京市 BEIJING
十八里店 SHIBALIDIAN
高速公路起點 ORIGIN
马驹桥 MAJU QIAO
河北省 HEBEI
南营 NANYING
河北省 HEBEI
天津市 TIANJIN
杨村 YANG CUN
天津市 TIANJIN
宜兴埠 XUEHUANGZI
高速公路終點 DESTINATION
军粮城 JUNLIANG CHENG

划时代的杰作
——祝贺京津塘高速公路全线竣工

本报评论员

金秋送爽，在共和国诞生44周年到来的时候，交通职工又为祖国献上一份丰硕的厚礼——京津塘高速公路全线胜利建成了。

这是国务院批准兴建的第一条高速公路，也是我国第一条跨省市、通向首都的高速公路。[illegible]

[illegible]

李居昌赴甘青藏川考察工作

本报讯（记者 吴国平 盛国 冯晓霞 吴兴海 通讯员 潘天会 石耀明）八月十七日至三十一日，交通部副部长李居昌到甘肃、青海、西藏、四川四省区考察交通工作，并与当地政府及交通部门商讨该地的交通发展问题。

李居昌在甘肃着重考察了公路重点建设项目和少数民族地区公路状况，详细了解公路建设、养护、管理和职工生活情况。李居昌对甘肃在资金较少的情况下，自力更生搞交通建设的精神表示赞赏。同时，他强调交通建设要依靠地方政府[illegible]

在四川考察时，李居昌专程前往武警交通一总队，看望武警官兵。[illegible]

西藏地区党政领导在欢迎李居昌一行时说，西藏最大的困难在于封闭，最大的希望就是交通。五十年代国家在非常困难的情况下，修筑青藏、川藏公路，但由于各种原因，西藏的封闭状况还未得到根本改善。希望在解决西藏交通问题的时候，能够不断得到交通部的支持，彻底改变西藏的交通封闭局面。

图为李居昌副部长一行与西藏自治区政府副主席江措（右三）、自治区交通厅厅长黄锦辉在海拔5000多米的唐古拉山慰问长期奋战在高原的养路工。 本报记者 杨烨 摄

广深高速公路建设展开百日大战
确保主线年底建成通车

本报讯（记者 邓景正 吴嘉嘉）全长122公里的广（州）深（圳）高速公路建设进入最后冲刺阶段。8月20日，广东省建委、交通厅召开了大战一百天、确保广深高速公路主线今年年底建成通车的誓师动员大会。中共广东省委常委、副省长张高丽在会上要求所有参加广深高速公路建设的单位和人员加快工程建设步伐，确保质量，确保该公路主线今年底建成通车。

广深高速公路是广东省重点建设工程之一，由广东省公路建设公司与香港合和中国发展（高速公路）有限公司合作组建的广深珠高速公路有限公司负责建设经营管理。自去年8月起，该公路由粤港双方实施"工程分包，责任承担"的建设管理办法，由粤方负责广州、深圳段（即D、A段），港方负责东莞、宝安段（即C、B段）。这一办法实施后，双方掀起你追我赶的劳动竞赛热潮，工程进度明显加快，目前，全线路基已全部成型，有相当一部分路段已开始铺设硬底路面，大桥、立交架梁工程已全部展开，配套工程和辅助设施安装也在紧张进行。其中由粤方负责的广州、深圳路段，至7月底主线路基工程已基本完成，涵洞、通道完成工程总量的90%，中、小桥完成工程总量的83%，大桥、立交完成工程总量的61%，路面工程施工正进入高潮。

福州新港区一期工程竣工

本报讯（记者 [illegible]）福州新港区一期工程[illegible]工程是福建[illegible]新港区包括[illegible]工程包括一座设计年吞吐量六万标箱的万吨级集装箱泊位，一座设计年吞吐量四十二万吨的万吨级粮食杂泊位和一座设计年发客量三十万人次（预留十万人次）、货物吞吐量十五万吨的七千五百吨级客运泊位，总投资二点二亿元。一期工程于一九八八年年底动工，于一九九二年年底完工。工程初验后经过六个多月的试生产，港区工程各项技术指标、设施性能均达到设计要求。

福州新港区二期工程已列入国家"八五"计划，两个万吨级泊位正在建设中，预计一九九五年全部建成。

重点工程之窗

新疆建设首条山区二级公路

本报讯 近日，新疆第一条山岭区二级公路进入施工的最后冲刺阶段。

这条路从托克逊县到马鞍桥，全长50公里，是新疆"八五"计划重点工程，总投资约1.3亿元，施工地段多是重岭区，担负修建任务的是武警交通五支队。工程自1991年4月18日开工，目前118道涵洞、16座大小桥梁和防护工程全部完工，水泥稳定层全线铺设完毕，沥青路面铺设35公里，路容也已开始整理。从8月25日起，两头同时铺设沥青，以日平均铺设600米的速度迅速合龙，预计工程将于11月中旬竣工通车。

（张伟峰）

新建改造共举 养护管理并重

西藏出台"三纵两横六通道"发展规划

本报讯（记者 冯晓霞 吴兴）为加大改革力度，拓宽公路建设筹资渠道，近期，西藏自治区交通厅根据国家2000年关于国道干线"两纵两横"交通发展规划，研究制定了西藏"三纵两横六通道"的远景规划。

这一规划具体是，在下一世纪初或更长一段时期内建设、改造，提高南北走向的三条公路干线的质量。第一条是从青海囊谦县经罗都到盐井的公路；第二条从格尔木至拉萨（即青藏公路）；第三条是新疆甜水海至西藏普兰的公路。完成东西走向两条公路干线的建设和改造，一条是从四川巴塘通过川藏南线到巴噶的公路；一条是从四川德格通过川藏北线（即黑昌公路）到狮泉河的公路。

"三纵两横"的公路网的形成，将覆盖西藏主要经济区，沟通西藏与新疆、青海、四川和云南，并通过樟木、错那、亚东、聂拉木、普兰、什布齐六个口岸，建设与缅甸、印度、锡金、不丹、尼泊尔、克什米尔等国联系的通道，培育西藏通往南亚和中亚各国的最近通道，开辟我国西部对南亚和中亚各国贸易往来的出海口。

这个发展规划实施措施的主导思想是：实行修养并重，养管并举，公路建设以改善提高现有公路为主，养护以国道干线为主。

目前"三纵两横六个通道"的大框架已经具备，区内公路以五条国道为主骨架，以拉萨为中心的公路网络已初步形成。为此，在近一个时期内，自治区交通厅决定对现有公路进行有重点、分层次、分阶段的改造，使通过能力和公路等级及抗御自然灾害的能力达到应有的技术标准。

●责任编辑 杜晓坪●

山里兴"踩一脚"

8月下旬，记者在湖南西南的新宁县搭乘一辆小中巴车，突然听到一声，"师傅，请踩一脚。"车跟着停了。

"踩一脚"是近年来出现在湖南长沙中巴车上的一句流行语，意思是要下车了，请司机踩一下刹车。在城市里乘坐中巴车，需要在哪里下车，只要叫一声"踩一脚"就行了。

这"踩一脚"的停车法如今也传到了山里，乡村公路上乘车淡化了站点概念，路边一位农民招招手，车上一声"踩一脚"，车就停了。我乘11公里的车，一共停车13次。

农村现在是大客车"退二线"，中巴车、微型车受欢迎，这些能够"踩一脚"的小型载客工具适应了农村客源分散的特点，满足了农民群众方便乘车的要求。

李金涛

中英高级国际商务英语培训部开学

本报讯 上海海运学院承办的中英浦东高级国际商务英语培训部九月六日正式成立并举行首期开学典礼。

中英浦东高级国际商务英语培训部旨在为浦东新区培养合格的国际商务英语人才。通过国际商务英语基础知识的传授和基本技能的训练，使学员能运用规范、准确的英语独立完成函电往来、交易磋商、货款收付等一系列国际商务活动。

（杨豪山）

蛇口港进行安全大检查

本报讯 近日，蛇口港公安局交通大队对本辖区的交通隐患进行彻底检查，对存在问题较多的油车、货运汽车严重超载等问题进行整顿，并对运载危险品车辆的行车安全状况重点进行检查。（程红）

茂名水东港正式对外开放

本报讯 八月十八日上午，茂名市政府在水东港口岸联合办公楼举行了茂名市水东港对外国籍船舶开放典礼仪式。茂名市水东港一九八八年被国务院批准为国家一类开放口岸，它是粤西地区通往东南亚各地航程最短的口岸。水东港是一个具有万吨级泊位的天然良港，航道经疏浚整流，万吨级船舶可常年安全进出。

（郭文智）

保德县镇镇通油路

李文田

曾以一曲《走西口》唱出了穷名的山西省保德县，竟奇迹般的实现了镇镇通油路，乡乡通公路，在山西省引起不小震动。

地处秦晋两省交界处的保德县，采用公办民助、民工建勤、以工代赈等办法，投资26万元修通了4公里到达乡镇的油路，利用吨煤一元的道路建设维护费8万元（煤矿销售1吨煤向交通局交1元道路建设维护费）修通了154米通往县城的水泥路，解决了"断头路"。

在去年秋季义务修路的高潮中，全县人民出动了3万劳力，义务投工35万个，动用各种机具500台辆，拓宽等外公路10公里，17个乡，乡乡通公路。

中国交通報
ZHONGGUO JIAOTONG BAO 中华人民共和国交通部主办
1996年11月23日 星期六 第1627号 统一刊号 CN 11—0122 代号1—72

黄镇东会见秘鲁国新任驻华大使

11月20日下午，秘鲁国新任驻华大使罗斯米拉·桑那利亚女士在北京拜会了交通部长黄镇东，双方在亲切友好的气氛中就加强中秘间交通运输合作和签署中秘海运协定等有关问题交换了意见。黄部长还向大使介绍了中远公司、中港公司和上海港机厂的有关情况。 李维双 钱光法 摄

建设全国统一的综合交通运输网络体系

李 鹏

编者按 《建设全国统一的综合交通运输网络体系》是李鹏总理关于交通工作的重要谈话。《谈话》对"八五"的交通发展成就作了充分肯定，对今后公路和水运建设的发展目标、方针、政策和措施等作了精辟的阐述，对我们搞好"九五"交通建设和实现2010年奋斗目标具有重要的指导意义。这个谈话，使我们深受鼓舞和鞭策。全国交通系统广大干部职工特别是领导干部一定要认真学习，深刻领会，并贯彻落实到实际工作中去。

交通是国民经济的基础产业，也是促进社会发展和提高人民生活水平的基本条件。自古讲农、食、住、行，现在还要加上用。现在大家对交通的重要性有了足够的认识，知道"要想富，先修路"。发达地区改善投资环境要修路，不发达地区脱贫致富更需要修路，城市交通拥挤，严重妨碍居民的工作与生活，也迫切需要修路，改善交通状况。因此，在"九五"和未来15年，我国交通运输事业必须有一个大的发展。

我国交通的发展应该以铁路为骨干，公路为基础，充分利用内河、沿海和远洋运输的资源，积极发展航空事业，形成各具不同功能、远近结合、四通八达、全国统一的综合交通运输网络体系。交通运输建设要充分发挥中央和地方两个积极性，进一步深化交通运输体制改革，促进交通运输事业的健康发展。

关于铁路运输

"八五"是建国以来铁路建设发展最快的时期，老的限制口有的已经疏解，有的甚至出现能力富余，同时又产生了一些新的限制口，总的情况是运力的短缺和富余并存。解放初，我国铁路营业里程是2万公里，"八五"期末可突破6万公里，铁路建设成绩很大。衡量铁路运输能力，不能单纯看铁路线长度，还要计算运输量。只看长度这一个指标，容易过分重视上新线。我国铁路营运里程在5万公里左右徘徊的时候，通过蒸汽机车更换内燃机车、电力机车，安装自动闭塞等一系列技术改造措施，扩大了通过能力，增加了运输量，提高了铁路利用效率。铁路复线算一条线还是两条线？很显然按运输能力，只算一条不够合理。铁路单线不加自动闭塞通过能力一般不足1000万吨，加自动闭塞一般可达1500万吨以上，复线自动闭塞通过能力可达6000万吨以上，同样是一条铁路，复线自动化设置的运输能力是普通单线6倍。所以单纯计算营运里程是不合理的，用两个指标，即营运里程和运输量，就可以看出铁路有很大的潜力。

还有一个指标是平均每公里铁路的运输密度，根据测算，我国铁路的运输密度即平均每公里通过运量近3000万吨，是世界上最高的。这除了说明我国铁路效率高以外，还说明几个问题：一是我国国土辽阔，大量货物需要长距离运输；二是资源分布不平衡，资源性产品运输量大。过去是北煤南运、南粮北调，现在是西煤东运、北粮南运、西棉东运。山西、陕西、内蒙古的煤从西向东，东北的粮食向南方，新疆的棉花从西向东部沿海运，这就形成了我们的三大运输线。还有一条是北油南运，现在是以管道为主。新疆石油开发出来，还有西油东运的问题。三是经济发展水平低，经济发达国家运输的货物价值高但重量小，我们运输的货物初级产品多，价值低但重量大、体积大。这三个原因造成我们的货物周转量大。美国修东西铁路干线的时候，也主要是把西部的资源运到东部。

从客运看，过去主要是人员公务性质的流动。解放初是大军南下，以后是大学生全国统一分配，支援三线建设，还有学校院系调整和搬迁，两地分居造成的探亲，形成客运的主流。现在情况有了一些变化，客运是公务出差、谈生意和旅游的旅客多了，加上民工潮。每年春天上海人到苏州扫墓也兼有旅游的性质，客运量很大。民工潮是一个很大压力，单一个春节就达3000万人。今年政府管了一下，实行民工有序流动，效果很好，说明管一管确有必要。

总的题全是我们的铁路利用效率高，一年完成货物周转量12000多亿吨公里，旅客周转量3600亿人公里。有一个国际组织，要开会推广铁路私有化经验，说铁路一私有化，效率就提高，就扭亏损了。我国的代表把中国铁路运行指标一讲，充分证明铁路私有化也不见得比国有化好。关键还是看有无货源和客源，决定于市场。

安排"九五"计划铁路建设规模，先要看铁路货运弹性系数多少，有多少东西需要运输。根据测算，"九五"时期要增加1.3亿吨煤、5000万吨矿石和冶金产品，1000万吨油，1000万吨粮食和100万吨棉花，棉花重量不大，但占用车皮多。再就是看分布，应上哪几条线。这取决于物资往哪里运。西煤东运主要是四个通道，第一条铁路是大秦线，已经完成；第二条从陕西神木到河北黄骅港，是新建铁路；第三条从山西侯马到山东日照，正在建设铁路复线；第四条西安到四川，是新建铁路，把陕西煤经过安康进入四川。宝成复线也是解决陕西煤到四川的问题。南昆线正在建设，是"九五"的重点，昆明到北海，使西南有一个出海口，不仅是布局需要，还有利于西南经济的开发，昆明到大理是旅游线。内昆铁路，由四川宜宾到云南红果如果建成了，进出四川就方便了。西北主要是建设宝鸡至兰州复线或宝鸡至中卫复线，塔里木油田开发以后，开始经过兰新复线运出来，抽多了还得铺输油管线。修建南疆铁路对于保证新疆的石油、棉花运输有很重要的作用，又有利于开发南疆和保障南疆稳定，要很快安排建设。哈尔滨到大连电气化一定要建，北京到上海的高速铁路，从长远发展看是有必要的，什么时候建，还要根据需要与可能，但可以先做好前期准备工作。京九线建成通车，南北通道就缓和了，津浦线以后主要搞客运和高档货，京九线可以多分流运煤炭。晋东南和阳泉的煤可以通过京九线供应江西、福建、广东，东南沿海一带用煤仍靠海运解决。"九五"时期的铁路建设应保证：首先，使已建成的新线配套完善，达到设计能力，保证安全运输，如兰新复线和京九线。其次，应集中力量搞好正在建设的新线，如南昆线、西安——安康线、神黄线等。再次，进一步对老线进行技术改造，电气化和自动化，以提高老线运输能力。还要考虑东部地区铁路运输的经济效益较高，可以考虑实施。在"九五"期间乃至后10年，铁路运输仍然是全国交通运输网络的骨干。按照0.3的弹性系数考虑，到本世纪末铁路货运量将达到18亿吨。

"九五"期间建设铁路，哪些是重点，哪些是一般，哪些从长远看应该建设，但"九五"只能作前期工作，如京沪高速铁路、西安到南京、洛阳到湛江、进藏铁路都属于这一类，要规划好。

关于公路建设

"八五"期间，全国公路建设有了很大的发展，公路里程可增加11万公里，全国公路总里程将达到115万公里。公路等级和质量也有很大的提高。高速公路达到2100多公里，一、二级汽车专用公路1万多公里。部分国道干线公路拥挤状况有了改善。基本上实现了乡乡通公路。贫困地区和民族地区的公路建设也取得了显著成绩。

"九五"期间要加快公路建设，新增里程保持在11万公里，其中高级公路增加一倍左右，逐步建成贯通全国南北、东西的公路干线网，先形成几条通过能力大、规模效益好的快速运输大通道，如北京至珠海、同江至三亚、重庆至湛江的纵线，连云港至新疆霍尔果斯、上海至成都的横线等等。"九五"时期公路建设要有新的特点，以提高水平为主，加大高等级公路的比重，同时，要加强中西部地区公路建设和县乡道路建设。

全国性的公路干线网国家有了统一规划，要调动地方积极性来共同实施。高速公路建设要以经济发展水平和实际需要以及一定的车流量为依据，防止盲目地上。现在，铁路短途运输比重还很大，不合理，要进一步发挥公路在这方面的作用，特别是要发挥公路运输中转环节少、能够门到门服务的优势。公路建设资金来源的主要渠道：一是养路费；二是车辆购置附加费；三是公路建设基金，客车在票价里加一点，货车每吨公里加一点，这一块现在由各省自定，应该逐步加以规范。不足部分利用国内外贷款。从经济效益看，除了大型桥梁和高等级公路通过收费可以把贷款还上，一般公路是社会公益性事业，投资很难收回来。公路建设要以地方为主，资金取之于路，用之于路。要注意解决断头路问题，国家出一点钱，两边地方各出一点钱，三方一努力就接上了。只有这样，公路建设才能加快步伐。

现在公路上拖拉机和农用柴油车跑运输的问题值得重视。一是浪费燃料，同时造成交通堵塞；二是损害路面，虽然胶皮轮好一点，但对路面的破坏比汽车大得多；三是降低行车速度，影响公路利用率，如果车速从30公里提高到60公里，一条路就变成了两条；四是不安全，在交通繁忙和拥挤路段，不能让拖拉机上路。最近一个时期，在原来拖拉机基础上发展起来的农用柴油车，效率要好一些，但仍然是一种高耗能运输工具，从长远看，应逐步为价格低廉的农用汽车所代替。这应作为一项产业政策，逐步加以实施。

关于水运建设

"八五"期间沿海主要港口将建成泊位280多个，其中万吨级以上深水泊位100个，深水泊位总数可达400多个，沿海港口总的吞吐能力达到7亿多吨。集装箱和散装船等现代化运输系统有了较大的发展。压港压船的现象大为缓解。总的看，沿海港口的合理布局大体形成了。

"九五"期间，中级以上码头泊位和吞吐能力都要继续增加。重点是建设能源、集装箱、重要原材料装卸泊位。要不断完善与提高装卸能力，提高效率，降低成本。上海组合港方案要尽快定下来。利用宁波港的方案，我看是比较现实的。解决长江口拦门沙，提高长江口航道大型海轮的通过能力，是一个很好的方案，但同时又是一个工程浩大、有一定风险的方案，要继续认真论证。总之一句话，上海港口能力不解决，浦东也发展不了，这是问题的关键。大的国际性经济中心必然是货物集散地，必须有大的港口，要能够开班轮，随时接纳、装卸第三代、第四代集装箱船。只有这样，上海才能成为国际性的贸易中心、航运中心，带动长江流域经济的发展。深圳盐田港是为香港分流，它的三期工程由自己搞，但不能、也不必要代替香港的作用。

粮食要有专用码头、专用仓储设施。我们要从国外进口一些粮食，调剂余缺和品种，还要考虑东北粮食南下。目前东北粮食进关主要靠铁路，但海运也是一条重要渠道，而港口能力还不够。在重要港口和铁路口上都要建设粮食仓储设施，以发挥国家储备粮的作用。

沿海运输的主要任务是运送能源、原材料等大宗物资，如煤炭、铁矿石、石油、粮食、棉花、化工原料、木材、钢材等。

到2000年，煤炭陆水联运能力可能接近1.8亿吨，问题是中间环节太多，山西煤上路是100元／吨，到上海就要300元／吨，秦皇岛倒煤的单位和个体户不少，说什么"倒煤"就不倒霉，不"倒煤"就倒霉。要提倡煤矿自主经营，煤出矿就实行联运，一票到货主，大力减少中间盘剥。成立几个大的煤炭运输公司，采取陆水联运形式，把运输价格压下来。煤的用户是三大块：电厂、钢厂和民用。其中，电厂和钢厂用煤是一票到底。民用煤每个城市都有民用煤公司，为什么叫中间环节去倒？大的用户直接供货，小的用户搞些市场竞争，把煤销价降下来。

内河运输具有运能大、能耗小、成本低、占地少、对环境污染比较轻微的好处。我国发展内河航运的潜力是很大的，但没有得到很好开发。内河航运与其他几种运输方式比较，是最为突出的薄弱环节。发展内河航运要坚持水资源综合利用的方针，充分发挥中央和地方两个积极性，加大对内河航运建设的投资力度，有重点地解决关系全局的重大项目。"九五"期间，要以整治提高航道等级为重点，集中力量建设长江干线、西江干线、京杭运河（济宁——杭州）水运主通道和长江三角洲、珠江三角洲航道网，形成"两横一纵两网"基本贯通的格局，以进一步扩大内河航道的通过能力，发展干支直达、江海直达运输。

远洋运输，在扩大对外开放，加强国际间的经济技术交流与合作方面具有举足轻重的作用，我国进出口贸易物资的90%以上是通过远洋运输完成的。改革开放以来，我国远洋运输事业有了很大发展，现在全国从事国际航运的船舶运力已达到2350万载重吨，居世界前茅，集装箱船队居世界四强之列。其中，中国远洋运输（集团）总公司的船舶运力达到1700万载重吨，是世界上最大的航运企业之一。我国不仅结束了靠租外国船运输外贸物资的历史，而且还有能力承揽第三国货物，为国家创收一定的外汇。我国在资源上有两大缺口，一是石油，二是铁矿石，要利用国内国外两种资源，利用国外资源离不开远洋运输。今后我国的对外贸易还会继续有大的发展，远洋运输要适应形势的需要，作出新的更大的贡献。

注：这是李鹏总理1995年4月5日在听取国家计委、铁道部和交通部汇报"九五"计划和2010年远景目标时的谈话。

交通部行业联合科技攻关硕果累累

集资投入 共同管理 协调计划 联合攻关

本报讯（记者 滕建福）记者从11月15日召开的交通部行业联合科技攻关理事会第四次会议上获悉："以集资投入、共同管理、协调计划、联合攻关"为宗旨的交通行业联合科技攻关计划，自1992年实施以来的4年时间，已显示出强大的优越性。联合攻关项目共四批105项，已鉴定71项。这些成果已开始产生良好的经济效益和社会效益。

为全面推进部行业联合科技攻关计划的实施，交通部以及各交通厅局对此十分重视，从资金、物资、人才、计划各方面给予支持。在资金筹措上，26个省市集资额达2280万元，交通部匹配经费1140万元，初步形成了多元化的科技投入格局；在联合科技攻关的项目选择审核上，充分考虑到与工程建设、技术改造、运输生产和装备更新相结合，严格把住立项关，精选出上百项支持地方交通和经济发展的项目，统一纳入部科技进步重点项目年度执行计划，由部下达实施。各省市交通厅局作为项目的主持单位，采用了各种有效的办法和形式，进行了实事求是的中间检查和组织管理，帮助解决存在的问题，积极做好成果鉴定验收工作，为攻关项目的顺利进行打下了坚实的基础。

交通部行业联合科技攻关项目，都是结合国家重点建设项目及运输生产中急需解决的关键问题而进行研究的。在已鉴定的成果中，有许多成果已在省内获奖，有6个项目获得了1996年度交通部科技进步奖。这当中有塔克拉玛干沙漠石油公司的"风积砂干压实成果"、"洞庭湖区桥梁建设新技术的开发研究"、"湘江卤水运输专线开发"、"2立方米抓斗挖石船测深及定位技术的开发"、"新型岩石锚杆试验研究"、"利用新疆稠油沥青修筑高等级公路研究"、"珠江三角洲快速客船内河航道开发研究"等等。这些成果在实际工程中很有实用价值。如"风积砂干压实成果"成功地解决了在流动沙漠中修筑长距离等级公路的世界难题，利用新疆稠油沥青修筑高等级公路的实用技术，直接用于"吐——乌——大"和"乌——奎"两条世界银行贷款的高等级公路建设，节约外汇折合人民币达9000万元。

中华人民共和国交通部令

1996年第10号

现发布《水路危险货物运输规则（第一部分 水路危险货物运输规则）》，自1996年12月1日起施行。

部长 黄镇东

1996年11月4日

（全文见二版）

洪善祥在联合科技攻关理事会议上提出

发挥优势 加强协作 联合攻关

本报讯（记者 滕建福）交通部行业联合科技攻关理事会第四次全体会议11月15日在长沙召开，这次会议的主要内容是总结四年来交通部行业联合科技攻关的成就，共商"九五"期间联合科技攻关大计。交通部副部长洪善祥，湖南省委常委、副省长周伯华出席会议并作了重要讲话，科技司司长张叔辉作了主题报告，交通部有关司局和各省、市、自治区交通厅（局）主要领导出席了会议。

洪善祥就如何进一步搞好"九五"联合科技攻关工作作了重要讲话。洪善祥在谈到充分认识行业科技攻关工作的重要性时说，几年来的实践证明，行业科技攻关充分适应了当前科技发展的新趋势，是加强科技工作的有效形式，通过联合科技攻关活动，全国的同行结成更紧密的协作关系，做到信息互通，优势互补，避免了重复立项，同时也有利于提高研究水平。交通行业科技进步新的机制初步形成，为实现两个具有全局意义的根本性转变迈出了重要的一步。要发挥交通行业的人才优势、资金优势、信息优势，"九五"期间，进一步完善行业联合攻关组织和管理工作，形成更有效率的行业联合科技攻关体制，通过大家共同投入，共同选题，根据各地不同特点和实际需要，解决具有地区特色的科学技术问题及科技成果的转化应用，形成既有地区特色又体现行业共性，既有先进技术又有高新技术的技术群体，为交通行业提供成套的实用技术。

洪善祥强调指出，联合科技攻关的重复立项和重复研究问题，应引起大家的重视。重复研究和开发同一个项目的结果是浪费了宝贵的经费，加强横向的信息沟通，注意引进兄弟省的先进技术和先进设备，就能达到事半功倍的效果，赢得宝贵的建设与发展的时间。

洪善祥指出，要实施"科教兴交"战略，人才是关键。要重视科技人才的培养，我们的目标，不仅要提高交通系统职工队伍的科学文化素质，还要解决现有科技人员知识更新问题，培养跨世纪人才，就是要培养出年轻的学科带头人，力争到本世纪末，在交通重点学科领域，造成一批45岁左右，能进入世界交通科技前沿，在国际交通界有较大影响的杰出青年科学家；造就一批45岁以下，具有国内先进水平，在国内交通系统有较大影响，保持学科优秀的学术和技术带头人，造就一批30至45岁的在交通领域各学科有一定造诣的学术和技术带头人的后备人选。

会议期间，代表们讨论决定了"九五"期间的第一批联合攻关项目，对《公路、水运主要技术政策》和《公路、水路交通信息化"九五"规划和到2010年发展纲要》也进行了讨论，大会对"八五"行业联合科技攻关中的40个优秀项目和26名优秀科技管理人员进行了表彰和奖励。

京津沪召开公路工作交流会

本报讯（记者 丁声智）11月16日至19日，北京、天津、上海第四次公路工作交流会在天津召开。与会的55名代表就三座城市公路的建设、资金筹措、养护管理、稽查征费、体制改革、工程监理、兴办三产和精神文明建设、党的建设等情况进行了广泛的交流。

近年来，由于各级政府部门和广大人民群众的支持，三市公路建设发展迅速，到1995年底为止，北京市的公路总里程已达1.18万多公里，其中高速公路达110余公里；天津市的公路总里程已达4100多公里，其中高速公路达100多公里；上海市的公路总里程已达3700多公里，其中高速公路近40公里。公路建设的迅速发展，使公路建设在国民经济中的位置越来越重要，已经成为一门新兴的产业。同时，它也极大地改善了三市与周边地区的经济联系，为三市经济的腾飞打下了坚实的基础。

王新春获"半月谈思想政治工作创新奖"

本报讯（记者 马志良 金永昌）全国第八届"半月谈思想政治工作创新奖"颁奖活动最近圆满结束，青岛市交通局局长兼党委书记王新春同志被评为"创新奖"获得者。

中共中央政策研究室主任、"创新奖"评委会主任委员王维澄同志主持了评委会的评选工作。"创新奖"评委会由我国思想政治工作战线的一些领导干部和著名专家、教授组成。

王新春同志坚持以邓小平同志建设有中国特色的社会主义理论为指导，结合实际，撰写了《实施"5+1"工程是搞好行风廉政建设的有效途径》的研究论文，探索在改革开放形势下加强思想政治工作的新路，促进了物质文明和精神文明建设。

□责任编辑 宋建治□

中國交通報
2000年8月9日 星期三
第2406期
国内统一刊号：CN11—0122
邮发代号：1—72
CHINA COMMUNICATIONS NEWS 中华人民共和国交通部主办

火热川藏线

——体验318国道排龙段抢通

口本报记者 李咏梅 通讯员 刘春辉

6月10日，西藏波密境内的易贡湖溃坝，被特大型山体崩塌滑坡堆积体堵塞62天的湖水暴泻，形成了12.1万立方米每秒的流速，是1998年长江洪灾高峰的2倍左右。洪水挟着泥石流经过国道318（川藏路南线）通麦大桥时，水位高出桥面32米。这百年不遇、世界罕见的泥石流是一般的公路桥梁无法抵御的。洪水过后，318国道从通麦大桥以东500米经帕隆沟至排龙乡的14.5公里路段内，除帕隆沟东侧3.3公里损毁较轻外，其余11.2公里严重水毁。通麦大桥（钢桁架桥165米）、钢架桥117米/4座和钢筋混凝土桥梁28米/2座全部被毁；2座钢架桥部分被毁；9.2公里路基完全被毁，1.9公里路基部分被毁。318国道断通，使林芝地区的波密、排龙、墨脱分成三块，昔日车流量每日二三百车次的军需物资大通道上没有了车踪。

易贡灾情发生后，国务院提出了"力争用最快的速度、最好的质量完成恢复重建任务"的要求。6月22日，交通部援藏干部组组长、交通厅副厅长杨文银出任交通厅抢通重建领导小组组长，全面负责易贡灾区的公路抢通、恢复工作。

8月3日上午，记者随杨文银副厅长奔赴排龙抢通工地。离开林芝行署所在地八一镇100公里，至G318－108道班处，路就断了。昨日这里发生了泥石流，只见一座由泥浆、石头、树干和枝叶乱糟糟组合成的斜坡比道路宽出几倍，估计有150米长，3500立方米。两台装载机正在把泥浆、石头往鲁朗河中推，受到挤压的河水翻滚怒吼，快速涌过。

徒步翻越泥石流后，我们换乘工地派来的车前行。这里的路害更多了：有山上滚到路中间的大小石头和横倒的树木；有的地方路基、路面被河水淘空成半圆，仅容一车勉强通过；有数处急流漫路而过，水深几乎没膝。

车行40公里，抵达林芝县排龙门巴民族乡，钻过一横倒在路基上的大树，318国道已是面目全非，满目疮痍。5号钢架桥只剩下摇摇欲坠的半截，林芝公路分局的抢险队员正用钢丝石笼、木笼垒起被毁一侧的桥基，并用巨大的圆木连接桥面。

过桥后，318国道忽然变成羊肠小道宽的灰砂路，排龙抢通组组长、自治区公路局欧阳峰副局长说，这些砂就是泥石流经过帕隆藏布江时拉月曲河水倒灌留下的。河水在路面以上几米处高的山体上留下印记。

图①是崖峭壁的半腰上，开出一条十多公里、一人多宽的小路。通麦抢通组组长王培高正带人由此奔向通麦大桥施工点。

图②山体崩塌处，西藏交通厅抢通领导小组组长杨文银（左二）、排龙抢通组组长欧阳峰（左一）等讨论施工方案。

图③国道318排龙段，大型机械无法进入，桥基用石全靠肩扛背运至施工点。

图④通麦大桥断了，[illegible]

口本报记者 李咏梅 摄

前行，很快到了帕隆藏布江与拉月曲河相汇处，两条急流汇合后沿峡谷咆哮而去，再过二三十公里就汇入雅鲁藏布江大拐弯处。杨副厅长指着汇合处右侧的泥石说：那就是14日我们亲眼目睹的山体整体坍塌处。

这时帕隆江对岸一块巨大的裸露山体上忽然有石块哗啦啦滚下，欧阳副局长说："这块滑坡面积每天都在扩大，不知哪天才能停下。"

一路上，杨、欧阳和武警水电部队三总队的张参谋长在不断地询问、交流甚至争论，当他们又站在怒涛滚滚的江边讨论方案和进度时，一只大蝴蝶悠然在几位的迷彩服之间翻飞不止。

前面的4号钢架桥上已铺好木板，通过帕隆，见几十米下的河水惊涛拍岸，再往前，0至3号桥不见踪影，昔日国道变成了悬崖峭壁。"噫吁嚱，危乎高哉！"——这里让人很自然就想起李白的《蜀道难》。

悬岩下，几块木头燃烧的炭火明明灭灭，刚打完炮眼的民工站在那里，烤着被雨水和汗水湿透的衣服。淅淅沥沥的雨中，几十位工人有的用扛抬，有的就自己背，把块石垒放在搓边，其艰险困苦，令人心颤。

峭壁中间，一人宽左右的小路时隐时现，它可通往通麦大桥抢险点，是林芝公路分局王培高副局长等3人冒死踏勘出来的。在两三交待与叮嘱之后，杨、欧阳与王等握别，王带着四五人攀援而去。渐渐地，万仞峭壁的半腰中，只能看见几个黄色的安全帽在移动。

离开工地后，我们乘车返回。将近17时，一处新发生的山体塌方把路死死封住，我们决定翻越塌坡徒步走。爬过塌方，与那边的藏族司机会合，走出大约100米，身后数块石头滚落下来，带起阵阵烟尘。

在返回的路上，分别发现了G318－4134、4138、4141几个路碑，在这段约10公里的路上，记者脚踏实地地感受到川藏路病害种类之多，程度之深。难怪这里有"地质博物馆、路害博物馆"之称。

杨副厅长介绍，易贡灾区的公路抢通、恢复工作，分为通麦、排龙和墨脱三部分，原则是先急后缓，先易后难，重点是318国道。灾情发生后，交通部曾派由公路司副司长李查武带队的11名专家到现场考察灾情，帮助制定抢通方案，按照方案，G318先抢通人行便道，再抢通车行便道。车行便道按路基宽4.5米，桥梁净宽4米，最大纵坡8%，最小平曲线半径15米实施。桥梁、涵洞、支挡防护工程采用临时结构。通麦车行便桥实施吊桥方案，按汽－20级，桥宽5.2米，净宽3.7米设计，桥梁全长249米，初步确定11月底通麦车行便桥通车，那就标志着整个318国道的复通。

据杨说，G318抢通情况较好，但不能像当初想像得快，原因有三：正值雨季和汛期，施工进度慢；灾区大部分路段的桥涵毁了，有6公里路段成了悬崖峭壁，原路基成了河道，施工难度大；滑坡体及泥石流路段大型机械无法进入，全靠人工背运建材；洪水对两岸植被破坏非常严重，坍塌、滑坡仍时有发生，对施工人员安全形成威胁。

抢通是艰难的，更艰难的是资金的落实。经交通部专家组和西藏自治区共同测算，公路抢通需投入6675万元，其中国道318线3690万元；省道县贡公路2440万元；扎墨公路545万元。另外，墨脱县和林芝县排龙乡境内恢复马行道、吊桥、溜索等需要4104万元。目前已落实到位的抢通资金有国家计委、财政部、交通部的各1000万元。西藏自治区、地区、县三级政府正尽最大努力筹集资金并动员灾区群众积极投工投劳。但资金缺口依然巨大，318国道抢通需要国家的专项支持，也期待着各地各部门的援助。

川藏路——大动脉在期盼。

记者西部行

新疆交通燃旺旅游业

本报讯（记者 哈琳琳）夏日的新疆，山青、水碧、花红、草绿。2000年旅游交易会、吐鲁番葡萄节、伊犁之夏旅游节、喀什民族风情节、博州那达慕节等相继开幕。

据统计，今年1至6月，新疆累计接待海外旅游者7.14万人次，创汇3166.9万美元，国内旅游接待273.6万人次，旅游收入21.62亿元人民币，创历年同期最好水平。面对西部大开发的历史机遇，新疆提出了21世纪旅游发展新思路：即以乌鲁木齐为龙头，以"丝绸之路"为主干，开辟以阿勒泰喀纳斯湖为重点的生态旅游区；以天池、博斯腾湖为主的风景旅游；以吐鲁番为主的"文物古迹游"；以喀什为主的"民族风情游"；以伊犁为主的"塞外江南游"等五条黄金路线。同时，加大旅游基础设施建设投资。1999年，新疆用于旅游基础设施建设的投资达5.6亿元，创历史之最，而在此之前20年的投资总和不过是22.8亿元。

交通运输为旅游业的发展提供了极大的便利。目前，新疆天山南北已形成纵横交织的立体交通网络。吐乌大高等级公路直抵吐鲁番的高昌、交河、苏公塔、火焰山；南疆铁路西延到了喀什；乌奎高速公路的兴建以及连接国内外诸多大城市的50多条航线缩短了新疆与世界的距离。与此同时，新疆交通厅还加大通往各旅游景点的道路建设，如已投资2000万元修建的和硕金沙滩景区公路，投资2.3亿元修建的从布津到喀纳斯湖公路。而吐鲁番去年提出的"4510工程"中，第一项便是对通往主要景点的4条道路进行改造。

云南规划高等级公路网

本报讯 云南省交通厅近日制定了云南高等级公路网计划。云南公路建设将首先重点安排出省、通边、旅游公路的建设和改建，尽快打通连接川贵桂藏四省区和缅甸、老挝、越南三国的通道，建设云南"三纵"、"三横"、"九大通道"为主的高等级公路网。

据了解，列入这一规划的公路共有6341公里。"三纵"是从四川进入昭通，经昆明至中越边界的河口，从四川进入永仁，经武定、昆明至西双版纳中老边界的磨憨，从西藏进入德钦，经大理、临沧、勐海至中缅边界的打洛。"三横"是从四川进入华坪，经丽江、兰坪至怒江州六库，从贵州进入胜境关，经昆明、大理、保山、瑞丽至中缅边界，从广西进入罗村口，经开远、建水、普洱、临沧至中缅边界清水河。"九大通道"连接国内川贵桂藏四省区的有五条，分别为昆明至广西南宁、北海的通道；昆明至贵州及中、东部省份的通道；昆明经水富至四川成都，进一步到达中原地区的通道；昆明经四川攀枝花至成都，进一步到达中原地区的通道；昆明至西藏的通道。

云南今后10到15年，每年将投入100亿至120亿元的资金用于公路建设。2000年至2005年规划建设三级以上公路5447公里，其中高速公路1345公里，一级公路603公里，二级公路1796公里，三级公路1703公里，投资664亿元。（王家凯）

青海加快旅游路建设

本报讯（记者 张宗华）为促进西部旅游资源开发，青海省交通厅把旅游公路规划、建设放在了突出位置。目前，已有5条旅游公路的前期准备工作已经或即将做完，并将在年内开工建设。

这5条旅游公路是：清水至孟达公路、李家峡至坎布拉公路、青海湖环湖公路、互助北山公路和黄河源头公路。清水至孟达公路是省内通往孟达自然保护区的惟一通道。孟达自然保护区位于青、甘两省交界处，这里有奇特的地理环境和植物群种。李家峡至坎布拉公路是黄河上游的水电明珠李家峡通往坎布拉国家森林公园的道路。坎布拉国家森林公园有林地面积4200多公顷，植物种类800余种，并栖息着几十种珍禽异兽。青海湖是全国最大的内陆湖泊，面积4500多平方公里。这里群山环抱，碧波万顷，草原辽阔，兼有举世闻名的鸟岛，是人们神往的地方。互助北山位于我国惟一的土族自治县——互助县境内，这里是中华民族的母亲河—黄河的发源地，吸引着众多的炎黄子孙前来这里探险旅游、寻求根源。黄河源头公路按三级公路标准建设，计划3年完成。

长航局开门"三讲"

本报讯（记者 周家华）根据交通部的统一部署，长江航务管理局从7月下旬在全局开展"三讲"教育以来，发动群众，坚持开门搞"三讲"。他们针对群众提出的意见和反映强烈的问题，积极整改，取得了较为明显的成效。

从7月21日到8月7日，长航党委分三批对348名处以上干部进行了封闭式集中学习培训，提高了处以上干部对"三讲"教育的认识和理论水平。为了做好征求意见工作，长航党委作了广泛深入的思想发动。不论会上会下，还是个别谈话，局主要领导都向干部职工表示真心诚意地欢迎并虚心听取意见。局党委诚恳的态度和细致的工作为干部职工提意见创造了一个宽松的环境，干部群众通过《征求意见表》和不同层次的座谈会，对局领导班子和成员提出很多非常中肯又相当尖锐的意见，对这些看了不怎么顺眼，听了不怎么顺耳的"苦口良药"，长航党委认真加以整理和分析，以实际行动研究解决群众反映的重点问题，以取得群众的理解和信任。局领导班子成员利用双休日，先学习，再反思，研究制定了近期整改措施。整改内容包括"减少应酬，集中精力抓大事"、"减少会议，转变作风，帮助基层解决实际问题"、"加强机关管理，提高机关工作质量"、"多为职工办实事"等4大类共20条。目前，群众反映的一些比较突出的问题，如长航总医院的生存、发展和领导班子问题、局机关管理和职工生活问题等，长航党委已经开始进行整改。

秦港吞吐量上月创新高

本报讯（记者 王文斌）7月份，秦皇岛港的港口生产传出佳音：完成吞吐量908万吨，为去年同期的128.5%，在港口历史上首次月吞吐量跨上900万吨台阶。

今年以来，秦皇岛港的生产形势一直呈现上升势头。上半年内完成了年度计划的56.8%，进入7月，煤炭内销和外煤的需要量继续加大，在国民经济增长和外贸出口的拉动大形势下，港口保证煤炭质量，满足用户需求，提供了优质高效服务，逐步占领市场份额。

古永高速路将开工

本报讯 国道312线甘肃境内古浪至永昌高速公路，近日经交通部正式批复，即将开工建设。

古浪至永昌公路共分两段，全长70.04公里，古浪至武威起于古浪，经双塔、黄羊、谢河，止于武威，与已建武威过境公路起点相连，长40.95公里，武威至永昌段起于丰乐堡，接已建武威过境公路终点，经八坝、六坝，止于永昌，与即将建成的永昌至山丹一级公路相连，长29.09公里。该路建设工期为3年。（马喻）

天津通行环境改善

本报讯（记者 刘洞才 通讯员 苏光辉）截至目前，天津市已超额完成"九五"期间公路建设计划。预计到今年年底，天津市公路网总里程将达9475公里，其中高速公路305公里，二级以上高等级公路达1657公里，并在全国率先实现了乡乡通油路，村村通公路的目标。

据了解，"九五"期间天津市在完成国家部署的国道主干线建设任务的同时，结合天津市城市总体规划，以"三环、四射、四横、四条重要路段"为主骨架的干线公路网已初具雏形。全市通过国家投资、地方筹资、利用外资、国内贷款等多种手段，投入建设资金128.58亿元，这是"八五"期间的4.74倍，用于干线公路建设项目43项，新建公路里程600.5公里，改扩建公路里程735.2公里。目前已完成京沪、京津塘高速公路天津段、津保高速公路天津西段、唐津高速公路天津北段建设，年底将完成唐津高速公路二期工程建设；已对疏港公路、外环线、京哈、津蓟、津涞、邦喜、宝平、津汉、九园、海防公路部分路段等国道市级干线实施了新建和拓宽改造，今年年底还将完成津沽、津福、京福北等一批市级干线公路改造。

GPS"武装"虎门大桥

本报讯 荣获交通部"科技进步特等奖"的虎门大桥有限公司最近在国际上首次采用GPS技术实现实时监测桥梁三维位移，并获成功。

虎门大桥处于热带风暴多发区。为了监测到台风、地震、车载及温度变化对桥梁位移产生的影响，了解掌握大桥的安全特性，广东虎门大桥有限公司与清华大学合作，采用GPS实时动态测量技术，通过七台GPS接收机测量悬索桥关键点的三维位移。该技术具有受外界影响小，自动化程度高，速度快，精度较高等优点，可以全天候24小时测量到大桥各测点的三维位移变化情况，通过计算机处理、分析，积累有关数据，进一步找出大桥三维位移的特性规律，为大桥的安全营运、维修养护提供重要参数和指导作用。（朱桂树 张占本）

昔日军事前沿 今朝旅游胜地

福州至黄岐旅游航线开通

本报讯（记者 陈光锋 陈智迅）曾经作为军事前沿阵地、长期笼罩着神秘色彩的福建省连江县黄岐半岛，8月3日开通了水上旅游航线，首批近百名旅客兴高采烈地游览了岛上的军事设施，远眺了马祖列岛。

黄岐半岛与马祖列岛一衣带水，最近处仅距8000米，属最前沿地带，1992年被福建省政府并列为台轮停泊点和贸易点，被农业部定为国家一级渔港。

黄岐半岛人文景观丰富多彩，镇区有宋代古城堡、烽火台、明代观音阁、莲花岩、尚书府、清代妈祖宫等。这里地处丘陵连绵起伏，大海中岛、礁、滩，星罗棋布，平沙千里，涛声不绝，构成了一幅渔区独特景观。

由闽江航运总公司开辟的这条水上旅游航线，目前逢周五、周六开航，从福州始发至黄岐全程约64海里，航时约4个半小时。

打破用人常规 不拘一格选才

河南交通厅四个副处级职位虚位以待

本报讯（记者 康琳民 杨小青）在1996年成功地公开选拔了老干部处副处长之后，河南省交通厅又公开选拔4名处级干部。这是8月1日上午，省交通厅厅长石发亮在竞争上岗动员大会上宣布的。

此次竞争上岗将在厅机关公务员内部实施，机关副处级和具备晋升资格条件的正副科级干部均有报名资格。在通过资格审查和笔试后，竞争者将在机关全体人员大会上进行演讲答辩，角逐厅法规政研处副处长、路政运管处副处长、财务处副处长和交通工会副主任。

省交通厅厅长石发亮在动员大会上强调指出，在领导干部选拔任用工作中引入竞争机制，是交通厅朝着拓宽用人渠道，提高干部队伍素质迈出的有益一步。选拔将严格按照公开、公平、公正和平等、竞争、择优及民主集中制的原则，坚持德才兼备、任人唯贤，注重实绩的标准，杜绝虚假行为和小动作，使真正具有强烈事业心和责任感，业务精、能力强的同志脱颖而出。交通厅以这次选拔为契机，目的是带动全厅转变工作作风，形成爱岗敬业的良好风气，重塑交通行业形象。

本版电子信箱：[illegible]
本版编辑 杨江虹 校对 张玉兰

■第2768期 ■国内统一刊号:CN11-0122 ■邮发代号:1-72 ■电子邮件:xw1b@zgjtb.com

■中华人民共和国交通部主办 A 1-4版 新闻 B 1-4版 周刊

2002 1月28日 星期一

水上安全年能否画上圆满句号

洪善祥副部长说：关键是要立足防范，落实责任，深入整治，强化监督，抓住重点

本报讯 （记者 彭燕 宁文辉 特约记者 葛树增）记者从1月24日结束的直属海事系统工作会议上获悉，确保不发生因监督管理不到位的水上重特大安全事故，是今年海事工作的重中之重。交通部副部长洪善祥出席会议并讲话。

洪善祥在总结会上说，"11.24"重大海难事故发生后，交通部根据中央的总体要求，组织开展了"水上运输安全管理年"活动，进行专项治理整顿，已经连续开展了两年，取得了一定成效，今年是最后一年，能否通过努力工作从根本上扭转安全生产的被动局面，恢复人们对水上运输安全的信心，关系到海事事业的发展，关系到交通工作能否为国民经济和人民群众服务好的大局。

他说，做好安全工作，关键是要立足防范，落实责任，深入整治，强化监督，抓住重点。海事系统在今年的工作中，也应抓好重点薄弱环节和突出问题的整治，从根本上促进安全生产形势稳定好转。

部海事局常务副局长刘功臣说，两个"确保"的提出，是海事系统做好今年工作的决心和信心，不仅要提，而且要作为检验海事系统今年工作成效的标准。

马年春运今日开锣

▲今年春运将更安全

1月28日—3月8日

春运期间全国旅客运输量17.4亿人次

铁路：1.3亿人次 公路：15.86亿人次

水运：2430万人次 民航：725万人次

今年的春运前奏曲热闹非凡，自广东省首次举行客票价格听证以来，各地纷纷你方唱罢我登台，国家计委组织的铁路票价浮动方案听证会把春运前奏推向了高潮。

交通部围绕"安全、有序、优质"的目标，提出明确要求：要切实加强春运工作及春节"旅游黄金周"运输的组织领导，确保运输安全，维护运输秩序，努力提高服务质量。

各地早早下手，对参加春运的车船等设施进行了普遍的技术检查，提出要确保车船技术状况良好，加强易燃易爆、危险品的查堵工作，进一步严厉打击客车和客船超载。同时做好雪、冻、雾、枯水、雷雨大风的安全预防工作，确保国道、省道和其他主要桥梁、隧道畅通，保证让旅客走得了，走得好，走得满意。

万事俱备，大幕拉开。春运今天开锣，能不能真正让旅客满意，人们将拭目以待。

▲验证，先把住咱们自己的关

▲试试救生设备怎么样

▲希望回家的路上舒服点

▲大爷，一路走好

本版图片由张和平 涵威 韩海花 宋敏辉提供

追踪报道

107国道孝感段关卡太多的事报道后，本报记者再次上路，结果是：

关卡全撤

□本报记者 柯青之 石斌 翟淑英

107国道孝感段60公里8道关卡报道后引起当地有关部门的高度重视。24日记者再次重走此地，竟然一个关卡都没有见到。司机们高兴地说，查与不查就是不一样。真希望记者和领导们多下来走走。

乘黑启程

听司机们反映，查罚款最多是晚上。吃完晚饭后，记者一行就向孝感方向进发。

107国道是北京通往广州的一条公路主动脉，是国道网中车流量最大的一条。载货汽车川流不息，所以备受"关照"。

记者在上次暗访的地段仔细察看，8个设卡点，全然不见一个人影。偶有一些停驶的货车，多是司机在路边店吃饭。

原来，在记者暗访曝光的第二天，孝感市纠风办就召集市公安局、交警支队队长等组成联合调查组，对该路段进行了明查暗访。为防止反弹，市交警大队还与各县市交警部门签订了文明执法责任状，禁止上路滥罚款，明确提出凡出现滥罚款的，当事人一律"下课"，领导要承担领导责任。记者将情况与省交警总队总队长张广宏作了交流，他说："媒体披露后，我上路进行了暗访，要求交警除非有明显影响行车安全的状况，对外地过境货车一般不要拦车检查，即使违章，也要文明执法，热情为外地司机服务。"他还说，春运在即，我们调配了充足的警力上路，打击车匪路霸，查纠违章，若有滥罚款现象，必将严肃查处。"

记者将查访情况与孝感市纠风部门进行沟通，他们表示，将增加查访密度，加强执法风气监督。

"殃"及池鱼

虽然记者写的是107国道，但据说，京珠高速公路孝感段也是一个受殃及的重灾区。当晚21时30分，记者进入京珠路连接线。通车不久的京珠路，在月光的映照下，格外美丽，鲜明的反光标志，平顺的线型，让人赏心悦目，全然没有了"好路难行"的感觉。

107路上干净了，与之相距不远的京珠路车流量大幅增长。据湖北省京珠高速公路管理公司有关负责人介绍，现在日通行费上升了20万元。

镇住一天是一天

孝感段的问题消失了，但司机们的感受依然不轻松。

记者在两处停车点与司机们攀谈，石家庄的陈彦强师傅告诉记者，过去孝感段罚款厉害，光超载就可罚500元，但湖北境内罚轩的，罚过一次，别处也就少罚了。最糟糕的是河南，107沿线县，有的一个县两三个点，500多公里的路，最多的一次被罚了1000多元，有的不要票可少罚，有的悄悄塞点钱也就过了。罚款名堂多是超载，但空车也有被罚的，反正要想罚款，找出点毛病还不容易！另一位姓王的司机说，还有"邪性"的呢，有时被拦进一个院子检查，罚款不算，进院就得交30元，真是防不胜防。另一位师傅说，他喜欢上"高速"，"高速"毕竟关卡少，顶多在出入口处被逮住交一次罚款，虽说过路过桥费贵点儿，但也比"107"上担惊受怕强。

一位安徽阜阳的师傅说，今天过孝感没有被罚款，他感到奇怪。得知原委后，他希望记者和领导们少坐办公室，常下来跑跑，镇住一天是一天。

春节快到了，领导们少不了访贫问苦。如果有空儿，司机师傅们盼着领导上路，看看有没有人在路上"瞎整"。

主编：李鹊霞 实习编辑：陈林 版式：刘斌

本报新闻摄影会议三月召开 欢迎摄影工作者爱好者参加

本报讯 经过充分的酝酿和组织，本报交通行业新闻摄影会议定于3月27日至29日在北京召开。

这次会议旨在提高交通新闻图片的质量，加强与交通系统摄影工作者、爱好者的沟通和联系，建立一支长期与本报合作的摄影队伍。

这次会议上将成立交通行业摄影骨干联谊会，通过联谊会章程，建立联谊会办事机构。办事机构负责组织、策划联谊活动，交流信息、联络会员。本报对会员的新闻照片优先安排，对创作作品无偿提供版面，定期发表。

目前，已经有60多位摄影工作者和爱好者经单位推荐报名参加会议，尚有一部分同志正在联系中。欢迎有意参加摄影会议的同志继续报名。

具体事宜请与本报总编室联系。

联系人：葛滋挥 田黎玲

联系电话：010—65293633 64250632

高新科技：博览会抢眼的风景

本报讯 高新科技将成为中国交通建设博览会一道抢眼的风景，这是记者从博览会筹备处获得的最新信息。

这一信息首先来自"九五"交通成就展。据正在紧锣密鼓备参展的甘肃、湖南、宁夏、安徽、湖北、上海、河南、山西等省，都把"九五"科技成就作为重点之一。湖南在航道整治及路桥建设中的新技术应用，宁夏和安徽在重点公路工程建设中新技术、新工艺的成功尝试，都可圈可点。他们将利用博览会的机会展示自己的成果，以达到相互交流和学习的目的。值得一提的是，他们在展台制作中也将大胆应用新的科技展示技术。例如，多媒体技术、声、像、实物一体化展示等等。

博览会科技含量高的另一体现是，参展的高科技企业多。清华紫光集团、广东四通科技股份有限公司、豪力海文科技发展有限公司都是在全国很具影响力的科技企业。广东四通科技股份有限公司董事长刘洪舟说，此次博览会是对交通行业过去的总结和肯定，又是对未来发展的展望。我们期待着在博览会上展示自己最新的信息化管理解决方案，为交通建设作出应有的贡献。长沙中联重工科技发展股份有限公司是靠高新技术提高产品质量和市场竞争力的。该公司董事长詹纯新说，尽管我们的某些关键技术已达到世界先进水平，但我们还将通过展示，与用户广泛交流，听取意见，以使重科产品再上一层楼。另悉，这次报名参展的科技企业多达62家。

可以预想，中国交通建设博览会将是一次科技新技术的大展示、大交流，将会为新世纪交通建设注入新的活力。（华力）

中国交通建设博览会快讯

中国交通报 CHINA COMMUNICATIONS NEWS

■星期三 ■第16期 ■逢周三出版 ■电子邮件：haoyun@zgjtb.com ■主编 孙宝夫

ZONG HE YUN SHU

综合运输

■2002年5月15日

□一周视线

■"五一"期间，全国共接待旅游者8710万人次，比上年同比增长18.1%；实现旅游收入331亿元，比上年同比增长14.9%，其中民航客运收入13.5亿元，铁路客运收入10亿元。

■今年前四个月铁路系统旅客发送量同比下降3.1%；旅客周转量同比增长2.2%，远低于同期公路、民航的增长速度。

沈志云院士

1952年毕业于唐山铁道学院，在西南交通大学任教至今。1985年受聘为教授，1991年当选中国科学院院士，1994年当选中国工程院院士。

沈志云长期研究车辆系统动力学及控制，1983年发表非线性轮轨蠕滑力模型理论，在国际上被称为沈氏理论，被广泛采用；1981年至1991年连续6次在国际车辆系统动力学协会学术年会上宣读论文，1993年当选为该协会第13届学术年会委员会主席；1988年至1998年的十年间，他主持创建牵引动力国家重点实验室，研制成功亚太地区最大、最复杂的机车车辆整车滚动震动试验台，获科技部科技进步一等奖。

1998年至1999年，沈志云主持中国工程院咨询课题《磁浮高速列车和轮轨高速铁路的技术分析和比较》，由工程院上报国务院。1999年以来，他多次去日本、俄罗斯等国考察高速铁路，是国内知名的高速铁路专家。

精英齐聚上海海院 指点交通发展前沿

本报讯 由国务院学位办交通运输学科评议组主办、代表本学科国内最高学术水平的交通运输工程学科前沿专题学术报告会5月11日至13日在上海海运学院举行。来自国内40余所高校及铁道部等有关部委、科研院所的中科院院士、工程院院士、教授、专家近100人参加了会议。

此次学术报告会的主题是：研讨和交流世界最新的交通运输学科发展动态、我国交通运输学科领域最新的研究成果、21世纪交通运输学科发展的趋势、交通运输学科如何更好地为我国经济发展服务等。会上，两院院士、西南交通大学教授沈志云作了《高速铁路和磁悬浮列车优势之比较》，中国工程院院士、吉林大学郭孔辉教授作了《21世纪汽车技术发展趋势》，吉林大学杨兆升教授作了《智能交通系统(ITS)》，铁道部咨询组专家周翊民教授作了《城市轨道交通的发展趋势》等专题报告。与会代表就4位专家的专题报告以及国内外交通运输学科前沿最新发展动态、趋势等进行了深入的讨论。

会后，专家们参观了设在上海海运学院的交通部重点实验室"航运技术仿真中心"，以及由上海海运学院教师和科研人员自行研制的大型航海操纵模拟器等教学和科研设施。

□"十五"规划中明确提出，京沪高速铁路要开工建设，但直到目前，到底采取哪种方案仍无定论。

□代表当今世界地面交通最高水平的磁悬浮列车能否在京沪间一展风采，两种论调各执己见。

□从1988年即开始研究高速铁路的两院院士沈志云教授认为，京沪1300公里的超长距离若修建磁悬浮线路，赌注太大！

磁悬浮列车 热的不是时候

记者手记

到上海的第一天，记者抽时间到上海浦东磁悬浮列车建设现场去了一次，冒着细雨拍了一些照片。在对两院院士沈志云教授采访前，闲谈中聊及此事，沈老立即表现出极大的兴趣，恰好是数码相机，可以现场浏览，于是记者就一张一张地放给沈先生看。到底是行家，一看就明白："噢，这是土建施工完成了，听说德国方面还有点意见呢"；"这是上面开始安装锚片了，这个东西技术要求很高呀！"

采访中，从沈先生深入浅出的侃侃讲述中，记者有一个明显的感觉，真正的行家就是不一样。不管是磁悬浮列车也好，高速轮轨铁路也好，沈先生简直是太"门清"了，这使得我们对京沪间磁悬浮和高速轮轨之争的问题有了一些初步的了解。当然，有些不便交代的敏感之处，记者在这里只好略过，请读者见谅。对了，还忘了介绍了，沈院士可是京沪高速铁路的力倡者和鼓吹者，他语重心长地说："我们至少已经耽误5年了，让京沪高速铁路尽早开工吧！"

上海磁悬浮列车示范线下部结构工程前不久已竣工，此次竣工的线路下部结构工程，包括高架桥墩（台）1554座、龙阳路车站、维修基地及两座牵引变电站。目前，参建单位在德国专家的指导下正加快轨道梁的吊装和铺架。

上海磁悬浮列车示范运营线是世界上第一条高速磁悬浮铁路商业运行线，于2001年3月1日在浦东新区动工兴建，预计2003年年初完工，总投资为人民币89亿元，西起上海地铁2号线的龙阳站，东至浦东国际机场，正线长约30公里，上下行折返运行，全线设两个车站、两个牵引变电站、1个控制中心、1个维修基地。设计最高时速为430公里，单向行驶时间为8分钟。按设计水平，每列车的9节车厢可载乘客959人，每小时发车12列，按每天运行18小时计算，年客运量可达1.5亿人次。

据德新社消息，蒂森·克虏伯为上海磁悬浮示范线生产的首辆磁悬浮列车近日完工，6月20日将从不来梅港启运。

随着我国经济的高速发展，在上海和北京之间修建一条快速的地面交通干线早就被提到国家有关部门的发展议事日程上了。国家在第十个五年发展规划中也明确说明，要开工建设京沪高速铁路。在具体立项时，行业内的专家形成了两种论调：一种是坚持采用当今世界上最先进的磁悬浮列车技术，另一种是坚持用技术成熟的高速轮轨技术，两种观点不时交锋，于是京沪高速铁路至今悬而未决。

在近日于上海海运学院举行的交通运输工程学科前沿学术报告会上，记者就此话题采访了两院院士沈志云。

超长距离磁悬浮列车尚需时日

记者： 沈院士您好，听说在上个世纪六七十年代，磁悬浮列车技术就已经发展成熟，但至今世界上还没有一条真正意义上的商业运营线，这究竟是为什么？

沈院士： 这里，我首先要给你纠正一个概念，什么叫技术上已经成熟。据我所知，就像你所说的，磁悬浮技术早在上个世纪六七十年代，日本和德国就已经分别在两条试验线上试验成功，他们采取的是两种不同的技术。这里我要说明一点，这只是试验技术成功，离真正的实用技术成功还有一定距离。国际上在上世纪七八十年代形成了磁悬浮列车热潮，比我国现在的磁悬浮热有过之而无不及，有9个国家投巨资进行这方面的研究，但到后来都逐渐变得销声匿迹，只剩下德国和日本。但即使是日本和德国，自己也没有建设一条真正意义上的商业运营线。这是为什么？很值得我们深刻地反思一番。据我看来，除了这些国家对经济上的投入产出比不满意外，一些关键的投入商业运营所必须的技术没有完全成熟到工程化地步是最重要的原因。

我国对于磁悬浮技术一直是比较关注的。早在1998年，中科院和工程院的30多位院士以及行业内的20多位专家曾组成一个咨询小组，专门就在京沪间采用磁悬浮技术还是采用高速轮轨技术进行研究，当时我任组长，最终基本达成了一致意见，那就是要在京沪间采用高速轮轨技术。至于磁悬浮技术，可以试验，但最好用在一些短线路上，超长距离的商业运用至少要在10到15年以后。

磁悬浮列车面临四个方面的问题

记者： 当时的课题小组是基于哪些方面的考虑，最终一致达成要采用高速轮轨技术意见的？

沈院士： 从1998年到1999年，50多位国内此领域的权威人士和专家分头进行研究，历时整整两年，我们本着客观、务实、负责的态度，充分发扬民主，各位专家各抒己见，最终大家对磁悬浮列车达成4点共识：一、修建磁悬浮列车的成本太高，原始建设费用要比高速轮轨高25%到50%，而且运营维修成本更高。英国在1984年建设了一条试验线，到1989年就拆除了，用大巴替代，原因就是维修费太高，配件太贵。二、同样条件下，运量太低，只是高速轮轨的一半，这样投入商业运行，投入产出比没有保障。1992年，德国筹建柏林至汉堡292公里的运营线，后因预测年亏损3亿马克，于2000年3月宣布撤消这个项目。三、与现有铁路网不能实施联网，不兼容，而高速铁路就没有这方面的问题。四、也是最重要的，即安全问题，所有用电的设备都面临着断电的可能，而所有的微机都有感染病毒的可能，一旦发生这种情况，怎么办？德国的磁悬浮列车就是因为议员提出的这个问题没有得到满意的答复而搁浅。磁悬浮列车的实用技术还没有完全成熟起来，我们既不崇洋媚外，但也不妄自菲薄，国外尚没有成熟起来，我们在1300公里的京沪间修建磁悬浮列车，这个赌注下得太大了。最终，大家才达成一致结论，磁悬浮列车至少还需要10至15年的时间后，才有可能投入真正的商业运营。

而高速轮轨列车就完全不一样了。世界上，日本早在上世纪60年代就成功运营了新干线铁路，以后，世界上许多国家都有了自己的高速铁路运营线。就现在我们自己的技术力量而言，时速270公里的高速铁路技术就已经完全可以投入实际运营，年底就要在秦（皇岛）沈（阳）线上试用。根据我们的试验，时速450公里也可以达到，只是在一个大气压的情况下，如此高的速度没有必要，否则要飞机干什么？

浦东磁悬浮列车是一个好的开端

记者： 您对现在上海修建的30公里磁悬浮列车项目怎么看呢？

沈院士： 从个人的角度来讲，我对于上海修建的磁悬浮列车项目持支持的态度，这是一个好的开端。从发展的角度看，对于一种新生事物，我们应该持支持的态度，允许不断地试验，从中我们可以获得许多珍贵的实践经验，这对磁悬浮技术的成熟与发展是有利的。但是，不应该叫示范线，应叫试运营线，且也不应成为京沪铁路采用磁悬浮技术的示范依据。

上海的磁悬浮项目一共30公里，设计投资89亿元人民币，可能还不止。这个问题看从哪个角度讲，如果单从它的运营讲，作为一种城市交通方式显然是不合适的，这从我上面说的可以看出来。但是如果把它看成是一种试验的载体，甚至发展成为一个像东方明珠塔、黄浦江观光隧道一样的旅游观光项目，是可以的。

京沪间修建高速铁路时不我待

记者： 您对京沪间应采取哪种交通方式怎么看？

沈院士： 我的观点是尽快在京沪间修建高速轮轨铁路，这毕竟是一种我们自有的成熟技术，而且应该及早立项，我们已经耽误至少5年时间了。在当今经济发展这么快的情况下，京沪两大城市之间太需要这种快速的地面交通了。

上面我也讲了，本着负责的态度，我们做事不能光有热情，更应考虑到实用性、可行性、耐久性。磁悬浮列车在许多人的眼里是一种带有光环的高新技术，如果各方面的条件成熟了，建这么一条长距离的营运线当然是件好事，但是经过理性的思考以后，我觉得现阶段，还是建设高速轮轨铁路更为妥当。

对于磁悬浮列车，我觉得倒可以在一些个别地方建一些试验线，以积累我们在这方面的技术水平。还是那句话，也许在10至15年以后，我们的一些大城市干线之间会"飞"起磁悬浮列车。

本版文图 本报记者 孙宝夫 赵明林 胡荣山

21世纪上半叶，世界城市轨道交通发展的中心在哪里？在中国！5月10日，在交通运输工程学科前沿专题学术报告会召开期间，铁道部咨询组专家周翊民教授向本报记者下了如此断言。据他分析，经济的快速发展与城市轨道交通发展之间存在着某种规律，这是世界各大城市在大发展过程中都不可逾越的阶段。加快建设城市轨道交通的意义，不仅仅在于解决交通拥堵，而且对城市经济结构的调整、促进人们在出行方式上的社会平等都起着别的运输方式所无法替代的作用。"十五"计划之所以首次将发展城市轨道交通写入其中，我国各大城市之所以对建设轨道交通表现出前所未有的高涨热情，也正是看中这一点。

轨道交通 热的正逢其时

周翊民教授

[illegible]

责任编辑 赵明林 [illegible]

城市发展到一定阶段 轨道交通是必然选择

周翊民教授指出，近十几年来，我国城市不同程度上都投入了大量财力和物力，进行了道路基础设施的建设，但交通拥挤的状况并未得到根本解决，相反还有恶化的趋势。其主要原因是道路建设的速度跟不上车辆发展的速度，尤其是在单一的道路系统与多元化交通工具并存的情况下，堵车现象是不可避免的。周翊民教授列举了一些统计数据：全国机动车保有量1980年仅200万辆，至2001年已达到5000万辆。全国城市自行车总量已超过1.8亿辆，城市居民每百户已拥有198辆之多。北京市1981年至1994年市区道路面积年平均增长率为3.45%，而同期机动车年平均增长率为14.6%，还有庞大的自行车拥有量。上海市从1992年至1999年大力建设城市道路，年平均增长率达7.2%左右，而机动车辆的年平均增长率高达14.9%。21世纪的到来，随着城市居民生活和收入水平的提高，小汽车大量进入家庭已在所难免。

周教授认为，汽车是可以进入千家万户的，却解决不了千家万户的出行问题。解决城市的交通问题，不是要发展私家小汽车，而是应大力发展公共交通。发展公共交通又应抓好轨道交通建设，使轨道交通这种大运量、快速畅行的运输工具成为城市交通的真正骨干。这符合世界城市交通发展的共同规律。他专门做了一个分析，上世纪六七十年代是西方发达国家轨道交通大发展的高峰期，亚洲是上世纪70年代和80年代初，而我国则整整比西方晚了20多年。因此，他肯定地说，21世纪上半叶，世界城市轨道交通发展的重点在中国，因为经过改革开放20多年的积累，我国已具有了大规模建设轨道交通的经济实力。

起步有点晚 觉悟不分先后

周翊民教授说，经过近10年的实践和论证，从中央到地方都一致认为，发展城市轨道交通，是确保我国城市健康发展、人流上下班和日常频繁出行的需要，是解决我国大城市交通堵塞的主要途径。在"十五"计划中，国家首次提出了要发展城市轨道交通，这是我国政府第一次从政策上和发展战略上对城市公共交通发展提出的战略指导意见。

上世纪60年代初，国务院参与了北京地铁的规划建设。现在，北京地铁日客流量已达130万至150万人次，占全市日客运的8%至9%。上海、广州1号线地铁发车时间间隔已由开通初期10至15分钟缩短到5分钟以下，上下班高峰期间已显拥挤。地铁已日益成为城市交通运输的重要支柱。很难想象没有地铁的日子怎么过。这促使三市的决策者下决心大力发展城市轨道交通。其他各大城市对在繁忙区段建设轨道交通热情有加，千方百计筹集资金，大干快上。

目前，我国百万人以上大城市有36个，50万至100万人口的大城市有43个，许多大城市为了改善城市交通问题，都纷纷在策划筹建地铁或轻轨交通项目。仅10多年来，已有20多个城市进行了不同程度的轨道交通项目建设前期工作和可行性研究。现已获得国家批准，正在进行建设的项目有：北京城市铁路（东直门至西直门）、八通线、地铁5号线，上海明珠线（二期工程）、1号线延长线、莘闵线，南京地铁一期工程，深圳地铁一期工程，重庆跨座式单轨系统，大连至金石滩快速线，广州地铁2号线，天津滨海快速线、地铁1号线，武汉高架城市铁路一期工程，长春轻轨一期工程等。以上在建工程线路总长度约380公里，有数项目已经立项尚未正式开工。到2010年前，我国将至少有800至1000公里长度的轨道交通投入商业运行。

（下转B3版）

中国交通报 专题报道·水运主通道 A2·A3

展示新成就，迎接十六大——聚焦“三主一支持”

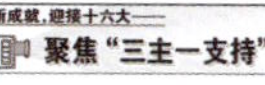

□专家观点

智者乐水

——听蒋千评说主通道

水运主通道唱响水调歌头

内河一纵三横十年建成3000公里

本报记者 李咏梅

航道有所为 航运有地位

一纵三横 大写“水”字

沿江依河布局 经济航运互动

全国内河水运主通道布局规划示意图

□相关链接

内河航运的特点：可持续性

内河航运虽有运输速度慢、服务范围受到河流自然分布和航道条件限制等局限性，但国内外的实践表明，内河航运对环境污染小，运输建设少占或不占地，在集装箱和重、大件及大宗散货、危险品运输、水上旅游客运等方面具有比较优势。高等级内河航道的建设将带动内河运输船舶的大型化，从而使内河航运充分发挥运能大、运输成本低的优势，成为符合国民经济可持续发展战略的一种运输方式。

一纵三横内河水运主通道

一纵	京杭运河—淮河主通道	总长约3100公里	包括京杭运河、苏申外港线、长湖申线、淮河、沙颍河。
三横	长江水系主通道	总长约6400公里	包括长江干流、嘉陵江、湘江、汉江、赣江、信江、江淮运河、两沙运河。
	珠江水系主通道	总长约3600公里	包括西江、右江、北盘江及红水河、柳江和黔江、崖门水道。
	黑龙江—松花江主通道	总长约2900公里	包括黑龙江和松花江。

已建成的内河主通道重点工程

主通道	具体工程	效果
京杭运河—淮河主通道	京杭运河济宁至徐州段、江南运河航道整治工程，京杭运河、钱塘江沟通工程，长湖申线、苏申外港线等航道整治工程。	京杭运河长江以北至济宁段，长江以南段分别达到了三、四级航道标准。京杭运河江南段建成全国文明样板航道。
长江水系主通道	长江干线宜宾至重庆、界牌水道整治工程；湘江航道建设一、二期工程；汉江襄樊至汉口、赣江南昌至湖口航道整治；信江界牌、嘉陵江东西关等航电枢纽。	初步形成长江干线三级以上航道和湘江、汉江、赣江、嘉陵江等主要支流三、四级航道组成的长江水系高等级航道体系。
珠江水系主通道	西江航运建设一、二期工程；正在实施肇庆至虎跳门3000吨级海船出海航道整治工程。	西江航运干线南宁至广州达到了三级航道标准。
黑龙江—松花江主通道	松花江佳木斯至同江段及三姓浅滩航道整治工程。	改善松花江中下游航道的通航条件，促进中俄两国贸易交往和界河航运发展。

长江航道好走了

本报记者 陈虎 通讯员 郑海逸 文/图

珠江航运为经济提速

本报记者 赵刚 文/图

广东落实扶持航运政策

广西走出航电结合新路

珠江三角洲发展为龙头

千年古运河 今朝焕青春

京杭运河（济宁至徐州）续建工程于1997年开工建设，2000年10月实现全线通航。

山东段：形成运河产业带

马海峰 文/图

京杭运河浙江段全长100公里，整治投资4.46亿元。

浙江段：一条黄金旅游线

本报记者 蒋修录 曹顺尧

京杭运河江苏段全长669.2公里，苏北运河投资6.2亿元，苏南运河整治工程总投资达27亿元。

江苏段：北煤南运大通道

本报记者 王瑞林 文/图

A1 CHINA COMMUNICATIONS DAILY
■2003/2/14 ■星期五 ■第3020期 ■中华人民共和国交通部主办 ■国内统一刊号:CN11-0122 ■邮发代号:1-72 ■E-mail:xw1b@zgjtb.com xw1b@zgjtb.com.cn ■http://www.zgjtb.com

■与国际惯例接轨的《国际海运条例》让中国的国际海运及相关企业体验到新鲜感觉，而自3月1日起正式施行的《实施细则》则为他们的行为规范树立了一把更为精确的标尺。

详见B1版

全国交通厅局长会议提出更人性化的农村公路建设目标

让农民兄弟走上油路和水泥路

本报讯（记者 陈林）刚刚闭幕的全国交通厅局长会议让依然跋涉在泥泞道路上的农民看到了希望：交通部部长张春贤在会议报告中明确提出："修好农村路，服务城镇化，使农民兄弟走上油路和水泥路。"他在大会讲话时还动情地说："这些年来，我们修建了不少道路，这些路都修在农民兄弟赖以生存的土地上。我们多修建和改造一批农村道路，就是对农民兄弟的一种实际回报。"这番话让不少与会代表泪光闪闪。

根据这次会议上提出的未来农村道路建设目标要求及交通部的规划，到2010年，全国所有具备条件的乡镇和行政村通公路，县到乡公路基本达到高级、次高级路面标准，乡到行政村公路消灭无路面状况；到2020年，乡到行政村公路基本达到高级、次高级路面标准。

去年年底和今年年初，中共中央、国务院有关文件先后提出，要重点支持中西部地区改造县乡公路，全面建成通地（州）县沥青路，推进西部地区县际公路建设，优先改造具有交通通道、经济走廊、旅游线路和口岸通达作用的县际公路，兼顾乡镇公路的改造，争取用3年左右时间使具备条件的县际公路基本完成路面改造。为此，中央计划3年投资500亿元，用于建设和改造农村公路。

据了解，20世纪80年代以来，在国家以工代赈政策和交通扶贫资金的带动下，农村公路建设由"七五"期间的年均新增1万公里上升到"九五"期间的年均新增4.2万公里。到2002年年底，全国农村公路总里程发展到了130万公里，乡镇通公路率达到99.4%，行政村通公路率达到92.5%，分别比1989年提高了5个和17.5个百分点。

作为交通部党组贯彻十六大精神的具体措施和重要举措，交通部今后5年至少拿出300亿至400亿元专项资金用于县际和农村公路建设。2003年，开工改造西部地区县际公路两万公里。交通公路司已准备把原来的全国通县油路办公室充实力量后变为交通部农村公路建设办公室。

具体负责此项工作的交通部公路司司长冯正霖说，公路司正在积极研究实施方案，4月下旬，部将召开一次农村公路建设工作会议。西部通县油路建设积累了很多成功的经验，农村公路的标准也许没有通县油路的标准高，但是通县油路的经验同样可以运用到农村公路建设当中去。今年主要是抓试点，公路司准备在东部、中部、西部各找一个试点，摸索农村公路建设中的难点和问题，寻找农村公路建设的政策支持，制定和掌握农村公路建设的技术标准和建设规模。

今年是安全管理「巩固提高年」

全国交通安全工作会议确定目标：深化「四个明显」，严防特大恶性事故发生

本报讯（记者 彭典 杨江虹）2月13日召开的全国交通安全工作会议确定，今年是交通安全"巩固提高年"。交通部副部长洪善祥在讲话中提出了交通安全管理的总方针、工作思路和工作目标。

总方针是巩固"水上运输安全管理年"活动成果，落实安全隐患整改措施，规范管理机关的内部管理，提高整体安全管理水平。

工作思路是开展专项整治与长效管理相结合，立足长效管理，对管理过程中发现的问题和薄弱环节专项整治。

工作目标是继续深化"四个明显"，严防特大恶性责任事故发生。

在刚刚结束的全国交通厅局长会议上，张春贤部长强调，抓好安全是全面贯彻落实"三个代表"重要思想的具体体现。安全是先进生产力的重要组成部分，安全理念是先进文化的重要组成部分，安全是实现最广大人民根本利益的有力保证。

洪善祥要求，以十六大精神总揽全局，坚持与时俱进，全面抓好交通安全生产。建立健全规章制度，规范审批程序，抓好安全管理措施的落实，提高管理水平。继续抓好"四客一危"载点船舶和"四区一线"重点水域的安全管理，全面落实法律法规，强化乡镇船舶安全管理，针对突出问题继续开展专项整治。开拓创新，积极研究水上安全管理新措施。继续加强公路运输安全管理，严把市场准入关、营运车辆技术状况关、驾驶人员从业资格关。

据了解，自2000年开展"水上运输安全管理年"活动以来，到2002年年底，3年中全国水上运输船舶交通事故死亡失踪人数分别为529人、490人、463人，3年合计与1997至1999年相比减少475人，下降了24%。全国水上交通安全形势正逐步趋于平稳。

会上表彰了"水上运输安全管理年"活动中的先进集体和先进个人，江苏省交通厅等102个单位和李宏兵等145名个人分别获得了先进集体和先进个人的荣誉称号。（详细报道见A2版）

组织良好 秩序井然 重视投诉

公路春运平稳度过第二旬

本报讯（记者 郭均寿）1月27日至2月5日，全国公路水路春运平稳地度过了第二旬。从总体上看，这个阶段各地春运运输组织情况良好，秩序井然。据不完全统计，这10天全国道路共输送旅客3.07亿人次，与去年同期相比增长了4%。

据交通部公路司负责人介绍，第二旬全国道路客运量较第一旬有所回落，特别是以输送民工为主的省、地际道路旅客运输量下降明显。2月1日到2月3日，大多数长途线路的班车停班。2月3日以后，客流量开始回升，2月6日、7日，个别地区还出现了运力紧张的情况。由于采取了应急措施，及时启动了机动运力，没有发生旅客长时间滞留现象。截至2月5日，全国道路旅客运输系统共发生重特大道路交通事故10起，死亡65人，伤128人。

公路春运第二旬逐步暴露出一些问题：从发生的几起事故分析，经过春运一段时间的紧张工作后，个别驾驶员存在疲劳驾驶现象；个别车站和车辆的服务质量有所下降，特别是车辆擅自涨价和超载现象开始增多；个别地区对节后出现的大量民工返城时间提前、客流量激增准备不足，局部地区在有限时段内出现运力不足现象。

另据介绍，交通部和各地交通主管部门向社会公布的春运值班电话，进入春运高峰以来接连收到社会投诉，反映在江西境内一些检查站乱收费、乱罚款现象相当严重，特别是于都县春运办私自印发《春运准入证》，并对外地过往车辆强行收取春运管理费，其他地区个别检查站也存在乱收费、乱罚款问题。交通部和部纠风办对此非常重视，已采取相应措施，要求有关单位立即予以纠正。目前，事件正在进一步调查处理中。

洪善祥笑看"上青天"

2月10日至13日，在全国交通厅局长会议召开期间，本报每天一早就从上海分印点送抵杭州会场。交通部副部长洪善祥看到13日本报上的《1月：港口纪录"上青天"》，笑着说："港口形势这么好，我很高兴。"

本报记者 杨江虹 摄

两岸"两门"、"两马"海上航线春运顺利结束

本报讯 据新华社消息，来自福建省台办的消息说，今年春节期间，台商经金门、马祖中转往返两岸的工作已于2月10日顺利结束。

据统计，从1月26日至2月10日，共有7555人次的台商及其眷属分别从厦门、福州搭乘厦门至金门、马尾至马祖海上航线经金门、马祖中转往返两岸，其中，节前1月26日至30日回台过年的台商2745人，节后返台商1231人，返回祖国大陆台商3579人。

除在福建投资的台商外，还有100多名在浙江、江苏、上海、湖北等省市投资的台商也经这一海上航线往返两岸。

为确保台商及其眷属春节往返顺畅、快捷，福建省各有关部门和厦门、福州两市均制定了周密的工作方案，为台商提供各项服务。交通运输、海事部门妥善安排了往来船舶，投入了充足的运力，确保港区航道；公安部门在口岸为往返台商提供办证服务；口岸联检各部门也抽调了骨干力量，开足通关查验通道，缩短通关时间。（详细报道见A2版）

中华人民共和国交通部令

2003年第1号

《中华人民共和国国际海运条例实施细则》已于2002年12月25日经第14次部务办公会议通过，现予公布，自2003年3月1日起施行。

部长 张春贤

2003年1月21日

（详见A3、A4版）

北京将建第二条机场高速公路

本报讯 北京第二条机场高速公路今年将建成投入使用。据北京市首都公路发展有限责任公司透露，目前该项目规划已进入论证阶段，预计"五一"前后开工。

据首发公司运营部负责人介绍，首都机场高速公路通车9年来车流量连年递增，2002年，机场路日均车流量逼近8万辆次，成为全国最繁忙的高速公路；尽管有关部门在主收费站新增了两条收费通道，并试行不停车收费，收费口前排长队的现象仍有增无减。

新开辟的首都机场高速公路——机场北线，起点为京承高速公路上的香堆，向东跨越榆河、京密路、顺平路，到达机场北门，全长约10公里，其间将穿过北京市最大的国家级护林。（周林）

上海一批重大交通项目年内建成

本报讯（记者 毛宽明 倪力 王娱）2月8日，我国第一条双管双层越江隧道——上海复兴东路越江隧道完成浦东方向铺设，开始向浦西延伸，与建设中的大连路隧道、外环隧道形成"三龙"竞渡浦江的壮观场面，这预示着今年上海交通建设又将是一个丰收年。

上海市委副书记、常务副市长韩正在全市建设、交通系统干部大会上指出，今年上海交通建设要立足新一轮发展，做到加快发展与技术创新并举，城市建设与自身建设并举，为全市经济增长、经济结构升级、口岸功能增强、方便市民出行继续做出贡献。

据悉，今年上海一批功能性、枢纽型、网络化重大交通基础设施工程将陆续竣工，其中，磁悬浮示范工程、轨道交通一号线延伸工程、轨道交通五号线将投入试运营，全市交通运行线路将达到125公里。同时，续建和新开工高速公路257公里。新建的外环隧道、大连路隧道、卢浦大桥将正式通车。另外，还将建成沪闵路高架二期、大连路拓宽等一批重大交通项目。

重庆高速公路建设提速

本报讯（记者 朝霞 通讯员 王蒂霏）重庆市高速公路建设要大提速——提前10年建成"二环八射"主骨架高速公路网络，到2010年，重庆市高速公路里程将达到2000公里，为此，每年的投资将接近100亿元。这是重庆市高速公路发展有限公司近日透露的信息。

据了解，到去年年底，重庆市已经建成纵横南北、贯通东西的"一环四射"高速公路骨架，分别连接主城区环线高速公路及成渝、渝涪、渝黔（一期）、渝合高速公路，总里程达400公里。

按照高速公路建设提速计划，到2010年，重庆市高速公路将形成"二环八射"高速公路主骨架网。"二环"是环线高速公路和外环高速公路，全长约180公里；"八射"是重庆至成都、遂宁、南充、邻水（通向陕西）、武汉、长沙、贵阳、泸州8条高速公路通道。这8条通道全部打通后，无论是连接西部各省，还是通向东南沿海，重庆都将成为连接东西部的交通枢纽。

今年重庆市要新开工建设4条高速公路。另外，重庆至长沙通道的秀山至洪安段也将提前到今年开工。

长江中上游水位降至百年最低

千吨油轮枝江搁浅

本报讯（记者 胡士祥 通讯员 欧阳虹）2月11日凌晨，湖北省石油公司"鄂石602"轮船"中南石1001"驳，在枝江水道肖家堤段搁浅，造成船舱破损，汽油泄露，搁浅的主要原因是长江水位降至百年最低，枝江水道已达到通航最低极限。

记者2月11日从湖北省沙市航道处了解到，受上游和支流来水减少以及降雨量减少等因素的影响，2月10日17时，长江沙市段水位降至设计水位以下2.58米，为有水位记录100年以来的最低值。据该处党委书记吴绪松介绍，今年2月8日17时，沙市段水位降至设计水位以下2.36米，10日更达到创纪录的设计水位以下2.58米，11日略有回升。该处辖区的枝江、太平口等水域航道均受影响。

为确保航道畅通，长江航道管理部门针对枝江水域卵石河床的特点，采取了动用挖石船挖石、挖沙疏浚等超常规维护措施；10日，长江航道局每小时能够挖掘泥沙5000立方米的大型挖泥船——"航浚3号"已赶赴太平口水域。

据了解，经长江海事搜救中心40多小时的精心组织，全力施救，搁浅油轮已安全脱险；13日早上8点30分，枝江水域恢复通航。

另据悉，葛洲坝船闸也遭遇了枯水的威胁，达到了自1981年通航以来的最低水位，目前葛洲坝二、三号船闸所在的三江航道已不能通过吃水深的大型船舶，葛洲坝一号船闸及其所在的长江航道成为船舶通过葛洲坝的主要通道。

招投标预审公告 （详见A2版）

主编 岳晓炜 编辑/版式 陈林

专题报道 2004/4/12 星期一 A2—A3

西部开发结硕果 青海大地腾蛟龙

交通部部长张春贤（右四）在青海省省委书记赵乐际（右二）、省委副书记、副省长骆惠宁（右三）、省人大常委副主任桑杰（右一）、交通厅厅长谢晓安（右五）的陪同下视察工程建设。

全面提升交通发展内涵 实现交通与人口资源环境的协调和可持续发展

青海省交通厅厅长 谢晓安

通衢大道起河湟

公路交通的变化成为青海大开发的标志性成就

修好通县油路 造福青海人民

青海省公路局

把下北山四乡公路建设成“示范工程” 精心组织 严格管理

勤奋工作 努力探索 提升质量监督水平和质量管理工作效能

青海省公路基本建设工程质量监督站

建设优质公路 为国际自行车大赛添彩

青海省公路建设管理局

109 国道日月山段车流。

中国交通报

A1 2005/1/14 星期五 今日 8 版 CHINA COMMUNICATIONS NEWS

■第 3495 期 ■交通部主管 中国交通报社主办 ■国内统一刊号:CN11-0122 ■邮发代号:1-72 ■E-mail:xw1b@zgjtb.com.cn ■http://www.zgjtb.com

国家高速公路网规划线路布局

国家高速公路网（简称"7918 网"）采用放射线与纵横网格相结合的布局形态，构成由中心城市向外放射以及横连东西、纵贯南北的公路交通大通道，总规模 8.5 万公里，其中主线 6.8 万公里，地区环线、联络线等其他路线 1.7 万公里。具体是：

首都放射线 7 条：

北京 上海、北京 台北、北京 港澳、北京 昆明、北京 拉萨、北京 乌鲁木齐、北京 哈尔滨；

南北纵向线 9 条：

鹤岗 大连、沈阳 海口、长春 深圳、济南 广州、大庆 广州、二连浩特 广州、包头 茂名、兰州 海口、重庆 昆明；

东西横向线 18 条：

绥芬河 满洲里、珲春 乌兰浩特、丹东 锡林浩特、荣成 乌海、青岛 银川、青岛 兰州、连云港 霍尔果斯、南京 洛阳、上海 西安、上海 成都、上海 重庆、杭州 瑞丽、上海 昆明、福州 银川、泉州 南宁、厦门 成都、汕头 昆明、广州 昆明。

此外，规划方案还有：辽中环线、成渝环线、海南环线、珠三角环线、杭州湾环线共 5 条地区性环线、2 段并行线和 30 余段联络线。

张春贤在国务院新闻办举行的新闻发布会上宣布

我国 30 年内将建成"7918"高速公路网

本报讯 （记者 胡士祥 李红东 陈肯闻）我国将用 30 年时间完成"7918"国家高速公路网。这个 8.5 万公里的高速公路网可覆盖 10 多亿人口，把我国人口超过 20 万的城市全部连接起来，加上地方的高速公路，届时我国高速公路总里程将达到 12 万公里左右，与其时的美国高速公路总里程相当。

1 月 13 日上午，在国务院新闻办公室召开的新闻发布会上，国内外记者争相提问，向交通部部长张春贤和国家发展与改革委员会副主任张晓强了解与每个产业、每个人都密切相关的我国高速公路建设与发展情况。中央电视台进行了现场直播，新华网、中国网等媒体进行了网上直播。

张春贤介绍说，国家高速公路网是中国公路网中最高层次的骨干通道，服务于国家政治稳定、经济发展、社会进步和国防现代化，体现了国家强国富民、安全稳定、科学发展，建立综合运输体系以及加快公路交通现代化的要求。

国家高速公路网采用放射线与纵横网格相结合的布局形态，构成由中心城市向外放射以及横连东西、纵贯南北的公路交通大通道，包括 7 条首都放射线、9 条南北纵向线和 18 条东西横向线，简称为"7918 网"。这个网络将连接全国所有的省会级城市、目前城镇人口在 20 万以上的城市，并与其他运输方式相互衔接，连接起包括 50 个铁路枢纽、67 个航空枢纽、140 多个公路枢纽和 50 个水路枢纽在内的全国所有重要的交通枢纽城市，形成综合运输大通道和较为完善的集疏运系统。

张春贤在回答记者提问时说，《国家高速公路网规划》中规划的 8.5 万公里高速公路，目前已建成 2.9 万公里、在建 1.6 万公里、待建 4 万公里，静态投资为两万亿人民币，计划用 30 年的时间完成，前 20 年是重点，前 20 年的前 10 年更是重点。2010 年前，每年平均投资大约 1400 到 1500 亿元人民币，2010 年以后到 2020 年之间，年均投资大约在 1000 亿元人民币，这些资金主要来源于中央的车辆购置税、地方各项交通规费、国债资金、银行贷款、内资、外资等，从现在的情况看，资金是有保障的。

张晓强认为，中国内地的高速公路已发展了 17 年，选择在这个时机出台《国家高速公路网规划》具有重大意义，可以指导中国高速公路统筹规划、合理、分阶段推进建设，使中国高速公路建设在今后若干年时间内走上良性循环发展之路。 （相关报道见 A2 版）

左图为国务院新闻办新闻发布会会场。

本报记者 陈肯闻 摄

右图为发布会后，中外记者意犹未尽，蜂拥而上将张春贤团团围住，表现出对中国交通发展的极大关注。

本报记者 胡士祥 摄

从我家上高速公路要多久

东部地区平均 30 分钟、中部 1 小时、西部 2 小时

本报讯 （记者 胡士祥）"从我家上高速公路要多久？"1 月 13 日，在国务院新闻办发布会开始前，中国财经报记者一边和同事仔细研究国家高速公路网布局方案，一边自言自语。

在发布会上，交通部部长张春贤回答了大家的疑问：国家高速公路网建成后，可以形成"首都连接省会、省会彼此相通、连接主要地市、覆盖重要县市"的高速公路网络，实现东部地区平均 30 分钟、中部地区平均 1 小时、西部地区平均 2 小时抵达高速公路。这个网络将把我国人口超过 20 万的城市全部用高速公路连接起来，覆盖 10 多亿人口，直接服务区域的 GDP 占全国总量的 85%以上，客货运输的机动性将有显著提升。

张春贤在回答记者提问时还解释说，公路讲究路网，交通部在加强高速公路建设的同时，对包括国省干线和农村公路等其他公路的建设都给予了足够的重视。2003 年年初，交通部根据当时中央支持"三农"的要求，提出了"修好农村路、服务城镇化，让农民兄弟走上沥青路和水泥路"的指导思想，2003 年和 2004 年两年建设 19.2 万公里沥青或水泥路面的农村公路，比 1949 年到 2002 年 53 年间建设的总和还要多。

社论

2004 年 12 月 17 日，国务院常务会议审议通过了交通部组织制定的《国家高速公路网规划》。2005 年 1 月 13 日，在国务院新闻办主办的新闻发布会上，张春贤部长正式向国内外宣布了规划方案。这是振奋交通行业的喜讯，这是鼓舞交通行业的喜讯，更是在科学发展观指导下，完善社会主义市场经济体制，惠及所有产业、惠及全体人民的宏伟蓝图。

新世纪之初，在全面建设小康社会的战略机遇期，在党中央、国务院的高度重视和指导下，《国家高速公路网规划》正式确立了。《国家高速公路网规划》是实现交通运输现代化的重要里程碑，也标志着中国高速公路发展进入了一个新的历史阶段。

……展，极大提高了中国公路网的整体技术水平，优化了交通运输结构，对缓解交通运输的"瓶颈"制约发挥了重要作用。随着经济持续快速的发展，随着工业化、城市化步伐的加快，中国主要交通走廊运输能力不足、网络布局不协调的矛盾日益明显。2004 年，重要区域、重点物资运输供求紧张状况更加突出，传递出交通"瓶颈"制约再次出现的信号。经济运行的现实需要和远景需求的持续旺盛对建设完善的高速公路网提出了强烈的呼唤。

从 2001 年起，在总结评估"五纵七横"国道主干线规划建设情况的基础上，交通部开始组织研究着眼于全面建设小康社会长远发展需要的国家高速公路网……

高速公路网规划更显迫切。规划建设国家高速公路网还有利于保证土地资源的合理和集约利用，有利于环境保护和能源节约。同时，对加强国防以及应对重大自然灾害和突发事件都具有重大意义。

《国家高速公路网规划》紧密围绕中国经济社会发展实际，同时，借鉴了国际上交通规划与建设成功的和先进的经验，在规划理论、方法等方面实现了新的创新和突破。

高速公路网络是国家的重要战略资源，与每个产业、每个人都密切相关。国家高速公路网的形成对我国发展生产力，在经济全球化背景下增强国际竞争力具有十分重要的作用。从长远看，对中国人民生活方式的现代化也将产……

国家高速公路网布局方案

引领我国高速公路发展的战略方案

新华网、中国国际广播电台、中央电视台、中国网等新闻媒体对新闻发布会进行了直播。 本报记者 李红东 摄

《国家高速公路网规划》详见本报网站(www.zgjtb.com)。

南宁(邕宁)至百色高速公路将成为一条具有浓郁壮乡风情的高速公路风景线，一条充满壮族风情的锦带。它的设计理念是什么，如何实现，对广西公路建设有何示范作用？在这条路开工前夕，记者带着这些疑问专访了广西交通厅厅长黄华宽。

让公路从壮锦中穿越

——广西壮族自治区交通厅厅长黄华宽谈南百高速公路设计理念

（下转 A3 版）

■新闻热线

010-64255441
010-85293618

您的关注，我们的追求

中国交通报

润扬大桥通车纪念特刊

由中国交通报社公路部编辑 2005年4月29日 星期五 E-mail:gl@zgjtb.com 电话:010-64250631 传真:010-64250638 特1

第一大跨径 第一大锚碇 第一特大深基坑 第一高塔 第一长缆
第一重钢箱梁 第一大面积钢桥面铺装 第一座刚柔相济的组合型桥梁

八项第一刷新中国建桥纪录 特2版

润扬桥无小事无虚事无易事 特3版

在凝心聚力、拼搏奉献、敢为人先、追求卓越的精神指引下，广大建设者将润扬大桥建成了“质优之桥”、“科技之桥”、“安全之桥”、“勤廉之桥”

数字润扬

开工日期：二〇〇〇年十月二十日。

总投资：五十七点八亿元。

第一大跨径：南汊主桥主跨长一千四百九十米，是目前中国第一、世界第三特大跨径悬索桥。

第一大锚碇：南汊悬索桥北锚碇被誉为“神州第一锚”。

第一特大深基坑：是“神州第一锚”的“家”，开挖深度五十米，相当于十七层楼高的一座地下城堡。

第一高塔：南汊索塔高二百一十五点五八米，是目前国内桥梁中最高的索塔。

第一重钢箱梁：北塔钢吊箱长六十五米，宽二十三点六米，高九米，重达一千吨，堪称“长江长一吊”。

第一大面积钢桥面铺装：铺装总长度二千二百四十八米，总面积七万零八百平方米。

信息化施工：三千八百个监测点像一只只电子眼，时刻紧盯着工程的“一举一动”。

档案·成长史

▲1992年11月，江苏省交通规划设计院开始进行镇江扬州长江公路大桥预可行性研究工作。

▲1998年3月，国家计委批复镇江扬州长江公路大桥项目建议书。

▲2000年3月2日，国务院总理办公会议讨论通过《镇江扬州长江公路大桥工程可行性研究报告》。

▲2000年8月8日，交通部以交公路发[2000]411号文，正式批准大桥初步设计。

▲2000年9月22日，润扬大桥先导标段——悬索桥南塔工程开工。

▲2000年9月26日，江苏省人民政府和交通部召开镇江扬州长江公路大桥技术顾问和技术专家组第一次会议。

▲2000年10月13日，国家计委以计投资[2000]1674号文批准了镇江扬州长江公路大桥开工报告，并正式确定桥名为“润扬长江公路大桥”。

▲2000年10月20日，开工典礼在扬州岸工地隆重举行，原中共中央总书记、国家主席、中央军委主席江泽民同志亲临典礼现场，为大桥奠基石揭碑并培土。

▲2001年2月1日，悬索桥北塔工程和斜拉桥工程开工。

▲2001年5月18日，悬索桥北锚碇地下连续墙主体墙段开工。

▲2001年6月7日，悬索桥南锚碇工程开始基础施工。

▲2001年9月15日，悬索桥北塔钢吊箱开始吊装。

▲2001年10月28日23时58分，悬索桥北锚碇地连墙施工胜利完成。

▲2001年10月30日，北汊斜拉桥两个主塔基础顺利封底。

▲2002年4月30日，悬索桥北锚碇浇筑基础底板。

▲2002年6月，世业洲互通工程开工。

▲2002年7月8日，悬索桥南塔开始浇筑封顶混凝土。

▲2002年8月13日，斜拉桥开始吊装第一块钢箱梁。

▲2002年8月24日，悬索桥南塔上横梁预应力张拉结束，标志着南塔主体工程施工全部完成。

▲2002年8月28日9时18分，斜拉桥南塔顺利封顶，至此，北汊桥南、北两个主塔塔身施工圆满结束，开始全面进入钢箱梁吊装阶段。

▲2002年9月2日凌晨2点，悬索桥北锚碇基础顶板浇筑完成。

▲2002年9月11日11时30分，悬索桥南锚碇基础顶板浇筑完成。

▲2003年1月9日10时，悬索桥北锚碇顺利封顶。

▲2003年1月28日，斜拉桥合龙。

▲2003年2月20日，悬索桥北塔工程完工。

▲2003年2月21日，悬索桥南锚碇封顶。

▲2003年3月9日，悬索桥首条牵引索顺利过江，标志着南汊悬索桥上部结构施工全面展开。

▲2003年5月10日，悬索桥猫道面网铺设顺利结束。

▲2003年5月26日10时，悬索桥主缆开始架设。

▲2003年5月30日，悬索桥猫道系统全部架设完毕。

▲2003年10月1日，悬索桥主缆架设顺利完成。

▲2004年1月20日，悬索桥钢箱梁开始吊装。

▲2004年4月1日，机电工程开工。

▲2004年4月17日，悬索桥合龙。

▲2004年6月1日，全线贯通。

▲2004年7月8日，钢桥面铺装开始。

▲2004年9月23日，钢桥面铺装结束。

▲2005年1月6日凌晨，主桥动静载试验顺利完成。

▲2005年4月，机电工程完工。

▲2005年4月18日，通过交工验收。

本刊编辑：罗百平、孙宝夫、韩杰、杨宝众、熊建民、邹伟、刘艳子
本刊图片由吴卫平提供

坐标

中国大跨径桥梁排行榜

		1	2	3	4	5	6	7	8	9	10
斜拉桥	名称	南京长江第二大桥	白沙洲长江大桥	青州闽江大桥	杨浦大桥	徐浦大桥	桃夭门大桥	汕头礐石大桥	安庆长江大桥	荆州长江大桥	鄂黄长江大桥
	长度	628米	618米	605米	602米	590米	580米	518米	510米	500米	480米
	省份	江苏	湖北	福建	上海	上海	浙江	广东	安徽	湖北	湖北
	建成年份	2000年	2000年	2000年	1993年	1996年	2003年	1998年	2004年	2002年	2002年
悬索桥	名称	润扬长江大桥	江阴长江大桥	青马大桥	宜昌长江大桥	西陵长江大桥	虎门大桥	海沧大桥	鹅公岩长江大桥	万县长江二桥	忠县长江大桥
	长度	1490米	1385米	1377米	960米	900米	888米	648米	600米	580米	560米
	省份	江苏	江苏	香港	湖北	湖北	广东	福建	重庆	重庆	重庆
	建成年份	2005年	1999年	1997年	2000年	1996年	1997年	2000年	2000年	2004年	2001年

世界大跨径桥梁排行榜

		1	2	3	4	5	6	7	8	9	10
斜拉桥	名称	多多罗桥	诺曼底桥	南京长江第二大桥	白沙洲长江大桥	青州闽江大桥	杨浦大桥	徐浦大桥	名港中央大桥	桃夭门大桥	斯卡恩圣特桥
	长度	890米	856米	628米	618米	605米	602米	590米	590米	580米	530米
	国家	日本	法国	中国	中国	中国	中国	中国	日本	中国	挪威
	建成年份	1999年	1995年	2000年	2000年	2000年	1993年	1996年	1997年	1998年	1991年
悬索桥	名称	明石海峡大桥	大海带桥	润扬长江大桥	亨伯大桥	江阴长江大桥	青马大桥	韦拉扎诺桥	金门大桥	高海岛桥	麦基纳克桥
	长度	1991米	1624米	1490米	1410米	1385米	1377米	1298米	1280米	1210米	1158米
	国家	日本	丹麦	中国	英国	中国	中国香港	美国	美国	瑞典	美国
	建成年份	1998年	1998年	2005年	1981年	1999年	1997年	1964年	1937年	1997年	1958年

CHINA COMMUNICATIONS NEWS
2005/11/22 星期二 今日8版 A1
■第3704期 ■交通部主管 中国交通报社主办 ■国内统一刊号:CN11-0122
■邮发代号:1-72 ■E-mail:zw1b@zgjtb.com.cn ■http://www.zgjtb.com

交通青年蒋雪峰获全国见义勇为英雄称号

本报讯 11月16日，第九次全国见义勇为英雄和先进分子表彰大会在北京召开，14位见义勇为英雄、46位见义勇为先进分子和1个见义勇为先进群体受到表彰，其中，湖北交通职工蒋雪峰获全国见义勇为英雄称号。此前，蒋雪峰曾获湖北省见义勇为先进个人、见义勇为优秀青年、见义勇为优秀交通职工等荣誉称号。

蒋雪峰是湖北省洪湖市交通局道路运输管理所职工。2004年4月2日20时，同名歹徒持枪实施抢劫，开枪打死一名执勤民警，打伤两名保安后仓皇逃窜。急欲逃离的歹徒企图劫持蒋雪峰驾驶的公务车。面对歹徒的持枪威逼，蒋雪峰加大油门迎面向歹徒开去，歹徒边退边朝蒋雪峰开枪，子弹打碎了汽车玻璃。蒋雪峰再次踩下油门，将车对准歹徒开过去。这时，歹徒再次开枪，子弹射中了蒋雪峰的头部。身负重伤的蒋雪峰忍着剧痛驾车继续冲向歹徒，为随后赶来的民警抓获歹徒赢得了宝贵的时间。

经过一年多的治疗，目前蒋雪峰已重新回到了工作岗位。但据医生介绍，他的伤情已不可能彻底治愈，听力、视力、说话都受到了不同程度的影响，还需要两年左右的时间继续治疗。（雷艳勇）

（相关报道见A4版）

长江口深水航道治理二期工程竣工 10米水深航道向上延伸至南京开通

长江下游430公里"水上高速公路"建成

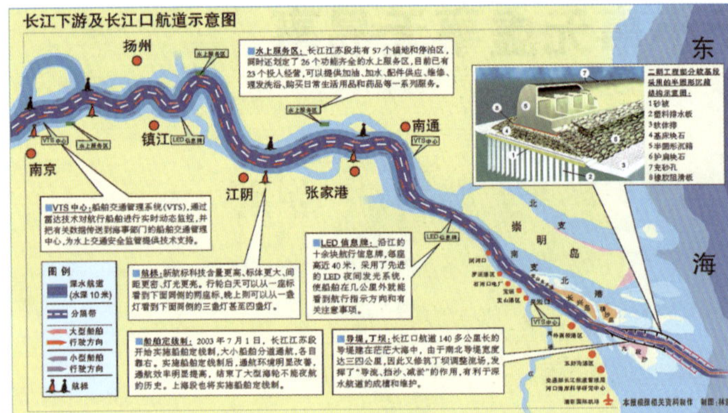

本报讯（记者 刘兴增 毛亮明）11月21日下午，交通部在上海召开新闻通气会，宣布长江口深水航道治理二期工程竣工及10米水深航道向上延伸至南京开通。这标志着长江南京以下430余公里的"水上高速公路"建成，将基本满足目前国际上主力运输船舶第三、第四代集装箱船和10万吨级散货船的通航要求，实现了运输的集约化、规模化和航运监管的现代化。交通部副部长翁孟勇出席了当日上午召开的长江口深水航道治理二期工程竣工验收会并作了讲话。

国家验收委员会认为，长江口深水航道治理二期工程已按国家批准的建设规模、标准和设计要求建成，工程质量总评优良。翁孟勇表示，二期工程的竣工表明我国在巨型、复杂河口治理和恶劣自然条件下建设深水航道方面的设计、施工和管理水平达到了新的高度，将极大地推动我国水运工程建设事业。

据介绍，经国务院批准，长江口深水航道治理二期工程于2002年4月28日正式开工建设。在建设和施工条件远比一期恶劣、总体工程量超过一期一倍的困难条件下，工程建设者们依靠科技进步和管理创新，于今年3月底提前完成全部建设任务。二期工程累计完成导堤、促淤潜堤等整治建筑物66.38公里，航道疏浚挖泥近6000万立方米，形成了一条底宽350至400米、通航水深-10米、总长达74.471公里的深水航道。今年6月16日，长江口深水航道治理二期工程顺利通过交工验收，同时宣布10米水深航道进入试通航，至今经历了多次强台风的考验，保持了安全和稳定，通航保证率达100%。

根据国务院指示精神，从2004年开始，交通部部署长江航道局、长江口航道管理局、上海海事局和江苏海事局共同完成了10米水深航道向上延伸至南京的工程建设任务。该工程建设内容主要包括航标工程、疏浚工程、测量工程、船舶定线制和船舶定线制配套设施建设等。

在上延工程中，长江航道局配布了福北水道航标，更换了南京至浏河口部分航标，新增大型塔形浮标3座、大型浮标64座；对和畅州右汊和福南水道实施了疏浚；建设了南京、镇江、扬中、江阴、南通和白茆潮位站，并进行了水下地形测量，增设了维护站点。上海海事局调整了宝山北水道的航标，共新设灯浮11座，调整3座，撤除两座；在顺直航道中线首次设置了部分黄色分道通航标识，方便了航海人员操作；灯浮全部采用两年免维护技术，使用太阳能蓄电池，不仅减少了污染，也减轻了维护强度。江苏海事局开通了福北水道，在福南、福中、福北合理分配船流，缓解了福南水道通航压力；以关闭南京大胜关水道为契机有选择地撤销了船舶航行警戒区；进一步增加了船舶定线制的配套设施建设，加快了水上服务区的建设，目前已经有23个开始营运，近期还将出台更加完善的管理规定。

翁孟勇指出，长江口航道治理二期工程的建成及10米水深航道向上延伸至南京的开通将促进长三角地区航运的新发展，提高上海国际航运中心的国际竞争力，促进沿江港口岸线开发利用的新突破，促进长江口整治工程效益的进一步显现以及西部开发和中部崛起战略的新发展，并为进一步发挥长江黄金水道作用奠定基础。

据有关统计数据显示，今年1至10月，通过长江口的船舶达到22004艘次，货运量达到4.8亿吨，比2000年翻了一番。2001年以来，长江口深水航道的直接经济效益超过了200亿元。随着长江口深水航道分阶段建设和上延工程的继续实施，上海市、江苏省港口总体布局和岸线资源可形成码头通过能力约15至18亿吨，并促使江苏沿江各港口完成江海向海港的转型。

记者在南京港口集团、南京油运公司和上海国际港务集团采访中了解到，深水航道大大提高了港航企业的营运效益，同时各港航企业也迫切要求加快长江南京以下深水航道建设的步伐，进一步改善海轮进江的通航条件。据悉，今年10月中旬，交通部已向国家有关部门上报了长江口深水航道治理三期工程工程可行性研究报告，计划从明年年初开始，用3年左右时间，主要通过实施疏浚工程，使长江口航道达到12.5米水深，并努力实现12.5米深水航道逐步向上游延伸。届时，长江口航道将满足第四代集装箱船全天候双向通航和10万吨级散货船满载乘潮通航，同时兼顾第五、第六代大型远洋集装箱船和20万吨级减载散货船乘潮通航。

江苏省交通厅副厅长王昌保：

三至五万吨级泊位 渐成沿江港口主力

本报记者 刘兴增

据江苏省交通厅副厅长、江苏省港口管理局局长王昌保介绍，长江口深水航道治理工程提升了江苏沿江港口的规划建设水平，五万吨级泊位实现了快速增长，并将逐渐成为江苏沿江港口的主力。

据统计，2004年，江苏沿江港口已经有168个万吨级泊位，其中三万至五万吨级泊位51个，占万吨级泊位总数的30.4%。目前还有一批五万、七万或10万吨级泊位在建或拟建，这些项目完成后将新增三万至五万吨级泊位58个、五万吨级以上泊位六个，占万吨级泊位总数的比重将上升到46%以上。其中南京港和镇江港将新增10万吨级船舶乘潮进港作业能力，南通港将具备减载停靠15万吨级船舶的能力，太仓港将具备减载停靠15万至20万吨级矿石船的能力。

据预测，今年江苏沿江港口货物吞吐量将达到4.3亿吨，其中外贸7400万吨、集装箱200万标箱。"十五"期间，江苏沿江港口货物吞吐量、外贸、集装箱年均增长速度分别达到18.2%、22.2%和30%，高于经济增长速度。根据江苏省港口"十一五"发展规划，2010年，江苏沿江港口货物吞吐量将达到7.8亿吨，其中外贸货物吞吐量1.5亿吨、集装箱吞吐量900万标箱。

王昌保认为，随着江苏沿江港口货物吞吐量的高速增长，到港船舶数量将大幅度增加，必然要求长江口畅通的海轮深水航道和沿江大型泊位提供保障。据统计，2004年进入江苏沿江港口的运输船舶中，吃水在9.7米以上的"三超"（超长、超宽、超吃水）海轮达2239艘次，比2003年的1200艘次增长了85%以上；7.5万吨级大型船舶减载进入南通以上港口共59艘次。

港航人士热议10米水深航道——

我们一直盼着这一天

本报记者 刘兴增

长江口深水航道治理二期工程及10米水深航道对于港航企业意味着什么？

江苏和上海的港航企业人士在接受记者采访时态度热烈而积极，他们表示，这是港航企业一直以来非常企盼的事情，经济效益和社会效益将会相当显著。今后进出上海港和江苏沿江港口的船型会进一步增大，船舶运输费用和船舶在港费用会降低；货物在途时间会缩短，货物中转环节会减少，中转费用也不那么多了。

上海国际港务（集团）股份有限公司副总裁陈立身介绍，今年6月，长江口10米水深航道试通航以后，进出上海港的船舶吃水明显增加，6至10月，吃水在10米以上的船舶共计2003艘次，比1至5月增长36.6%。进出上海港的集装箱船也呈现大型化趋势，6至10月，箱位在4000标箱以上的船舶共计1614艘次，比1至5月增长了2.7%，其中箱位在6000标箱以上的船舶达到736艘次，比1至5月增长了9.3%。深水航道开通后，船公司在上海港就能使用更多的舱位发展集装箱中转业务。据统计，今年1至10月，上海港国际集装箱中转量达到34.2万标箱，比去年同期增长56.2%，预计全年可以突破40万标箱。

南京港口集团公司副总经理王臻新介绍说，进口矿石至南京港之前主要通过两种方式运输，一种是3.5万吨级海轮直接进江，另一种是由7万吨级海轮在宁波港卸载后经二次中转运输至南京港。10米水深航道开通后，7万吨级海轮在宁波港减载至4万吨后，大小船共同进江中转，每吨可节约30元至35元的江段运费和13元左右的二程港口装卸费，仅增加约0.5至1美元的大船延伸运费，据测算，每艘船每航次仅运费就可以节约100万至120万元。

南京港口集团公司以"大庆91"轮为案例的比较分析显示，采取大船减载进江运输比在海上或沿海港口全部中转二程船进江平均每吨节约费用21元。原油大船减载进江运输中转对减少沿江石化企业原油中转环节、降低损耗、节约成本意义重大。

南京油运公司安全总监、副总船长蒋根荣介绍说，10米水深航道开通后，船舶装载量大大增加，船舶周转效率逐步提高，而且船舶正在向大型化方向发展。据悉，目前两万吨级船舶可以全天候进江，3万吨级船舶一般只要等候一个小时即可进江，一个潮时可以进江四五十艘船，船舶流量大大增加。南京油运公司去年原油进江运输量达到了1000万吨，目前他们已开始订造12艘4万吨级油轮。

■省市领导关注交通

新疆生产建设兵团司令员华士飞：

交通发展要为拴心留人 固边富民作出新贡献

本报讯（记者 刘云方）11月14日，新疆维吾尔自治区党委常委、新疆生产建设兵团司令员华士飞对兵团交通工作作出重要批示：交通事关兵团发展的全局，"十一五"兵团交通发展要为拴心留人、固边富民作出新贡献。

华士飞指出，"十五"期间，兵团初步形成了连通国道、省道和垦区内部的四通八达的公路网络。道路运输能力的不断增强，极大地改善了边远团场物资运输和群众出行的交通状况。他要求，"十一五"兵团交通工作牢牢把握机遇期，完善规划，加快兵团垦区公路上等级，提高通连公路通达深度，努力构建与国省道紧密相连，辐射师、垦区、团场和营连的兵团公路网，促进道路运输上规模、扩能力，不断满足兵团经济社会发展和屯垦戍边的需要，最大限度地改变团场的运输环境和职工的出行条件，要为拴心留人、固边富民作出新贡献。

华士飞强调，兵团交通发展要注重"人与自然和谐"的理念，公路基础设施建设要坚持走资源节约型和可持续发展之路，确保工程建设质量；进一步完善公路养护管理体制和机制，建立稳定的养护资金来源渠道，保持公路的完好畅通；加快实现垦区团场客运网络化，大力发展现代物流，不断提高兵团运输行业的专业化、组织化、规模化程度。

20年精心培养潜水精英

我国超半数工程潜水员出自广州潜水学校

本报讯（特约记者 霍福凡 记者 吴楚楚 通讯员 吴休康 张健文）我国有一支特殊的海上作业队伍，他们在海上救助打捞及其他海洋工程中发挥着巨大的作用，他们是被称为"工程蛙人"的海洋工程潜水员。我国超过半数的工程潜水员出自广州潜水学校。目前，这所培养国内潜水精英的学校迎来了20年校庆。

交通部救助打捞局的广州潜水学校是我国惟一一所培养潜水技术人才的学校，初建于1978年。广州潜水学校已为交通部救捞系统和国家港航、铁道、筑港、石油、水利、水电、公安特警、水下考古旅游等行业输送了400多名工程潜水专业毕业生。

据统计，目前交通部救捞系统40岁以下的在岗潜水员中，90%以上来自广州潜水学校。该校历届学员曾执行"大舜"轮、"汽运881"轮、"鹏洋"轮、"辽旅渡7"轮、"6·22"黄河小浪底沉船等重大抢险打捞任务，并成功完成"五七"空难、"11·21"包头空难"黑匣子"打捞等紧急任务，在广州珠江、宁波甬江、上海外环等大型隧道工程建设中，也发挥了重要作用，涌现出王德好、邢思浩等一大批优秀潜水员。在去年南亚发生海啸后，10名校友作为志愿者前往泰国参加救援打捞。在今年"神舟"六号飞船发射过程中，12名校友赴海域执行海上应急保障任务。

1至10月 167万人次过三峡船闸

本报讯 据来自长江三峡通航管理局调度指挥中心的消息，今年1至10月份，三峡船闸共通过货物2726万吨、旅客167万人次，同时完成翻坝车辆25.6万台次。

据悉，交通部颁布实施的船舶标准化工程作用彰显，过闸船舶每艘次载货量和旅客船每艘次载客量分别增长10%，500吨级以下船舶和1000吨级以上船舶的艘次比例分别下降和上升了11个百分点。

根据情况的变化，长江三峡通航管理局进一步加强了船舶维护和调度管理工作，组建成立了三峡航运调度指挥中心，建设新的调度指挥和监控系统，船闸通航率、闸室面积利用率持续保持较高水平，三峡坝区未出现船舶待闸情况。

另据了解，进入10月以来，通过三峡和葛洲坝船闸的流量均略有下降，预计今年全年三峡船闸过闸运量将比去年微降4%左右。（胡泽 田一）

■今日看点

招投标预审公告

（详见A2版）

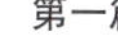

A1 2006年5月23日 星期二 今日8版 第3823期

CHINA COMMUNICATIONS NEWS

■ 交通部主管 中国交通报社主办
■ 国内统一刊号:CN11-0122 ■ 邮发代号:1-72
■ E-mail:xw1b@zgjtb.com jtb2006@163.com
■ http://www.zgjtb.com

国际航标协会大会首次在我国举行

我国数字航标应用居世界前列

本报讯 （记者 俞飞）5月22日，以"数字世界的航标"为主题的国际航标协会(IALA)第十六届大会在上海举行。四年一度的盛会首次在中国举办，证明了国际航标界对我国航标事业发展的认可。记者在大会上了解到，我国在数字航标尤其是船舶自动识别系统的建设和应用方面居世界前列。

交通部副部长徐祖远出席开幕式并致辞。徐祖远在讲话中肯定了IALA自成立以来，在保障国际船舶航行安全和保护海洋环境方面发挥的重要作用，同时向与会代表介绍了中国作为国际海事组织A类理事国和IALA理事会成员，在加快航标和助航设施发展方面采取的措施和取得的成绩。徐祖远表示，本次大会对于数字时代的航运业发展具有极其重要的现实意义和深远的历史意义。

"数字航标"是以信息为基础，分析、模拟与航行安全有关的各类相关数据，并以数字化的方式提供给船舶，以满足船舶安全、高效航行的需要。"数字航标"这一概念，是中国基于当今数字技术发展对世界的全面而深刻的影响这一现状而率先在国际上提出的，符合当今航标的发展趋势。

来自40多个国家和地区的代表对本届大会的主题给予了肯定与赞赏。IALA大会主席戴维森说，IALA一直密切关注数字化新技术的发展和应用。本届大会东道主中国将数字世界和航标紧密联系起来，必将有力推动数字航标事业的发展。国际海事组织秘书长米乔普勒斯表示，现在我们已经进入了电子航海时代，船载仪器已经发生了革命性变化，先进的数字助航技术将为打造海洋高速路，避免船舶搁浅、碰撞等事故的发生发挥巨大的作用。

据悉，代表们将在5天的时间里，围绕"数字世界的航标"这一主题，深入探讨如何在全球科学技术迅猛发展的背景下，通过综合运用数字技术，利用信息化带动传统航标技术，促进航标为海上航行提供更安全的保障。

据介绍，"十五"期间，我国派代表全面参加了IALA的活动，由过去仅参加两个技术委员会的活动，发展到参加其全部五个技术委员会的活动，并于2005年和英国共同提出"紧急沉船标志"建议案，向IALA提出制订一个新的浮标类型的建议。这是我国第一次全面主导制订IALA指南和建议，建议得到了全面采纳。

据了解，作为我国航标管理机构的交通部海事局，为适应水运经济发展和对外贸易增长的需求，加快了港口、航道和沿海公用干线航标体系的建设。目前，交通部海事局共管理和维护各类航标5000余座，航标数量比五年前增加了35%。未来中国的航标发展将发挥海事管理的整体优势，构筑国际先进水平的"中国沿海综合航海保障系统"，从而实现"让航海者在任何时候、任何地点都可以享受完美的航海保障服务"的良好愿景。 （相关报道见今日本报A2版）

中国海上搜救中心组织国际海上大救援

成功救助330名因"珍珠"遇险越南渔民

本报讯 （记者 吴曼曼 特约记者 潘士远 周万里）数十艘越南渔船前几天因受台风"珍珠"影响，被困我国东沙附近海域，数百名越南渔民由于补给供应不上，情况十分危急。在中国海上搜救中心的协调下，交通部专业救助力量奉命前往救援，截至5月22日16时，交通部南海救助局"南海救111"轮共救援15艘越南渔船、330名渔民。据悉，这是迄今为止我国国际海上大救援中救助渔船最多、渔民人数最多的一次。

据了解，5月19日16时25分，中国海上搜救中心接到中国驻越使馆转发的求援电报后，立即启动国家海上搜救应急预案，派出交通部专业救助船舶"南海救111"轮赶赴现场进行救助。

交通部高度重视这次国际海上救援行动，李盛霖部长坐镇交通部中国海上搜救中心总值班室指挥，在外出差的徐祖远副部长多次打电话指示搜救中心全力救助越南遇险渔民。

据介绍，许多越南渔民获救后不断用生硬的广东话激动地喊着"感谢！感谢！"有的渔民还高举手写的中英文标语"感谢中国政府，感谢中国船员，Thank you"。

（详细报道见今日本报A4版）

右图为获救渔民紧紧握住交通部专业救助人员的手。 本报记者 吴曼曼 供图

本报讯 5月18日，商务部在福州宣布正式启动两岸渔工劳务合作。福建海事局根据对台远洋渔工劳务的特点及对申办海员证时间要求紧迫的需求，近日决定对福建省获准开展对台渔工劳务合作的公司在申办海员证时采取五项措施，进一步方便福建对台渔工劳务合作的恢复和发展。

福建海事局五项措施支持两岸渔工劳务合作

优先办理对台渔工海员证

这五项便捷服务包括：优先受理对台远洋渔工的海员证申请并承诺在有关材料齐备的情况下三个工作日内办结。申办单位凭《远洋渔工劳务合作合同》一次签订分批派出时，首次出示原件，以后各次免予提供。对台远洋渔工申办海员证时无法及时提供证件原件，可由申办单位对复印件真实性进行保证后，先予以受理，待领证时校验原件。海员证换证时，持旧海员证无法及时上缴注销的，由申办单位提供保证书后先予换发新海员证。对台渔工需开具《海员出境证明》的，随到随办。 （林祥伟）

■治超进行时

国家工商总局进一步整顿车辆非法改装

定期回查车辆非法改装案件

本报讯 （记者 孙妍）日前，国家工商总局决定在全国继续深入开展车辆非法改装整顿工作，各地工商行政管理机关将对查办终结的案件实行定期回查和记录制度，防止违法行为死灰复燃，进一步巩固整顿成果。

国家工商总局要求，各地工商行政管理机关要根据国务院办公厅《关于加强车辆超限超载治理工作的通知》的要求，会同有关部门采取联合执法行动，对辖区内登记的车辆改装企业进行一次认真检查，依法规范车辆改装行为。根据《2006年全国治超工作要点》和当地治超工作领导小组的统一部署，积极参加治超站点联合打击车辆非法改装专项行动，坚决查处取缔车辆非法改装单位和窝点。加强与当地治超工作领导小组成员单位的协调配合，建立、健全车辆非法改装信息通报和案件协查移送机制，进一步增强监管合力。

据悉，2004年6月起，国家工商总局开展了车辆非法改装整顿工作。截至去年年底，全国工商行政管理机关共出动执法人员14万人次，检查车辆改装企业8.6万家，查处违法案件2000余起，取缔非法改装企业728家，有效打击了车辆非法改装行为。

煤炭矿石钢材网上找"家"

国内首套件杂货散货码头可视化系统为天津港口企业提高堆场利用率10%

本报讯 （记者 胡荣山 通讯员 彭德倩）鼠标轻点，码头内专供堆放煤炭、矿沙、钢材等件杂货、散货的堆场地图一目了然，其中1000多个长方形与1000多个货位一一对应，黄色的说明已经"客满"，粉色的表示还空着。随手点击即可为到港的煤炭、矿石、钢材找到"家"。

记者从上海海事大学获悉，该校物流工程学院专家开发出国内首套"件杂货散货码头可视化生产管理系统"，2005年8月以来，这一系统已在天津港务集团及其下属15家件杂货散货码头公司推广试用近一年，堆场利用率提高10%，待命装卸设备减少。

据了解，以前码头对件杂货、散货的货位安排，往往需要管理人员根据纸质资料到堆场兜一圈，查看货位是否空置、是否堆满，然后再调度安排。这样不仅耗费人力，也无法随时精确掌握货物进出、货位变化情况。如今，管理人员甚至不用出门，简单拖动鼠标，就能与船代系统、调度系统、机务系统、设备远程监控系统等无缝链接，货运、仓储、调度、安检等部门效率也得以提升。

中朝将加强交通领域合作

本报讯 （记者 刘韦阳）5月22日，交通部副部长冯正霖会见了前来参加中朝汽车运输协定事务级会谈的朝鲜陆海运省副相蔡斗永一行。双方在友好的气氛中就交通领域的合作交换了意见。

冯正霖在会谈中说，中国正在集中力量全面建设小康社会，交通基础设施建设及运输事业快速发展。他详细介绍了中国的高速公路、农村公路建设成就和交通建设投融资政策及"十一五"交通发展目标。他认为，中朝两国在公路、航运、海上安全、船舶检验等领域的合作有着良好的基础，希望两国在交通领域的合作取得新的进展。

蔡斗永介绍了朝鲜经济发展情况，他希望中朝两国在各个领域的合作都能够取得成果，特别是在交通领域的交流和合作得到进一步加强。

中墨签署 交通合作谅解备忘录

本报讯 当地时间5月19日(北京时间20日)，中国交通部副部长黄先耀与墨西哥通信与交通部部长佩德罗·塞里索拉在墨西哥城正式签署了《中墨关于道路、海洋和内河运输及相关基础设施建设领域合作谅解备忘录》。

此前，黄先耀作为中国政府代表团成员出席了中墨两国常设委员会第二次会议，与墨通信与交通部副部长共同主持了交通与通信工作组会议。中国信息产业部和民航总局代表出席了会议，并形成了会议纪要。会议结束后，墨西哥总统福克斯会见了中国代表团主要成员。

中墨两国交通部门一致同意通过中墨交通与通信工作组，在平等、友好、互利基础上开展中长期合作，增进交通和通信领域的友好关系。会议商定愿通过两国航空协定、海运协定、交通领域合作谅解备忘录以及信息通信领域合作谅解备忘录，加强双边交通运输领域中的关系。

关于海上运输领域的相互业务合作问题，双方商定在2005年1月25日签署的两国政府海运协定框架内进行讨论，并表示通过双方技术人员互访和培训，相互学习和借鉴有关海港和内河港口基础设施设计和建设的经验和做法，共享有关在建工程和已运行工程的技术成果。双方还确定今后在国际海事组织框架下积极开展海上安全与保安、港口国监督以及防止船舶污染海洋环境及双方互认船员适任证书方面的合作。 （吕娟）

■今日看点

责编 刘兴增 实习编辑 徐厚广

招投标预审公告 （详见A2版）

■厅局长论坛⑯

努力推进厦门交通口岸新一轮跨越式发展

厦门市交委主任 林金平

"十一五"是厦门新一轮跨越式发展的关键时期，便捷高效的交通基础设施是实现厦门新一轮跨越式发展的重要支撑和先导条件。今后五年，厦门交通口岸发展的总体目标是：完成固定资产投资660亿元，其中基本建设530亿元、更新改造130亿元。到2010年，厦门市客运总量达到7000万人次、货运总量达到5230万吨，海港货物吞吐量达到一亿吨、集装箱800万标箱，空港旅客吞吐量达到1000万人次，口岸出入境旅客人数达到280万人次，邮电业务总量达到50亿元，公交出行分担率达到35%。为此，我们将着力抓好以下五项工作：

一是全力推进交通基础设施建设。基本建成"田"字形快速路网，建成城市轻轨1号线。到"十一五"末力争形成城市半小时交通圈，与漳州、泉州等周边地区形成一小时交通圈。建成福厦、厦深、龙厦铁路厦门段及配套客、货运场站，成为东南沿海重要铁路枢纽。完成海沧、嵩屿港区及配套航道建设，厦门港货物年吞吐能力达到1.2亿吨，其中集装箱年吞吐能力达到1000万标箱，基本建成国际航运枢纽港。完成机场三期建设，成为我国重要干线机场。

二是推动交通运输生产增长。以海、空港为龙头，继续增辟航线加密航班，拓展海铁联运和国际中转业务，推动海、空港较快发展。优化运输组织和运力结构，鼓励客、货运企业集约化、规模化发展，加快发展物流产业，推动传统运输企业向现代物流企业转型。

三是努力优化口岸通关环境。根据海、空港发展的要求，继续调整优化通关模式，改善通关环境。加快建设服务全省的福建电子口岸平台，提高通关效率，降低口岸成本，吸引周边地区货源从厦门口岸进出，并进一步推动对台直接"三通"，突出厦门对台口岸地位。

四是大力发展城市公共交通。贯彻落实公交优先发展战略，扶持发展公共交通，加快枢纽场站建设，优化公交线网规划和站点设置。进一步改善岛内出租车服务，发展岛外出租车，加快发展农村客运和水上公交，开通城市轻轨1号线，努力改善公共交通条件。

五是继续改善农村交通条件。预计投资5亿元，建设农村公路375公里、乡镇客运站20个、候车亭340个，并按照"路、运、站一体化"的原则，积极发展农村客运，做到路通车通，到"十一五"末实现建制村村村通客车。

今年，厦门市将进一步完善岛内路网，加快形成岛外道路交通主干线网络，推进岛外城市化步伐。进一步拓展对外通道，推动区域交通一体化。加快港口能力建设，全面提升港口靠泊通航能力。加快空港设施建设、铁路通道建设以及枢纽场站建设。进一步确立"公交优先"理念，加大政策支持力度，推动公交事业加快发展，大力推动常规公交发展，规范发展出租汽车服务，更好地为市民出行提供服务。

2006年9月19日 星期二

今日8版 第3908期

CHINA COMMUNICATIONS NEWS

■ 交通部主管 中国交通报社主办
■ 国内统一刊号:CN11-0122 ■ 邮发代号:1-72
■ E-mail:xw1b@zgjtb.com jtb2006@163.com
■ http://www.zgjtb.com

李盛霖会见意大利基建部部长

图为李盛霖与迪皮埃特罗亲切握手。 本报记者 刘布阳 摄

本报讯 （记者 刘布阳）9月18日，交通部部长李盛霖会见了到访的意大利基础设施部部长迪皮埃特罗一行。双方在友好的气氛中共同探讨了进一步推进中意交通合作的有关事宜。

李盛霖首先表示，中国和意大利是友好国家，交通对两国的经济社会发展都发挥着越来越重要的作用，两国在交通领域有着广阔的合作空间。今年3月，两国交通部门间签署了《公路水路和物流领域合作谅解备忘录》，中国交通部门积极致力于在此框架下的有关合作。

迪皮埃特罗说，意方也将一如既往地在已经签署的合作谅解备忘录框架下积极推进两国交通合作。他说，意大利的交通企业有着先进的建设、经营和管理经验，在路、桥、隧及港口的建设及安全等领域拥有先进技术，而中国目前也拥有一批实力雄厚的企业，而且在公路、桥梁、港口的建设过程中创造了先进的技术，积累了丰富的经验。他希望中意两国企业间能够加强交流，相互学习，深化合作关系。

李盛霖对此表示赞同。他说，中意双方企业可组织考察团进行有针对性的互访，共同推进两国企业间在公路、桥梁、港口建设及物流等领域的合作与交流。同时，作为行业主管部门，交通部将继续创造条件，支持和推进两国交通交流与合作。

双方一致同意中意交通部门建立一个交流合作协调机构，进一步促进两国交通领域的合作。

打破行政区划 发挥市场配置资源的作用 推动资源整合

宁波－舟山港口一体化先行一步

本报记者 贾刚为

9月12日，记者从宁波－舟山港管理委员会主任办公会议上获得最新统计数据，自去年12月20日宁波、舟山两港正式启动一体化进程以来，今年1月至8月，宁波－舟山港累计完成货物吞吐量27305万吨，集装箱吞吐量达449万标箱，分别比去年同期增长13.2%和36.8%。截至8月底，宁波－舟山港今年新开辟航线18条，至此，港口集装箱航线累计达到161条。集装箱运输的发展进一步巩固了宁波－舟山港作为远洋干线港的作用和地位。浙江省交通厅副厅长阎振中预测，今年宁波－舟山港货物吞吐量可超4亿吨，集装箱吞吐量突破700万标箱。

9月13日，浙江省委书记习近平视察宁波－舟山港。习近平在实地察看了宁波－舟山港一体化实施的在建重点项目后强调指出，加快推进金塘、六横、衢山等重点港区项目，研究疏浚虾峙门航道和开辟条帚门航道，督促有关部门大力推进舟山连岛工程、杭甬运河、疏港公路建设，完善宁波－舟山港的集疏运体系，拓展经济腹地。

浙江省省长、浙江省港口规划建设委员会主任吕祖善指出，浙江沿海港口资源整合步伐的加快，对于完善长三角港口群服务功能，更好地服务长三角及更大腹地，促进国内外经济交流，统筹整合资源要素，推进实施长三角区域规划和国家"十一五"规划，都具有重要意义。

几年前，由于只在各自的行政区划内做文章，宁波、舟山出现了部分项目重复建设，资源浪费。如今，浙江用一体化的新思路整合港口资源，优化稀缺深水岸线，变各行其政为握紧拳头一起搏击国际市场。过去的竞争对手，变成了今天的兄弟姐妹。备受关注的宁波－舟山港资源整合，被业界誉为我国优化港口资源配置的一个里程碑，开创大港口发展新模式，为中国港口的改革和发展探索了一条新路。

通过资源整合，宁波－舟山港的资源效益已经实现最大化。截至目前，已有50亿元资金投向金塘岛大浦口5个泊位的开建。舟山海域由宁波港开发建设，宁波、舟山共享航线资源，共用集疏运系统，实现了软、硬件环境改善，走上了内涵式发展之路。

据交通部规划研究院专家沈益华介绍，宁波－舟山港的北仑四、五期工程，大榭、金塘、梅山等集装箱码头工程，北仑二期集装箱码头改造工程等都被列为"十一五"长三角沿海港口规划建设重点。今年6月上旬，国务院已正式批准北仑穿山港区、梅山岛港区和象山湾港区列入国家"十一五"口岸发展规划。

随着《宁波－舟山港总体规划》年内完成送审稿，《宁波－舟山港章程》年内对外公布以及加快推进在建重大项目，研究口岸管理，进行创新体制改革，加大招商引资和宣传力度等措施的实施，专家预测，宁波－舟山港一体化之后，无论从货物吞吐量、集装箱吞吐量，还是从航运辐射能力来看，一个新的世界级大港已呼之欲出，长三角港口的国际竞争力优势也更为凸显。

宁波、舟山两港整合只是浙江省沿海港口资源整合的一大步伐。据浙江省港航管理局局长郑惠明透露，作为长三角港口群南翼的浙江港口群，资源整合方向是以宁波－舟山港口一体化为中心，以温（州）台（州）港、乍浦港等为两翼的浙江省沿海港口布局体系，四大港口优势互补，兄弟携手合作，发展日臻完美。

上合成员国签署道路运输便利化谅解备忘录

本报讯 （特约记者 刘美银 通讯员 姜艳）9月15日，上海合作组织成员国第五次总理会议在塔吉克斯坦首都杜尚别召开，交通部副部长冯正霖代表中国交通部与俄罗斯运输部、哈萨克斯坦运输通信部、吉尔吉斯斯坦运输通信部、塔吉克斯坦运输部、乌兹别克斯坦对外经济联系投资贸易部签署了《关于加快制订〈上海合作组织成员国政府间国际道路运输便利化协定〉（草案）的谅解备忘录》。温家宝总理和俄罗斯、哈萨克斯坦、吉尔吉斯斯坦、塔吉克斯坦、乌兹别克斯坦等国家的政府首脑出席了签字仪式。

为落实中国国家主席胡锦涛在上合组织第三次元首峰会上提出的"先从交通运输领域入手，尽快签订多边公路运输协定，并切实有效地落实"的倡议，同时为全面实现上合组织成员国间的道路运输合作，六国交通主管部门从2004年起着手就制定统一的道路运输便利化协定举行谈判。鉴于上合组织中的中亚国家作为内陆国家对开展与中国的道路运输合作、便利对外交往有着特殊的需求，联合国也倡议各国对无出海口的内陆国家提供过境运输便利。考虑到中国于2004年加入了亚洲公路网政府间协定且境内公路路况良好，具备开展国际公路运输合作的条件，中方一直积极推动协定谈判进程。该协定草案包括框架协定和若干议定书，主要解决本区域国际道路运输权利和便利运输相关问题，对全面开展区域国际道路运输，促进区域经贸发展和人员往来具有重要意义。

该谅解备忘录的签署标志着《上海合作组织成员国政府间国际道路运输便利化协定》的商谈工作已取得重要的阶段性成果，是上合组织成员国交通运输领域合作的重大进展，为下一步正式签署协定打下了坚实基础。

当日下午，冯正霖还与塔吉克斯坦运输部部长阿舒罗夫举行了双边会谈，双方就建立区域公路运输网、开展国际道路运输合作、加强公路基础设施建设合作、完善双边道路运输法律文件等问题交换了意见。

中俄开辟交通合作新天地

新增5条客货线路、共同制定黑龙江航运发展规划等

本报讯 （记者 刘布阳）9月15日，中俄总理定期会晤委员会运输分委会第十次会议在北京圆满结束并签署了会议纪要。中俄在公路、水路交通领域达成了一系列合作成果：双方同意开通5条新的客货运输线路；双方支持建设黑河、洛古河、东宁等黑龙江界河大桥，同意加快办理各自国内手续，争取尽快签署两国政府间关于共同建设洛古河、东宁界河桥的协定；双方同意共同制定黑龙江航运发展规划。

在为期5天的会议中，中俄运输分委会的海运、河运、汽车运输和公路工作组在坦率、友好的气氛中分别进行了卓有成效的会谈，取得了积极的效果，进一步促进了两国交通领域的合作。

在9月15日的会议上，交通部副部长翁孟勇说，一年多来，中俄两国在公路、水路交通领域的合作取得新的进展，为两国经贸和人员往来作出了积极贡献。特别是中国交通部和俄罗斯联邦运输部今年成功举办了中俄边境地区运输合作研讨会和中俄航海夏令营，进一步加深了两国交通部门之间的相互了解与信任，促进了两国交通行业青年一代的友谊。此外，在过去的一年中，双方还开通了新的运输线路，达成了新的合作协议，进一步改善了两国边境接壤地的公路、场站等交通基础设施条件。

据统计，目前我国的黑龙江省、吉林省和内蒙古自治区已与俄罗斯开通国际道路运输业务，共有客货运输线路近70条。今年1月至6月共完成道路货运量87.3万吨，完成道路客运量111.4万人次。中俄在界河上开展了河运合作，2005年双方河运货运量113.5万吨，客运量63.55万人次。此外，中俄已签署6个公路运输合作协议、10个水路运输合作协议。

据了解，中俄两国于1997年建立总理定期会晤制度，设立了总理定期会晤委员会。委员会下设若干分委会，中国交通部为运输分委会成员单位。运输分委会下设海运、河运、汽车运输和公路等工作组，每年召开一次会议，轮流在中俄两国举行。

■现场短新闻

航海日系列活动圆满结束

本报讯 （记者 李韬）9月16日，全国四大渔港之一的浙江省宁波市象山县石浦港成了欢乐的海洋，千余艘大马力渔轮整装待发。由交通部、农业部和宁波市政府主办的2006年中国航海日系列活动闭幕式暨中国开渔节开渔仪式在此隆重举行。航海日组委会常务副主任、交通部副部长徐祖远参加了活动，并宣布2006年中国航海日系列活动结束。

据中国航海日组委会办公室常务副主任李育平介绍，今年航海日系列活动共有20多项，其中中国航海科普展吸引了20多万青少年前往参观，"十佳船长"的评选、"航海日"标志的征集评审、"航海日"网站的设立等社会性活动受到广泛欢迎。农业部、海洋渔业局等涉海组委会成员单位的活动行业特色突出，跨地区、跨部门的活动社会影响广泛，而地区性活动则地方色彩浓重、个性十足。此外，会标会旗的设计、中国航海博物馆的建设等一些基础性活动为今后航海日活动打下良好基础。

左图为在中国开渔节开渔仪式现场，千余艘大马力渔轮整装待发。 本报记者 李韬 摄

杨利民到部属单位调研廉政建设

本报讯 （记者 刘布阳）9月6日至14日，驻部纪检组组长、部党组成员杨利民先后到交通部规划研究院、交通部公路科学研究院、交通部科学研究院、辽宁海事局、大连海事大学、中国船级社大连分社、交通部北海救助局大连基地等单位考察调研。杨利民要求各级纪检监察机关按照部党组的要求，突出工作重点，抓紧完成今年党风廉政建设和反腐败工作的各项任务，服从、服务于交通改革发展大局，为交通事业又快又好发展提供坚强有力的政治保障。

在交通部规划研究院等部属科研教学单位考察调研时，杨利民强调，部属科研教学单位一些行之有效的党风廉政建设和反腐败工作经验，值得认真总结和发扬。在重大科研项目、重点物资采购以及干部人事制度改革等方面的廉政制度建设和措施，有效地维护了交通事业改革创新、不断发展的良好环境。在考察调研辽宁海事局等单位的工作情况时，杨利民说，国家振兴东北三省老工业基地的发展战略，为海事执法、船舶检验、海上搜救工作提供了重要的工作平台和良好的发展机遇，同时也提出了更高的要求。要积极探索研究新形势下纪检监察工作的规律，坚持以人为本，创新工作方法，不断完善工作制度和机制，做到与时俱进。

55岁生日之际

中波公司瞄准世界一流

本报讯（记者 毛惠明 通讯员 杨垂文）9月15日，迎来55岁生日的中波轮船股份公司召开董事会，通过"十一五"造船计划，并决定今明两年将对7艘旧船进行改造，在发展航运主业的同时，稳步发展中方船队经营以及船舶和船员管理、物流服务、船舶供应和贸易置业等四大相关辅业，把中波公司建成世界一流、以定点班轮航线为依托的重大件设备专业化运输公司。

当晚，中波公司在上海举行55周年庆典。中国交通部部长李盛霖发来贺信，中国交通部副部长徐祖远、波兰运输部部长耶日·波拉契克分别在庆典上致辞。

成立于1951年的中波公司是新中国第一家中外合资企业，由中国和波兰两国政府本着平权合股原则共同组建。55年来，公司从4艘旧船起家，"舨舶"成为目前拥有22艘现代化船舶、配备船用重吊设施的特种船队，运力达50万载重吨，航线遍及亚、欧、美、非四大洲，成为国际航运界享有盛誉的重大件设备的专业化运输公司。

2005年，中波公司成功进军远东—美湾地区重大件货物运输市场，由于公司良好的品牌优势，优质的服务质量和先进的船舶性能，实现了当年开辟新航线，当年赢利。据统计，2005年中波公司在美湾航线以投入20%的运力，创造了40%的利润。

救助船快速行动 20名渔民获救

本报讯 （特约记者 唐盘洲 王祖毅）9月16日凌晨，由于受今年第13号台风"珊珊"边缘影响，浙江籍渔船"浙岱渔17318"轮在长江口北角作业时搁浅，交通部东海救助局接到险情报告后，紧急出动近海快速救助船"东海救201"轮前往救助，20名渔民成功获救。

当日凌晨1时20分，一艘浙江籍渔船"浙岱渔17318"轮在作业时搁浅，渔船上共有20名渔民，由于风浪过大，前往施救的"东海渔政32540"轮无法靠上难船救人。"东海救201"轮接到救助指令后迅速赶往事发现场。

4时9分，"东海救201"轮抵达现场，并向难船施放救生艇。"浙岱渔17318"轮上渔民不肯上艇，要等涨潮后尝试脱浅。至5时29分，现场守护的"东海救201"轮根据现场另一艘姊妹渔船准备拖"浙岱渔17318"轮的请求，再次施放救生艇，由救助船员帮助难船带妥拖缆后，姊妹渔船开始起拖。30分钟后难船脱浅。

厦金客运船舶签证有效期延长至7天

本报讯 （记者 龚仁智 通讯员 陈新飏 郑荣民）9月13日，厦门海事局首次对厦金客运直航船舶签发有效期为7天的船舶定期出口岸许可证。此前，船舶每次往返都得签证。定期出口岸许可证的启用，给两岸客运直航船舶创造了一个便利的通关环境。

据介绍，厦门海事局对于定航线、定船员并在24小时内往返一次或一次以上航次的厦金直航客船，将许可其由船舶代理方申请船舶定期进出口岸查验手续，办理为期7天的出口岸许可证。

据了解，这一方便船舶航行的举措受到了包括"东方之星"轮等多艘台轮在内的厦金客运直航船舶及船东的好评。这是厦门海事局贯彻落实交通部领导有关指示精神，在反复调研的基础上提出的方便厦金客运直航船舶的重要措施之一。

■今日看点

长江引航集中统一管理提升港航企业竞争力 B1

三峡船闸单线运行大考长江航运 B3

责编 刘兴增 实习编辑 吴倩

招投标预审公告

（详见B4版）

中国交通报 China Communications News
A1 2007年2月15日 星期四 第4009期 今日8版
交通部主管 中国交通报社主办 / 邮发代号:1-72 / 国内统一刊号:CN11-0122
http://www.zgjtb.com www.ccnn.net.cn / E-mail:xw1b@zgjtb.com jtb2006@163.com

河南省政府通报表彰河南省交通厅

本报讯 日前，河南省政府通报表彰河南省交通厅。河南省交通厅还被评为河南省2006年度责任目标完成优秀单位。

表彰通报指出，2006年，河南省交通厅带领全省交通系统广大干部职工团结奋进，顽强拼搏，抢抓机遇，加快发展，为河南省经济发展和社会进步作出了重要贡献。

今年，河南省交通部门将全面开展"交通工作管理年"活动，着力提高行业管理水平，切实做好"三个服务"，努力使各项交通工作取得新的突破，全力推进河南省交通工作又好又快发展。河南交通厅主要抓五方面工作：一是积极构建结构合理完善的交通体系，二是全面抓好"交通工作管理年"活动，三是扎实推进各项交通改革，四是提高行业和厅直属经营单位经济效益，五是进一步加强精神文明和廉政建设，努力锻造一支高素质的干部职工队伍。 （闻欣）

世行专题研究报告表明

高速公路网快速发展提高了中国市场竞争力

●改变出行状况，对物流业产生重大影响
●高速公路投资使内陆城市获益
●分流其他公路70%交通量，交通事故件数大大降低
●高速公路通行费费率尚未达到国际平均标准

本报讯 （记者 董丹）2月12日，在交通部和世界银行（以下简称"世行"）联合召开的"中国高速公路绩效评估与跟踪"研讨会上，世行发布了专题研究报告《中国的高速公路：连接公众与市场，实现公平发展》。《报告》称，中国过去15年来在经济增长和减贫上取得了举世瞩目的成就，其重要成就之一就是交通基础设施的发展。在过去15年里，道路交通在所有陆路运输中的份额大幅提高，道路运输系统为中国经济和社会的持续发展作出了巨大的贡献。

世界银行东亚与太平洋地区可持续发展总局局长狄福安评价说："中国15年来高速公路网的快速发展令人震惊，与50年前美国州际公路网的发展速度相仿。高速公路的建设发展降低了运输成本，缩短了运输时间，提高了中国的市场竞争力。"

交通部副部长翁孟勇代表交通部对世行多年来对中国交通行业的支持表示感谢。他表示，世行的资金投入既有效缓解了高速公路建设初期国内资金不足的困难，也引进了先进技术、管理经验和发展理念，有力推动了中国交通基础设施建设。中国将在未来20多年的时间里集中建设国家高速公路网，进一步增强服务国民经济发展全局的能力，增强服务社会主义新农村建设的能力，增强服务人民群众安全便捷出行的能力。交通部愿意在高速公路、农村公路、内河水运等领域与世行开展全方位合作。

《报告》比较了中国与其他发达国家在高速公路发展上的历程，对中国优先发展交通基础设施以推动经济增长、实现公平发展的策略予以肯定。《报告》称，高速公路网快速发展改变了中国国内的出行状况，正在对物流业产生重大影响。司机们从一个主要中心城市前往另一个城市时甚至能够选择不同的高速公路，这对近年来迅速增长的长途货运业尤其重要。沃尔玛和其他已经开始依赖其位于广东省的唯一主要配送中心为其全国的超市发货，而这在以前是不可能的。

高速公路投资使内陆城市获益。内陆城市与沿海大型城市和港口间运输成本的降低促进了内陆企业的发展，一方面运往内陆厂商的成本下降，另一方面内陆城市市场通道的改善吸引了新的公司。

此外，高速公路网在交通安全上也发挥了重要作用，很多高速公路吸引了其他公路多达70%的交通量，而这些低等级公路的事故率通常比高速公路要高得多，交通分流大量降低了现有公路的事故件数。以京珠高速公路的部分路段为例，世行的竣工报告显示，湖南和湖北省原有公路的事故件数下降了三分之二，广州段的原有公路事故件数则下降了40%。

高速公路的发展还带动了一系列技能的发展，包括咨询、规划、融资、管理、建设和道路运营等，这些在过去15年至20年中获得的技能和知识，将在未来继续发展可持续的道路系统上发挥重要的作用。

《报告》显示，中国高速公路通行费费率远低于日本、加拿大、澳大利亚、法国、墨西哥、西班牙等国家，每车公里收费不到0.05美元，未达到国际平均标准。

据今年年初国家统计局的数字，中国人均GDP并不高，排在世界100位左右，只有世界平均水平的五分之一，因此，中国通行费占人均GDP的比例是全世界偏高的几个国家之一。《报告》指出，通行费是高速公路融资的主要机制，中国通行费占人均GDP的比例偏高是因为政府投资高速公路比例较低，贷款在总投资中所占的比例较大。

针对中国高速公路今后的发展，《报告》指出，中国应着力应对未来主要战略领域的挑战，加强规划、融资和管理体系的可持续能力，推进高速公路建设。《报告》称，尽管公路部门已投入大量资金，并在东部省份建立起了一个较完善的高速公路网，但公路发展在道路等级上和地区间仍存在差异，西部和中部的许多主要城市仍然未能同中部和东部其他城市的高等级公路连接起来，随着欠发达地区越来越多的人第一次购车，以及货物配送越来越依赖货车运输，新建公路基础设施的需求将会越来越迫切。

据悉，自1983年世行向我国提供第一个交通项目贷款以来，世行共向我国交通行业提供贷款80多亿美元，建设了一批重点公路、水路项目。从2005年起，交通部委托世行开展中国高速公路绩效评价项目，此次发布的《报告》是该项目第一阶段的研究成果。世行还将与交通部就高速公路网的经济效益和管理模式合作开展第二阶段的研究。

三峡船闸单线运行通过量达到双线运行的79.75%

春运期间如遇紧急情况，优先安排客船过闸

本报讯 （记者 彭勇）记者从2月13日召开的三峡船闸完建期综合运输专题工作会议上了解到，受到三峡船闸完建施工的影响，2006年三峡船闸有三个半月只能单线运行。在此情况下，船闸货物通过量达到3939万吨，同比增长19.7%，计入滚装车翻坝量1095万吨，三峡断面货运量达到5034万吨，同比增长14.6%。

国务院三峡办有关负责人表示，在各有关部门、沿江省市人民政府和三峡总公司的共同努力下，船闸通过能力不足造成的影响被降至最低点，坝区通航和翻坝运输平稳有序，三峡船闸完建期综合运输工作取得了阶段胜利。特别是三峡船闸单线运行以来，货物通过量大大好于预期，已经是超水平发挥。

交通部长江航务管理局提供的数字显示，自去年9月15日至今年2月7日，三峡船闸单线运行近5个月来，已通过船舶1.5万多艘次，旅客近2.3万人次，货物1500多万吨。船闸日均运行14.86个闸次，过闸船舶103艘、货物10.06万吨，单线货物通过量达到双线正常运行水平的79.75%。在翻坝转运方面，自去年9月10日启动客运翻坝，至2月8日，共翻坝转运客船6446艘次，转运旅客84.45万人次。滚装船翻坝3181艘次，滚装车辆14.91万台次。

交通部高度重视三峡船闸完建期通航保障工作，由长航局牵头，长江海事、航道、三峡通航、公安、通信以及沿江重庆、湖北交通部门参加，建立了全线联动的工作机构和应急联运工作机制，制定了30多项应急预案。各有关部门和各地政府对交通系统的工作给予了大力支持。对此，交通部副部长徐祖远在会上表示感谢。

今年1月20日，南线船闸建设完工投入使用，北线船闸开始完建，工程有望在5月20日提前完工。这期间跨越春运和五一黄金周，运输压力还将继续增大。

徐祖远说，三峡船闸单线运行期间，货物通过能力远远不能满足实际需要，是当前的主要矛盾。近期坝区船只积压状况虽已有所缓解，但仍在高位运行，通航安全稳定压力依然很大。为保障沿江经济正常运行，水上运输货物必须更多地通过公路、铁路进行分流，同时必须保障船舶过闸和翻坝运输的安全畅通。各有关方面需进一步密切配合，共建责任链，才能共同渡过难关。

徐祖远表示，在国务院三建委的领导和国务院三峡办的组织协调下，交通部门将再接再厉，确保三峡重大工程进展顺利，保证工程建设期和建设后三峡水域通航秩序，为水上交通安全提供有力保障。下一步，交通部门将继续以坝区工作为重点，以三峡船闸运行为中心，进一步加强安全监管和行风建设，主动作为，尽力而为，有所作为。当前，重点做好长江干线春运工作，确保旅客走得了，走得好，走得安全，确保春节重点物资的及时运输。

据介绍，三峡船闸单线运行期间，短线客船需全部翻坝。目前长江干线客运量已开始大幅增加，据预测，春运期间过坝旅客总人数将达到48万人次，最大高峰日可达到2.3万人次。长航局局长金义华表示，在遇到突发性客流高峰或恶劣天气陆路翻坝能力不足时，长航局将按照交通部《三峡船闸完建期过闸船舶调度规则》，经翻坝协调领导小组批准后，优先安排客船通过三峡船闸。

■春运进行时

上海口岸开辟春运绿色通道

本报讯 （记者 毛惠明）为赶在春节前将农民工安全运送回家，2月13日，上海口岸首条农民工水陆联运春运绿色通道在吴淞客运站开通。在一辆驶往陕西渭南的大巴上，来自上海振华港机厂的农民工方兆礼告诉记者，来上海务工已有好几年了，但能像今年这样轻松回家还是头一回。

当日下午3时许，首批380名农民工从绿色通道起点——长兴岛振华港机厂起程，乘坐"沪航5号"轮，驶抵吴淞客运中心码头。这380名农民工分别来自山东、陕西、安徽和河南。一下船，他们当即在客运站工作人员的引领下，登上了停靠在客运站广场上的11辆大巴。

据了解，今年上海节前春运高峰的一个显著特点是农民工集中返乡。仅长兴岛一地就有1.2万人。

爱播一路

江苏省南通市是全国闻名的"建筑之乡"，建筑工人超过70万人，遍及全国各地。春运期间，南通汽运集团南通汽车站的"2816"（谐音"爱播一路"）服务组与省内13家客运站联合发出倡议，开展以"快捷安全、优质服务"为主题的"农民工平安返乡十项满意服务"竞赛活动。

右图为"2816"服务组的巾帼服务队正在为刚刚下车的农民工兄弟免费运送行李。 杨洋 摄

■新闻追踪

苏皖两省紧急调配120余辆客车

常州往阜阳方向旅客积压情况已缓解

常州市政府向交通部发来感谢信

本报讯 （驻安徽首席记者 吴敏）截至2月14日14时，因铁路停售江苏常州往安徽阜阳方向客票，常州大量旅客积压的情况得到缓解。常州市人民政府向交通部发来感谢信，对交通部在紧急关头给予常州市的大力支持表示衷心感谢。

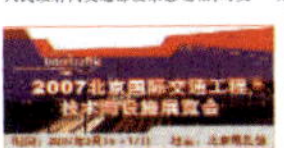

因铁路停售江苏常州往安徽阜阳方向客票，近日来，常州市往阜阳方向的旅客大量积压。为保证旅客在节前平安顺利返乡，常州向江苏省交通厅并通过省厅向交通部提出紧急救援。交通部以最快速度启动应急预案，并迅速得到了江苏和安徽两地各有关部门的积极响应。目前，常州市旅客积压问题得到缓解。常州市政府在感谢信中对交通部在紧急关头给予的大力支持表示感谢。

滞留在常州的旅客魏向阳在常州汽车站对记者激动地说："要不是交通部门快速行动，我还不知要等多久才能乘上车！"小魏家住安徽阜阳市临泉县大庙镇，在江苏常州一家工厂工作。在得知停售常州往阜阳方向火车票后，他于2月10日预订了常州到阜阳的汽车票。2月14日，小魏如愿踏上了回家的旅程。

记者了解到，2月13日，交通部紧急启动了常州至阜阳道路旅客运输应急预案，江苏和安徽两地交通部门连夜向常州进行了运力增援。次日，江苏省交通厅和常州市政府有关部门领导亲临现场指挥，紧急组织当地旅游客车90余辆，同时，安徽省交通厅迅速调集阜阳、滁州、马鞍山等地区客运车辆35辆、1500余个座位，赶赴常州汽车站支援。常州汽车站实行放开售票，即到即售，并开通阜阳窗口，实行流水发车。

2月14日上午，常州汽车站对阜阳35辆客车实行编队发车，且常州运政部门全程随队护送。所有应急运输车辆均持有交通部统一印制的《春运期间应急运输通行证》，按应急预案规定的线路行使，沿途公路收费站点对应急运输车辆免费快速放行，设置绿色通道的收费站口，应急车辆走绿色通道。仅14日上午，常州市已向安徽合肥和阜阳方向增发客运班车92个班次，运送旅客4000多人，滞留旅客正逐渐踏上回家路。

黄先耀到本报走访慰问

本报讯 2月14日下午，交通部副部长黄先耀在体改法规司、部机关党委、人劳司等有关负责同志陪同下到本报走访慰问，并祝报社全体员工新春愉快。

在听取了本报社长周世旺等领导的工作汇报后，黄先耀感谢报社员工在过去一年中对交通行业发展所作出的贡献，并充分肯定报社在新闻导向、业务、经营、管理上所取得的成绩。他说，《中国交通报》的办报质量和影响力日益提高，发展步入良性循环，成绩十分明显。他希望报社在新的一年中，围绕"办好行业大报和精品报"的工作目标，牢牢把握舆论导向，培养一流的人才队伍，建立一个有利于人才成长的机制，创造良好的硬件条件，创建一个好班子，取得新成绩。 （周波）

4名外籍船员长江口获救

本报讯 2月14日，在长江口附近遇险的救生艇上的4名菲律宾籍船员成功获救。

当日1时44分，中国海上搜救中心接德国海上搜救中心通报，德国籍"Conti Sydney"轮在长江口灯船以东39海里处锚泊时，一艘救生艇漂失，艇上有4名菲律宾籍船员。由于当时江上大雾并伴有偏北风8至9级，4名船员处境非常危险，请求中国海上搜救中心给予救助。

接报后，中国海上搜救中心指示上海市海上搜救中心负责组织搜救工作。上海市海上搜救中心立即启动搜救应急预案，协调交通部东海救助局所属"东海救111"轮赶赴现场搜救，并通过上海海洋预报台推算救生艇的漂移位置。上海海事局发布航行警告要求过往船舶加强瞭望，注意搜寻。

5时45分，"东海救111"轮在"Conti Sydney"轮艉部附近发现救生艇。7时15分，4名遇险人员被安全转移到"东海救111"轮上。 （赵世界）

"银锄"轮沉没航道恢复畅通

本报讯 （特约记者 赵国财）2月11日11时，"银锄"轮在打捞现场正式与船东交接，至此，交通部上海打捞局圆满完成了"银锄"轮打捞工程，黄浦江沉船水域航道恢复畅通。

交通部上海打捞局承接的"银锄"轮打捞工程经过46昼夜的精心组织、精心设计、精心施工，于2月7日15时38分成功起浮、移位，之后又进行了88小时紧张的除泥、封舱和排水。

目前，"银锄"轮已安全、稳定地靠泊码头，倾斜度由左倾14度恢复到左倾2度。3艘参加打捞的船舶已先后撤离现场，"沪救捞62"号继续留守在"银锄"轮旁，协助船东处理一些后期工作。

安徽安排6亿多元确保清欠

本报讯 （驻安徽首席记者 吴敏）日前，为贯彻落实清欠农民工工资电视电话会议精神，安徽省交通厅成立了清欠领导小组和5个检查组，深入一线了解清欠实际情况，现场调度清欠工作，并在当地影响力大的报纸上刊登投诉电话。

安徽省交通厅还与有关部门联合对清欠工作进行重点检查和协调，与安徽省建设厅联合转发了《关于切实做好春节期间交通建设项目农民工工资支付工作的紧急通知》，与安徽省劳动保障厅实现清欠联动，并共同起草了《安徽省高速公路建设农民工工资支付保障管理办法》，建立防止拖欠农民工工资长效机制。

据不完全统计，近期安徽省共安排工程款（含清欠资金）6.64亿元，确保农民工兄弟早日领到工资回家过年。

贵州长效机制防拖欠

本报讯 （记者 李黔刚 通讯员 邓望庐 杨立斌）日前，贵州省交通厅要求各单位在责任范围内监督从业单位将工资足额发放到农民工手中，并按规定时限上报农民工工资发放情况、清理拖欠农民工工资情况及保障农民工工资发放，让农民工兄弟过上一个安定祥和的春节。

贵州省交通厅交通项目清欠工作组公布了举报电话，并组织检查组赶各市（州、地）及有关单位，加强对还款计划执行的监督。为确保农民工工资按时足额发放，贵州加强了对新开工项目的管理，严格施工许可制度；严格执行贵州省制定的务工人员工资支付保障金制度；对清欠工作开展不力，或因拖欠引发公共事件、影响社会稳定的单位，将暂停或核减下一年度的交通建设项目投资；对从业单位恶意拖欠或克扣农民工工资的，在市场准入及招投标方面给予限制。据悉，贵州省交通厅目前正着手拟定关于保障农民工工资长效机制的实施意见。

■今日看点

把更多的免费服务送给农民工 B1

招投标预审公告
（详见A2版）

主编 刘兴增 责编 孙妍

2007年12月19日/星期三/第4216期/今日8版 交通部主管 中国交通报社主办 1版
邮发代号:1-72 / 国内统一刊号:CN11-0122 / http://www.zgjtb.com www.ccnn.net.cn / E-mail:xw1b@zgjtb.com

新引进大型救助直升机交付使用

本报讯 （特约记者 诸士达）12月18日，由国家投资从欧洲直升机公司引进的两架EC225大型救助直升机，在珠海如期交付交通部救助打捞局使用。至此，交通部所属救捞系统引进和租用的用于海上人命救助的救助飞机已达11架，我国沿海海域的空中救助力量进一步增强。

EC225型直升机是目前为止我国引进的最先进的救助直升机，它的最大巡航速度为275公里/小时，最大航程为820公里，除驾驶室两名机组人员外，机舱另可搭载人员19名（整机最大载客25人）。

据悉，两架直升机交付后的一段时间内，交通部南海第一救助飞行队将在香港特区政府飞行服务队的帮助下负责管理，并进行有针对性的飞行员培训和搜救技术训练。之后，交通部救捞局将视训练情况再确定两架飞机执行海上救助值班待命的时间。届时，珠江口、琼州海峡、北部湾海域及西沙海域的海上专业救助能力将大大提高。

我国3.5万公里五纵七横国道主干线基本贯通

本报讯 （记者 刘兴增）12月18日，交通部副部长翁孟勇在国务院新闻办新闻发布会上宣布，经过近15年特别是"十五"和"十一五"期间的建设，总规模约3.5万公里的"五纵七横"国道主干线将于今年年底基本贯通，实现了本届政府任期内的目标。

据了解，"五纵七横"国道主干线的规划始于上世纪80年代。当时随着改革开放的推进和经济社会的发展，交通基础设施对国民经济发展的"瓶颈"制约进一步加剧。为此，交通部编制了《"五纵七横"国道主干线系统规划》，并于1992年得到国务院认可，1993年正式发布实施。

根据规划，由5条南北纵线和7条东西横线组成的"五纵七横"国道主干线总里程约3.5万公里，全部是二级以上的高等级公路，其中高速公路约占总里程的76%，总投资9000多亿元。它们连接了首都、各省省会、直辖市、经济特区、主要交通枢纽和重要对外开放口岸，覆盖了当时全国所有人口在100万以上的特大城市和93%的人口在50万以上的大城市，是具有全国性政治、经济、国防意义的重要干线公路。

翁孟勇介绍说，国道主干线建设大致经历了4个阶段，即规划发布前的起步建设阶段、规划发布后的稳步建设阶段、1998年到2003年的加快建设阶段和2003年以来的全面建成阶段。"五纵七横"国道主干线的规划、建设，初步构筑了我国区域和省际间横连东西、纵贯南北、连接首都的国家公路骨架网络，形成了国家高速公路网的雏形，它与省道、县乡公路、农村公路组成了我国目前的公路网络，为国民经济社会发展提供了坚实的基础和保证。

翁孟勇指出，"五纵七横"国道主干线对经济社会发展的促进作用主要体现在4个方面。一是支撑经济发展，优化了运输布局和服务，提高了生产要素使用效率，推动了产业结构升级和空间布局优化。二是推动社会进步，改善了人民生活质量，推动了城镇化进程，促进了区域经济协调发展。三是改善公共服务，增强了运输可靠性和安全性，增强了政府应对突发事件和提供公共服务的能力。四是服务可持续发展，改善了运输效率和效益，促进了综合运输体系发展，降低了能源消耗，加强了环境保护。

据悉，"十五"中期，在《"五纵七横"国道主干线系统规划》的基础上，为进一步适应国民经济快速发展和满足人民群众安全便捷出行的需求，交通部编制了《国家高速公路网规划》，并于2004年年底由国务院发布实施。国家高速公路网简称为"7918"网，共34条路线，包含了"五纵七横"国道主干线的全部12条路线，总规模约8.5万公里，服务对象进一步扩展到所有人口在20万以上的城市、国家4A级及以上旅游景区城市等，规划技术等级全部为高速公路。

翁孟勇表示，"五纵七横"国道主干线最后8个项目约800公里正在紧张建设，预计明年2月前可完工。《国家高速公路网规划》和农村公路建设也在稳步推进。中国人民将享有越来越便捷、越来越舒适、越来越安全的交通出行服务。

中国公路现代化发展的里程碑

——热烈祝贺五纵七横国道主干线基本贯通

社论 花开并蒂，喜事成双。继11月28日中国大陆港口集装箱年吞吐量突破一亿标箱之后，交通部12月18日宣布，由12条公路组成、总里程约3.5万公里的"五纵七横"国道主干线今年年底基本贯通。广大公路建设工作者作风扎实、团结奋战十几年的光辉成果，筑起了我国公路现代化发展史的里程碑。我们感到骄傲和自豪，并表示热烈祝贺！

"五纵七横"国道主干线发端于20世纪80年代末期交通部党组提出的建设"公路主骨架、水运主通道、港站主枢纽"的战略构想。经过广泛征求意见、深入调研和科学论证，"五纵七横"国道主干线规划1993年正式发布实施。作为我国第一个全国性公路网长远规划，这一规划体现了交通部党组的气魄和胆略，体现了决策民主和科学。规划明确了当时公路交通的主要方向，优化资源配置，加强了省际联动、区域联动，有效解决了全国公路网骨架布局、建设时序和建设标准等问题，实现了布局方案与生产力布局和人口布局相吻合、建设时序与经济社会发展需求相吻合、建设标准与交通流量相吻合，开启了我国公路网科学规划的先河。从此，国道主干线系统建设步入稳步、有序、科学建设的轨道。

"五纵七横"国道主干线的建设，改善了路网结构，提高了主要干线公路的通行能力、发展能力和服务水平；改善了运输方式之间的衔接，优化了综合运输结构，为加快实现公路交通现代化，特别是对高速公路的发展奠定了坚实的物质基础、技术基础和人才基础。

作为以高速公路为主体的国道主干线系统，"五纵七横"国道主干线成为提高运输的可靠性和运输效率、有效降低产品配送成本、保证国计民生重要物资运输的主要通道；作为连接主要经济区域的公路网，"五纵七横"国道主干线成为推动生产要素流动和产业结构升级、优化资源配置、加强区域合作、促进区域公平的良好载体；作为连接城市群的主骨架，"五纵七横"国道主干线成为加快推进城镇化进程、方便群众出行、让百姓享受发展成果的有效措施；作为扩张需求和建设的大市场，"五纵七横"国道主干线成为扩大内需、带动相关行业的发展、拉动我国GDP增长的重要因素；作为具有通行能力大、速度快、运行速度技术经济特征的快速运输干线，"五纵七横"国道主干线成为集约利用土地资源、提高能源使用效率、减少有害气体排放、促进我国经济社会持续发展的有力手段。

"五纵七横"国道主干线建成之后，我们还要继续加快建设和完善国家高速公路网、其他国道主干线和农村公路网。我们要以党的十七大精神为指导，深入贯彻落实科学发展观，认真总结"五纵七横"国道主干线的规划、建设、运营、管理的经验，努力实现我国公路发展速度与结构、质量、效益相统一，实现与节约能源资源和保护生态环境相协调；坚持建、养、运并重，理顺管理体制，提高"三个服务"的能力和水平，谱写我国公路发展的新篇章。

中国政府首次援助国外清污行动圆满完成

共向韩国派出27名专家，援助20吨吸油毡

本报讯 （记者 刘考阳）12月18日9时30分，交通部海事局派往韩国支援清污救灾的"海标24"轮结束了长达1050海里的航程，顺利返回上海港。这是中国政府第一次派遣船舶与专家直接支援国外清污救灾行动，不仅标志着中国参与国际海上溢油防备反应合作实现了新跨越，也体现了中国政府迅速应对地区性重大海上溢油事故的能力。

12月7日，中国香港籍超大型油轮"HEBEI SPIRIT"轮在韩国西海岸泰安郡大山港锚地锚泊期间被撞碰，导致万余吨原油泄漏入海。中国政府对韩国原油泄漏事故十分关注，交通部海事局根据西北太平洋地区沿岸4国（中国、俄罗斯、日本、韩国）共同制定的《西北太平洋区域溢油应急计划》，保持与俄、日、韩三方的沟通联络，并积极做好清污援助准备。

12月12日，韩国政府通过外交渠道向中国政府提出清污援助请求，中国政府高度重视并立即组织援助行动。交通部副部长徐祖远在紧急会议上作出部署，决定派遣上海海事局"海标24"轮携带清污器材、载着专家人员赶赴韩国事故海域，尽快赶赴现场支援韩国清污救灾。

上海海事局接到交通部海事局指令后迅速成立了协调工作组，3个小时内便征调了5.3吨消油剂、20吨吸油毡以及收油机、围油栏等清污物资装运上船，选派了27名清污专家与技术人员随船负责指导与操作，并增派一名高级船长指导航行安全。与此同时，后勤保障、船员证件、船舶签证等各项工作也在最短时间内全部完成。

12月13日21时，"海标24"轮满载清污物资起航。在61个小时的航行中，"海标24"轮经受住了7至9级大风的考验，于北京时间12月16日9时55分抵达韩国大山港并在第一时间将清污物资交给韩方。韩国海洋警察厅与联合国环境署西北太平洋行动计划区域协调处负责人专门登轮，代表韩国政府与联合国环境署对中国政府积极提供援助、携手韩国共同面对和抵御灾难表示感谢。

韩国媒体也对我国派出清污船舶及专家的支援行动表示关注，我方代表在接受韩国媒体采访时表示，"海标24"轮此次携清污物资与专家代表中国政府、中国交通部与交通部海事局支援韩方清污行动，体现了中、韩两国间的深厚友谊以及两国在海事方面的良好合作关系。他同时表示，按照《西北太平洋区域溢油应急计划》和中韩两国海上搜救协定，中国政府有责任、有义务支援韩方清污。

鉴于海面油污已基本得到控制，绝大部分油污已经清理上岸，而"海标24"轮因吃水较深等因素不宜参与岸线清污，韩国海洋警察厅通知"海标24"轮不参加具体清污行动。根据韩方意见，中国交通部海事局决定，"海标24"轮于12月16日18时结束清污援助任务返航。

12月18日，交通部海事局有关负责人在接受本报记者采访时表示，"海标24"轮圆满完成中国政府支援国外清污救灾行动，展示了中国政府积极致力于环境友好型社会建设、国际社会共同救灾与全球海洋环境保护的负责任大国形象，具有里程碑式的意义。他同时强调，韩国特大油污事故也给我国的海上船舶溢油防治工作敲响了警钟，有效加强海洋环境保护、保障中国经济社会和环境的可持续发展已成为当务之急。

据介绍，交通部海事局长期致力于建立"预防、处置、索赔"三位一体的船舶溢油应急管理模式，海上溢油应急反应力量初具规模，为国家沿海经济的快速发展提供了安全保障。

■今日看点

我国3.5万公里"五纵七横"国道主干线将于今年年底基本贯通！在这个激动人心的时刻，我们愿与读者朋友一同回首那难忘的建设历程，分享收获的喜悦。本报自今日起特别推出《中国动脉·五纵七横国道主干线》系列特别报道及纪念特刊，敬请读者关注！

航行通告（详见2版）

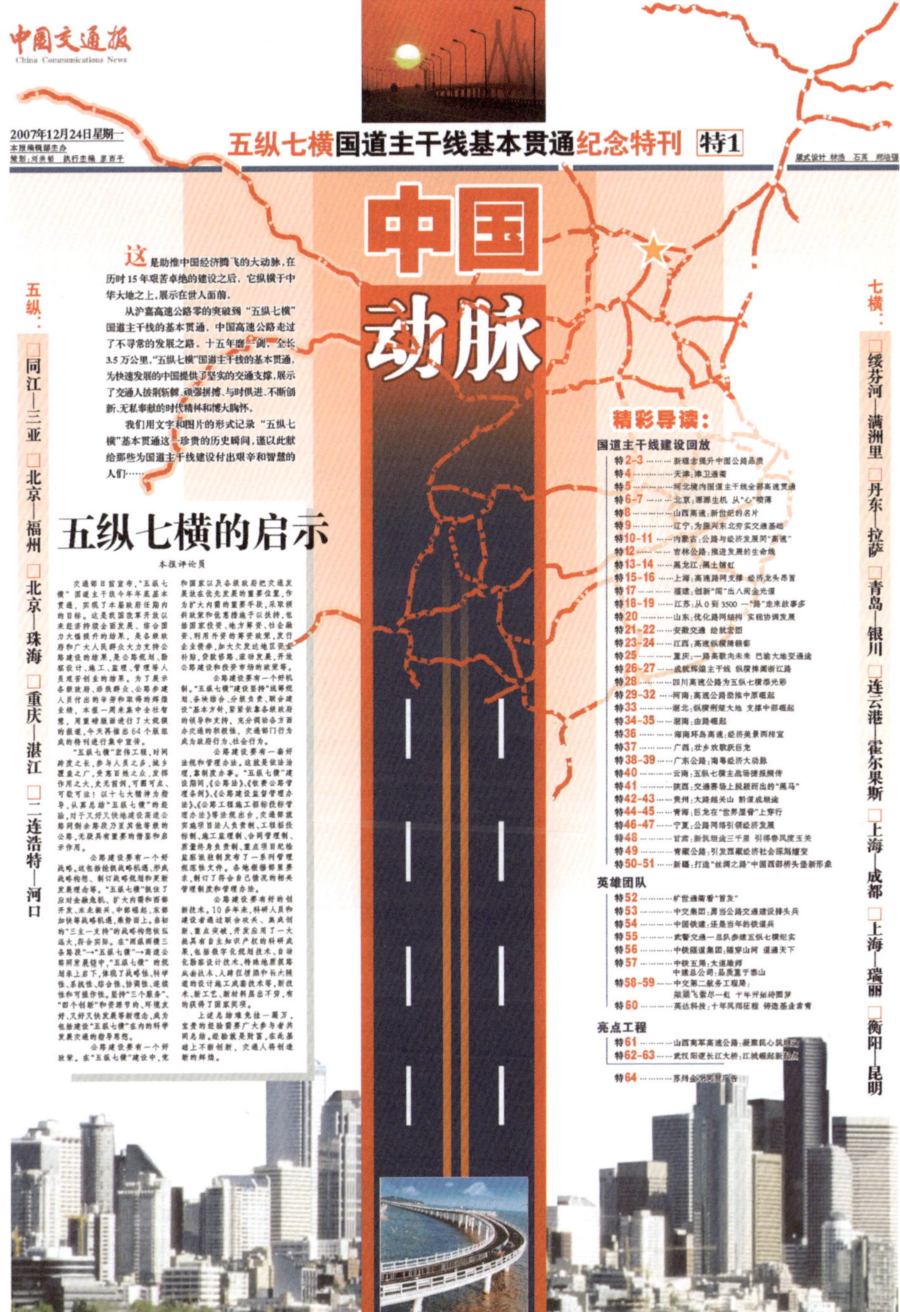

中国交通报
China Communications News
2007年12月24日星期一
本报编辑部主办
策划:刘来韬 执行主编 彦西平

五纵七横国道主干线基本贯通纪念特刊 特1

版式设计 林浩 石英 郑培强

中国动脉

这是助推中国经济腾飞的大动脉，在历时15年艰苦卓绝的建设之后，它纵横于中华大地之上，展示在世人面前。

从沪嘉高速公路零的突破到"五纵七横"国道主干线的基本贯通，中国高速公路走过了不寻常的发展之路。十五年磨一剑，全长3.5万公里，"五纵七横"国道主干线的基本贯通，为快速发展的中国提供了坚实的交通支撑，展示了交通人披荆斩棘、顽强拼搏、与时俱进、不断创新、无私奉献的时代精神和博大胸怀。

我们用文字和图片的形式记录"五纵七横"基本贯通这一珍贵的历史瞬间，谨以此献给那些为国道主干线建设付出艰辛和智慧的人们……

五纵：

□同江—三亚 □北京—福州 □北京—珠海 □重庆—湛江 □二连浩特—河口

七横：

□绥芬河—满洲里 □丹东—拉萨 □青岛—银川 □连云港—霍尔果斯 □上海—成都 □上海—瑞丽 □衡阳—昆明

五纵七横的启示

本报评论员

交通部日前宣布，"五纵七横"国道主干线今年年底基本贯通，实现了本届政府任期内的目标。这是我国改革开放以来经济持续全面发展、综合国力大幅提升的结果，是各级政府和广大人民群众大力支持公路建设的结果，是公路规划、勘察设计、施工、监理、管理等人员艰苦创业的结果。为了展示各级政府、沿线群众、公路参建人员付出的辛劳和取得的辉煌业绩，本报一周来集中全社智慧，用重头版面进行了大规模的报道，今天再推出64个版组成的特刊进行集中宣传。

"五纵七横"宏伟工程，时间跨度之长，参与人员之多，城乡覆盖之广，受惠百姓之众，发挥作用之大，史无前例，可圈可点、可歌可泣！以十七大精神为指导，认真总结"五纵七横"的经验，对于又好又快地建设高速公路网剩余路段乃至其他等级的公路，无疑具有重要的借鉴和启示作用。

公路建设要有一个好战略。这包括抢抓战略机遇、形成战略构想、制订战略规划和更新发展理念等。"五纵七横"抓住了应对金融危机、扩大内需和西部开发、东北振兴、中部崛起、东部加快等战略机遇，乘势而上。当初的"三主一支持"的战略构想很弘远大，符合实际。在"两纵两横三条路段"→"五纵七横"→高速公路网发展链中，"五纵七横"的规划承上启下，体现了战略性、引领性、系统性、综合性、协调性、连续性和可操作性。坚持"三个服务"、"四个创新"和资源节约、环境友好，又好又快发展等新理念，成为包括建设"五纵七横"在内的科学发展交通的指导思想。

公路建设要有一个好政策。在"五纵七横"建设中，党和国家以及各级政府把交通发展放在优先发展的重要位置，作为扩大内需的重要手段，采取倾斜政策和优惠措施予以扶持，包括国家投资、地方筹资、社会融资、利用外资的筹资政策，发行企业债券，加大欠发达地区资金补贴，贷款修路、滚动发展，开放公路建设和投资市场的政策等。

公路建设要有一个好机制。"五纵七横"建设坚持"统筹规划、条块结合、分级负责、联合建设"基本方针，紧紧依靠各级政府的领导和支持，充分调动各方面办交通的积极性，交通部门行为成为政府行为、社会行为。

公路建设要有一套好法规和管理办法。这就是依法治理，靠制度办事。"五纵七横"建设期间，《公路法》、《收费公路管理条例》、《公路建设监督管理办法》、《公路工程施工招标投标管理办法》等法规出台，交通部要实施项目法人负责制、工程招投标制、施工监理制、合同管理制、质量终身负责制、重点项目纪检监察派驻制发布了一系列管理规范性文件。各地根据部里要求，制订了符合自己情况的相关管理制度和管理办法。

公路建设要有好的创新技术。10多年来，科研人员和建设者通过联合攻关、集成创新，重点突破，开发应用了一大批具有自主知识产权的科研成果，包括数字化规划技术、自动化勘察设计技术、特殊地质筑路成套技术、大跨径桥梁和长大隧道的设计施工成套技术等，新技术、新工艺、新材料层出不穷，有的获得了国家奖项。

上述总结难免挂一漏万，宝贵的经验需要广大参与者共同总结。经验就是财富，在此基础上不断创新，交通人将创造新的辉煌。

精彩导读：

国道主干线建设回放

英雄团队

亮点工程

2008年2月4日 星期一
2版—3版
中国交通报 China Communications News

交通人一线抗灾特别报道

交通部发出紧急通知

"绿色通道"应急机制时限延长至3月31日

□特写

受阻人员的温馨小年夜

江苏省委书记梁保华慰问一线交通职工

交通部机关和在京直属单位向灾区捐款

河南

支援湖南清理700多公里路段

湖北

间断放行 分流车辆 防止积压

江西

免收通行费快速分流受阻车

广西

疏散线路收费站全免通行费

抢通京珠线

今夜无人入睡

——来自京珠高速公路冰雪滞留一线的报道

交通部协调六省联动力保京珠线畅通

下拨1800万元第一批抢修专项资金

湖南

各方力量全力抢通

□人物

漫天风雪交通魂

——追记湖南省郴州市交通局后勤服务中心职工卢明强

□电话连线

2月3日16时30分本报记者从湖南韶关发回电话报道——

京珠高速粤北段

双向疏散 南下车流

□一线日记

再大的冰雪也压不倒我们

1月29日

1月30日

1月31日

2月1日

□纪实

"师傅，路通了，可以回家了"

这句用来叫醒熟睡驾驶员的话，路政员一天说了一千次

"神经系统"高速运转

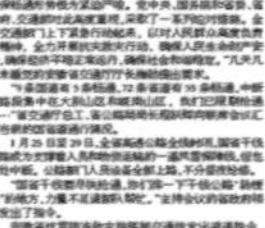

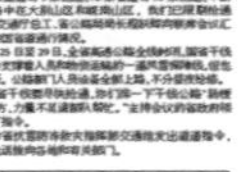

服务周到以人为本

交通人冒着雪在雪灾第一线

中国交通报
2008年9月3日/星期三/第4389期/今日8版 交通运输部主管 中国交通报社主办 1版
邮发代号:1-72 / 国内统一刊号:CN11-0122 / http://www.zgjtb.com www.ccnn.net.cn / E-mail:xw1b@zgjtb.com

中国航海院校代表团乘"育鲲"轮访韩

本报讯 （记者 孙莉 赵晓峰）9月2日9时，随着交通运输部副部长高宏峰下达开航指令，乘坐大连海事大学航海教学实习船"育鲲"轮出访韩国的中国航海院校代表团在大连港起航。这是中国航海院校大学生首次乘坐专用教学实习船出访。

本次活动由交通运输部主办，代表团成员主要有交通运输部、教育部、人力资源和社会保障部人员，大连海事大学、上海海事大学、武汉理工大学、集美大学和青岛远洋船员学院的航海类专业师生，各地海事局、海航企事业单位人员，共130余人。出访时间为9月2日至12日，其间将停靠韩国釜山港和木浦港，参观韩国海洋大学和木浦海洋大学，与两校师生开展文化、体育和航海技能等方面的交流活动，并邀请两校师生参观"育鲲"轮。

"育鲲"轮于今年4月交付使用，是我国建造的第一艘现代化专用远洋教学实习船，也是世界上最先进的专用远洋教学实习船之一。此次出访，代表团将作为中韩航海文化交流的使者，充分展示我国航海教育风采，增进中韩两国人民友谊，促进两国航海类院校交流与合作，为我国航海教育发展作出积极贡献。

温家宝在四川地震灾区考察都汶路，在回答记者提问时称赞

交通干部职工创造了修复修建公路史上的奇迹

本报讯 据新华社报道，9月2日上午，在汶川大地震过去110多天、灾区大规模恢复重建工作即将展开之际，正在四川地震灾区考察的中共中央政治局常委、国务院总理、国务院抗震救灾总指挥部总指挥温家宝，考察了213国道都（江堰）汶（川）路，在赴汶川县映秀镇慰问受灾群众后，就近举行了一场别开生面的"记者招待会"。他在回答记者的提问时说，交通部门的干部职工以顽强拼搏的精神创造了修复、修建公路史上的奇迹，他们的业绩是史无前例的，他们的精神也是史无前例的。

温家宝说，在党中央、国务院、中央军委的领导和部署下，在四川省委、省政府的直接指挥下，在灾区广大干部群众的共同努力下，抗震救灾工作取得了阶段性的伟大胜利。

温家宝高度评价了交通部门抓紧恢复基础设施。他说，修复基础设施，是保障民生、恢复生产的关键所在。我们迅速组织各方面的力量，抢修道路、电力、供水、电信，现在主要的国道线和省道线基本修复。最难的一段就是213国道都江堰到汶川段，这段路96公里，有87座桥梁、10个隧道，**交通部门的干部职工以顽强拼搏的精神创造了修复、修建公路史上的奇迹，他们的业绩是史无前例的，他们的精神也是史无前例的。**

温家宝指出，这些成绩的取得，充分体现了社会主义制度的优越性，体现出万众一心、众志成城，不畏艰险、百折不挠，以人为本、尊重科学的伟大抗震救灾精神。这是更为宝贵的，而且是更为长久的，将永远留在灾区，留在全国人民心中。

温家宝说，灾区大规模的重建工作是异常艰巨而繁重的，最紧迫、最难的一是城乡倒塌和受损住房的重建工作，二是基础设施的重建工作。基础设施最难的是路。**因为修路不仅要施工，而且要治山治水；不仅要修通，而且要保障通畅。**这件事十分困难。都江堰到汶川的公路，专家查勘以后曾经判断没有一到两年的时间修不通，到处都是滚石、塌方，桥梁倒塌，涵洞变形。没有想到，就用100多天的时间，这条路修通了。今天，我们就是坐着汽车，沿着这条公路来到这里。但是保通，难度还很大。**还有山区的另外几条公路需要抢修，9月1日晚上总指挥部开会确定，在年底以前争取能够通车，哪怕从便道开始，从轻载开始，逐步建成规范的路。**

9月2日上午，温家宝在国务委员兼国务院秘书长马凯、交通运输部部长李盛霖，四川省委书记刘奇葆、省长蒋巨峰等陪同下，考察了213国道都（江堰）汶（川）路映秀至彻底关路段。在老虎嘴路段，温家宝听取了四川省委副书记李崇禧关于都汶路抢通保通的全面汇报，接见了都汶路抢通保通先进人物和交通施工单位代表。

图为温家宝在213国道都汶路考察。 袁万发 摄

交通部门发扬抗震救灾精神奋战100多天

213国道都汶路全段恢复通行能力

本报讯 （记者 蒋志安）日前，因地震中断交通100多天的213国道映秀至汶川段恢复车辆通行，标志着通往震中的最便捷通道213国道都江堰至汶川段全面恢复通行能力。

汶川大地震致使213国道都江堰至汶川95公里（其中都江堰至映秀39公里，映秀至汶川56公里）公路严重受损，87座桥梁不同程度被损坏，导致交通中断。从成都到汶川只有132公里，但这段路中断后，运送救灾物资的车辆绕行700多公里才能到达汶川、理县、茂县，且途中要翻越两座海拔高度超过4000米的大雪山，数十万灾区群众盼望着这条路尽快抢通。

5月12日至17日，在交通运输部和四川省委、省政府的坚强领导下，四川交通部门和部队官兵奋力拼搏，抢通了都江堰至映秀39公里"生命线"。剩余的映秀至汶川56公里是一块坚硬难啃的骨头，共有52座大中型桥梁（28座跨越岷江）不同程度受损，其中7座垮塌（3座跨越岷江），1座被掩埋，25座严重受损已成危桥，映秀至彻底关段18.5公里公路受损尤为严重，出现几十处大型崩塌、滑坡、泥石流、堰塞湖等次生地质灾害和上百处路基边坡高危点，总塌方量超过8000万立方米。

据四川交通部门有关人士介绍，抢通映秀至汶川段主要有三大难题。一是映秀岷江上游2公里处（老虎嘴）近20万立方米山体滑坡，形成堰塞湖，淹没公路2公里，淹没深度达十多米。堰塞体放坡水流改变方向，冲向下游公路，造成近500米公路全毁。该堰塞湖的处置是抢通全路段的第一个控制性工程。二是跨越岷江的彻底关大桥垮塌三孔共90米，桥墩和桥台完全毁损。汛期无法在岷江围堰修筑桥墩，短期内不能恢复该桥，恢复彻底关大桥是抢通全路段的第二个控制性工程。三是抢通工程量十分巨大。沿线滑坡体、崩塌体点多、线长、量大，滑坡体密度达每公里19处，多数滑坡体高度在700米以上。

汶川人民急需灾后重建经济线。面对艰难险阻，在党中央、国务院领导的亲切关怀下，在四川省委、省政府和交通运输部的坚强领导和大力支持下，5月26日起，在以四川省委副书记李崇禧为指挥长的指挥部的精心组织指挥下，四川交通部门发扬抗震救灾精神，急灾区重建之所急，采取从汶川到彻底关、从映秀到彻底关两头夹击的方式，决战56公里被毁路段。

在最艰难的映秀至彻底关路段，交通、国土等部门和成都军区工兵团合力艰苦奋战，攻克了一个个难题。他们大战老虎嘴，开挖100米长爆破洞，一次耗费炸药30吨，成功实施中国公路建设史上"第一爆"，迫使岷江主河道移到河床中央，在几十米的绝壁上爆出路基，平均高度降低5米左右；他们科学攻关，用众多大力千斤顶同步施力，为变形大桥做"手术"，成功复位三座大桥；破解了世界难题；他们决战岷江，架设一座国内最大跨径60米的装配式战备公路钢桥，跨越岷江，赶到了会师点。

与此同时，抢通队伍采取超宽滑方和线路绕避方式，破解泥石流难题，加固截流堰，清挖淤泥流，重点突破，抢险塌方和应急抢通并举并重，现场计量支付加快进度；与公路抗震设计设立新标杆，修建地质灾害避让通道，全力恢复或超过都汶路原有功能；加强交通管制，确保抢通路段有序畅通。

交通运输部修改并重新发布《道路旅客运输及客运站管理规定》

本报讯 近日，交通运输部决定对《道路旅客运输及客运站管理规定》作出修改，修改后的《道路旅客运输及客运站管理规定》重新发布。

据悉，修改的主要内容如下：

第五十条后增加一条：客运经营者（含国际道路客运经营者）、客运站经营者及客运相关服务经营者应当按照国家有关规定缴纳道路运输管理费。

第八十八条后增加一条：违反本规定，客运经营者（含国际道路客运经营者）、客运站经营者及客运相关服务经营者不按规定使用道路运输业专用票证或者转让、倒卖、伪造道路运输业专用票证的，由县级以上道路运输管理机构责令改正，处1000元以上3000元以下的罚款。

第九十五条后增加一条：违反本规定，客运经营者（含国际道路客运经营者）、客运站经营者及客运相关服务经营者未按规定期限缴纳道路运输管理费的，由县级以上道路运输管理机构责令补交，按日收取道路运输管理费1%的滞纳金，并处500元以上1000元以下的罚款。违反本规定，客运经营者（含国际道路客运经营者）、客运站经营者及客运相关服务经营者使用伪造、转让、涂改道路运输管理费专用收据或者缴讫证的，由县级以上道路运输管理机构收缴其非法收据和缴讫证，处500元以上1000元以下的罚款。

此外，新规定对条文的顺序和文字作了相应的调整和修改。 （周欣）

中韩联合演练海上搜救及溢油应急反应

本报讯 （记者 孙妍 特约记者 刘立才 汤旭东）9月2日9时30分，"客箱1号"船在青岛团岛附近水域突然起火，并与在附近海域锚泊的大型油轮"油轮2号"发生碰撞。"客箱1号"船1名船员被困机舱，4名旅客在慌乱中跳水；"油轮2号"被撞后发生原油泄漏……以"关注安全关爱生命，共同保护海洋环境"为主题的2008中国（山东）海上搜救及西北太平洋行动计划中韩海上溢油应急联合演习在这一场景下拉开序幕。

此次演习由交通运输部和山东省政府联合主办，韩国海洋警察厅协办，中国海上搜救中心、中国海事局、山东省海上搜救中心和青岛市政府联合承办。这是中国政府首次举办国际性海上搜救溢油应急反应联合演习。

演习总指挥、交通运输部副部长徐祖远表示，此次演习将有助于我国政府提高海上搜救中心应对海上突发事件的协调、指挥和应急反应水平，为探索建立国际溢油应急力量参与我国国内溢油应急行动的机制积累经验，展现我国海上人命应急救援及溢油防控能力，展示中国政府以人为本、高度重视海上人命安全和海洋环境保护工作的负责任政府形象。

"险情"发生后，青岛市、山东省和中国海上搜救中心在第一时间先后启动应急预案，海巡艇、消防船、专业救助船以及救助直升机迅速赶到事发水域，并紧急启动医疗联动救助受伤船员。此外，专业清污救援力量也赶赴现场控制船舶溢油；中国海上搜救中心、中国海事局根据险情等级和污染规模，在启动《国家海上搜救应急预案》和《中国海上船舶溢油应急计划》的同时，启动《西北太平洋行动计划区域溢油应急计划》，韩国海洋警察厅立即派出专业力量参加清污行动，新加坡东亚反应公司也紧急提供了应急清污设备和技术援助……经过各方近一个小时的努力，大火被扑灭，人员得到救治，溢油被有效控制，演习圆满结束。

中国海事局常务副局长刘功臣表示，此次演习通过险情处置、消防过驳、海上清污、岸滩清污四个阶段，演示了海上油污处理过程中的各项技术和程序，检验了市级、省级、国家级和国际不同层次海上搜救和溢油应急预案的实用性和可操作性，体现了《西北太平洋行动计划区域溢油应急计划》成员中国与韩国之间的溢油应急协作能力以及各类海上救助和溢油应急力量的应急反应能力和协作水平。

据统计，此次演习中韩两国共出动船舶27艘、固定翼飞机1架、直升飞机1架、应急指挥车1台、救护车2台，还使用了雷达和视频移动传输设备、通讯设备等，共500多人参与演习，岸上观摩人员超过10万人。

中华人民共和国交通运输部令

2008年第10号

《关于修改〈道路旅客运输及客运站管理规定〉的决定》已于2008年7月8日经第8次部务会议通过，现予公布，自公布之日起施行。

部长 李盛霖

2008年7月23日

（详见2、3版）

主编 陈林
责编 韩璐

航行通告

（详见2版）

2011年7月15日 星期五 特2—特3 杭州湾跨海大桥 竣工 特别报道 中国交通报 China Communications News

敢为人先 勇立潮头

——写在杭州湾跨海大桥竣工验收之际

大桥之谋 杭州湾翻开新篇章

大桥之鉴 创新精神书写桥梁历史

大桥之魂 精细化管理雕琢百年工程

大桥之魅 长虹卧波美不胜收

大桥之源 百亿工程无一人"倒下"

大桥之利 打造第六大国际城市群

建设者感言

胡明耀：箱梁之王轻轻架起

林辉：梁上架梁世界第一

吴德志：从长江走向大海

中国交通报

CHINA COMMUNICATIONS NEWS

2011年11月24日 星期四 第5161期 今日8版 交通运输部主管 中国交通报社主办 1版

邮发代号:1-72 国内统一刊号:CN11-0122 http://www.zgjtb.com www.ccnn.net.cn E-mail:xw1b@zgjtb.com

云南怒江拉马底索改桥工程建成通车

"索道医生"告别溜索走上幸福连心桥

"十二五"国家将对少数民族地区的交通运输发展继续给予倾斜

本报讯 （记者 孙英利 曾昌苗）11月23日，云南怒江拉马底索改桥工程（本报2月21日1版曾作报道）正式建成通车。"我现在是真正的'随叫随到'医生了。""索道医生"邓前堆一直以来的愿望终于变成现实。过去，靠溜索过江，邓医生从诊所到病人家里至少四个小时，而现在只需半小时。

当天11时，通车仪式正式开始。交通运输部党组成员、政策法规司司长何建中代表交通运输部对工程竣工表示祝贺，并宣布怒江拉马底"连心桥"正式通车。云南省政府副秘书长王荣堤、"索道医生"邓前堆等共同揭开了"连心桥"的红绸子。通车仪式由云南省交通运输厅副厅长张长生主持。桥通了，对岸的乡亲们骑着"铁驴子"、赶着羊、背着背篓，欢欢喜喜过桥去赶集。

怒江拉马底索改桥项目由一座人马吊桥、一座农用汽车吊桥和4.28公里公路连接线组成。今年7月1日，拉马底索改桥项目开工建设，施工单位克服重重困难，于11月17日顺利完成竣工验收。当地少数民族群众为这两座吊桥分别起了一个温暖的名字"幸福桥"和"连心桥"。"幸福桥"、"连心桥"的建成，将惠及当地265户、1043人，使周边的害扎村、格扎村、绿桂村等少数民族村寨的交通运输条件得到历史性转变。

吊桥的通车改变的不仅是邓前堆的生活，在当地老百姓看来，它打通了当地各族人民群众通向文明、富裕和幸福的道路。

草果具有极高的经济价值，拉马底村具备种植草果得天独厚的自然条件，但村民们以前却很少种。

"交通不方便，大家都不敢种，山上的地就这么荒着。现在桥通了，你看，那边有1万亩地，我们都打算种上草果！"拉马底村所在的石月亮乡副乡长丁玉军说。早就盘算着发展草果业的拉马底村，因为通了桥，让村民们能够开始谋划更美好的未来。

记者了解到，多年来，国家对云南等8个少数民族聚集省区（包括云南、内蒙古、广西、贵州、新疆、宁夏、青海、西藏）交通落后的状况一直高度关注。"十一五"期间，仅国家专项资金支持云南等8个少数民族聚居省区的就达到1674.5亿元，是"十五"期的2.2倍。

据统计，"十一五"以来，包括云南在内的8个少数民族省区公路通车里程由2005年的53.2万公里增加到2010年的91.9万公里。截至2010年年底，99.5%的乡镇和96.6%的建制村通了公路，89.9%的乡镇和37.7%的建制村通了沥青（水泥）路，民族群众的基本交通出行条件显著改善。

交通运输部部长李盛霖日前在接受中央电视台采访时表示，"十二五"期间，交通运输部将按照"规划对接、提高能力、优化结构、重点倾斜"的原则，对怒江等少数民族地区的交通运输发展继续给予倾斜。纳入国家高速公路网的少数民族地区的高速公路将全面建成；国道网要重点进行改造，国道将有效连接所有县城；所有具备条件的乡、村可以通上沥青（水泥）路。另外，还将按照地区的实际情况，以高等级航道建设为重点，推进内河水运的发展。在资金安排方面，对少数民族地区要做到"三个确保"：一是确保交通投资总量比"十一五"期间有较大幅度提高；二是确保交通建设投资补助标准比"十一五"期全面提高；三是确保国家重点扶持的民族地区交通发展倾斜政策全面落实。

▶相关报道详见2版

当地各族群众告别溜索过江历史，兴奋之情溢于言表。 本报记者 孙英利 摄

公路为农村注入鲜活生命力

——浙江省村村通公路八年奋斗创辉煌

□驻浙江首席记者 贾刚为 通讯员 康信茂 罗松 黄增

浙江省湖州市德清县莫干山下的劳岭村，4公里联网农村公路修通后，空气清新、景色优美的小村吸引了来自韩国、瑞典、丹麦等多国的游客，这里仿佛成了"老外度假村"。村委会主任乐呵呵地说，每年20多户村民直接增收30多万元。劳岭村因路而富只是浙江实施农村公路建设八年来服务新农村建设的一个生动案例。

浙江省80%的面积是农村，80%的人口是农民。改革开放以来，很多农村虽然通了公路，但大多数还是被称为"万坑路"的机耕路。截至2002年年底，全省还有11个乡镇未通等级公路，206个乡镇的通乡公路路面未硬化；全省3.8万多个建制村中，58%没有通等级公路，48%的通村公路没有硬化。"呼声最多的是路，呼声最高的也是路！"2003年，浙江交通进行农村公路调研时发现，"修路"成为了广大农民最迫切的需要。

2003年，交通部提出加快农村公路建设，让农民兄弟走上沥青（水泥）路。从此，全国交通系统开始全面建康庄路。2003年4月，浙江省委、省政府提出实施"乡村康庄工程"。时任浙江省委书记习近平认为，浙江既有条件，更有必要率先打破城乡二元结构，在统筹城乡发展上走在全国前列。2008年全省农村公路工作会议又提出了用3年时间完成通村公路建设扫尾攻坚，使全省具备建路条件的建制村公路通村率和路面硬化率全部实现"百分之百"目标。

浙江省交通运输厅以十七大精神为指导，全面贯彻科学发展观，认真落实"八八战略"，深入实施"两创"总战略和"全面小康六大行动计划"，坚持统筹城乡交通、推进基本公共服务均等化方向，立足改善民生、建设社会主义新农村。截至2010年年底，全省累计建设通乡、通村公路路基路面8.3万公里，所有具备建路条件的建制村都通上等级公路并实现路面硬化，全省3600万农民享受到农村公路现代化的成果。

浙江省委书记赵洪祝多次批示并指出，农村公路建设交通系统做了大量工作，取得了明显成效，为全省农村致富奔小康发挥了重要保障作用。省委副书记、代省长夏宝龙称农村公路建设是推进农业转型、农民增收、农村进步的重要先驱力量。原省长吕祖善称乡村康庄工程是一场农村交通革命，是浙江交通和农村发展史上一项前所未有的壮举。分管副省长王建满直接称它为"连心工程"。

（下转2版）

交通运输杯桥牌团体赛开赛

本报讯 （记者 杨红岩）11月23日，第十五届交通运输杯"水科院杯"桥牌团体赛在京开赛。交通运输部党组成员、驻部纪检组组长杨利民致辞并观看首场比赛。

部总工程师、第十五届中国交通桥牌协会主席周海涛介绍，桥牌运动在全国交通运输系统具有广泛的群众基础。本次赛事是交通运输系统历届桥牌比赛中规模最大、覆盖面最广的一次比赛；共有来自全国交通运输系统的38支代表队、264名队员参加赛，其中，国家邮政系统是首次派队参赛。

本次桥牌赛赛程4天。部政策法规司副司长、交通桥牌协会副主席柯林春主持开幕式。

交通运输部表彰大运会安全保障先进

本报讯 （记者 贺猛）日前，交通运输部作出决定，授予深圳蛇口港公安局、深圳海事局快速反应基地、中国交通报社新闻采编中心等56个单位"大运会交通运输安全保障先进集体"荣誉称号，授予深圳蛇口港公安局副局长贾徽等131名同志"大运会交通运输安全保障先进个人"荣誉称号。

交通运输部希望受表彰的先进集体和先进个人珍惜荣誉，再接再厉，在今后的工作中取得更大的成绩；希望交通运输系统以受表彰的先进集体和先进个人为榜样，认真学习、大力发扬他们爱岗敬业、乐于奉献、不畏艰难、团结协作的崇高品质和优良作风，为实现"十二五"规划、加快转变发展方式、大力发展现代交通运输业作出新的更大贡献。

江西上武高速公路通车

本报讯 （记者 綦景田 通讯员 曾庐瑶）11月15日，江西上饶至武夷山高速公路和余干县"两路一桥"建成通车。江西省委常委、常务副省长凌成兴宣布上武高速公路、余干县"两路一桥"竣工通车，副省长洪礼和宣读省政府对上武高速公路项目的嘉奖令。

上饶至武夷山高速公路全长52.966公里，是宁德至上饶高速公路的江西境内段，途经铅山县武夷山镇、紫溪乡、石塘镇、永平镇、稼轩乡、鹅湖镇和上饶经济技术开发区董团乡。上武高速公路的建成通车，大大缩短了赣东北、浙西南、皖南等地通往东南沿海的距离，对完善上饶市高速公路网络，全面对接海西经济区，促进江西旅游产业提升等都具有十分重要的意义。

余干县"两路一桥"是指德昌高速公路余干互通连接线工程、余黄一级公路改造工程、中洲大桥工程。其中，德昌高速公路余干互通连接线是余干县城连接德昌高速公路的一条高等级公路，全长11.5公里；余黄一级公路是在原余干县城至黄金埠二级公路基础上改建的一条高等级公路，全长23.2公里；中洲大桥位于余干县江埠乡境内，横跨信江西支流，大桥主体长332米，该桥结束了江埠乡5个村、3万群众以船代步的历史。

西宝高速兴蔡段扩容解拥堵

本报讯 （驻陕西首席记者 白秋歳）11月22日，连霍高速公路西安至宝鸡改扩建工程兴平至蔡家坡段通车仪式在武功服务区举行，陕西省委常委、副省长江泽林发布通车令。

该路段经过扩建后成为六车道、八车道高速公路，使西安至宝鸡的行车时间进一步缩短，日均车流量从原来的3万辆提高到10万辆以上，大大缓解原来的车辆拥堵状况。

连霍高速公路西宝段是陕西交通运输的主动脉和关中区域的"黄金大通道"。近年来，由于交通量增长十分迅速，车辆拥堵现象经常发生。2009年9月，西宝高速公路改扩建工程开工，路线途经4市11县（区），按现有连霍高速公路宝鸡段，全长约157公里。其中，约103公里路段利用现有高速公路进行改扩建，以两侧加宽为主；其余路段采用新建方案。项目建成后，将对推动陕西乃至西部地区交通运输持续增长，推动"关中—天水经济区"发展具有十分重要的意义。

中交如何做到海外零亏损

《人民日报》11月21日刊登了专访中国交通建设股份有限公司董事长周纪昌的文章《中交如何做到海外零亏损》，本报今日予以转载，敬请关注。

——编者的话

4.9亿美元的喀麦隆克里比深水港项目开工，5.2亿美元的委内瑞拉卡贝略港集装箱码头项目签约，8.8亿美元的卡塔尔多哈新港项目开工……今年下半年，中国交通建设股份有限公司（简称中交）海外项目在非、拉、亚"遍地开花"。

日前，中交股份董事长周纪昌在接受记者采访时表示，"我们海外在建的400多个项目，合同金额高达290多亿美元，无一出现亏损报告。中交是央企，更是能够把握全球市场机会、应对国际市场挑战的国际化企业。"

理念清醒——

"走出去"不是"守摊子、熬日子"

记者：蛋国最佳工程承包商、世界最大疏浚公司、海外业务毛利率保持14%，中交股份今天的海外成绩单着实令人羡慕。不过2005年年底，当中国港湾集团和中国路桥集团重组成立中交集团时，海外业务亏损已达2.3亿元人民币。在扭亏为盈的过程中，什么起了关键性的作用？

周纪昌：中国是个庞大的市场，但是为了成为百年老店，为了中华民族的伟大复兴，我们不可能只是"关起门来称大王"，而是要在世界范围内考量自己，展示自己，发展自己。因此，"走出去"的战略不会变，但是"走出去"的战术要变。

中交成立之初，我们就在思考，为什么"走出去"有时就成了"走麦城"？

技不如人吗？不是。世界上最长最深的航道、最大最繁忙的港口、最难最复杂的桥梁都是中交建设的，世界前10大斜拉桥就有8座出自中交之手。

装备落后吗？不是。中交拥有中国最大的疏浚船队，耙吸船总舱容量和绞吸船总装机功率均排名世界第一；世界上3/4的集装箱起重机产自中交旗下。

人不努力吗？不是。上到项目经理，下到施工队员，大家背井离乡三五年，上不能孝敬父母，下不能儿女绕膝，员工们常常自嘲"从鸡叫忙到鬼叫"，有时累得吃饭的力气都没有，为的就是把中交招牌打响。

其实关键是理念，我们必须转变经营理念，创新经营模式。过去，企业"走出去"都有个口号"抢占国际市场份额"，即"保本就干"。但是有份额不代表有盈利，规模的扩张不一定能带来质量、效益的提升。从上世纪五六十年代的对外经济援助，到八九十年代的对外经济技术合作，再到新世纪参与国际竞争，企业海外生存环境变了，自身需求也变了。"走出去"不是"守摊子、熬日子"，长期在小型、低端项目中参与恶性竞争，企业既赚不到钱，也提升不了技术与管理，实际上是种资源的浪费。

（下转4版）

"宁波物流"闪耀中国国际物流节

本报讯 （记者 李韬 通讯员 魏伟）11月，第七届中国国际物流节在宁波成功举行。在"2011中国物流业城市大奖颁奖典礼"上，宁波获得"2011物流中心城市杰出成就奖"；在"2011中国物流投融资大会"上，宁波成功签约三个物流项目，总投资达3.2亿元……"宁波物流"作为优质物流产业的代名词，成为第七届中国国际物流节上一个响亮的称号。

目前，物流已成为宁波经济发展的重要支撑和新的增长点。2010年全市物流总额达到1.5万亿元，5年内年均增长15.4%。

宁波把物流业作为智慧城市建设先行先试的重点领域，于今年8月发布了《智慧物流试点工作实施方案》，全面启动智慧物流建设。去年6月，宁波市政府还制定了《关于加快现代物流业发展打造全国性物流节点城市实施意见》，提出到2015年，培育一批具有国际竞争力的优势骨干物流企业，初步建成规模化、集约化、快速高效、衔接良好的物流体系和互联互通的信息网络体系，基本建成以港口物流为龙头，以制造业物流、城乡物流配送、专业市场物流、航空物流、城市经济（生活）安全保障专业物流为配套的现代化物流产业体系。

宁波即将出台智慧物流专项支持政策，每年安排专项资金，重点用于公共数据中心、智慧物流应用创新项目、智慧物流基地等方面，通过政策扶持和奖励引导社会优质资源到物流建设中来。宁波还将提升港口物流发展能级，深入推进国际集装箱物流体系、大宗商品物流体系和保税物流体系的建设。

▶相关报道详见5版

值班编委 翟東亮 本版责编 陈林 责编 贺猛

招标公告 航行通告

（详见3版）

今日看点

2011年12月30日 星期五 2—3版

特别报道

攻坚克难开新局

2011 8个视角看交通

1 高速公路

水一程 泥一程 路终成

公司岗位多了 大家钱包鼓了

2 农村公路

路建好了 还要管养好

要赶在春节前 把"农家乐"开起来

3 内河建设

深水航道维护 助推"循环经济"

水深了货多了 效益更好

4 水路运输

在逆境中 把握住机会

提供最优质高效 便捷省钱的服务

监管服务到位 与企业共渡难关

5 道路运输

安全形势严峻 责任重于泰山

GPS动态管理 助力规范服务

6 城市公交

公交改革 民营企业挑大梁

公交服务品牌 市民认准"粉红色"

7 邮政

我们终于 要有自己的飞机了

快递涨价后 我更看重服务态度

8 民航

用心服务 创造感动

航空服务 细节指路 愤怒向左 愉快向右

2012年4月20日 星期五
主编助理：俞飞 责编：熊水湖 电话：010-65293632 64252864 E-mail:zgjtb@126.com
中国交通报 China Communications News
4版

交通文化

踏歌长江 乘诗穿越

长江是中国通行能力最强、规模最大的水上通道。它发源于青藏高原唐古拉山的主峰各拉丹冬雪山，全长六千多公里，流经青海、云南、四川、湖北、江西等地，和黄河一起并称为华夏"母亲河"。自古以来，提及长江的诗词不胜枚举。玩味那些字字珠玑的古诗词，让我们一起穿越时空抚今追昔，循着奔腾不息的长江去触摸斑斓的历史光影。 ——编者

帆船·游轮

古代帆船的结构图。

大型游轮"长江二号"。

早发白帝城

朝辞白帝彩云间，
千里江陵一日还。
两岸猿声啼不住，
轻舟已过万重山。
——唐·李白

古 古代交通不外乎舟车鞍马。我国在商朝就能制造木船，在周朝，黄河、长江和珠江水域已有较大规模的内河船。在古代，帆船很普遍，诸如"孤帆远影碧空尽，唯见长江天际流"的诗句给后人留下一个美丽的帆船剪影。古时帆船的速度如果顺风最快能达到每小时25公里，但船不可能次次都顺风，因此平均下来应该只有每小时15公里。古代帆船只需用绳一拉就可以收放，而且帆上有竹夹紧，增加了帆的强度而且不会卡乱。它也可以转向，逆风行驶，船体平稳，吃水不深不易触礁。

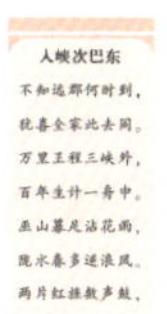
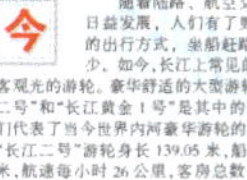

入峡次巴东

不知远郡何时到，
犹喜全家此去同。
万里王程三峡外，
百年生计一舟中。
巫山暮足沾花雨，
陇水春多逆浪风。
两片红旌数声鼓，
使君艛艓上巴东。
——唐·白居易

今 随着陆路、航空交通运输的日益发展，人们有了更多更快捷的出行方式，坐船赶路的越来越少。如今，长江上常见的是载运游客观光的游轮。豪华舒适的大型游轮中，"长江二号"和"长江黄金1号"是其中的佼佼者，它们代表了当今世界内河豪华游轮的顶级水平。"长江二号"游轮身长139.05米，船体宽19.60米，航速每小时26公里，客房总数200套，最大载客量440人。游船有室内恒温的游泳池和世界一流音响配置的影剧院等。"长江黄金1号"船身长度136米，宽19.60米，航速每小时26公里，客房总数160套，最大载客量350人。该轮有直升机停机坪，还可以打高尔夫球，就像一座飘浮在江面上的五星级度假村。此外，长江还从俄罗斯引进超高速水翼飞船，航行速度可达每小时60公里，从宜昌太平溪出发，一般六七个小时就能到达万州港。

纤夫·航道

纤夫。

船行巫峡。

黄牛峡

三峡天下奇，
黄牛抗亘绝。
奔腾万里流，
横竖两崖裂。
舟从罅隙行，
身在古石穴。
惊涛鼓怒雷，
触石贲晴雪。
缆牵如蚁进，
倏退只一瞥。
舟师唤奈何，
长篙屡撑折。
——清·王汝璧

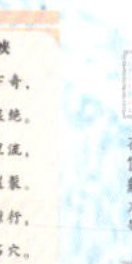

古 古代水路交通，依靠木船。在洪急湍流的江河中逆水行舟，出现过背篾蔺岸，拉纤助船行进的劳动人民。从事这种艰辛工作的人，后人称"纤夫"。在奔腾的江水中，木船由山岩裂隙间经过，涛声如雷。"纤夫"们像蚂蚁般行进，手脚松弛，船就倒退，船舷驾师手中的长篙，多次折断。没有机动能力的木船只好用纤夫的肩膀逆流而上。"嘿哟，嘿哟"的号子声，伴着纤夫的汗水，一步步地穿行在三峡间。

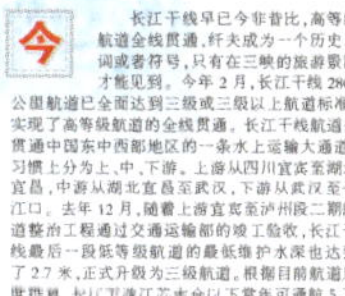

今 长江干线早已今非昔比，高等级航道全线贯通，纤夫成为一个历史名词或者符号，只有在三峡的旅游景区才能见到。今年2月，长江干线2808公里航道已全面达到三级或三级以上航道标准，实现了高等级航道的全线贯通。长江干线航道是贯通中国东中西部地区的一条水上运输大通道，习惯上分为上、中、下游。上游从四川宜宾至湖北宜昌，中游从湖北宜昌至武汉，下游从武汉至长江口。去年12月，随着上游宜宾至泸州段二期航道整治工程通过交通运输部的竣工验收，长江干线最后一段低等级航道的最低维护水深也达到2.7米，正式升级为三级航道。根据目前航道尺度指标，长江干线江苏太仓以下常年可通航5万吨级海轮，南京以下常年可通航3万吨级海轮，芜湖、武汉、宜昌、宜宾以下常年可分别通航5000吨级、3000吨级、2000吨级和1000吨级船舶，季节性通航能力更大。

三峡古道·高速公路

《过华清宫绝句》
——唐·杜牧

一骑红尘妃子笑，
无人知是荔枝来。

古 赢得贵妃一笑的南方鲜荔枝是如何运到长安呢？有专家认为，新鲜荔枝是从三峡古道上运来的，因为古道上可以跑快马，新鲜荔枝一两天就可以从四川（唐朝时盛产荔枝）送到长安。

三峡中的古道，工程浩大，气势恢弘，与滔滔长江相伴而行，是我国古代遗留下来工程最艰巨的古道之一。三峡沿江道路就是维系和促进长江峡谷运输通道的最重要辅道，也可以将其视为解决长江航道逆流航行、穿越险滩等制约长江航运发展的专用工程。与一般的陆路相比，它在道路构造上与作用上都有独到之处。峡区这类道路，主要有木栈道和凹槽式石栈道两种：木栈道是在石壁上凿孔，打进粗木桩，在露出的横木上再铺木板；凹槽式石栈道是在崖壁上凿出供人行走的"槽"。大部分路段只有一米来宽，最宽处也不过两米左右，像是一根细细的腰带，高悬在离江面数十米的悬崖峭壁上。

唐·李白《蜀道难》

上有六龙回日之高标，
下有冲波逆折之回川。

今 清晨在重庆吃麻辣小面，晚上就可在武汉登黄鹤楼欣赏夜景了。据统计，沪渝高速公路全线贯通后，重庆到宜昌的距离只有620公里，到武汉也只有868公里，行车大约8小时。

不仅如此，沪渝高速公路还让重庆融入了四通八达的全国高速公路网。从渝东进，在武汉，可转入京珠高速公路，北上郑州、北京，南下长沙、广州；在南京，可转入京沪高速公路，北上济南、青岛，南下杭州、福州。

作为一条入川的主要通道和沪渝高速公路最后开通的一段，鄂西段"穿山越岭"，大大改善了蜀道在湖北西部山区的梗阻，使交通更为便利，行车时间大幅缩短。

三峡古道。

沪渝高速公路四渡河特大桥。

本版文图由 本报记者 熊水湖 特约记者 袁从生 整理、提供

地址：北京市安外安华西里三区13号楼 邮码：100011 总编室：65293633 通联发行部：64255453 64250641（传真） 新闻采编中心：64250635 公路部：64253731 水运部：64255824 汽车传播中心：65293637 运输部：64252614 科教部：65293563 产品中心：64253599 网络部：64246881 中国交通报社北京中通广告公司：64250642 64255452 广告经营许可证：京朝工商广字0142号 每月定价：20.00元 零售每份：1.00元 中国青年报印刷厂印刷

2012年5月4日 星期五
主编助理：禹飞 责编：杨红岩 电话：010-65293632 64252864 E-mail：zgjtb@126.com
中国交通报 China Communications News

4版 交通文化

一路向西，再向西，沿途大漠戈壁，飞沙走石，驼铃声响，马蹄石碎；无数先民靠着徒步，驱驰骆驼、马匹，通过一条伴随着死亡威胁的"丝绸之路"，开辟并延续了东西之间的经济贸易、政治军事、宗教文化等人类文明的交流往来。

以长城为界，南北之间也呈现出了风格迥异又彼此交融的一体文明。

交互汇通，不论是线是树，是分是合，中华文明都得以在漫漫岁月长河中绵延不绝，发展升华。

其间，无数文人墨客、征戍军人，一路走来，或抒怀、或咏叹、或抒怀，留下许多在羁旅途中的咏怀或诉说的诗、词、歌、赋。从中，我们反观往古，从中，我们体味当今，从中，我们眺望未来，一路走来，"路"是那么使人漫不经心又不失岁月的光彩厚重。

——编者

诗吟千古路 人越万重山

古丝绸之路 VS 第二亚欧大陆桥

"古丝绸之路示意图。"

凉州词

黄河远上白云间，
一片孤城万仞山。
羌笛何须怨杨柳，
春风不度玉门关。

——唐·王之涣

古 丝绸之路，是指西汉时，由张骞出使西域开辟的以长安（今西安）为起点，经甘肃、新疆，到中亚、西亚，并联结地中海各国的陆上通道（这条道路也被称为"西北丝绸之路"以区别日后另外两条冠以"丝绸之路"名称的交通路线），因为由这条路西运的货物中以丝绸制品的影响最大，故得此名。

丝绸之路，在新疆按其路线分为南、中、北三道，1877年德国地理学家李希霍芬为之命名。不过他所指的是"从公元前114年到公元127年，中国于河间地区以及中国与印度之间，以丝绸贸易为媒介的这条西域交通路线"。所谓西域则泛指古玉门关和古阳关以西至地中海沿岸的广大地区。

丝绸是古代中国沿商路输出的代表性商品，而作为交换的主要回头商品，也被用作丝路的别称，如"皮毛之路"、"玉石之路"、"珠宝之路"和"香料之路"。隋唐年代（589年–896年）丝路空前繁荣，胡商云集京师长安，定居者数以万计。

今 第二亚欧大陆桥是从中国的江苏连云港市和山东日照市等港群，到荷兰鹿特丹港口、比利时的安特卫普等港口的铁路联运线。由于所经路线很大一部分是经古"丝绸之路"，所以人们又称作现代"丝绸之路"。这条路线是目前亚欧大陆东西最为便捷的通道。新亚欧大陆桥的贯通不仅便利了我国东西交通与国外的联系，更重要的是对我国的经济发展产生了巨大影响。大陆桥途经山东、江苏、河南、安徽、陕西、甘肃、山西、四川、宁夏、青海、新疆11个省、区，89个地、市、州的570多个县、市，到中俄边界的阿拉山口出国境。出国境后可经3条线路抵达荷兰的鹿特丹港。中线与俄罗斯铁路友谊站接轨，全长10900公里，辐射世界30多个国家和地区。

连云港至喀什、霍尔果斯集装箱国际联运班列在新疆境内将分由阿拉山口、喀什和霍尔果斯3个口岸出境。其中，自喀什口岸出境的班列到达后，将由公路运输到达吉尔吉斯斯坦。

新欧亚大陆桥示意图

邮驿 VS 现代通信

初过陇山途中呈宇文判官（节选）

一驿过一驿，
驿骑如星流。
平明发咸阳，
暮及陇山头。

——唐·岑参

古 我国古代，把邮政叫做"邮驿"，"驿使图"的出土可为我国古代边疆邮驿史的一个真实见证。

20世纪70年代，在我国甘肃省嘉峪关市新城乡发掘古墓群时，于5号魏晋墓中出土了彩绘"驿使图"，画面上，驿使头戴黑帻，身着短衣，足蹬长靴，持缰奋策，驿骑四蹄腾空，飞速向前，由于速度太快，以至于连马尾也飘了起来，但使者稳坐马背，整幅画面动中有静，突出了驿马速度的快捷与信使业务的熟练。这也客观真实地记录了距今1600多年前这一地区的邮驿情形，被认为是我国已发现最早的古代邮驿的形象资料。

嘉峪关地处古代著名的"丝绸之路"要冲，也是重要的驿站。汉代沿着"丝绸之路"古道设列厅台，广置烽燧，五里一小墩，十里一大墩，三十里一堡，用以传递信息。为了信息传递快捷便利，历代还在驿道上沿途广设驿站，供驿使休息打尖，换乘车骑或补充给养。

驿使图。

今 现代通信仅从形式上就有网络、邮递、简递、电话、传真、卫星电话、电报等诸多种类。

依托于飞机、汽车等现代化的交通工具，邮递通信的效率大大提高，邮递员的工作环境也得以大大改善，邮递通信的内容已经从传统主要以传递书信、递送军政信息拓展到可以涵盖社会各类通用物品。而依托于互联网技术的通信方式，则使传统信息传递方式"一日千里"相形见拙，瞬息千里，随发随收成为现实。最主要的是，综合性通信方式的运用，使得现代通信环境、通信安全、通信效率都得以全面改善，甚至从某种程度讲，当今社会已经成为信息主导的社会，人们的生活中已经须臾离不开信息。

骆驼、马 VS 飞机

凉州词·芦笋

边城暮雨雁飞低，
芦笋初生渐欲齐。
无数铃声遥过碛，
应驮白练到安西。

——唐·张籍

走马川行奉送出师西征（节选）

马毛带雪汗气蒸，
五花连钱旋作冰，
幕中草檄砚水凝。

——唐·岑参

古 安西：西域重镇之一，在今新疆龟兹、疏勒、于阗、焉耆一带。诗句描写唐代时丝帛源源从丝绸之路运往吐蕃的情景。骆驼曾是中国西北荒漠地区最主要的交通工具。它伴随古人开拓了丝绸之路，伴随西来东去的官民商旅成功地运送货物，为沟通东西经济贸易和文化发挥了至关重要的作用。唐朝时，骆驼还充当过送信的使者，当时有一种骆驼"腹下有毛，夜能明"，日行500里，故称"明驼"。唐政府选用这种骆驼建立了"明驼使"的组织，专门用来传递公文书信。

马是古代最快捷的交通工具。速度特别快的骏马称为"千里马"。古代所谓"里"是指1/5公里的"华里"，日行千里并不夸张。正因此，在相当长一个时期内，马都是驰骋边疆沙场和往来东西商途的重要交通工具。

今 新疆曾为古西域的重要组成部分，现已拥有22个机场（含新建、迁建），即乌鲁木齐地窝堡国际机场、喀什国际机场、和田机场、莎车机场、图木舒克机场、且末机场、楼兰机场、塔中机场、阿克苏机场、库车机场、库尔勒机场、吐鲁番机场、哈密机场、石河子机场、克拉玛依机场、伊宁机场、那拉提机场、博乐机场、塔城机场、阿勒泰机场、喀纳斯机场、富蕴机场（新建），为国内拥有机场数量最多的省份。新疆乌鲁木齐已与内地51个城市和6个国家和地区通航。已开辟了乌鲁木齐至北京、上海、广州、深圳、福州等55条国内航线。并开辟了乌鲁木齐至阿拉木图、新西伯利亚、莫斯科、伊斯兰堡、比什凯克、叶卡捷琳堡6条国际航线。航线总长14万公里。

□相关链接

与书信传递相关的诗词和典故

鱼传尺素

在我国古诗文中，鱼被看作传递书信的使者，常用"鱼素"、"鱼书"、"鲤鱼"、"双鲤"等作为书信的代称。唐代李商隐在《寄令狐郎中》一诗中写道："嵩云秦树久离居，双鲤迢迢一纸书。"古时候，人们常用绢帛书写书信，到了唐代，由于常用一尺长的绢帛写信，故书信又被称为"尺素"（"素"指白色的生绢）。因捎带书信时，人们常将尺素结成双鲤之形，所以就有了李商隐"双鲤迢迢一纸书"的说法。

青鸟传书

1998年10月9日，国家邮政局发行JP72《第22届万国邮政联盟大会·1999北京（二）》纪念邮资片1套4枚，其中第三枚"情缘东方"，主图和邮资图内容一致，均为一只色彩斑斓的飞鸟，背景为驿站和长城，表现了我国古代青鸟传书的传说。

南唐中主李璟有诗"青鸟不传云外信，丁香空结雨中愁"，唐代李白有诗"愿因三青鸟，更报长相思"，李商隐有诗"蓬山此去无多路，青鸟殷勤为探看"，崔国辅有诗"遥思汉武帝，青鸟几时过"，借用的均是"青鸟传书"的典故。

信鸽传书

信鸽传书确切的开始时间，现在尚无明确说法，但早在唐代，信鸽传书就已经很普遍了。五代王仁裕《开元天宝遗事》一书中有"传书鸽"的记载："张九龄少年时，家养群鸽。每与亲知书信往来，只以书系鸽足上，依所教之处，飞往投之。九龄目为飞奴，时人无不爱讶。"张九龄是唐朝政治家和诗人，他不但用信鸽来传递书信，还给信鸽起了一个美丽的名字——"飞奴"。此后的宋、元、明、清诸朝，信鸽传书一直在人们的通信生活中发挥着重要作用。

本版文字由本报记者 杨红岩 整理

地址：北京市安外安华西里三区13号楼 邮码：100011 总编室：65293633 通联发行部：64255453 64250641（传真） 新闻采编中心：64250635 公路部：64253731 水运部：64255824 汽车传播中心：65293637 运输部：64252614 科教部：65293563 产品中心：64253599 网络部：64246881 中国交通报社北京中通广告公司：64250642 64255452 广告经营许可证：京朝工商广字0142号 每月定价：20.00元 零售每份：1.00元 中国青年报印刷厂印刷

2012年6月4日 星期一 第5284期 今日8版 交通运输部主管 中国交通报社主办 1版
邮发代号:1-72 国内统一刊号:CN11-0122 http://www.zgjtb.com www.ccnn.net.cn E-mail:xw1b@zgjtb.com

宁夏公共交通车辆车船税免征5年

本报讯 （记者 梅宁生 通讯员 郭勇）近日，宁夏回族自治区地税局、交通运输厅联合发出通知，免征5年公共交通车辆车船税。

根据通知，2012年1月1日至2016年12月31日期间，自治区城市公共交通和农村客运车辆免征车船税。同时，对2012年1月1日以后新增加或更新的公共交通车辆，可持县级道路运输主管部门批准和出具的证明，报经当地税务部门审核同意后，办理免征车船税手续。

按《宁夏车船税税目额表》规定，9人至10人客车每辆年基准税额720元，20人以上客车每辆年基准税额960元。据测算，目前全区3052辆公交车，每年可免缴293万元，5年可免缴1465万元；2998辆农村客运车辆，每年可免缴204万元，5年可免缴1020万元。

视频截图

76秒，他用生命诠释责任

——平民英雄、杭州长运驾驶员吴斌感动中国

今天，整个杭州只有一位司机；
今天，所有的事情连同西湖的水光都只是乘客；
今天，司机用生命把客车停靠在岁月的宁静里；
今天，离开的是死亡，留下的是责任，爱和伟大的平凡；
今天，叫吴斌。

——诗人潘维

□驻浙江首席记者 贾刚方
本报记者 刘洋 通讯员 康信茂

一块铁片意外飞来穿透挡风玻璃，被砸成重伤的他，在昏迷前76秒极其疼痛的状态下和极其宝贵的时间里，以超人的意志力和职业素质，完成一系列非常连贯的操作，把正在高速公路上行驶的大客车安全地停下来，挽救了车上24名乘客的宝贵生命，自己却因伤势过重，不幸殉职。

浙江省杭州长运客运二公司驾驶员吴斌，一名普通的交通职工。通过一段76秒的视频，他的壮举迅速传遍了大江南北，感动了全中国。网络、微博上关于他的留言多达数百万条，成千上万的民众纷纷以各种方式甚至自发前往吴斌的家里表达对他的悼念和敬意。浙江省委书记赵洪祝作出批示，要求广泛学习宣传吴斌同志的敬业精神和崇高品德。浙江省交通运输厅党组授予吴斌同志"交通英模"称号，在全省交通运输行业开展学习吴斌同志先进事迹的活动。

最美司机感动中国

5月29日11时40分，吴斌驾驶"浙A19115"大客车从无锡返杭途中，突然有一块约30厘米长、5公斤重的铁块，像炮弹一样从空中飞落，击碎车辆前挡风玻璃，砸向他的腹部和手臂。危急关头，吴斌强忍剧痛，换挡刹车将车缓缓停好，拉上手刹，开启双闪灯，并站起来转过身提醒乘客："注意安全！"这是他留给人世间最后的一句话。说完这句话，吴斌就突然倒下，陷入昏迷。他以一名职业驾驶员的高度职业精神，完成一系列完整的安全停车措施，确保了24名旅客安然无恙。而他自己经全力抢救，却因伤势过重于6月1日凌晨3时45分不幸去世，年仅48岁。

根据视频录像，76秒，吴斌耗尽最后一丝生命，用惊人的意志完美诠释了交通人的责任与担当。最美司机感动了中国。

送恩人一程

"我们总算找到恩人了，如果不是他处置得好，很可能发生车毁人亡的惨剧。"66岁的孙锡南是车上24名旅客中的一位。他眼眶通红，在吴斌的遗像前三鞠躬后，哽咽着说："吴师傅，我们不会忘记你，车上所有乘客都会记得你的。"

图为2002年吴斌与妻子的幸福合影。

孙锡南是江苏无锡人，6月2日特地赶到杭州送别吴斌。他强忍着悲伤回忆那惊险的一幕：出事那一刻，坐在后排的他，听到驾驶室传来一声巨响。不一会儿，大客车就稳稳地停下来。他走上前去，看到吴斌身上都是血，瘫坐在座位上，连说话的力气也没有，痛苦地呻吟着。

"过了好一阵子，大家才明白发生了什么事情，我们都被吴师傅的壮举深深震撼了。"孙锡南哽咽着说。当时，大家想上前帮忙也不知该做什么，直到救护车把吴斌接走，才忐忑不安地继续坐车来杭州。

6月2日一早，孙锡南从新闻中看到吴斌不幸去世的消息。于是，他和其他3名乘客马上通过各种渠道四处打听，好不容易才找到位于杭州朝晖五区的吴斌家里送恩人一程。

大客车监控系统记录了这震撼人心的短短一分多钟：吴斌受伤后，出于本能痛苦地按了一下胸部，马上换挡减速，让车缓缓停下，拉上手刹、开启双闪灯，然后艰难地站起来，跟车上乘客说些什么，最后倒下……

"他留给我们最后7个字：别乱跑，注意安全。"孙锡南说。

"一般情况下，客车紧急制动，车辆会失去控制，乘客碰伤或撞伤，而这辆大巴没有一名乘客受伤。"去现场处理事故的一位交警说。

"如果他不是意志坚强，根本做不到这些。"据医生介绍，吴斌在这次飞来横祸中，80%的肝脏被击碎，肋骨骨折，肺、肠均严重挫伤。

"最后一刻做了最伟大的事"

在杭州朝晖五区吴斌的家中，一张白得透明的布，将他与亲人分隔在两个世界。

"以后再也没有机会和他一起旅行，看电影了。"妻子汪丽珍守在丈夫身旁，伤心欲绝，嘴里不时念叨着丈夫答应她却来不及兑现的承诺。

在出事前半个小时，吴斌还在休息间隙给妻子打来电话，说今天路上比较顺利，晚上可以赶回来一起看电影，并叮嘱妻子不要忘记把电影票提前放包里。特别是两人聊到5月30日准备去云南旅游时，开心不已。

吴斌16岁的女儿悦悦泣不成声。5月29日早上，父亲像往常一样去上班，出门前还答应她说"会早点回来陪你们"。

吴斌妻子汪丽珍的妹妹汪丽敏说，姐姐结婚18年来，姐夫从未带姐姐去外地玩。每逢节假日，大家有空约他们一起出去旅游时，姐夫总是在加班。他们结婚时，连蜜月都没有，这也成了吴斌心中的愧疚，所以前几个月，好不容易排上假期的他订好旅行社和机票，计划补上迟来的蜜月。谁想到，这次迟到的旅行，还没有开始，就残酷地画上了句号。

"他特别有孝心。"汪丽敏说，吴斌家的房子只有60平方米左右，他考虑到父母身体不好，特地把靠窗的房子让给他们住，另一间卧室则用玻璃门隔开，女儿靠窗睡，夫妻俩挤在仅放得下一张床的地方。

同事王旭明对吴斌强壮的体格印象深刻。他说，吴斌很喜欢健身，车上都带着哑铃，有空的时候就操起来练两把。这次他能在遭受重击后救下一车人，很可能就得益于此。稍微瘦小点的人，肯定当场就不行了。

在工作上，吴斌尽心尽职。杭州长运客运二公司经理孟联建说，吴斌已安全行驶了100多万公里，从未发生交通事故，也从没有过交通违章，更未接到旅客投诉。

"我弟弟这一生都很平凡，在最后一刻却做了最伟大的事。"吴斌的姐姐吴冰心强忍着悲痛说。

向英雄致敬

6月2日上午，吴斌家楼下临时搭建的一个悼念棚内，已摆满上百个花圈。除所在单位、同事和亲朋好友外，还有一些素不相识的市民也前来悼念："英雄司机吴斌，交通行业楷模。""吴斌，一路走好！"……

在网络上，吴斌的事迹和瞬间处置突发事件的视频成为最热的关注。处置此事的一名无锡交警在微博上说："大客车刹车拖印是笔直的，一个肝脏被突然刺破的司机，要用怎样的意志力才能做到这一点啊……我们纪念老吴，纪念他深扎在心底的崇高职业道德……"

还有网友自发发起"点一盏蜡烛"活动，从2日9时许至20时，已有近20万名网友"点燃"祝福的"蜡烛"，相关评论3万条："您真的是英雄！是我们中国人最值得尊敬的英雄！一路走好！""向英雄致敬！在生命最后一刻，您彰显了一名普通司机的专业水平和职业道德。""您最后一刻的坚持，震撼了所有人的心灵！""普通百姓身上的正直、善良、大爱从没远离，更没丢失，也永不会失去，总能给人们带来欣慰和心灵的震撼。"……

2日，浙江省委常委、杭州市委书记黄坤明作出批示：吴斌同志在危急时刻用生命履行了职责，为我们树立了坚守岗位、舍己为人的光辉榜样。向"平民英雄"致敬。杭州市决定授予吴斌同志杭州市道德模范(平民英雄)荣誉称号。

浙江省交通运输厅党组书记、厅长郭剑彪2日作出批示："平凡岗位，职业行为，交通骄傲，弘扬光大。"浙江省交通运输厅党组副书记、副厅长徐纪平3日下午代表省厅看望慰问吴斌家属，并称吴斌为"旅客群众的好司机，交通行业的好职工，司机朋友的好榜样"。

浙江交通运输系统的干部职工纷纷表示，吴斌同志在危急时刻能够勇于担当，坚守岗位、舍己为人，事迹感人。面对突如其来的灾难，他强忍剧痛，换挡刹车将车子停好，并不忘打开双闪灯提醒后方车辆，展现了多年学习工作中养成的职业道德和高尚品格，在关键时刻体现出了强烈的社会责任感。他的壮举和崇高精神将激励大家继续前行。

河南新乡全力建设公交都市

加强政策资金扶持 创新公交发展理念

□特约记者 康继民
本报记者 周爱娟

近年来，河南省新乡市委、市政府从践行科学发展观、构建和谐社会的高度出发，突出城市公共交通优先发展战略，把加快出租车和城市公交发展作为一项重要的民生工程来抓，不断加大政策支持和财政投入力度，全力推进"公交都市"建设，有力促进了城市公共交通的健康发展，大大提升了城市的综合竞争能力。

5月15日，新乡市举行出租车公司化运营暨公交环线启动仪式。新乡市委、市政府决定在集中整治三(四)轮车的基础上，新投放300辆出租车，并全部实行公车公营，采取统一管理、统一标志、统一服务标准、规范运营、优质服务的模式。同时，在南市区新增隆基、新奥和星海3条城市公交环线，加密17条运营线路，新投放200辆公交车，实现旅客"零距离换乘"。该市还将充分发挥新乡国家电池能源基地的产业优势，新投放100辆电动环保汽车。

目前，新乡市核心区已拥有公交车辆1347标台，线路69条，主干线路平均发车时间3至5分钟，城市核心区不超过500米就可以坐上公交车，基本实现了"有路就有公交车"。市区有出租车公司6家，拥有出租车1338辆，另有自2011年年底陆续开始示范运营的100辆纯电动出租车。

据新乡市交通运输局局长张和介绍，近年来，市委、市政府和市直各有关部门不断加大对公交场站建设的投入，积极支持公交车辆更新，建立职工工资增长长效机制，建立规范的公交成本评价体制和财政补偿长效机制。仅2011年，新乡市公交公司就新增公交车200余辆，职工工资平均上涨15%，市财政切块补贴资金2500万元，总投资8000余万元新建公交场站6个，实现了公交行业的跨越式发展。目前，全市正稳步推进出租车行业现代企业制度建设，旨在通过推进出租车公车公营，努力探索出一条出租车行业由有偿使用向公车运营、由粗放式管理向精细化管理转变的新路子，使新乡市逐步形成以轨道交通为骨干，以快速交通为网络，以慢行交通为延伸的公共交通新格局，以公共交通引领城市发展。

新乡市委常委贾全明告诉记者，下一步，新乡市将继续全力推进"公交都市"建设，以提升城市综合竞争能力；加快推进城乡公交一体化建设，让农村百姓享受城市居民的同等待遇。同时，积极推进"环线畅通工程"，进一步解决城区交通拥堵问题。计划3年内新增、更新新能源环保电动、燃气公交车1000辆、出租车1100辆，努力缩短居民的出行半径，把出租车和公交车打造成全市的亮点和名片。

▶相关报道见6-7版

长江干线重庆段年内开建数字航道

本报讯 （记者 钢宣 通讯员 张秦）记者日前获悉，重庆市交通委员会与长江航务管理局将合力推进重庆长江上游航运中心建设，年内启动长江干线重庆段"数字航道"建设，为重庆四类物资开通过三峡船闸"绿色通道"。

重庆市交通委员会与长航局将共同开展三峡库区船型标准化工程、三峡升船机运行船舶标准船型尺度研究，积极推进三峡坝区综合运输体系研究，逐步形成完善的翻坝转运长效机制。长航局还将进一步优化三峡船闸过闸运输组织，保障重庆市煤、油、矿等重点物资，鲜活农产品、抗洪抢险救灾物资和重点急运物资快速、便捷过闸。

据悉，长江干线兰家沱至鳊鱼溪段"数字航道"建设将于年底前启动，该工程完成后，将实现对重庆辖区内1642座航标的遥测遥控和598.4公里航道的水位监测及预警。

山西清理交通工程资质违规 重点抽查"零问题"单位

本报讯 （李奋先 驻山西首席记者 石中生）从5月下旬起至9月底，山西省交通运输系统按照中央和省、部治理工程建设领域突出问题工作领导小组办公室的部署要求，开展挂靠借用资质投标、违规出借资质问题专项清理。这是记者从山西省交通运输厅5月30日召开的专项清理工作动员会上获悉的。

山西省交通运输厅制定了专项清理实施方案，要求各级主管部门重点督办组织领导不力、清理检查不认真以及群众举报投诉较多的单位。山西省交通运输厅治理工程建设领域突出问题工作领导小组办公室将组织力量对群众反映强烈、自查"零问题"的单位开展重点抽查。对清理检查发现的问题，依法依规进行处理。同时，要将企业或个人挂靠借用资质投标、违规出借资质问题列为不良行为信息，及时向社会公布。

■今日看点

8版 质监·施工·监理
清理拖欠：企业难忍之痛有望缓解

最美司机 行业楷模

□本报评论员

停车、拉手刹、打开双闪灯、提醒乘客注意安全……这些动作，对一个客车司机来说，再普通不过。但是在受到一块破窗飞来的铁块猛烈撞击，肝脏多处碎裂，多根肋骨骨折，忍受着难以想象剧痛的同时，还能坚持完成这些动作，尽全力保护了车上24名乘客的安全，这又绝非是一般人可以做到的。

"浙A19115"大型客车里的76秒监控视频，忠实还原了在锡宜高速公路上，吴斌师傅作为一名优秀职业司机在危难之际表现出的娴熟精湛的业务技能、恪尽职守的职业道德、勇于担当的责任意识、舍己为人的奉献精神，作为一位平民英雄在生命最后时刻迸发的人性光辉。

看过这段视频的人无不动容、难掩热泪，那一刻的痛，我们感同身受。和舍身托举坠楼女童的"最美妈妈"吴菊萍、舍己救学生而身负重伤的"最美教师"张丽莉一样，吴斌以他震撼人心的壮举，成为全国人民心中的"最美司机"，成为交通运输行业永远的楷模。

一个人关键时刻的坚毅抉择，源自他的日常行为与精神气质，源自他平素养成的良好职业操守和经年锤炼的高尚职业道德。作为长途车司机，无数次平凡的出车，无数趟平凡的运营，吴斌安全行驶100多万公里，零交通事故，零交通违章，零乘客投诉，都构成了他惊人壮举的底色。持续在平凡岗位兢兢业业、尽职尽责，终究铸就了一个非凡的英雄吴斌。

许多人身在职场，但并非人人能忠诚恪守职业精神。吴斌临危不乱，依托超强的意志力，让大客车安全停驶，一气呵成，诠释了一名客运司机的职业操守，进一步擦亮了交通运输行业的价值标杆。

许多人都在呼唤道德回归，但并非每个人都能在危急时刻舍身坚守。吴斌用生命最后的能量，回报了一车乘客的安全托付，也在交通事故屡引信任危机的当下，完成了一次"聚合良心"的道德救赎。

在现实中，在网络、微博上，正有数以千万的公众、网民向吴斌表达着敬意，毫不吝啬地赞誉他为"最美司机"，发自内心地为他祈福、送行。浙江省交通运输厅授予他"交通英模"称号，杭州市授予他"杭州市道德模范(平民英雄)"称号。

他承得起这样的敬意，他无愧于这样的荣誉。

一块意外飞来的铁块击中了吴斌健壮伟岸的身躯，却毫不意外地击中了我们柔软的内心和这个时代的良心。他值得我们这个社会铭记，他更值得整个交通运输行业去仰视、去学习。

值班编委 孙宝夫 本版主编助理 林苓 责编 樊猛

招标公告
(详见3版)

3版 2013年5月23日 星期四

视点

中国交通报 China Communications News

作为我国公路基础设施建设投融资政策的重要内容，"贷款修路，收费还贷"政策自1984年实施以来，有效破解了公路建设资金不足的矛盾，加快了我国公路建设步伐。高速公路从1988年由零起步，到2012年年底已发展到9.62万公里，一、二级公路也得到了长足的发展。但是随着中国经济社会的发展，从2009年的成品油税费改革，到2011年开始的收费公路清理整顿，再到当下的《收费公路条例》修改征求意见，中国收费公路发展已到新的十字路口，探索新时期公路可持续发展之路迫在眉睫。

本报《视点》版今日开栏，推出收费公路系列特别报道第一篇，今后还将刊发亚洲开发银行、世界银行等各方专家对收费公路问题的思考和观点，敬请关注，欢迎读者参与讨论。

——编者

■聚焦收费公路·特别策划

塑造公路可持续发展新模式

——如何推进非收费公路与收费公路统筹发展

交通运输部规划研究院公路所 刘丽梅 马俊 宋瑞如

1984年12月25日，对于公路交通人而言，是值得铭记的特别日子。在这一天，国务院第54次常务会议做出三项重大决策：开征车辆购置附加费、提高养路费征收标准、出台"贷款修路、收费还贷"政策。这三项政策的出台无疑为公路交通发展注入了宝贵的血液，从而开启了30年来公路高速发展的序幕，铸造了中国公路举世瞩目的发展成就。

然而，随着公路发展外部环境与内在条件的不断变化，政策初期收费政策"红利"优势开始减弱，政策长期实施中积累的问题逐步凸显，公路交通传统发展模式难以为继，业内外日益关注中国公路发展之路如何走下去，加快建立新的发展模式已迫在眉睫。

呼唤"中国式"公路供给制度

当前，我国公路政策发展已逼近临界点。

收费公路方面，原有政策存在"广泛使用"，除高速公路外，有累计超过15万公里的普通公路曾利用收费公路政策建设而成；同时，原有收费政策又存在还贷期后的"政策设计欠缺"，无法解决高速公路到期后的维护管理问题。这些问题既是收费公路自身发展面临的问题，也是社会各界关注和质疑的焦点。

普通公路方面，在逐步取消二级公路收费、普通公路建设融资平台丧失后，由于政府一般性财政资金未能及时补位，普通公路发展已陷入严峻的资金困境。

要改变我国公路发展困境，促进公路可持续发展，必须通过改革创新，建立和完善以政府财政性资金投入为主、用户直接付费为补充的具有中国特色的公路供给制度。这一制度既立足当前、满足路网建设完善的需要，又要着眼长远、满足未来路网维护运营的要求。

统筹发展 非收费公路与收费公路

统筹发展非收费公路与收费公路的战略构想，正是顺应新时期改革要求而提出的，国务院在《关于促进物流业健康发展政策措施的意见》中也表达了这一思路。

在这一改革思路下，政府要担其责、尽其职，加大投入，发展提供基本出行服务的以普通公路为主的非收费公路；同时要充分发挥市场作用，继续有效利用社会资金，发展提供高品质高效率出行服务的以高速公路为主的收费公路。这个构想的关键将会主要体现在以下三个方面九个要点：

统筹发展方面，一、公路发展价值取向以非收费公路为主，适当发展收费公路；二、收费公路结构逐渐过渡到以高速公路为主；三、收费高速公路附近或走向上至少有一条非收费的普通公路，满足公众出行替代选择；四、在制度设计上，允许利用收费公路支持非收费公路发展。

非收费公路方面，一、必须体现公益性属性，建立以政府财政性资金投入为主的投融资体制；二、进一步理顺国家、省级和市县级政府在各类普通公路发展中的事权，建立起金事权与财权相匹配的公路建设养护管理体制。

收费公路方面，一、坚持收费公路政策，并赋予其新的内涵，在完成"收费还贷"后，按满足基本养护管理支出需求的原则收取通行费，并兼顾调节交通流量的需要；二、鼓励按照特许经营方式建设、运营、管理；三、鼓励在省域内实施高速公路"统贷统还"等交叉补贴方式。

问答公路发展新模式

一问 如何应对认识上不统一的多重挑战？

[illegible]

二问 普通公路发展如何摆脱资金困境？

[illegible]

三问 调整收费政策路在何方？

[illegible]

四问 公路管理如何重塑格局？

[illegible]

五问 提升服务何时驶入快车道？

[illegible]

肖春阳、刘頔、邵海、马丽军 对本文亦有贡献。

（文章内容为个人观点，不代表本报立场）

美国收费公路政策趋暖

基于国防安全、有效运输等需要，美国政府在1956年颁布了联邦资助公路法案（Federal Aid Highway Act of 1956），该法案确定州际公路建设资金通过税收（主要是燃油税）来筹集，由此建设的州际公路不收费。

1991年的ISTEA法案显著改变了联邦政府对公路收费的政策，开始允许联邦资助基金用于收费公路及其他收费设施的建设。在建设贷款偿还完毕后，公路可继续收费，并将资金用于养护维修或其他公路的建设。

1998年的TEA-21法案为州际公路收费打开了口子，允许对部分路段收费以筹集其恢复重建资金。2005年的SAFETEA-LU法案在TEA-21法案的基础上进一步允许通过收费来筹集州际公路、桥梁和隧道的建设（新建）资金，但支持的项目总量有较大限制。法案还允许在全美范围内建设15个收费示范工程用以减少拥堵和减轻污染物排放。

2012年，美国政府通过了最新的MAP-21法案，放松了国家公路不收费的总体要求，对公路改建扩建部分允许收费，原不收费的桥梁、隧道重建后允许收费。据美国联邦公路总署（FHWA）统计数据，至2011年1月，美国收费公路总里程超8000公里，较2001年增长了10.4%。随着MAP-21法案的出台，预计收费公路里程将保持增长态势。

（摘编 黄濂 吴克武）

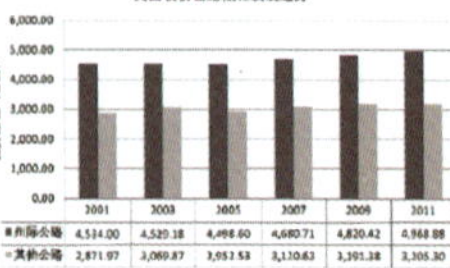

□链接

新加坡交通管理重要举措：拥挤收费

新加坡面积714平方公里，人口531万，目前日出行人次已超过1100万。面对有限的土地资源、高密度的人口和高度的城市化，新加坡政府一直致力于推行可持续性的交通政策，总体上并非采用传统的增加供给的方式，而是充分利用交通需求管理手段。

新加坡于1975年实施了限制区域执照系统（Area Licensing Scheme，ALS），主要用于限制车流进入较拥挤的中央商业区。1995年，在3条高速公路的特定路段上实施了另一种类似的收费系统，通过早高峰（7:30-9:30）车辆收费来缓解拥堵。1998年，新加坡将上述两种收费系统整合成为统一的公路电子收费系统（Electronic Road Pricing，ERP），并推广到更多的高速公路与主干路。

通过拥挤收费调节交通需求，新加坡高速公路在高峰期车速高于60公里/小时，中央商业区平均车速约25公里/小时，高于伦敦、东京和香港，是世界上车速最快的发达城市之一。

（摘编 黄濂 吴克武）

西江黄金水道建设特刊

中国交通报 China Communications News 特3-4
2013年7月1日／星期一

一江春水，连云贵湘粤；
半挂云帆，达港澳东盟。
——彭清华

西江跃

1 合作之江

2 效能之江

3 产业走廊

第二届西江经济发展论坛
市长圆桌会议

8版 2013年12月5日 星期四

中国邮政

运输编辑部主办 责编：顾芳琪
电话：010-64262009 传真：010-65293642 E-mail:yunshu@zgjtb.com
中国交通报 China Communications News

国内小包：全覆盖 不爆仓

送走"双11" 迎来"双12"

刚送走了"双11"的购物狂潮，又将迎来"双12"购物季，各段在投递第一线的投递员们始终在路上，从未停下他们奔波的脚步。回顾"双11"，不得不提邮政小包的跨越式发展。"双11"十天，中国邮政为数万家电商用户提供了国内小包寄递服务，寄递量超800万件。其中，寄往新疆、甘肃、内蒙古、黑龙江、云南、贵州等偏远地区的包裹高达200多万件。通过此次"双11"会战，邮政国内小包不仅快速提升了市场占有率，而且还实现了"全覆盖，不爆仓，民营无阻"的服务承诺，更是赢得了天猫、电商卖家和买家、同行及媒体的普遍认可。

邮政小包业务是万国邮联邮政产品体系中的一项基本业务，新中国成立时就已经开办。为适应社会经济发展，更好地满足广大人民群众在轻小件物品配送方面的多层次递送需求，中国邮政依托覆盖服务网络，于2012年8月恢复开办了国内小包业务。国内小包主要为电商市场有轻小件寄递需求的用户提供寄递服务，是对邮政基本服务品质的提升，具有时限稳定、预约投递、通达全国、覆盖城乡的特点。

今年"双11"，中国邮政国内小包首次全面进入电商市场，便取得跨越式发展。邮政企业在原有强大运营能力的基础上进一步加大了投入，提前做了大量准备工作迎接"双11"高峰期。如新增和升级改造收寄、分拣设备、投递车辆，增开一级干线汽车邮路100多条，共发直达汽车1300多辆、加密正班汽车组2000辆，保障了传递速度。

据了解，中国邮政已经与淘宝天猫、京东、腾讯拍拍等大型电商平台开展国内小包寄递服务战略合作，国内小包寄递服务已经基本达到行业平均水平。

▲暴雪为邮政投递工作带来很大困难。

【镜头1】

穿越风雪的绿色

今年"双11"期间，黑龙江、吉林等地出现大范围降雪，网购狂潮与暴雪不期而遇。哈尔滨、伊春、绥化、鹤岗、佳木斯、双鸭山等地部分区域交通中断，中小学已经停课，尤其是省会哈尔滨迎来入冬以来最强降雪，此次降雪持续近50小时，积雪厚度达30厘米，给市民的出行带来不便的同时，也给邮政投递工作带来极大困难。

为应对这种极端天气，哈尔滨局抽调各部门办公用车20余台，支援投递部门投递国内小包工作，加快国内小包投递速度；投递部门全部停休上岗，同时组织内勤人员参与国内小包投递，减轻外勤投递人员压力；完善投递工具，将100余个格搭子下发至各投递局，提高国内小包邮件携带量，确保邮件安全；组织投递局做好高校、社区、写字楼等国内小包投递量集中区域投递工作，通过采取机动运送到约定地点，投递员接收后就近开展投递，节省往返取件时间，增加外部投递时间，对一些白天家中无人用户，组织晚班投递，确保投递时限。投递部门采取多种措施应对极端天气，南岗投递局对投递车辆进行全方位加固，为机动车安装了防滑链，并购买了130余个热宝分发给投递员，确保外勤人员人手一个；松北投递支局为投递员配备了近30个加厚棉质车把套，增加车辆使用耐次，确保国内小包的投递时限不受影响；因雪深导致车辆无法驶入的地区，和兴投递局将临近片区的投递员组成互助小组并集中由车辆运送到指定地点后，采取步行投递邮件的方式，确保邮件无延误。

"双11"期间，黑龙江全省接收国内小包邮件25.55万件，日均1.82万件，单日最高3.17万件，为10月份平均水平2.88倍。"双11"当日妥投率达到87.98%，三日内妥投率达到98.69%，全面达到中国邮政集团公司规定指标。吉林省邮件特别是小包当日达及时投递率达到了100%，当日妥投率达90%，超过要求10个百分点，整体妥投率为95.45%。

▲邮政企业加大全网职工、车辆、设备等指挥调动力度，确保了国内小包及时、准确的投递。

▲"双11"十天，中国邮政为数万家电商用户提供了国内小包寄递服务，寄递量超800万件。

▲时间紧任务重，投递员努力把小包尽快送到收件人手中。 王巍伟 摄

【镜头2】

一个都不能少

"老武，我这上怎么少个小包？""你再好好数数，昨天我们分拣到半夜2点，每个投都核对过一遍了。"11月18日清晨8点，伴随着投递员、分拣员们的声音，锡林浩特市商务投递队伍迎来了组建以来国内小包数量最多的一天。5个投递段道，839件小包，35平方公里的投递面积，近300公里的投递里程，虽然已及时启动应急预案，临时增加两台投递车辆并增加了投递人员，但将每一件小包及时投递到户仍是一个严峻的考验。

在分拣现场，国内小包已经将不大的分拣现场堆的满满当当。投递员与分拣员正在紧张的对当天要投递的国内小包进行着内部处理，两辆装小包的推车成了抢手货，面对三倍于平时数量的小包，平时的玩笑话明显少了许多。虽然紧张，但是工作开展得有条不紊。

投递队伍中一名投递员名叫金岩，哥哥也在邮政工作，平时有点小抠门，大家给他起了个绰号叫"老抠"。市区商务投递队伍组建以来，金岩负责经济开发区近10平方公里的小包、银企对账单投递，是大家公认的"走得早，回得早，最能跑，最能投"的投递员，曾创造7小时投递130件小包并且全部妥投的记录。"今天我150多件，车都塞满了"，"老抠"一边往车上装着小包，一边嘟囔着，他要根据投递路线合理地把小包装车，这样既好投递又节省时间，如何在投递时以最快捷的方式查找，在他心中也早就有了谱，这也是投递员们每天都要做好的"功课"，不仅设计好路线，还要合理安排时间，比如，在投递住宅区的时候就要避开上班时间，而在上班的时间，最好是到单位进行投递。这样一来，在出发前，对着快递单计算时间，安排路线，成了大家的必修课。

晚上9点，大家带着疲惫陆续归班了，"我今天只剩了5件"，"那么多啊，我就剩两件，还是人不在本地的"，大家你一言我一语述说着一天的忙碌。次日统计结果显示，839件小包，妥投824件，当日妥投率98.21%。

"双11"期间，国内小包投递量急剧增加，锡盟邮政局及时启动"旺季国内小包投递质量应急预案"，确保小包投递时限。11月11日—24日，锡市市区进口小包6115件，当日妥投6012件，当日妥投率达到98.31%，三日内妥投率为99.9%，较好地完成了各项投递考核指标。

【镜头3】

艰险难阻投递路

云南怒江大峡谷因地势地貌险峻闻名于世，怒江州80%的农村人口都生活在高山悬崖峭壁地区和高海拔区域，是典型的边疆少数民族"高山、峡谷、贫困"聚居区。怒江局现有7条投递段道，国内小包日常平均为80多件，投递里程数达60公里，为此投递员付出了艰苦的努力。在"双11"期间，小包邮件量突增至500多件，为确保邮件及时送达必须做到限时分拣，当日投递，为此全州邮政投递部门全部工作人员停休，投递人员满负荷工作，每天都得工作到夜深人静才能回家，经过短短三四个小时休息，又投入新一轮的邮件投递战斗中。

2段投递员胡银开，因邮件量大自行车严重超载，在下车为用户投递包裹时，不慎被倒下的自行车和邮件压伤了大腿，为将所有邮件及时投递完毕，他只能强忍着伤痛坚持投递，归班后才到医院进行简单的清洗包扎，因没有投递人员可以替换班，他只能每天带着伤腿坚持完成自己的投递工作。5段投递员宋金员，在老干村邮件投递回班途中，因道路坡陡湿滑，在避让行人时从摩托车上重重摔到防洪侧沟里，在路过市民的帮助下才被送到医院治疗，经检查确诊为胸腰骨折。从医院回来后，大家都劝他好好休息，但他依然带病工作，问他为什么不休息，他回答道："大家都忙着，我也闲不住，不能出班投递就留守电话，总之能做一点是一点"。

▲"双11"以来，贵阳邮区中心局坚持在一线出现的问题必须在一线解决。 舒峰 摄

▲因雪深导致车辆无法驶入，需采取步行投递邮件的方式，确保邮件无延误。

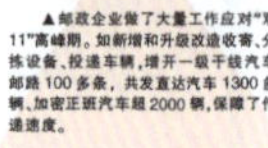

▲邮政企业做了大量工作应对"双11"高峰期。如新增和升级改造收寄、分拣设备、投递车辆，增开一级干线汽车邮路100多条，共发直达汽车1300多辆、加密正班汽车组2000辆，保障了传递速度。

【镜头4】

小包"铁人"

今年"双11"期间西安市邮政局高新发投公司开展了"电商小包投递质量大会战"活动，电子城服务站是西安市进口量最大的一个站点，全月进口量占到全公司的11%左右。在"双11"活动期间，连续一周时间每天进口量均在1400件以上，给服务站的投递造成很大的压力。

作为一名驾驶员，贾雷每天在做好机关段报刊邮件投递工作同时，承担了大量电商小包投递的工作压力，尤其是在周六、周日企事业、中小型单位休假，无法正常妥投，周一电商滚存量很大，给周一的投递带来了很大压力。从大会战活动开展以来，贾雷中午从没有休息过，有时顾不上吃饭就又匆匆忙忙踏上了投递之路。看到库存量较大时，他比管理人员还着急，就这样简单的工作，他一丝不苟的态度得到了全体工作人员的认可。

他投递小包有特有的方法，在4名驾驶员中，他投递小包业务量总是第一，他投递100件包裹，只需要大概两个半小时就能完成，而其他投递员大概需要他两倍的时间才能完成。他个人对自己投递小包要求非常高，没有特殊原因，基本不会带回再投。

在这次大会战活动中，他也付出了艰辛的汗水，为了确保在最短时间内达到投递效率最大化，一趟送完接着又装一车包裹再次踏上投递旅程，每天下来都是四五趟的投递，从南走到北，从东到西随处都能看到他驾驶邮车的身影，从早上8点出班忙的中午饭都顾不得吃，经常午饭都是在晚上才想起来吃。有时投递站业务量较大时，安排白天投递单位，晚上加班投递小区、农村，贾雷在忙碌一天后，总是主动请战，加入晚上投递行列。尽管考虑他是驾驶员，不能疲劳工作，但是他本人还是倔强地主动要求投递，他说："看到摆放满院子的小包，经过我们的努力全部及时投递，现场空空无几时，我觉得大家的努力都是值得的，我个人也有一种成就感。"因为有了贾雷这样吃苦在先的好帮手，大大减轻了段道投递员的压力，同时也为小包实现当日妥投率95%以上起到了决定性作用，其他员工都佩服他的敬业精神，也因此对他赞不绝口，他被大家开玩笑地称为"铁人"。从11月11日至25日，他个人投递小包2896件，创下了驾驶员投递最高纪录。

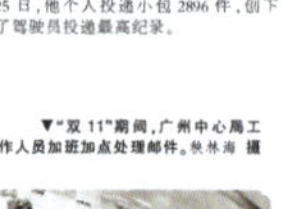

▼"双11"期间，广州中心局工作人员加班加点处理邮件。 快林海 摄

【镜头5】

奋战一线

在贵阳邮区中心局邮件处理中心、转运分局、汽运分局……"双11"大战的各个关键环节，一线员工日夜奋战，全身心投入，用一片火热激情，用对邮政事业的深沉大爱，为"双11"这场艰苦的攻坚大战交上了漂亮的答卷。

11月16日，是值班长金良凤参加她就读贵州大学开班典礼的重要日子。按照轮班，她前晚就可以休息了，可是她没有离开生产场地一步。"看着那么多邮件还没处理，我着急！回家睡不着，上课不踏实，还是得干完我才安心。"听到同事劝她去参加典礼的话，金良凤断然回绝，一头又扎进邮件堆里。一生一次的大学开班典礼错过了，到离开场地回家休息时，她已连续工作了24小时。

为应对"双11"邮件高峰，汽车接发班每天安排休班人员加入当天班组生产，提高邮件接发应变能力；通过生产系统，对次日到达的一级干线车辆进行预判，掌握流量，安排次日生产人员接卸邮件。

"邮件量达到4.5万袋，组织休班人员加班；达到4.5至5.5万袋由转运分局组成预备队接卸邮件；达到6万袋以上，3个班合为2个班，班务安排上由上一休二，改为上一休一。""双11"期间，转运分局组织分局行政人员、火车转运休班人员和休班押运员成立了一支10人的预备队，随时待命处理一切突发事件。"通过组建预备队来确保'双11'旺季生产，在转运环节内运邮，卸得下、发得出，确保畅通。"转运分局黄海棠局长说到。

"双11"以来，汽运分局实行全天候轮流值守，做到"问题在一线出现，必须在一线解决"，绝不让任何因素影响正常的生产运行。为备战"双11"，分局全面检修现有车辆，还增加了2台载重8吨，1台载重5吨，3台载重2.7吨的运输车辆作后备。11月15日，随着邮件量的增长，分局再次将运输加班车辆由原计划的6辆，增加至8辆。同时驾驶员调整排班，安排归班驾驶员轮流加班发车。分局还要求所有二干车队驾驶员在邮件运输途中如遇路阻、邮件短少等突发情况，必须立即电话联系分局领导及调度室，以便及时采取应急措施解决邮件输送及查找等问题。

11月16日凌晨5点左右，局站盘驳车行驶到小河山水黔城附近突发故障，该车装有赶发贵阳至六盘水火车邮路的国内小包邮件200多袋，时间非常紧迫。驾驶员罗本贵立即报告班长刘宏伟，刘宏伟当即带领值班驾驶员奔赴现场。经过检查判断车辆无法短时间内修复，再通知转运分局来不及了，邮件时限不容耽搁！公路旁，5位驾驶员打响了一场邮件运输"抢救战"。200多袋邮件，平均一袋重15公斤左右，5名驾驶员毫不犹豫，手搬肩扛，寒意浓浓的冬晨却干得满头大汗，迅速将故障车辆内邮件全部装卸至备用车辆，由值班驾驶员开往目的地，顺利确保了当次邮件运输时限。

中国邮政集团公司 供稿

本版图片除署名外由 中国邮政集团公司 提供

2013年12月28日 星期六 第5663期 今日24版 交通运输部主管 中国交通报社主办 1版
邮发代号:1-72 国内统一刊号:CN11-0122 http://www.zgjtb.com www.ccnn.net.cn E-mail:xw1b@zgjtb.com

2014年交通运输工作总体要求

全面贯彻落实党的十八大,十八届二中、三中全会和中央经济工作会议精神,坚持稳中求进工作总基调,把改革创新贯穿于加快"四个交通"发展的各个领域各个环节,始终坚持安全第一,加快转方式调结构,着力提质增效升级,着力提升运输服务质量,着力推进综合交通运输体系发展,着力服务民生改善,实现交通运输持续健康发展。

全国交通运输工作会议在京召开,会议提出

深化改革务实创新 加快发展"四个交通"

综合交通是核心,智慧交通是关键,
绿色交通是引领,平安交通是基础,
"四个交通"相互关联,相辅相成,
共同构成了推进交通运输现代化发展的有机体系。

深化改革 务实创新 加快推进"四个交通"发展

——交通运输部党组书记、部长杨传堂在2014年全国交通运输工作会议上的讲话

加快发展综合交通是适应全面建成小康社会的必然要求,是加快转方式调结构、提质增效升级的重要内容,也是推进交通运输可持续发展的必由之路。

加快发展智慧交通是推进交通运输管理创新的重要抓手,是提升交通运输服务水平的有效途径,也是推动交通运输转型发展的重要支撑。

加快发展绿色交通是建设生态文明的基本要求,是转变交通运输发展方式的重要途径,也是实现交通运输与资源环境和谐发展的应有之义。

加快发展平安交通是以人为本的本质要求,是服务民生的最大前提,也是实现交通运输科学发展的基础条件。

工作报告摘要详见2—3版

本报讯 (**记者** 刘兴增 孙英利)12月27日,2014年全国交通运输工作会议在交通运输部党校召开。会议提出,要全面贯彻落实党的十八大和十八届二中、三中全会以及中央经济工作会议、中央农村工作会议精神,坚持稳中求进工作总基调,把改革创新贯穿于加快综合交通、智慧交通、绿色交通、平安交通"四个交通"发展的各个领域各个环节,始终坚持安全第一,加快转方式调结构,着力提质增效升级,着力提升运输服务质量,着力推进综合交通运输体系发展,着力服务民生改善,实现交通运输持续健康发展。

交通运输部党组书记、部长杨传堂作了题为《深化改革 务实创新 加快推进"四个交通"发展》的工作报告。部党组副书记、副部长、中国民航局局长李家祥主持会议。部领导翁孟勇、高宏峰、冯正霖、陆东福、李建波、马军胜、何建中出席会议。部老领导黄镇东、徐祖远、钱永昌、胡希捷、林祖乙,解放军总后军交运输部副部长孙凤乐,武警交通指挥部司令员刘占琪以及中央有关部门相关负责人应邀出席会议。

杨传堂在工作报告中全面总结了2013年铁路、公路、水路、民航、邮政等交通运输工作取得的成绩。他指出,一年来,交通运输系统坚持主题主线,奋力落实中央稳增长、调结构、促改革的部署,千方百计改善民生,实现了行业发展稳中有进、稳中向好的良好局面。

杨传堂指出,面对新阶段新形势新任务新要求,交通运输稳发展的基本面没有变,但发展条件和环境正在发生深刻复杂变化;交通运输转方式调结构的任务十分紧迫,推进转型升级面临不少困难和挑战;交通运输深化改革的难度前所未有,面临体制机制障碍等突出问题;交通运输惠民生的要求日益提高,改进和提升服务质量是一项重要而长期的任务。综合分析形势任务,立足于交通运输发展的阶段性特征,更好地实现交通运输科学发展,服务好"两个百年目标",当前和今后一个时期要全面深化改革,集中力量加快推进"四个交通"发展。

杨传堂强调,加快发展综合交通是适应全面建成小康社会的必然要求,是加快转方式调结构、提质增效升级的重要内容,也是推进交通运输可持续发展的必由之路。加快发展智慧交通是推进交通运输管理创新的重要抓手,是提升交通运输服务水平的有效途径,也是推动交通运输转型发展的重要支撑。加快发展绿色交通是建设生态文明的基本要求,是转变交通运输发展方式的重要途径,也是实现交通运输与资源环境和谐发展的应有之义。加快发展平安交通是以人为本的本质要求,是服务民生的最大前提,也是实现交通运输科学发展的基础条件。综合交通是核心,智慧交通是关键,绿色交通是引领,平安交通是基础,"四个交通"相互关联,相辅相成,共同构成了推进交通运输现代化发展的有机体系。

杨传堂指出,加快推进"四个交通"发展,根本还是要通过全面深化改革来实现。各级交通运输部门要按照中央统一部署,抓紧研究制定分类推进改革的实施方案,不断推进交通运输治理体系和治理能力现代化。当前和今后一段时间,要以五个方面的重点改革带动全面深化改革的顺利推进。一是深化行政管理体制改革。二是深化交通投融资体制改革。三是深化公路水路管理体制改革。四是深化交通公共服务改革。五是深化市场监管体制改革。

杨传堂强调,2014年的改革任务繁重而艰巨,要围绕推进五项改革,深化公路建设管理、养护管理和内河管理、事业单位等重点领域改革,深化交通运输行政审批制度和行政执法体制改革。同时,明年的工作要围绕八个方面展开。一是继续稳步推进交通基础设施建设,着力完善综合交通网络体系。二是保持交通运输运行平稳有序,着力提升运输服务质量和水平。三是推进科技创新,加快交通运输结构调整和转型升级。四是坚持绿色循环低碳发展,增强交通运输可持续发展能力。五是深化平安交通建设,提高交通运输安全监管和应急保障水平。六是加快推进法治政府部门建设,提高交通运输依法行政能力和治理水平。七是加快推进互联互通和"走出去"战略,推动交通运输开放发展。八是推进宣传思想文化建设,加强行业文明和反腐倡廉建设。

按照部党组的总体要求,2014年铁路、民航、邮政工作由国家铁路局、中国民航局、国家邮政局分别召开会议作出具体部署。公路、水路等方面的重点工作将由《交通运输部2014年工作要点》作出具体安排。

全国交通运输党风廉政建设工作会议强调

深入开展党风廉政建设和反腐败斗争 为推进"四个交通"发展提供坚强政治保障

本报讯 (**记者** 刘兴增 孙英利)12月27日,全国交通运输党风廉政建设工作会议在交通运输部党校召开。交通运输部党组书记、部长杨传堂出席会议并作工作报告。他强调,当前交通运输处于发展机遇期和改革攻坚期,反腐倡廉形势严峻复杂,各级党组织要认真贯彻党的十八大和十八届三中全会精神,强化主体责任、落实"一岗双责",深化相关改革、规范权力运行,全面加强纪律、作风和反腐倡廉建设,为推进"四个交通"发展保驾护航。

会议指出,2013年,交通运输系统各级党组织和纪检监察机构认真贯彻落实中央关于反腐倡廉的决策部署,严明党纪政纪,严抓工作作风,严惩腐败行为,着力构建组织领导、廉政教育、预防制度、外部监督和内部监督惩处"五个体系"工作格局,着力开展深化工程治理、清理涉企收费、规范经营活动、严肃财经纪律四个专项整治,着力以落实中央八项规定精神和开展党的群众路线教育实践活动为契机加强党风政风建设,取得了新进展新成效。

会议提出,2014年,要全面贯彻党的十八大、十八届三中全会和中央纪委第三次全会精神,坚持党要管党、从严治党,扎实抓好纪律建设、作风建设和反腐倡廉建设,围绕构建"五个体系"工作格局,突出重点,专项整治,以挖山不止的劲头持续推进,为深化改革推进"四个交通"发展提供坚强政治保障。

会议强调,要巩固和深化2013年专项整治成果,根据形势需要和群众期待开辟新的工作面。一是"严明组织纪律,克服软弱涣散",切实加强组织管理,严格组织生活,保证政令畅通;二是"厉行勤俭节约,反对奢侈浪费",严控"三公"经费支出,严查违纪违规行为,努力建设节约型交通;三是"强化执法监督,整肃政风行风",积极推进阳光执法,规范执法权力运行,提高执法服务能力和水平。

会议强调,要认真落实惩治和预防腐败体系建设新的五年工作规划,进一步加大惩治力度,坚持有案必查、有贪必肃,认真受理群众举报,严肃查处违纪违法案件,坚决遏制腐败蔓延;坚持抓早抓小,对苗头性问题早发现、早纠正、早报告,防止小错酿成大错。进一步强化教育监管和制度创新,推进反腐倡廉教育和廉政文化建设,落实廉政风险防控各项举措,完善权力运行监督制约机制,加强和改进巡视监督,更加有效防治腐败。

会议要求,各级纪检监察机构要认真贯彻中央纪委"转职能、转方式、转作风"的要求,聚焦主业主责,突出工作重点,集中力量监督,做到有权必限;集中力量办案,做到有案必查;集中力量督导,做到履责必实;集中力量问责,做到失职必究。

部党组成员、驻部纪检组组长李建波主持会议。部领导翁孟勇、高宏峰、冯正霖、马军胜、何建中出席会议。中央纪委监察部有关厅室负责人应邀参加会议。各(省、区、市)交通运输主管部门主要负责同志和纪检监察机构负责人,部属各单位主要负责同志和纪检监察机构负责人,部机关各司局主要负责同志参加会议。

■今日看点

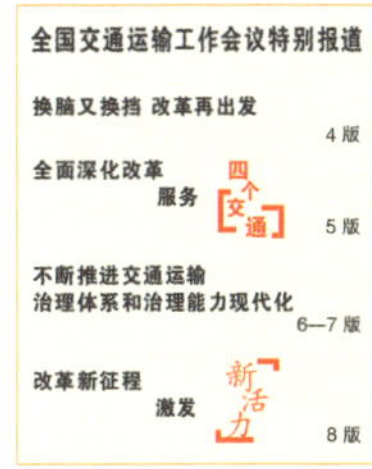

本版图片由 本报记者 吴卫平 熊永南 摄
值班编委 孙宝夫 本版主编 韩璐 责编 樊猛

航行通告 (详见18版)

中国交通报
CHINA TRANSPORT NEWS
http://www.zgjtb.com 邮发代号:1-72 国内统一刊号:CN11-0122
2014年1月28日 星期二 第5684期 今日8版 交通运输部主管 中国交通报社主办

最严市场监管服务两岸海运

本报讯 为切实转变政府职能，进一步强化事中事后监管，交通运输部建立了港航和海事部门联合监管、港口企业协同管理、企业举报、违规情况通报和船舶自动识别系统监控等一系列制度，初步建立了两岸海运市场监管体系。

为避免两岸运输国际化，针对少数外国企业和船舶非法从事两岸海运的行为，交通运输部进一步加大了监管力度，实施了最严格的监管，发现一起、查处一起、通报一起。自2013年以来，交通运输部组织有关港航和海事部门，先后查处和制止了多起违规经营两岸海运的行为，交通运输部给予非法使用外国籍船舶从事两岸海运的永顺船舶股份有限公司和香港国兴海运有限公司没收违法所得的行政处罚，罚没总额逾130万元，对存在过失行为的营口港股份有限公司等港口经营人和船舶代理公司给予告诫。韩国大宇物流公司(DAEWOO LOGISTICS CORP.)等8家公司涉嫌违规行为正在进一步调查处理中。

严格监管确保了禁止外国公司和外国船舶经营第三地从事两岸运输的政策有效实施，每年为两岸直航企业增加营业收入近10亿元。下一步，交通运输部将依托两岸航运管理信息系统和集装箱运价备案系统，完善两岸海上运输市场监管信息平台，实现对两岸海运市场的全面监管，继续保持对违规行为的高压态势，对非法从事两岸运输行为"零容忍"。（冀欣）

李克强总理称赞快递员工把幸福快递到千家万户

快递业是中国经济的"黑马"

本报讯 （特约记者 黄志李）在马年春节到来之际，1月27日，中共中央政治局常委、国务院总理李克强来到位于陕西省西安市西咸新城的西安顺丰速运有限公司看望慰问快递员工。李克强说，快递业关系经济民生，你们就是在运送商品，也是在传递亲友心意，给大家送去春节的温暖，把幸福快递到千家万户，快递业是中国经济的"黑马"，祝你们在马年快马加鞭，万马奔腾，马到成功！

在慰问过程中，李克强总理还亲自给一个即将发出的快件贴上了面单，当了一次"快递员"，并且叮嘱要及时送到客户手中。

国家邮政局党组连夜召开会议，认真学习领会李克强总理重要指示精神。大家一致认为，李克强总理对顺丰公司的视察和慰问，充分体现了党中央、国务院对邮政行业的亲切关怀和高度重视，是对全行业广大干部职工极大的激励和鼓舞。局党组要求全行业要借助学习贯彻党中央、国务院领导的关怀和鼓励，将其转化为加快发展的强大动力，结合各地实际做好四方面工作。

一是要周密部署，认真落实，做好春节期间的邮政快递服务保障工作。要按照国家邮政局《关于做好春运期间邮政、快递服务保障和安全生产工作的通知》要求，做好对邮政企业、快递企业的服务监管，指导企业严格执行春节假日期间邮政、快递服务规范，更好地满足用户的服务需求，同时合理安排员工节日值守，保护合法权益。

二是提前谋划，早做安排，努力做好2014年全年各项工作。要进一步增强进取意识、机遇意识、责任意识，按照李克强总理对中国快递业的定位和要求，结合各地实际情况，围绕抓改革促发展惠民生这条主线，实施"深化邮政改革创新，推动快递转型升级"两大战略，把握"提升服务质量，提高监管效能"两个重点，坚持"保护消费者权益和增进人民福祉"这个出发点和落脚点，认真规划，完善措施，注重落实，努力做好2014年第一季度发展工作，争取实现开门红。

三是严格监管，落实责任，保障行业安全生产。要坚持发展与安全"两手都要硬"的方针，督促企业落实安全主体责任，强化企业总部对全网络的安全管理责任。要进一步强化安全监管责任，加大市场执法检查力度，深入开展专项治理。要完善部门间协作机制，分工负责，形成合力，推进安全管理工作属地化。要不断创新监管手段，提高监管实效，坚决杜绝重特大安全生产事故的发生。

四是加强协作，提升服务，促进快递转型升级。要积极推动落实已经出台的产业协作相关政策措施，推动重点地区、重点企业加快开展跨境网购寄递业务和快递服务制造业，推进快递下乡、快递西进工程，进一步提升快递服务电子商务的能力和水平，促进快递和电子商务共同发展。

杨传堂主持召开部务会议并要求

细化工作措施强化督促检查 确保年度重点工作保质完成

本报讯 （记者 刘兴增 孙英利）1月27日，交通运输部部长杨传堂主持召开2014年第一次部务会议，审议并通过了《2014年交通运输部主要工作目标管理计划表》(简称《目标管理计划表》)、《交通运输部机关会议计划及会议费管理实施细则》(简称《实施细则》)。杨传堂要求，各司局要进一步细化工作措施，强化督促检查，扎实推进年度重点工作，确保各项任务按时保质完成。

杨传堂指出，《目标管理计划表》对全国交通运输工作会议提出的重点工作进行了分解，落实了主办单位，细化了工作措施，明确了完成时限，共9大类185项工作目标及落实措施。此外，根据部党组会议精神，部党的群众路线教育实践活动整改落实方案纳入日常督察工作中，共5大类28项整改事项。政务信息工作也首次纳入主要工作目标管理计划，年初按照重点工作分解目标拟定信息编报重点，每月制定重点信息选题，分解各单位落实任务，定期督促检查。

杨传堂要求，要加强组织领导，按照细化分工方案，把每一项任务落实到具体处室和具体人，以"钉钉子"的精神抓落实。要密切协作配合，牵头部门要负起组织协调责任，其他部门要积极主动配合，不断提高执行力和工作效率。要务实创新、转变作风，巩固扩大党的群众路线教育实践活动成果，深入基层开展调研，及时发现新情况新问题，集中力量解决人民群众关注的突出问题，集中力量推进重点工作。要强化督促检查，分阶段掌握重点工作进度，拧紧"螺丝扣"，确保重点工作按时完成，顺利实现全年工作目标。

会议审议通过了《实施细则》。今后，交通运输部会议计划管理与年度会议经费预算挂钩，实行会议年度计划和审批管理制度，以会议费预算确定会议数量，以会议分类标准控制会议规模。会议费细化到具体会议项目，纳入部门预算并单独列示，会议费管理的范围扩大到包括小型研讨会、座谈会、评审等业务性会议。杨传堂强调，《实施细则》是贯彻落实中央厉行节约反对浪费相关制度规定的重大举措，是党的群众路线教育实践活动整改落实的具体措施。各司局要提高思想认识，加强会议计划并纳入预算管理，认真贯彻执行。

会议审议并同意了《交通运输部2014年立法计划》。杨传堂强调，要认真贯彻落实《关于全面建设交通运输法治政府部门的若干意见》，加快推进法治政府部门建设。立法工作要突出重点，统筹兼顾，建立年度立法计划推进督察机制，确保计划按期完成。

会议听取了关于集中连片特困地区交通运输发展调研情况的汇报。杨传堂指出，2012年以来，交通扶贫工作扎实有效推进，"十二五"交通扶贫目标能够如期完成。要创新思路，深入研究，深化交通投融资体制改革，做好交通扶贫政策储备，调动地方积极性，落实各级政府责任，确保集中连片特困地区实现全面建成小康社会交通运输发展目标。

会议还研究了其他事项。

部领导翁孟勇、高宏峰、冯正霖、李建波、何建中出席会议。部总工、部机关各司局主要负责同志和部管局有关部门负责同志参加会议。

杨传堂在部干部大会上代表部党组述职时强调

更好发挥党组领导核心作用 奋力推动交通运输科学发展

本报讯 （记者 孙英利）1月27日，交通运输部召开干部大会。部党组书记、部长杨传堂主持会议，并代表部党组作2013年述职报告。杨传堂强调，要进一步树立忧患意识、创新意识、宗旨意识、使命意识，更好地发挥部党组的领导核心作用，团结带领交通运输广大干部职工，奋力推动交通运输科学发展，为全面建成小康社会提供保障。部领导翁孟勇、高宏峰、冯正霖、李建波、马军胜、何建中出席会议。

杨传堂全面总结了2013年部党组工作。他指出，一年来，部党组高举中国特色社会主义伟大旗帜，以邓小平理论、"三个代表"重要思想和科学发展观为指导，在党中央、国务院的坚强领导下，深入贯彻党的十八大、十八届二中、三中全会精神和习近平总书记一系列重要讲话精神，结合实际，重点抓了四件大事：一是认真抓好党的十八大精神和习近平总书记系列讲话精神的学习贯彻落实，二是深入开展党的群众路线教育实践活动，三是坚持谋大局抓大事推进改革创新，四是有力应对重大自然灾害。与此同时，部党组推进交通运输经济平稳健康发展，坚持和深化依法行政，不断深化行业文明建设和文化建设，加强和改进交通运输社会管理，积极推进绿色、智慧交通发展，继续加强党风廉政建设，加强干部人才队伍建设，实现了交通运输稳中有进、稳中向好和党的建设科学化水平不断提高的良好局面。

杨传堂表示，一年来，部党组认真履行职能，重视加强自身建设，坚持把思想政治建设放在第一位，加强党组中心组学习，严格执行民主集中制，带头贯彻执行中央八项规定、《党政机关厉行节约反对浪费条例》等相关规定和部党组的相关落实措施，带头严格执行党风廉政建设责任制，较好地发挥了领导核心和示范带头作用。一年来的党组工作实践积累了丰富经验，即必须紧紧围绕中央的决策部署，结合交通运输实际，加强领导，创造性地开展工作，这是关键；必须充分调动各方面的积极性，依靠干部群众，充分释放干部群众的参与热情与创造活力，使之成为交通运输改革发展的主力军，这是根本；必须善于把党的群众路线教育实践活动与交通运输工作紧密结合起来，坚持问题导向，着力解决"出行难"等人民群众关注的突出问题，提升交通运输服务质量，这是基础；必须突出"认真"二字，认真执行党的纪律，认真面对存在的矛盾和问题，认真推进工作落实和整改落实，忙而不乱、有条不紊，不断增强政治定力，这是前提。

杨传堂强调，2014年是全面贯彻落实党的十八大和十八届二中、三中全会精神的重要一年，是完成"十二五"规划目标任务的关键一年，要坚持稳中求进工作总基调，把改革创新贯穿于加快"四个交通"发展各领域各环节，始终坚持安全第一，着力深化重点领域改革，着力提质增效，着力推进综合交通运输体系发展，着力服务民生改善，着力加强和改进党风廉政建设和领导班子自身建设，努力书写实现中华民族伟大复兴中国梦的交通运输篇章。

部机关处级以上党员领导干部，在京直属单位党政主要负责同志和离退休干部支部书记参加会议。

今年交通运输节能减排明确八重点

本报讯 日前，交通运输部副部长何建中主持召开了部节能减排工作领导小组2014年第一次会议。会议审议并原则通过了《2013年交通运输行业节能减排工作总结》和《2014年交通运输行业节能减排工作要点》。

何建中充分肯定了2013年交通运输行业节能减排工作取得的成效。何建中强调，2014年交通运输行业节能减排工作要以绿色交通为主题，重点做好八个方面工作。一是完善制度体系、规划体系、标准体系建设，强化监测和评估工作；二是强化市场监管，将节能减排的要求融入行业管理制度；三是组织开展试点示范，大力推进区域性试点和主题性示范项目；四是继续开展"车、船、路、港"千家企业低碳交通运输专项行动和科技专项行动；五是做好公共机构(包括部属单位)节能工作，发挥机关表率作用；六是进一步完善节能减排激励机制，引导地方交通部门协调建立激励政策；七是积极应对气候变化，与大气污染防治工作联动起来，发挥政策的叠加效应；八是做好宣传和交流工作。

何建中要求，部内各司局要在各自职责范围内，进一步明确年度目标，细化实化抓手，政策法规司要发挥好综合、协调作用，确保国家下达的各项节能减排任务和2014年交通运输行业节能减排各项重点工作的完成。（闻欣）

在广东广州白云国际机场，被称为"幼儿园园长"的南航地面服务保障部工作人员刘广毅带着6名无人陪伴儿童过安检(如图)。春运期间，刘广毅平均每天要护送150多个孩子和老人登机。

特约记者 林健芳 实习生 程雪 通讯员 邓新宇 文 曾建 图

让群众的叫好声经久不息

——二评交通运输部党的群众路线教育实践活动突出成效

□本报评论员

确保实效、取信于民，这是开展党的群众路线教育实践活动的根本性要求，也是我们党开展集中教育活动的成功经验。随着交通运输部党的群众路线教育实践活动的持续深入，活动成效让大家看得更真切，摸得更具体，群众的叫好声也更加响亮。

活动深化了党员干部的思想教育，政治意识、党性修养和宗旨意识明显增强。思想是行动的先导，广大党员干部在活动中走进马克思主义群众观点的再教育课堂，真正从思想上重视群众，感情上亲近群众，行动上融入群众，把人民群众利益放在首位，在直接帮助群众中贴近群众，在直接了解民生中改善民生，在直接学习基层中服务基层，真正赢得人民群众的真诚支持和拥护。

活动促进了干部队伍的自我净化，作风养成和能力建设明显增强。作风建设是党的建设的永恒课题。通过活动，去年部三类会议减少34%，各级领导班子和党员领导干部私客公待、公车私用等现象得到禁止。一批群众关注的热点问题得以解决，部党组兑现了做好10件便民利民实事的承诺，取消和下放了17项行政审批项目，取消了12项收费项目，30万名中国籍船员不再需要重复体检。一批行业难题正在化解，国家高速公路"断头路"、收费公路专项清理扫尾、部属单位完工未竣工验收基建项目清理等三项重点整改进展顺利，全国交通公路执法专项整改有序开展，集中连片特困地区扶贫攻坚稳步推进。广大党员干部在整改和解决突出问题中，提高了做好群众工作的能力。

活动弘扬了党的优良传统，领导班子的团结统一和整体合力明显增强。各级领导班子带头加强民主集中制，愿听逆耳忠言，愿尝苦口良药，直截了当、具体实在地查摆问题。领导干部勇于剖析个人问题、承担班子责任，领导班子成员之间既相互"拆台"，又相互帮助，开展了积极健康的批评与自我批评，班子团结和谐，凝聚力和战斗力进一步提高。

活动突出了实践特色，交通运输科学发展的制度和体制机制创新能力明显增强。制度建设是发展的根本，交通运输部在教育实践活动中固本清源，针对群众期盼，围绕改进作风制定规章制度，研究提出了加快发展"四个交通"的目标和政策体系，建立完善了领导班子、领导干部基层联系点制度，从制度机制层面研究解决群众反映强烈的道路交通倒堵、城乡交通公共服务不均等问题，并以教育实践活动为契机，积极探索党建工作新载体、新方式。

取得实实在在的成效十分可喜，巩固扩大活动成果更加重要。我们要把群众的呼声作为第一信号，把群众满意不满意作为第一标准，把解决群众困难作为第一责任，全面落实整改任务，深化活动成效，让群众的叫好声经久不息。

■今日看点

《铁路》专刊启程

春节将至，《铁路》专刊裹挟着春运的仆仆风尘与您初次相见。

2667次列车上的24小时

4版

招标公告 航行通告（详见6版）

□值班编委 姜波英 本版主编 林芬 责编 修亚涛 □E-mail:xw1b@zgjtb.com □新闻热线:(010)64255441 □发行热线:(010)65293561 □广告热线:(010)64250642

4版 2014年1月28日 星期二
铁路
电话：010-65293632 64252864 E-mail:zgjtb@126.com
中国交通报 CHINA TRANSPORT NEWS

致读者

春节将至，《铁路》专刊要接着春运的仆仆风尘与您初次相见。

今年春运是铁路实行政企分开体制改革后的首个春运，人们对改革后的铁路运输和服务充满期待的同时，也提出了更高的要求。《铁路》专刊也从这个春运启程，聚焦铁路管理和运输服务的改革发展，突出铁路政企分开、铁路与其他运输方式融合的成效，推介铁路改革安全监管、提升服务水平的举措，探讨铁路规划、建设、运营、管理中出现的新问题及未来发展方向。

国家铁路局2014年重点工作任务

总体工作思路：认真贯彻落实党的十八大和十八届二中、三中全会精神和中央经济工作会议精神，深入学习领会习近平总书记系列重要讲话精神，进一步转职能、转机制、转作风，突出铁路安全、质量、市场监管，着力加强铁路发展规划和政策研究，着力推进法规标准体系建设，着力规范铁路运输和建设市场秩序，着力推动铁路投融资体制改革，促进科技创新和政府间铁路国际交流合作，全面完成铁路机构改革任务，全面依法履职，更好地服务于铁路改革发展和经济社会发展大局。

重点工作任务：一是积极推进监管法治化建设。二是进一步强化铁路安全质量监管。三是规范铁路运输和建设市场秩序。四是加强铁路发展规划、政策研究和行业标准体系建设。五是加强铁路国际合作交流，推进与周边国家铁路互联互通建设。六是全面完成国家铁路局所属单位的组建。七是认真做好铁路行业相关行政管理工作。同时，切实加强党建思想政治工作和队伍建设，落实党风廉政建设责任制，实现转职能、转机制、转作风的各项任务目标。

■言论

求解"一票难求"不能"就票论票"

[illegible]

2667次列车上的24小时

纵使路途遥远，也阻挡不了归乡的脚步。图为一名乘客在新林站下车。

辽宁沈阳至黑龙江漠河的2667次列车，被称为"极地"列车。它途经辽宁、吉林、黑龙江，行走1700多公里，停靠车站40多个，最北站是"神州的北极"漠河。漠河位于祖国最北端，冬季气温经常达到零下40摄氏度。因为要经受近50摄氏度的温差，防寒是2667次列车最重要的问题之一。

乘务员胡博时不时添煤，车厢里温暖得让人懒洋洋。

1月23日22时，小年夜，哈尔滨火车站8号站台，零下12摄氏度。

一列绿皮车随着隆隆的伴奏声停了下来。这趟从沈阳开往漠河的2667次列车在哈尔滨是经停站，但上车的人还是不少。匆忙中，记者在旅客的大包小包间，好不容易上得列车。

本报记者 熊水湖 文/摄

1月23日22时10分至1月24日零时

火车上的小年夜

"坐这车还能碰到不少熟人呢。"

火车在不紧不慢地开着，"咣当咣当"的声音听着让人想打瞌睡。记者所在的卧铺车厢仅有小壁灯发出微弱的光，一些旅客已进入梦乡。还有一些，三三两两地靠着壁灯坐着，小声地聊着天。窗外，时而白茫茫一片，时而灰黑异常，啥也看不见。

相比卧铺区的安静，硬座车厢则是另一番天地。大家挤得水泄不通，过道里连个下脚的地方都快没有了。认识的、不认识的，聊得正欢，哪管外面冰天雪地。不时飘来的方便面香味，更让人觉得热气腾腾。在沈阳做小本生意的夏先生和朋友们玩着扑克牌，手气不错连赢三盘，笑得嘴都咧开了。他告诉记者，他的家在哈力图，一大早就能到。每年过年铁定回家，坐的都是2667次列车，看着它都觉得亲切。"坐这车还能碰到不少熟人呢。"夏先生说，这个车大小站都停，沿线的老百姓出门坐火车很方便。

记者跟随80后列车长胡天菲巡查车厢时，遇到了一对姐弟，姐姐脸色很不好，弟弟在旁边扶着她。一问，才知道到漠河的他们连坐票都没买上，而姐姐心脏不好，上车后不舒服。胡天菲赶紧从餐车区里搬出凳子，让他们坐下，后来又帮他们在9号车厢协调好了卧铺票，"休息好了，那位姐姐会好过些"。

1月24日9时至15时

乘务员也是锅炉工

"尤其是晚上，车外温度急剧下降，我们15分钟左右就得添一次煤。"

1月24日早上，车厢里孩子们游戏打闹声把记者叫醒。9岁的天天和8岁的邓熙航正在玩着大人们的平板电脑。车厢里很暖和，天天只穿了一件秋衣，外面是一个稍厚的蓝色毛衣，邓熙航则不同，鼻子都沁出汗珠了，还不肯脱掉外套。"那是妈妈给他买的，舍不得脱。"不远处，邓熙航的奶奶笑着"讽刺"自己调皮好动的孙子，眼里写满疼爱。

车厢里虽然很温暖，但在每节车厢之间的连接处还是挺冷的。仔细端详，列车连接处用软橡胶作了密封处理，受内外温差的作用，这些黑色橡胶显得湿漉漉的，偶尔能看到冰霜。而正是这些软体橡胶的存在，可以很好地保持车厢与车厢之间的温度。

中午，去餐车吃午饭的途中，遇到正在给锅炉房添煤的乘务员胡博。只见他熟练地从绿色编织袋里铲出煤块，朝炉膛抛去。在炉火的映照下，胡博的脸变得通红。关上炉门后，他指着锅炉上的几个刻度表跟记者解释它们的用处。"尤其是晚上，车外温度急剧下降，我们15分钟左右就得添一次煤。"胡博说，他们需要确保列车内的温度始终保持在16摄氏度以上。因为烧煤的需要，2667次列车上，每节车厢靠近连接处的坐席下，都有一个白色铁皮箱子，里面装着满满的煤块。记者伸手去拽这个箱子，发现它们都很沉，一只手根本挪不动。这些黑亮的小煤块，是保持车厢温暖的第一功臣。一路上，记者偶尔瞄一眼挂在车厢中部的温度计，发现其数值基本都指在"16"以上。偶有下降趋势，列车长立即会用对讲机通知乘务员勤添煤。

1月24日15时至21时40分

终点是家也是起点

对旅客来说，到了终点，就到了家；而对胡天菲们来说，到了终点，就是起点。

火车继续前行，一路向北。在2667次列车的线路中，绣峰站到漠河站的区间，既是高纬度寒冷地区，也是列车运行的夜间时间段。乘务员需要更加注意车厢的保温问题，让极地列车始终火热，此外还要经常用热水烫地漏眼、开水管和便器孔，以免冻上。

天色渐渐暗了下来，整节车厢没有了孩子们的嬉笑打闹声，才下午5点左右却安静得像深夜。只有靠门口的一位年轻人听着歌曲，不时轻轻哼出几句。晚上7点，记者上5号车厢坐了一会，发现这里的人也所剩无几。几位乘客干脆蜷缩着身体，半躺着"睡"在空荡荡的座位上。大部分乘客都眯着眼睛安静地坐着，什么也不干。越往北，沿线居民越少。乘务员说，要不是春运，往常这个路段人更少。

1月24日晚上9点40分，随着一声粗重的"喘息"声，2667次列车准时到达终点站漠河。车门一开，涌上来的是零下二十多度的寒冷，还有漠河人的热情——迎接亲友的人比到站下车的人还要多。对旅客来说，到了终点，就到了家；而对胡天菲们来说，到了终点，就是起点。

几步路，就走完了站台。出站台铁门后，记者驻足回看寒夜中的绿皮车——它就那么静静地立在那儿，像个忠诚的老友，温暖如昔。

[illegible]，下的人多，上的人少。

□记者手记 那些未知的世界

未知的世界，叫人期待，也会让人生畏。

生在南方，从未见识过零下三四十摄氏度的世界是个什么样的世界。所以，对漠河这个遥远的北方小城，有着天然的期待和恐惧。期待是因为好奇和探险般的刺激，恐惧是因为怕出现自己控制不了的突然状况。种种可能出现的情况我都想了个遍，并尽量做足准备工作。但事后的结果证明，百密难免一疏。即便如此，记者仍然很高兴，因为2667次列车有很多有趣的故事，那神秘寒冷的漠河更是美得惊人。

对未知世界的探索具有亘古不变的魅力。铁路体制改革何尝不是如此？采访中，2667次列车的一些乘务员和沈阳客运段的相关领导均对铁路政企分开充满期待，觉得在广阔的市场中可以有更大的作为。虽然改革之路荆棘密布，令人畏难。就拿2667次这趟绿皮车来说，业内人士都心知肚明，它终将退出历史舞台，被更高等级的列车替代。但之后一系列难题将浮出水面：线路如何更新？铁轨、路基等如何相应升级？票价怎么定？线路的市场经济效益和社会效益如何兼顾？

"即使是在春运这样的高峰期，我们这趟线仍然是跑一次亏一次。"2667次列车存在的种种难题肯定不是个案。解决这些难题，只有深入推进铁路体制改革。虽然，就目前情况来看，改革只是有了一个顶层设计，很多难题还没解决好，但记者仍然对改革充满信心。

未知的世界，叫人生畏，也更让人期待。

铁路春运：安全监督不留盲区

今年的铁路春运比往年更令人关注。

这是铁路实行政企分开体制改革后迎来的首个春运，社会各界和广大人民群众充满期盼。国家铁路局高度重视，中国铁路总公司及所属的运输企业精心安排春运方案，各地政府部门、铁路公安系统以及相关企业等都在为铁路春运创造良好的环境和条件，全力以赴保障人民群众安全便捷出行。

2014年，铁路春运预计发送旅客是2.58亿人次，同比增长7.9%。高峰是在节前，特别是务工流、探亲流、学生流高度叠加，铁路运输的能力和需求之间的矛盾仍然非常突出，铁路安全以及服务质量的监督检查任务繁重。

1月14日，国家铁路局陆东福等局领导带队分4组深入铁路春运重点地区、重点干线和重点车站，围绕春运组织、设备设施整修等重点，分层按片开展监督检查。检查中，他们直奔基层、面向现场，通过明察暗访等多种形式开展工作，督促并支持铁路企业搞好春运工作，努力为广大旅客创造安全、便捷的出行条件和文明旅行环境。

安全出行是每年铁路春运工作的关键和核心。"加强春运安全的监督检查，重点要检查春运组织、设备设施整修、站车的防火防爆、沿线安全防护和应急处置安排等工作的到位情况。"国家铁路局总工程师赵泉情介绍，对新开通的高铁运营安全状况要进行专项检查；重点督察涉及春运安全的问题是否整改落实到位，保证不留死角和盲区。春运服务质量监督检查方面，重点是围绕铁路的售票组织、旅客乘降组织、服务的设备设施、现场服务状况等直接影响运输服务质量的重点环节，监督检查各项服务质量标准执行情况，督促铁路运输企业优化客运组织、创新服务方式，最大限度地便民利民。

春运期间，针对有可能出现的极端恶劣天气、设备故障等突发事件，国家铁路局进一步加强应急预案落实情况的监督检查，重点检查相关应急预案的制定演练和应急值守情况，并督促各地区铁路监督管理局结合春运特点，完善铁路突发事件的应急处置措施，确保应对及时、处置得当。对相关单位春运保障情况的监督，重点则是检查设备制造维修等铁路相关企业加强运输安全源头卡控以及应急抢修保障等措施是否落实到位。对铁路沿线执行《铁路安全管理条例》、维护铁路运输安全良好环境的情况也将重点检查督促，依法查处危害铁路安全的违法违规行为。

本报记者 熊水湖

地址：北京市安外安华西里三区13号楼 邮码：100011 总编室：65293633 通联发行部：65293561 64250641（传真） 新闻中心：64250635 公路编辑部：64263538 水运编辑部：64255824 运输编辑部：64252614
汽车事业部：65293637 网络部：64246881 中国交通报社北京中通广告公司：64250642 64255452 广告经营许可证：京朝工商广字0142号 每月定价：20.00元 零售每份：1.00元 中国青年报印刷厂印刷

CHINA TRANSPORT NEWS
http://www.zgjtb.com 邮发代号:1-72 国内统一刊号:CN11-0122
2014年3月3日 星期一 第5702期 今日8版 交通运输部主管 中国交通报社主办

北京步入公共交通时代

本报讯 （记者 孙文剑 赵正卿）记者从北京市交通委获悉，2013年，北京坚持公交优先发展战略，大力发展轴线公交、定制商务班车等公交个性化服务，提升公共交通品质，公共交通出行比例从44%增至46%。北京步入公共交通主导城市交通的时代。2014年，北京市交通行业预计将完成固定资产投资700亿元，公共交通出行比例达到48%。

地面公交：六类线路多层服务

2013年，北京地面公交与轨道网形成有效衔接，日均运送乘客1320万人次。开通36条微循环公交线路，首次开设定制公交商务班车，开行45条78班次，乘客中近6成原来是自驾车主。完成26个公交电子站牌建设，推出"北京实时公交"手机软件，提供78条公交线路车辆到站距离和到站时间查询服务。

（下转2版）

畅通北京 交通逐梦

大力提升交通运输服务水平 加快建设人民群众满意交通

——交通运输部部长杨传堂答记者问

编者按

日前，《学习时报》刊发了交通运输部党组书记、部长杨传堂专访稿件，本报今日全文转载。

□《学习时报》记者 李玉梅

记者：杨部长您好，党的十八大以来，交通运输部围绕服务全面建成小康社会，出台实施了一系列推进交通运输科学发展的政策措施，特别是围绕提升交通运输服务水平、提高人民群众满意度这一核心任务，研究制定了今后5年提升交通运输服务水平的政策措施。请您谈谈制定和实施这些政策措施的指导思想。

杨传堂：当前和今后一个时期，全面提升交通运输服务水平，要深入贯彻落实党的十八大和十八届二中、三中全会精神，以邓小平理论、"三个代表"重要思想和科学发展观为指导，以加快转变交通运输发展方式为主线，以提高人民群众满意度为核心，以解决与人民群众关系最密切、要求最迫切的服务问题为着力点，抓住提升服务水平的关键环节，积极推进理念创新和手段创新，不断健全体制机制，强化标准规范，增强科技支撑，加强道德建设，提高队伍素质，努力构建安全可靠、便捷畅通、经济高效和绿色低碳的交通运输服务体系，使人民群众切实享受到交通运输改革发展成果，为全面建成小康社会提供强有力的交通运输保障。

记者：全面提升交通运输服务水平，是一项复杂的系统工程，顺利实施好这项民心工程，确保实施过程中不走样、不打折扣，需要坚持哪些重要原则？

杨传堂：要坚持以人为本，民生为先，以便民、利民、惠民作为根本出发点，为人民群众提供品质更优、效率更高的交通运输服务。坚持突出重点、注重实效，抓住影响服务水平的关键环节，让人民群众得到看得见、摸得着的实惠。坚持统筹兼顾、增进公平，坚持广覆盖、保基本、多层次、可持续，着力推进交通运输基本公共服务均等化。坚持创新驱动、转型发展，依靠理念创新、科技创新、政策创新和体制机制创新，进一步加快创新型交通运输行业建设。

记者：按照"五年计划"，经过5年的不懈努力，交通运输服务水平将实现一个怎样的目标？

杨传堂：我们将紧紧围绕经济社会发展和人民群众对交通运输服务的新需求新期待，按照交通运输安全发展、高效发展、协调发展、创新发展的要求，用5年左右的时间，通过实施一系列为民服务措施，使交通运输的服务范围进一步扩大，服务能力进一步提高，服务水平进一步提升，服务内容更加丰富，服务形式更加多样，服务流程更加规范，人民群众满意度和认可度进一步提高，更好地服务经济社会发展和人民群众安全便捷出行。

记者：统筹城乡发展，推进基本公共服务均等化水平，是全面建成小康社会的重大战略任务。在提升交通运输基本公共服务均等化水平方面，交通运输部有哪些具体措施？

杨传堂：主要有三条。一是推进"公交都市"建设，贯彻落实公交优先发展战略，着力解决公交发展滞后、服务不优、换乘不便等问题，使人民群众出行更便捷、换乘更方便、愿意乘公交、更多乘公交。二是实施农村客运通村和渡船改造工程。着力解决农村客运发展水平低、安全水平不高等问题，构建覆盖全面、运行稳定、安全规范、经济便捷的农村客运系统，实现农村客运"开得通、留得住、有效益"。三是推动城市配送和农村物流发展。着力解决城市配送车辆"通行难、停靠难、装卸难"和农村物流发展滞后、效率效益不高等问题，构建城市配送和农村物流网络，基本满足城市配送和农村物流服务需求。

（下转2版）

部省共建浙江平安海区升级版

本报讯 （记者 孙英利）2013年10月以来，交通运输部与浙江省政府就进一步深化浙江平安海区建设进行多次磋商沟通并达成广泛共识，决定在2008年10月签署的部省《共同推进平安海区建设合作意见》基础上，丰富合作内涵、完善合作机制、提升合作效果，共建浙江平安海区升级版，促进浙江经济、社会和交通运输科学发展安全发展。日前，交通运输部副部长何建中和浙江省政府副省长王建满代表签署了部省《深化浙江平安海区建设合作意见》（简称《深化合作意见》）。

《深化合作意见》重点围绕保安全、促发展、利民生，对共同推进职能转变、推动便民利民、关爱海员、加强合作研究、完善安全监管体系、完善应急救助体系、构建严密责任网络、加大安全投入、加快先行先试、推动海航经济转型升级等十个方面内容进行了部署。

《深化合作意见》提出，双方将全面强化企业主体责任、政府属地管理责任和部门监管责任，积极构建"政府统一领导，部门依法监管，企业全面负责，群众参与监督，全社会广泛支持"的水上安全新格局。继续开展浙江巡航救助一体化工作，优先推进浙江沿海航道定线制实施，建立完善滚动式安全隐患排查、治理、跟踪机制和重大安全隐患分级挂牌督办机制，加快海事VTS建设，合力推进跨海桥梁通航安全长效机制。健全应急反应预案，完善水上交通安全预警和应急处置体系，整合优化资源，建立健全应急救援社会动员和激励机制，探索建立海上搜救管理制度；统筹推进海上重大溢油及船舶污染应急能力建设规划编制和实施，健全完善海上重大船舶污染应急体系。

《深化合作意见》明确，双方将加快审批制度改革，加大简政放权力度，积极推进取消和下放行政审批项目落实；加大政策引导力度，促进浙江沿海运力结构调整，积极帮扶浙江航运业健康发展。加强浙江港口、航道、锚地、水上集疏运体系的规划和建设，支持国家交通运输物流公共信息平台建设，共同推进支持浙江沿海跨海大桥等重点涉水工程前期论证和建设，加大浙江游艇经济等新兴产业指导力度。

据悉，部省共建5年多来，浙江建成了宁波、舟山、温州三大海事监管基地和宁波、舟山两大国家溢油应急设备库等一批重点设施设备；率先启动并初步实现了立体监控、及时发现、就近出动、有效救助的巡航救助一体化机制；在舟山成功举办了两届全国海员技能大比武活动，在台州率先开展了商渔船防碰撞警示教育活动。在交通大建设、海洋经济大发展的形势下，浙江水上交通安全形势逐年好转，海上交通事故"四项指标"大幅下降，事故件数、人员死亡失踪数、沉船数、直接经济损失同比分别下降46.9%、64.2%、51.6%和59.2%，初步构建起安全、畅通、绿色、高效的海上交通环境。

中俄同江铁路界河桥开工

本报讯 （伙婕 记者 陈晓光）2月26日，中俄同江—下列宁斯阔耶铁路界河桥工程分别在我黑龙江省同江市和俄罗斯犹太自治州下列宁斯阔耶举行奠基仪式，横跨两国界河黑龙江的铁路大桥进入正式建设阶段。大桥建成后，将结束中俄无横跨界河铁路桥梁的历史。

中俄同江铁路界河桥工程，在我国境内的线路全长31.62公里，其中跨江大桥主桥全长2215米（我国境内长1900米），建设工期为两年半，设计年过货能力2100万吨。大桥建成后，将形成又一条我国东北铁路网与俄罗斯西伯利亚铁路相连通的国际联运大通道，便利中俄双方的经贸合作和友好往来，对振兴东北老工业基地、合理配置口岸资源、促进跨国文化交流和旅游业发展具有重要意义。

重庆形成水空铁全面开放口岸格局

本报讯 （特约记者 滕博）近日，重庆铁路口岸首期设施正式启动运行。这是继寸滩水港、江北国际机场之后，重庆第三个获得国家批准对外开放的一类口岸，标志着重庆已形成水、空、铁全面开放的口岸格局。

重庆铁路口岸是我国西部内陆地区唯一对外开放的铁路口岸，是重庆建设内陆开放高地的基础，将陆续启动铁路集装箱中心站内作业区、海关监管区、检验检疫集中查验场地等功能区建设。预计到2020年，重庆铁路口岸将建设约50万平方米的口岸作业区。目前，重庆正加快建设铁路东环线，将铁路口岸与两路寸滩保税港区、果园港、南彭公路物流基地相互连通，实现铁、水、空、公之间的物流联运。

未来，依托全面开放的交通格局，重庆计划争取设立整车进口口岸，利用渝新欧铁路大通道，进口来自欧洲的汽车整车，让重庆成为欧洲汽车进口、分拨的一个中心。

航行通告 （详见6版）

日前，陕西西安至汉中高速公路朱雀收费站工作人员在提供免费加水、线路指引等服务基础上，又增加一项免费无线上网（Wi-Fi）服务，方便司乘人员收发邮件、查询路况信息、气象信息和景点信息等（如图）。

本报记者 白秋景 通讯员 薛海潮 文/图

长江逐级逐段落实采砂管理责任制

本报讯 （记者 孙英利）日前，交通运输部办公厅、水利部办公厅联合印发长江河道采砂管理合作机制2014年度工作要点，两部门将进一步深化合作，加大对长江河道非法采砂的打击力度，落实长江河道采砂管理责任制，逐级逐江段落实本行政区域内长江干流河道采砂管理地方政府行政首长责任人、水行政主管部门责任人和现场监管责任人，建立责任追究制度。

两部门要求，各地要制定许可采区现场监管办法，建立河道采砂日常巡查制度；各省（直辖市）水行政主管部门要公布禁采期采砂船舶集中停靠点名称、坐标、监管单位和责任人；进一步依法规范可采区及其他工程性采砂项目的审批许可；对重大节假日、敏感时段、敏感水域、航道整治建筑物周边及航道整治施工区域、问题多发地区，加大联合执法打击力度。

根据工作要点，长江水利委员会将会同长江航务管理局研究制定长江河道砂石采运单管理制度，加强非法采砂入刑研究，研究建立河道采砂诚信体系，共同加强长江河道采砂管理的政策研究和法规制度建设。

采访两会 本报记者与您互动

本报讯 全国两会，万众瞩目。本报特派樊猛、刘晓宁、孙英利三位记者上会采访。他们将关注两会重要议程、重大决策、重点部署，与来自交通运输系统的代表委员一起探讨如何全面深化交通运输改革，集中力量加快推进"四个交通"发展。敬请关注《直通两会》、《两会面对面》、《聚焦议案提案》、《会·声》等特别栏目。

欢迎您通过给本报采编中心官方微博留言，晒出自己最关心的问题，让特派记者替您提问，让真诚的交流互动沟通会内会外。中国交通报采编中心官方微博：新浪http://e.weibo.com/ccncbzx，腾讯http://e.t.qq.com/zgjtb64252864。 （闻欣）

樊猛 刘晓宁 孙英利

加强标准化工作 助力"四个交通"发展

□交通运输部总工程师 周海涛

编者按

去年年底，交通运输部部务会议审议并批准了关于加强和改进交通运输标准化工作的方案。目前，专题调研、问卷调查等形式多样的标准化工作大调研已全面展开。本报今日起刊登系列解读文章，推动标准化工作取得实效。敬请关注。

党的十八届三中全会对推进国家治理体系和治理能力现代化提出了明确要求，《国家"十二五"科技发展规划》、《质量发展纲要（2011—2020年）》等对标准化工作部署了具体任务。作为国家治理体系和治理能力现代化的组成部分，标准化工作越来越受到行业内外的高度重视，这对交通运输标准化工作既是挑战也是机遇。

标准化是完善交通运输行业治理体系和治理能力、实现政府职能转变的重要抓手。国务院明确提出，能通过技术标准、规范等其他管理手段或措施解决的，不得设定行政许可。按照国务院要求，交通运输部相继取消和下放一批行政审批项目，标准规范成为处理好政府与市场关系的有效手段。

标准化是提高国家和企业核心竞争力的重要手段。多年来，主要发达国家一直十分重视标准化问题，依靠其科技实力与现代化的工业基础不遗余力地把本国标准变成国际标准，通过标准化带动产业升级，抢占产业发展制高点。一流企业做标准，二流企业做品牌，三流企业做产品，讲的就是标准的重要性。

标准化是政府强化公共服务职能、提升服务质量的重要途径。通过组织制定安全、卫生、环保、节能等涉及公共利益的一系列标准，为政府公共产品与服务的监管和绩效评价提供了依据。以标准规范为抓手，可有效推进部分准公共产品和服务的市场化进程，提高资源配置效率，提高政府公共服务质量和水平。

交通运输部对标准化工作一贯高度重视，一直将标准化工作作为规范和促进行业发展的重要举措。2013年10月，杨传堂部长在全国交通运输科技创新电视电话会议上指出，要以标准化引领交通运输行业服务升级，完善标准与科技创新紧密结合的机制和政策。在2014年交通运输工作会上，杨传堂部长再次强调，要进一步完善标准体系，推进重点领域标准制修订。当前，各部门各单位正在按照部党组的部署要求，认真落实加强和改进交通运输标准化工作方案。

加强和改进交通运输标准化工作，就是要坚持三个面向——面向需求、面向世界、面向未来，从技术体系和管理体系两个方面，完善标准体系，加强重点领域标准制修订，强化标准实施监督，逐步形成多层次、多渠道、多资源的标准化工作格局。要不断完善"四个交通"的标准体系，尤其是大部门制背景下的综合运输标准体系，加快涉及综合运输、物流、安全、城市客运、节能减排和信息化等重点领域的标准制修订。开展部省联动监督抽查，加强对交通重点产品质量的监督，逐步形成健全、开放、科学、高效的标准化管理体系与机制，满足"四个交通"发展需求。

■今日看点

□值班编委 李咏梅 本版主编 林芬 责编 刘晓宁 樊猛 □E-mail:xwlb@zgjtb.com □新闻热线:(010)64255441 □发行热线:(010)65293561 □广告热线:(010)64250642

CHINA TRANSPORT NEWS
http://www.zgjtb.com 邮发代号:1-72 国内统一刊号:CN11-0122
2014年3月6日 星期四 第5705期 今日8版 交通运输部主管 中国交通报社主办

今年经济社会发展的主要预期目标

- ★国内生产总值增长 **7.5%**左右
- ★居民消费价格涨幅控制在 **3.5%**左右
- ★城镇新增就业 **1000** 万人以上
- ★城镇登记失业率控制在 **4.6%**以内
- ★国际收支基本平衡

十二届全国人大二次会议开幕，李克强作政府工作报告

确保中国经济巨轮行稳致远

本报讯 （特派记者 樊媛）3月5日上午，第十二届全国人民代表大会第二次会议在北京人民大会堂隆重开幕，国务院总理李克强作政府工作报告。李克强在报告中指出，做好今年政府工作要以深化改革为强大动力，以调整结构为主攻方向，以改善民生为根本目的，统筹兼顾，突出重点，务求实效。要加强财政、货币和产业、投资等政策协同配合，做好政策储备，适时适度预调微调，确保中国经济这艘巨轮行稳致远。

在回顾2013年工作时，李克强说，过去一年，困难比预料的多，结果比预想的好。经济社会发展既有量的扩大，又有质的提升。国内生产总值达到56.9万亿元，比上年增长7.7%。居民消费价格涨幅控制在2.6%。城镇登记失业率4.1%。城镇新增就业1310万人，创历史新高。进出口总额突破4万亿美元，再上新台阶。报告还提到加强了民航、水运、信息、邮政网络建设，铁路、高速公路运营里程均超过10万公里，其中高速铁路运营里程达到1.1万公里，居世界首位；推动了高铁、核电等技术装备走出国门。

在报告2014年工作总体部署时，李克强说，我国正处于结构调整阵痛期、增长速度换挡期，到了爬坡过坎的紧要关口，经济下行压力依然较大。同时要看到，我国发展仍处在可以大有作为的重要战略机遇期，工业化、城镇化持续推进，区域发展回旋余地大，今后一个时期保持经济中高速增长有基础也有条件。

李克强在报告中提出了2014年经济社会发展的主要预期目标：国内生产总值增长7.5%左右，居民消费价格涨幅控制在3.5%左右，城镇新增就业1000万人以上，城镇登记失业率控制在4.6%以内，国际收支基本平衡，努力实现居民收入和经济发展同步。加强对增长、就业、物价、国际收支等主要目标的统筹平衡。

李克强指出，实现今年经济社会发展的目标任务，要向深化改革要动力，从群众最期盼的领域改起，从制约经济社会发展最突出的问题改起，从社会各界能够达成共识的环节改起。要保持经济运行处在合理区间，完善宏观调控政策框架，守住稳增长、保就业的下限和防通胀的上限。继续实施积极的财政政策和稳健的货币政策。要着力提质增效升级，持续改善民生，追求提高质量效益、推进转型升级、改善人民生活的发展。

十二届全国人大二次会议隆重开幕。 新华社 供图

全国政协委员游庆仲：高速公路要走低收费长期化道路

□特派记者 刘晓宁

高速公路该不该收费？收费年限长一些好，还是短一些好？面对社会上的多种声音，全国政协委员、江苏省交通运输厅厅长游庆仲在今年的提案中深入分析了高速公路的定位，建议国务院尽早出台《收费公路管理条例》修正案，并且在修正案中明确我国高速公路走低收费标准、长期化发展的市场化道路。

之所以要降低收费标准，游庆仲分析，按照2004年的《收费公路管理条例》，高速公路的收费标准是地方政府确定的。当时全国高速公路仅有两万多公里，公路车流量很大，效益也很好，在一定年限内收回投资并获得一定收益是可能的。现在则不同，随着我国高速公路突破10万公里和多种交通运输方式的发展，人们出行的选择更加多样，如果还按原来的收费标准运作，不利于高速公路吸引车流量，提高效益。

"我们应该有个路径选择，走低收费标准、长期化发展的道路，国家应该限定收费标准，并且要逐步降低，走低等发展道路。"游庆仲说，低收费标准还可以吸引更多人使用高速公路，也能缓解普通公路的交通拥堵。

高速公路的收费年限要长期化，则是由高速公路的定位和未来发展决定的。在游庆仲看来，交通运输部已经提出了"两个公路体系"。按照这个定位，高速公路收费应该是一项长期政策。如果把收费标准控制住，年限放开，未来高速公路的发展会健康得多。"收费年限涉及企业融资预期的问题，没有三五十年甚至更长时间，没有人来投资。现在国家要求增强内生动力，更多地吸引民间资本投入，那么我们就要放宽一些限制，让人们愿意到这个领域投资。"

杨传堂"部长通道"快速答问

□特派记者 樊媛 文/图

北京人民大会堂北大厅"部长通道"，是两会新闻富矿。3月5日8时，离十二届全国人大二次会议开幕还有一个小时，数十名记者已排阵布局，把摄像、摄影和录音设备对准临时发言台。尽管大会工作人员反复强调，今年他们负责把下部长，不用媒体人员像往年那样"出手"，记者们还是严阵以待。

"交通运输部杨部长来啦！"8时40分左右，交通运输部部长杨传堂步入北大厅，立刻被眼尖的记者们发现。杨传堂微笑着停下脚步，微笑着转身向发言台走来。

"交通运输大部门制改革进展如何？"有记者问。

"融合得非常好，今年春运已经充分证明综合交通运输的优势。"杨传堂说，中央编办印发了交通运输部有关职责和机构编制调整方案，突出了综合交通运输体系建设的职责，目前正在落实当中，很快就能到位。

"打车软件不好用怎么治理？"有记者瞅准时机，大声提出问题。

"目前，我国的打车软件发展整体来说是好的，对出现的一些问题，交通运输部正进行研究，将尽快规划，给出指导性意见，鼓励其更好地发展，希望大家耐心。"杨传堂表示，交通运输部将大力发展智慧交通，服务百姓出行。

针对几位记者非常关心的城市交通拥堵问题，杨传堂表示，这是世界性难题，主要是由供需之间的差异造成的。解决交通拥堵要优先发展公共交通。去年国务院发布了《关于城市优先发展公共交通的指导意见》，交通运输部制定了16条具体实施意见，优先发展公共交通的各项举措正在有序实施。

在短短几分钟里，杨传堂还就公路交通执法专项整治、重大节假日免收小客车通行费、购车摇号和车辆限行等问题与记者进行了快速问答。

跨区域大交通大流通 将促成经济新增长极

本报讯 （特派记者 樊媛）3月5日开幕的十二届全国人大二次会议上，李克强总理就2014年重点工作作出具体部署，其中直接涉及交通运输的有六个方面。

铁路等领域放开竞争性业务

在推动重要领域改革取得新突破方面，要建立权力清单制度，清单之外的一律不得实施审批；推进税收制度改革，把"营改增"试点扩大到铁路运输、邮政服务、电信等行业；制定非国有资本参与中央企业投资项目的办法，在金融、石油、电力、铁路、电信、资源开发、公用事业等领域，向非国有资本推出一批投资项目；实施铁路投融资体制改革，在更多领域放开竞争性业务，为民间资本提供大显身手的舞台。

互联互通拓展国际合作空间

在开创高水平对外开放新局面方面，要加快通关便利化改革，扩大跨境电子商务试点；鼓励通信、铁路、电站等大型成套设备出口，让中国装备享誉全球；抓紧规划建设丝绸之路经济带、21世纪海上丝绸之路，推进孟中印缅、中巴经济走廊建设，推出一批重大支撑项目，加快基础设施互联互通，拓展国际经济技术合作新空间。

沿交通干线推进梯度发展

在增强内需拉动经济的主引擎作用方面，要深化流通体制改革，清除妨碍全国统一市场的各种关卡，降低流通成本，促进物流配送、快递业和网络购物发展。把投资作为稳定经济增长的关键，中央预算内投资拟增加到4576亿元，重点投向保障性安居工程、农业、重大水利、中西部铁路等领域。把培育新的区域经济带作为推动发展的战略支撑，谋划区域发展新棋局，由东向西，由沿海向内地，沿大江大河和陆路交通干线，推进梯度发展。依托黄金水道，建设长江经济带。实施差别化经济政策，推动产业转移，发展跨区域大交通大流通，形成新的区域经济增长极。全面实施海洋战略，发展海洋经济，保护海洋环境。

在促进农业现代化和农村改革发展方面，要夯实农业农村发展基础，完善农村水电路气信等基础设施，改建农村公路20万公里；创新扶贫开发方式，国家加大对跨区域重大基础设施建设和经济协作的支持。

城镇化建设优先发展公共交通

在推进以人为核心的新型城镇化方面，要加快推进交通、水利、能源、市政等基础设施建设，增强中西部地区城市群和城镇发展后劲；提高城镇建设用地效率，优先发展公共交通。

在努力建设生态文明的美好家园方面，要以雾霾频发的特大城市和区域为重点，抓住产业结构、能源效率、尾气排放和扬尘等关键环节，健全政府、企业、公众共同参与新机制，实行区域联防联控，深入实施大气污染防治行动计划；今年要淘汰黄标车和老旧车600万辆，在全国供应国四标准车用柴油。

交通运输部任免一批干部

日前，交通运输部研究决定任免一批干部，主要涉及近期调整设置的内设机构领导。 （名单详见2版）

中华人民共和国交通运输部 中华人民共和国公安部 国家安全生产监督管理总局 令

2014年第5号

《道路运输车辆动态监督管理办法》已于2013年12月16日经交通运输部第13次部务会议通过，现予公布，自2014年7月1日起施行。

部长 杨传堂
部长 郭声琨
局长 杨栋梁

2014年1月28日

（详见3版）

■今日看点

招标公告 航行通告 （详见7版）

□值班编委 李咏梅 本版主编 林芬 责编 熊水润 □E-mail:xw1b@zgjtb.com □新闻热线:(010)64255441 □发行热线:(010)65293561 □广告热线:(010)64250642

4版 2014年3月14日 星期五 民航
主编：曲飞 责编：苏晶
电话：010-65293632 64252864 E-mail：zgjtb@126.com
中国交通报 CHINA TRANSPORT NEWS

■汇智

建言献策助推民航改革

每一轮改革，都给民航业的发展注入动力和活力。十八届三中全会召开后的首次全国两会，成为中国将改革推向全面深入的风向标。空管体制机制应如何加快改革？如何引导民营资本进入民航市场？低成本航空如何发展……全国两会代表委员畅所欲言，为民航改革发展建言献策。

低成本航空先在支线发展

全国政协委员、中国民航机场协会理事长刘子静委员认为，虽然地方航空公司的层出不穷和低成本航空公司的不断兴起会给现有航空业格局带来竞争和挑战，但有助于提高航空业整体竞争力。但是，国内发展低成本航空的环境尚待完善，建议先在支线发展低成本航空。

中国幅员辽阔，对于一些支线，大航空公司不愿意飞，而地方政府又希望通过航空业带动地方经济发展，因此产生了发展地方航空公司的需求，比如新疆、云南等地。但这些地方航空公司发展起来后也不会满足于飞支线航空，也会产生飞干线航空的需求。

支线低成本航空的发展会给整个民航业增加竞争。但在他看来，合理竞争是好事，有助于提高整个航空业的竞争力。

对于低成本航空的出现，他认为这既带来了竞争又是一种发展趋势，但目前国内发展低成本航空的环境尚不健全。以机场为例，大机场面临地面改造复杂、停机位机长、地面紧张等难题，因此大机场一般不愿意低成本航空飞进来，也不愿意在使用费用上给以优惠。相比之下，小机场更为方便，较适合低成本航空的运营，因此建议在支线发展低成本航空。

机场属地化助推专业化管理

有些机场商业味道浓厚，较机场东西价格高、追求利润，反而对安全的关注不够、投入不够。全国人大代表、中国南方航空股份有限公司新疆分公司总经理雷璞岩提出建议，民航局应该引导地方政府与机场管理者，更关注安全设施的完善、安检通道的扩展等问题。

属地化改革之后，机场的所有权和经营权由中央政府下划至地方政府管理、运营。从那时起，地方政府成为机场管理的主体，各地机场在不断探索的基础上，形成了多种多样的机场管理模式。

不少大型机场不断探索机场转型，机场管理水平进一步提高。雷璞岩敏锐地捕捉到了这种变化："这说明改革的方向非常好，机场管理日趋专业化，在我国形成了现代化的机场运营模式。"

机场属地化改革之后，中央和地方的合作助推民航业发展的形式更趋于常态化。然而，民航局与地方政府在机场发展中所起的作用却发生了明显的变化。全国政协委员、民航局空管局工会主席苏玲说："在资金支持这方面，机场建设不应该依赖民航局。建机场得益的是地方政府，所以地方政府的投入应该占大部分。民航局可以在相关领域给予技术指导，最重要的是地方政府统筹规划，将机场纳入地方经济建设和社会发展的总布局，力图形成民航业与区域经济良性互动发展的局面。"

从国家的角度来说，机场属地化管理之后，民航局有更多的精力用于行业监管，并加以规范。

空域管理体制改革势在必行

2010年，党的十七届五中全会明确提出"改革空域管理体制"。三年多来，相关部门对空域管理体制改革目前还存在很多不同认识，导致至今仍未能拿出改革的具体实施方案。全国政协委员、民航局副局长李军和苏玲一起提交了《空域管理体制改革势在必行》的书面发言，建议尽快明确原则，制定方案，尽快实施空域管理体制改革。

改革开放以来，我国民航事业取得了迅猛发展，如今已成为世界第二大航空运输系统，但与此同时，航班量高速增长和空域资源不足之间的矛盾却日益突出。数字显示，虽然目前民航飞行量已占全国总飞行量的90%以上，但如此巨大的飞行量却只能使用20%的空域，甚至在许多机场还出现了受空域限制影响没有"飞行时刻"而不能增加航班的情况。空域资源不足已成为制约民航发展的最大瓶颈。

在提交的发言中，李军和苏玲指出，近年来，虽然我国空域管理进行了一些调整，但目前的空域管理体制已经不能适应国家现代化建设的需要，其弊端十分突出，这主要表现在严重影响民航事业的发展，严重影响航班正常运行和严重影响与国际接轨三个方面。

例如，2002年，在全民航航班延误总量中，流量控制原因所占比例仅为5.1%，2013年，这一比例上升为27.6%。其中大部分为空域不足、航路拥挤所致，再加之非民航飞行活动造成的延误，比例已占延误总量的39%。由于航线弯曲程度较高而使航空公司增加了燃油消耗成本，航班正常运行受到了严重影响。

基于以上问题，李军和苏玲在提交的发言中提出了三点具体建议：一是要真正确立把空域作为国家公共资源的理念，把实现资源的优化配置和有效利用作为改革的根本目的，把空域管理由军队到政府的职能转变作为改革基点；二是在国家空管委领导下，由其办公室牵头组织调研，制定"空域管理体制改革总体方案"，同时提出三个配套方案，即"优化空域配置方案"、"机场和其他军事设施调整建设方案"、"空域管理和空中交通管制法规修订与制定方案"。国家需投入必要的资金，支持军队的调整建设，保证改革实施。也应按军民融合、寓军于民的原则，尽可能节省建设投资。三是对于空管运行体制改革，应在确保航空安全的前提下组织实施。针对目前的突出矛盾，对京沪、京广深航路和京津冀、长江三角洲、珠江三角洲地区专题研究，增加可用空域，开辟平行航路，力求见到改革实效。

民航客机安全应注重技术和管理能力的提升

全国政协委员、大型运输机运-20总设计师、中航工业第一飞机设计研究院总设计师唐长红认为，飞机质量安全本身是一种品质，是一个国家工业基本能力的代表。要做好，让大家去信赖它。这不仅要靠技术的进步，更重要的是技术和安全的管理能力的提升。

在一个月内两次发生事故，让国产新舟60飞机再度被放到了聚光灯下，到底国产飞机的安全性如何，以及停飞的15架新舟60飞机何时能恢复运营等，都成为外界关注的焦点。

唐长红认为，要有一种积极的态度，来应对公众安全问题，出一件事并不可怕，要深刻认识，并在以后改正杜绝。"飞机的安全设计都有其安全系数和事故概率，而纵观全世界，国产飞机的事故率并不比国外高，但从管理体系上而言，中国的民机制造业的发展还有很长一段路要走。"

比如飞机适航，唐长红告诉记者，从技术上说，其实就是对飞机安全飞行的品质的要求，很多都是从事故教训中总结出来的经验。但是从管理上说，这种要求的构成以及执行，则需要很多的形式和机构去保证。

"都说别人犯过的错误不能犯，自己犯过的错误不再犯，要从原则上、程序上保证不犯错误和少犯错误。但是说起来容易，如何知道别人犯了什么样的错误？这就需要一定的机构来做一定的研究，研究自己，也研究他人。"唐长红说，在科研过程中，人们更善于总结成绩和经验，而羞于把自己曾经犯过的错误总结和暴露出来。

唐长红说，在民机研制的过程中，要有更科学和合理的管理方法，把自己的错误总结出来。"因此飞机质量的提高不仅代表了技术力量的可达程度，更是作风和管理方法的体现。"

目前，国产民用大型客机C919已进入工程发展阶段，开始详细设计工作，目标是2015年首飞，比几年前的预期时间延后了一些。在累计的400架订单中，包括中国几大航空公司、金融租赁公司以及其他国际用户。"做空中交通工具最重要的是安全，只要我们做出好的安全的高质量的飞机，这比成本更为重要。"唐长红说。

本报综合

■云图

向乘客问候藏历新年，西藏航空TV9804拉萨—成都航班藏籍乘务员益西拉姆为大家带来藏族舞蹈——《祝福》。 张磊 摄

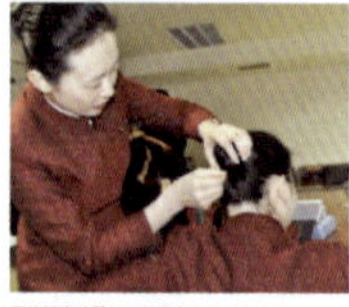

国航西南地服部开展服务礼仪自查活动。 谭艳秋 摄

植树节前夕，东航客舱服务部张晓忻示范组在MU2354航班上，开展"精彩出行，绿色你我"航班有奖知识竞答活动。 周珺 彭佳敏 摄

东航西北分公司开展机组反劫机综合演练。 李翔 摄

个人航班信息泄露被骗 谁来担责？

本报记者 苏晶

2013年10月至今，各地不断爆出"航班取消"短信引发的诈骗案，涉及山东航空、深圳航空、四川航空、南方航空等多家大型航空公司以及去哪儿网、携程网等中介网站。但究竟是谁泄露了旅客信息成为谜团，航空公司和代理网站均称不是自己的责任。受骗消费者只能纳闷，我的损失应该由谁负责？

□案例

"尊敬的××旅客您好，您预定的2月23日10:00—13:35上海－成都的CA4592航班因故障现已被取消，收到通知后请及时与本公司取得联系为您办理退票或改签，退票全额退款，改签收取20元工本费，另外补偿损失200元……"这是黄先生2月22日收到的诈骗短信。因为短信中自己的姓名、航班、起降时间、航空公司完全准确，他毫不犹豫地拨通了短信中提供的客服号码。就在黄先生按照客服指示，进行了一系列的操作之后，他发现自己银行卡中的1.4万元不翼而飞。

"如果不是因为骗子提供的信息完全准确，我不可能上当受骗。而且我是在国航官网订的票，只能是航空公司泄露的信息。"黄先生说。

但是航空公司却极力否认，称不能赔偿黄先生的损失，建议黄先生报警。维权无门的黄先生只能求助于网络，他加入了"航空短信诈骗维权群"，群里有同样遭遇的25人受到5000元至5万元的损失，目前，他们正在商议是否集体状告航空公司。

□专家观点

中国人民大学商法研究所所长、中国消费者协会副会长刘俊海：

建议提起公益诉讼

记者：旅客航班信息被泄露，航空公司应该承担什么样的责任？

刘俊海：航空公司在订票过程中导致消费者个人信息泄露，如果确认是有过错的，应当是一种侵权行为。保护消费者的个人信息是航空公司对消费者承担的一项合同附随义务。

其次，按照《消费者权益保护法》规定，消费者享有安全保障权。3月15日即将实施的新版《消费者权益保护法》，又对公民个人信息的安全保障权作了专门的规定，强调经营者及其工作人员对收集的消费者个人信息必须严格保密，还应当采取技术措施和其他必要措施，确保信息安全，防止消费者个人信息泄露、丢失。在发生或者可能发生信息泄露、丢失的情况时，经营者应当立即采取补救措施。

记者：目前，到底是谁泄露了旅客的个人信息仍是一个谜团，此时，消费者应当如何维护自己的权益？

刘俊海：受害者可以自己做选择，既可以直接状告直接侵权人，也可以告它的"上手"。这个案例中，旅客是从航空公司官网上购买的机票，个人信息的节点包括航空公司和中航信。信息从哪个环节泄露的，那个环节的管理部门就要承担责任，消费者可以对他们提起诉讼。如果是航空公司的安全保障制度未到位引起的信息泄露，航空公司肯定是要承担责任。

记者：很多受害者因为个人诉讼代价太大而放弃维权，针对这一点，您有什么好的建议？

刘俊海：为了避免消费者"为了追回一只鸡，就要杀掉一头牛"的尴尬，我建议省以上的消协做一次专门的消费者调查。如果"航班取消"短信诈骗的情况具有普遍性，那么就可以由省级以上的消协提起公益诉讼。这是新《消费者权益保护法》新增的规定。消费者只需要把身份证号码、银行账号、手机号、个人隐私受侵害的证据发给消协即可，不需承担诉讼费用，消耗诉讼精力。诉讼成功之后，赔偿会自动转到受害者账户。

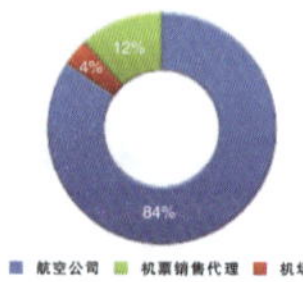

2013年航空运输消费者投诉共1876件

数量	投诉类型
900	航班问题
223	行李运输差错
201	预定票务、登机
75	旅客服务
70	退款
55	超售
……	

（单位：件）

2013年消费者对国内航空公司的投诉共1590件

□微言微语

旅客只知道自己的信息是提供给谁，并不知晓之后会如何流转，如果出现信息泄露，只能是所填写网站的责任。信息流动性很强，做好旅客信息安全，就应该做到全流程管理控制，而并不是只保证在自己网站这一个环节是安全的。

——我是大大大大大佬

因机票行业的特殊性，应航空公司要求，用户的信息是需要提供给航空公司和出票方的，所以也许有人能从我们无法监控的渠道获得一部分的预订信息，对于这类事情，我们已经在着手全面解决这个问题。

——去哪儿网客服

出于经营需要，消费者的个人信息被运营商、银行、中介机构、保险公司、航空公司以及各类零售企业收集，但这些信息资源却并没有得到有效地监管，而时常面临有意或无意泄露的危险。

——朱煜Y

地址：北京市安外安华西里三区13号楼 邮码：100011 总编室：65293633 通联部：65293561 64250641（传真） 采编中心：64250635 公路中心：64263538 水运中心：64255824 运输中心：65293642
新媒体中心：64246885 中国交通报社北京中通广告公司：64250642 64255452 广告经营许可证：京朝工商广字0142号 每月定价：20.00元 零售每份：1.00元 中国青年报印刷厂印刷

2014年4月23日 星期三
4版
人物
责编：王倩 实习编辑：常立伟 版式策划：林浩
电话：010-65293632 64252864 E-mail：zgjtb@126.com
中国交通报
CHINA TRANSPORT NEWS

感动交通 10大年度人物
感动交通 温暖社会

劳动创造平安

——『感动交通十大年度人物』陈维的故事

人物名片： **陈维**，现任上海海事局浦东海事局危管防污处副处长。自2002年工作以来，她12年扎根基层执法一线，从事船舶载运危险货物和船舶防污染管理工作，秉承"多一点付出、多一点用心、多一点坚持、多一点创造"的精神，成功实施首次外贸集装箱开箱查验，梳理出"陈维三步开箱查验法"，编写完成了《开箱工作手册》在全国海事系统推行，攻克了船载危险货物集装箱瞒报漏报监管难题，并推动海事开箱查验写入《防污条例》，被誉为海港"女福尔摩斯"。

编者按： 鹏海翻浪，她心静如水，梦在深海宁静处。

桅帆争渡，她人淡如菊，心往远洋落日方。

娇小身材敢扛千斤担，巾帼标兵能解万难题。她将安全和清洁汇成涓涓意念，洒向大海更深、更远处。

她是陈维，当选"感动交通十大人物"的一名普通却不平凡的海事女孩。

把每一件简单的事做好就是不简单，把每一件平凡的事做好就是不平凡。对所有劳动者来说，莫不如是。在"五一"劳动节来临之际，让我们走近陈维，体味她坚守危险品监管一线12年，保障水上交通安全的酸甜苦辣……

"侦探"范儿

厚重的面罩，掩藏不住她专注而又坚毅的眼神，的确有点"侦探"范儿。

细节决定成败

在陈维的电脑显示屏上，贴着一张张小便签，记录着她需要完成的任务以及一些危险货物的中英文名称。《国际海运危险货物规则》被她翻了一遍又一遍，书本上做满了圈圈点点、密密麻麻的标记。遇到什么新问题，或者有了什么新发现，她也习惯随手记在小本子上。在陈维看来，好记性不如烂笔头，多记录勤积累，在用到的时候翻翻，工作才能更加得心应手。

陈维热线

"您好，欢迎致电陈维热线，请问有什么可以帮到您？"。2013年3月，"陈维热线"开通，现已受理行政相对人求助咨询两千多万件，办结率100%，回访满意率100%，被誉为船载集装箱危险品运输的"安全热线"，海事服务为民的"114查询台"。

险情就是命令

24小时开机，随传随到：在陈维的工作中，突发事件时有发生。12年来，只要有需要，陈维就会第一时间奔赴现场，登船爬梯，取样送检，危险品在哪里，她就出现在哪里。

陈维工作室

2010年，以陈维名字命名的陈维海事危防监管创新工作室正式成立。在她的带领下，工作室不仅承担着全国最大的单列港——外高桥港区的危险品和防污染监管任务，保障了辖区每年近2万艘次危险货物船舶、3500余万吨危险货物、35万多标准集装箱危险货物的安全，而且成为全国危防业务交流提升的重要平台和危防人才培养"示范区"。

"亲子时间"

尽管工作繁忙，陈维却尽可能坚守她和女儿的约定，每天晚上八点到八点半作为"亲子时间"，雷打不动。因为工作在海港，女儿总叫她"海豚妈妈"。懂事的女儿、支持自己的丈夫，幸福温暖的家庭，是陈维坚实的后盾。

心细如丝

单薄如山，陈维心细如丝。无论是从成千上万条记录里寻找线索，还是在集装箱堆场上开箱查验，危险品在她手中躲不过、藏不住。

地址：北京市安外安华西里三区13号楼 邮码：100011 总编室：65293633 通联部：65293561 64250641（传真） 采编中心：64250635 公路中心：64263538 水运中心：64255824 运输中心：65293642
新媒体中心：64246885 中国交通报社北京中通广告公司：64250642 64255452 广告经营许可证：京朝工商广字0142号 每月定价：20.00元 零售每份：1.00元 中国青年报印刷厂印刷

中国交通报

CHINA TRANSPORT NEWS

http://www.zgjtb.com 邮发代号:1-72 国内统一刊号:CN11-0122

2014年4月29日 星期二 第5742期 今日12版 交通运输部主管 中国交通报社主办

农村奔小康，交通是保障。党的十八大以来，习近平总书记多次就农村公路发展作出重要指示批示，对农村公路助推广大农民脱贫致富奔小康寄予了殷切期望。4月28日，新华社播发长篇通讯《筑好康庄大道 共圆小康梦想——习近平总书记关心农村公路发展纪实》。中央主流媒体均播发相关报道及评论，给予热切关注。本报今日全文转发新华社通讯，推出《春风习来康庄路》特刊；明日起开辟专栏，持续报道各地交通运输部门认真贯彻落实习近平总书记重要指示批示精神的措施行动；近期还将推出各省区市农村公路建管养运成就、经验专题报道。敬请关注。

筑好康庄大道 共圆小康梦想

——习近平总书记关心农村公路发展纪实

□新华社特约记者

小康不小康，关键看老乡。

在全面建成小康社会、实现中华民族伟大复兴的征程中，"三农"问题一直牵动着中共中央总书记习近平的心。

太行深处的老区群众，甘肃农村的困难家庭，海南三亚的黎族花农……到各地考察、调研，总书记都会走进田间地头，走到农民中间，和乡亲们唠家常、话发展、嘘寒问暖：那片让人魂牵梦萦的广阔天地，需要怎样的牵引和助推，才能和全国一道同步走向全面小康、迈入现代化？

党的十八大以来，习近平总书记多次就农村公路发展作出重要指示、批示，对农村公路助推广大农民脱贫致富奔小康寄予了殷切期望。

习总书记的亲切关怀，犹如春风化雨，滋润了广袤的农村大地。各级党委、政府以总书记的重要指示批示精神为指引，加大农村公路建设力度，努力提供更好的交通运输保障，助推老乡们早日实现"小康梦"。

图为浙江省安吉县农村公路港大线，将天荒坪镇下辖的白水湾村、井村、山河村、横路村、银坑村、大溪村等连成乡村旅游精品示范带。 本报记者 刘洋 通讯员 曾昊 孙德涛 文/图

心系贫困地区：修一段公路就能给群众打开一扇脱贫致富的大门

全面奔小康，关键在农村；农村奔小康，基础在交通。

尽管乡土中国正在经历千年未有之变局，但农业还是"四化同步"的短腿，农村还是全面建成小康社会的短板；

人口多、底子薄、发展不平衡仍是基本国情，农村就是这一基本国情的最大实际；我国还有1.28亿人生活在贫困线以下，其中绝大部分就在农村。

党的十八大以来，党中央从战略和全局出发，制定出台了一系列含金量高、操作性强的强农惠农举措，为改善农村交通条件、发挥服务"三农"的基础性先导性作用提供了重要支撑。

一路一桥总关情。习总书记尤为关注交通基础设施建设服务"三农"的重要作用。

2013年11月3日，习近平总书记来到位于湖南省吉首市的矮寨特大悬索桥视察，了解到湘西州近年来交通条件变化很大，特别是乡村道路网已基本形成，习总书记很高兴。他指出，贫困地区要脱贫致富，改善交通等基础设施条件很重要，这方面要加大力度，继续支持。

2014年3月4日，习总书记在关于农村公路发展的报告上批示强调：特别是在一些贫困地区，改一条溜索、修一段公路就能给群众打开一扇脱贫致富的大门。殷殷之情，溢于言表。

一段公路，连接起习总书记和少数民族同胞的心。

独龙族是我国人口较少的少数民族之一，主要聚居在云南省贡山县独龙江乡。这里深处峡谷，仅有一条独龙江公路通往外界，每年有半年大雪封山，与世隔离，经济社会发展滞后，是云南乃至全国最为贫穷落后的地区。

习近平总书记一直关心着当地少数民族同胞的生产生活情况，多次作出重要指示，提出明确要求。云南省各级党委政府认真落实总书记的重要指示精神，使当地的基础设施和群众生产生活不断改善。

2014年元旦前夕，习总书记接到了当地群众的来信，得知独龙江公路隧道即将贯通的消息后，十分高兴，立即作出批示，向独龙族的乡亲们表示祝贺。他对独龙江公路隧道贯通后，帮助独龙族同胞"与全国其他兄弟民族一道过上小康生活"，寄予了很高的期望。

独龙江沸腾了！各族干部群众奔走相告，沉浸在巨大的喜悦和振奋中。"独龙族人民永远感谢习总书记、永远感谢共产党、永远听共产党的话、永远跟着共产党走！"一直为独龙江公路忙碌操劳的老县长高德荣激动地说。

2014年4月10日13时28分许，随着高黎贡山独龙江公路隧道成功实施"最后一爆"，整个隧道顺利贯通。这标志着独龙族同胞大雪封山半年的历史将宣告结束，祖祖辈辈难圆的梦想今日终将实现。

一条条溜索，也时刻牵动着总书记关注的目光。

云南、贵州交界处的牛栏江边，一根根钢绳横跨江河，成为当地村民跨江出行的唯一交通设施。为有效解决两岸人民的出行困难，优化路网结构，促进农民增收致富，在地方党委政府的努力下，进行了溜索改人行桥建设。老乡们高兴地说，这是党和政府给我们架起的"希望桥、致富桥、小康桥"！

根据《"溜索改桥"建设规划(2013－2015年)》，"十二五"后3年，四川、贵州、云南等7省(区)将约有290对溜索改造成桥梁，惠及904个建制村的95.8万群众，助力改善65.8万贫困人口的出行条件。

"绝不让任何一个地方因农村交通在小康路上掉队！"这既是各级党委政府和有关部门加快农村公路建设的奋斗目标，也是向广大人民群众作出的庄重承诺——贯彻落实好习总书记的重要指示批示精神，让农民兄弟走进春天里，看到希望的花朵竞相绽放！

情寄康庄大道：建设美丽乡村是要给乡亲们造福

在新的历史时期，习近平总书记对农村的发展和农民致富奔小康有着更加深远的谋划。2013年7月22日下午，他赴湖北鄂州城乡一体化试点的长港镇峒山村考察，在与部分村民亲切座谈时指出，实现城乡一体化，建设美丽乡村，是要给乡亲们造福。不要把钱花在不必要的事情上。他还特别强调，城镇化要发展，农业现代化和新农村建设也要发展，同步发展才能相得益彰，要推进城乡一体化发展。

浙江嘉善在县域城乡一体化发展方面作出了许多富有成效的探索和实践。这里曾是习近平总书记的联系点，他十分关心嘉善的经济社会发展，多次作出批示指示，特别强调交通要先行一步。浙江省委、省政府积极贯彻落实总书记的批示精神，率先实施"乡村康庄工程"建设，努力打造农村公路建设、安全保障、养护管理、运输服务"四张网"。全省农村公路总里程由2003年的3.6万公里提高到2013年的10.4万公里，年均增长30%，通乡、通村公路成功实现百分百通达的"双百目标"，建制村班车通村率达到了94%，真正做到了让农民兄弟"出门有路，抬脚上车"。

习总书记多次强调，交通基础设施建设具有很强的先导作用。各级党委政府对总书记的要求深刻领会，紧密结合实际，认真推动落实，制定出台了一系列新政策、新举措。

乡镇和建制村通达、通畅工程，农村渡改桥工程，危桥改造工程，乡村客运站点建设工程……一系列专项工程有序实施，农村公路发展步伐进一步加快，筑就了农民致富奔小康的金光大道：

——上下联动，合力推进。中央和地方发挥各自积极性，各级党委政府提高思想自觉和行动自觉，把加快农村公路建设作为改善农村基础条件、实现农业现代化的重中之重。

2013年的中央一号文件一出台，中央有关部门就研究制定进一步发展农村交通基础设施的十项措施，加大资金投入，全年安排车购税资金677.6亿元，同比增长47%，占全年公路建设车购税总投资的31%。各级地方政府积极出台各种措施，多渠道筹措建设资金，加快推进农村公路建设。

——因地制宜，稳步推进。坚持从实际出发，立足当前，着眼长远，合理确定不同地区的发展目标、建设重点和技术标准，积极稳妥分步推进。

贵州省2013年正式实施了"四在农家·美丽乡村"基础设施建设，开展了小康路、小康水等六项行动。其中，按照"公路上等级、路网趋优化、营养全覆盖、通行能力、安全有保障、环境更优美"的总体要求，小康路建设如火如荼，广大农民喜笑颜开。

——坚持不懈，深化改革。积极探索具有农村地区特点的公路运行体制和发展机制，推动农村公路实现由规模速度型向质量安全效益型转变、由整体推开向重点突破转变、由以建设为主向建管养运并重转变。

河北省积极推广"七公开"制度，将农村公路建设规划、质量监督、资金使用等7个群众最为关心的重点环节及时向社会公开，主动接受人民群众和社会各界监督，使权力运行公开透明。

……

2013年，各级党委政府和有关部门共同努力，完成农村公路建设投资2486亿元，新改建农村公路21万公里，解决了150个乡镇和1.64万个建制村通沥青(水泥)路的问题，改造农村公路安全隐患路段4.24万公里、危桥3110座，渡口1589处，启动了云南、贵州等7个贫困省区溜索改桥工作。

目前，全国农村公路总里程已达377万公里，乡镇和建制村通沥青(水泥)路率分别达到了98%和89%，农村公路的通达深度、覆盖广度进一步提高，路网结构不断优化。全国乡镇和建制村通客车率分别达到了99%和93%，开通农村客运线路9.6万条，农村客运线路和城市公交衔接更加顺畅，城乡客运公共服务均等化稳步推进。养护管理逐步加强，基本实现了"有路必养"，农村公路交通安全状况明显改善。农村交通条件和面貌发生了新的历史性变化。

习总书记对农村公路建设工作充分肯定，他指出，近年来农村公路建设成绩斐然，为改善农民生产生活条件作出了重要贡献。

路通百业兴，财富来。农村公路已成为农业发展、农民增收的助推器。据不完全统计，10年来受益于农村公路建设，仅浙江省就让全省农民增收超过800亿元，拉动GDP增加值超过1300亿元，创造就业岗位约30万个。农村公路沿线四分之一的农民扩大了经济作物种植面积，优化了农业生产结构，拓宽了增收渠道。

农村公路的建设运营带动了农民群众整体素质有效提升。据调查统计，浙江省实施"乡村康庄工程"后，农民群众到县城的时间缩短了53.6%，到集贸市场的时间缩短了59.2%，看病更方便了，子女上学能坐车了，山村的孩子也享受到了中心学校的师资和教育条件。

"村村寨寨通公路，同心共筑小康路。修好公路人人夸，富了百姓千万家。"朴实的话语，表达了脱贫致富后的农民群众对习近平总书记关心关爱农民群众、大力实施惠民工程的由衷感激。

着眼全面小康：为广大农民脱贫致富奔小康提供更好的保障

中国要强，农业必须强；中国要美，农村必须美；中国要富，农民必须富。

中央农村工作会议上这掷地有力的表述，彰显的是实现"两个百年"目标、实现中国梦的"三农"诉求，蕴含的是中央解决好"三农"问题的坚定决心和坚强意志。

习总书记多次强调，没有农村的小康也就没有全面的小康。为了广大农民的小康梦早日实现，新形势下，要进一步深化和加强农村公路发展：

农村公路建设要因地制宜、以人为本，与优化村镇布局、农村经济发展和广大农民安全便捷出行相适应；

要通过创新体制、完善政策，进一步把农村公路建好、管好、护好、运营好；

要逐步消除制约农村发展的交通瓶颈，为广大农民脱贫致富奔小康提供更好的保障；

……

习总书记的殷切期望，是各级党委政府继续深入推进农村公路发展的巨大动力。

云南省委、省政府要求全省各族干部群众，以总书记的重要批示精神为指引，说改革，谈举措，话发展，团结奋进奔小康，携手共圆"中国梦"。迪庆藏族自治州党委表示，只有牢固树立交通是"先头兵"、交通是"大民生"、交通是"大硬件"的理念，只有全力推进综合交通基础设施实现跨越发展、赶超发展，才能让全州各族群众与全省全国人民一道实现小康。

福建省把一批促进地方经济发展、服务群众出行的交通项目增列入党的群众路线教育实践活动实施计划，确保通村公路符合安全通客车条件的建制村全部开通农村客车，推动农村客运长效发展，惠及广大农村群众。

西藏自治区今年召开全区加快农村公路建设专题推进会，要求各级各部门充分认识加快全区农村公路建设的重大意义，结合党的群众路线教育实践活动，加快解决制约农业、农村、农民发展的问题，为繁荣农牧区经济、全面建成小康社会奠定坚实的基础。

为了贯彻落实习总书记提出的"因地制宜，以人为本"的新要求，围绕把农村公路"建好、管好、护好、运营好"的"四好"新目标，各级党委政府进一步细化政策举措，加大对农村特别是贫困地区公路建设的投入，着力提高农村公路的安全水平、畅达水平和服务水平，开创农村公路工作新局面，使人民群众实实在在享受到改革发展的成果：

——统筹"扩大成果、完善设施、提升能力、突出重点、统筹城乡"的要求，助推新型城镇化与农业现代化相辅相成，稳步推进农村公路提级改造，全面提高农村公共服务水平。

——坚决打好集中连片特困地区交通扶贫攻坚战，重点加大对西部地区和集中连片特困地区农村公路建设资金、技术的投入。持续做好交通扶贫工作，加快推进贫困地区建制村通畅工程建设。

——持续提高农村公路的质量和安全，强化农村客运安全监管，保证安全运行。优化农村路网布局，推动农村公路与城镇化、村镇行政区调整、扶贫搬迁、土地开发和综合治理协调衔接，相互促进，发挥路网综合效益。

——深化农村公路管理体制改革，优化农村公路建设模式，抓好运行管护，构建责任明确、运转高效的管理体制和运行机制。建立农村公路绩效评估和成效考核体系，落实县级政府在农村公路建设管理养护中的主体责任。

——大力发展农村客运，完善城乡客运一体化发展政策措施，推进城乡客运基本公共服务均等化。完善农村客运公共财政保障措施，引导农村客运网络化运营，提高农村客运通达深度、广度和服务质量，努力实现村村通班车。

……

一条条针对性强、操作性强的新举措，让农民兄弟看到了致富奔小康的征程中，"大路越走越宽阔"的新希望。

"只要有信心，黄土变成金"。在以习近平同志为总书记的党中央正确领导下，农村公路建设必将进一步加速发展，推动广大农民早日脱贫致富，为全面建成小康社会、实现中华民族伟大复兴的中国梦提供可靠的交通运输保障！

社论

绝不让农民兄弟在小康"路"上掉队

2版

航行通告 (详见5版)

（更多资讯请关注中国交通报新浪官方微博和腾讯官方微信）

中国交通报微博二维码　中国交通报微信二维码

□值班编委 孙宝夫　本版主编 林芬　责编 樊猛　□E-mail:xw1b@zgjtb.com　□新闻热线:(010)64255441　□发行热线:(010)65293561　□广告热线:(010)64250642

4版 2014年4月29日 星期二 人物
责编：柯愈友 版式策划：林浩
电话：010-65293632 64252864 E-mail:zgjtb@126.com
中国交通报 CHINA TRANSPORT NEWS

感动交通 10大年度人物 感动交通 温暖社会

一个潜水员的深海梦

——记"感动交通十大年度人物"金锋

本报记者 柯愈友 特约记者 单兴

人物名片：金锋，1966年出生，党员，国家一级潜水员、饱和潜水监督，高级技师，现任交通运输部上海打捞局工程船队潜水队队长。2013年1月当选第十二届全国人大代表，先后荣获全国交通技术能手、全国技术能手、全国劳动模范、中华技能大奖等荣誉称号，被评为"2013年感动交通十大年度人物"。

"他是大海深处钢铁身躯的游鱼，出入深海，用火热的赤子之心对抗冰冷的海水。抗狂风，斗恶浪，敢舍生，能忘我。他往水下一潜，肩上扛的是责任，手上托的是希望。敢冲锋陷阵，方金石为开，是为金锋也！"

这是在4月22日"2013年感动交通十大年度人物"颁奖典礼上，组委会给予上海打捞局工程船队潜水队队长金锋的颁奖词。

在近30年的潜水生涯中，金锋参加各种重大潜水作业500多次，创下了106米氦氧表面潜水新记录，率领团队下潜至103.5米，实现了我国氦氧饱和深潜水作业"零的突破"，在一次次急难险重任务面前，他总是第一个带头"冲锋"。

金锋，感动的不只是交通人……

危险时刻，他总是第一个冲上去

也许在很多人的想象中，潜水是件新奇、刺激的事，然而对于金锋和他的专业潜水队来说，却常常要冒着生命危险。

2005年"春晓"油田水下漏管点修复工程现场，水深、风大、浪高，水流紊乱，深潜水作业最大水深达106米，而且没有使用饱和潜水设备，采用的是表面氦氧混合气潜水。如此大深度氦氧混合气潜水，在国内、国际都是首例。

氦氧表面深度潜水是最危险的，潜水员单靠一根脐带（气管）连着上面，脐带一旦被卡住或被锋利物割断，生命线就断了，当时大家心里都没底，稍微出点问题都有可能是致命的。金锋一句"我先下"，一下稳定了军心。

"以前没潜过这么深的水，心理压力都很大，头一天晚上睡不着觉。但等到潜水时，却顾不上害怕，担心的是能不能潜到目标深度，能不能干好活？"金锋回忆，他第一个下潜，与同事们一起创下了106米的氦氧表面潜水新记录。

和金锋一起连单位的潜水监督徐霞海告诉记者："危险时刻，金锋队长总是第一个冲上去，他的胆量和技术让大家心服口服。"

金锋还先后参加了本世纪初渤海湾"大舜"轮打捞、黄河小浪底险段以及黄浦江"银鹏"轮打捞、长江口"中昌118"轮打捞、天津港"奥圣65"轮打捞、成山头海域"世纪之光"轮水下抽油等一系列急、难、险、重的抢险打捞工程。

"每次遇到困难和危险，你都冲在最前面，不害怕吗？"

面对记者的疑问，金锋这样回答："当时没什么考虑，如果考虑太多，就不敢上了。从事这个行业就应该这样，特别是紧急的时候，没什么好多想的，必须往前冲，这是职责。"

关键时刻冲得上去，救得下来，潜得下去，捞得起来，金锋身上体现的，正是广大救捞一线职工那种顽强拼搏、舍生忘死的优良作风和品质。

把祖国的荣耀刻在大海深处

氦氧饱和潜水堪称是国际潜水界的顶尖技术，与航天技术齐名，目前只有为数不多的国家掌握这项技术。它被广泛运用于水下大深度救援、海洋施工与作业、水下资源勘探、海洋科考及军事等领域，是国家实力的象征。

2006年11月10日，南海番禺油田油管更换作业现场，我国200米氦氧饱和潜水作业将首次在这里进行。此前没有任何这方面的经验，任何一个设备故障或操作失误都有可能威胁生命，这无论对潜水员的心理，还是技术与体力而言，都是极大的考验。

"第一组，谁先下？"没人应答，大家都本能地恐惧。这套设备引进20多年来从未用过，虽然进行了大修，但心里都没底，万一出现问题上不来咋办？

"我是党员，我是潜水队长，我先下！"金锋站起来打破沉默。

潜水、作业、回潜水钟、减压、吃饭、生活……长达126个小时艰难的水下作业，390个小时枯燥的舱内生活，整个饱和潜水作业中，金锋第一个下潜，第一个出钟，他和他的团队实现了我国氦氧饱和深潜水作业零的突破，打破了国外饱和潜水在我国的垄断局面。那一刻，他们把祖国的荣耀刻在了大海深处。

经过几年的磨合，我国饱和潜水作业的深度纪录不断被改写。今年1月，金锋作为饱和潜水总监先后带领上海打捞局饱和潜水作业团队潜水员在南海成功下潜至313.5米水深，创造了我国饱和潜水作业纪录新的国家深度，使中国深潜水技术作业能力进入国际先进行列，实现了交通运输海上应急处置和服务保障能力新的重大跨越。

让潜水技能和经验薪火相传

行走祖国的大海深处，挑战人类的生命极限，站在世界潜水行业的制高点，这是历代救捞人的"深海梦"。继续向深海进军，500米！上海打捞局确立了下一步饱和潜水的研发目标，并成立了深潜水研发中心。

作为潜水队队长，金锋的目标是要打造一支有技术、能战斗、能吃苦、能奉献的国内一流潜水队伍。随着饱和潜水的发展，他带领的这支潜水队伍这几年有了质的飞跃，目前共有潜水员73名，其中68人具有饱和潜水证书。

潜水作业是一门融合水下切割、电弧、安装、探摸等多项专业知识的综合性工作，要想具备过硬的本领必须经过实践的磨练。金锋根据黄浦江的潮汐安排，制定实操计划，每日组织潜水员进行潜水训练、装备保养和电焊、切割等实用技术操作，并通过开展岗位技能比赛的形式，评选出技术能手，提高队员的学习积极性。

金锋告诉记者，潜水员的培养是一个漫长的过程。在他的成长中，得益于老一辈潜水人宝贵经验和技能的无私传授，尤其是老一辈救捞人培育、弘扬的"把生的希望送给别人，把死的危险留给自己"的救捞精神深深地影响着他，他觉得自己有责任再传给下一辈年轻的潜水人。针对队里年轻人多的特点，潜水队成立"金锋潜水技术工作室"，推行师傅"传帮带"，每一名师傅和两名徒弟签订协议，让潜水技能和经验薪火相传。

在队友们眼里，金锋平时总是风风火火，但在安全操作上，却严格把关，心细如发。他说，水下环境瞬息万变，很容易给潜水员造成伤害，引起致命危险。他要求潜水员把每一次潜水都要当成人生第一次，不能有半点马虎。对于队员在日常的训练，要养成良好的安全习惯，比如戴安全帽时把带扣系紧，电弧切割规范使用，盘钢丝时严禁站在钢丝圈内等。在训练计划的执行上，他一丝不苟，一毫不让，当日的训练项目必须完成。

作为一名潜水员，需要强健的身体。没有任务时，金锋每天都会很早起来，带着大家围着基地进行长跑。下午训练后，组织大家进行各种健身活动，还外聘体能教练进行专门训练，把队员们每天的学习、工作和生活安排得充实而有活力。

"别人不能干的我们能干，别人干不好的我们干得最好。"在上海打捞局局长沈灏看来，金锋和他带领的团队身上集中体现了"捞得起来、干得最好"的上海打捞精神。

地址：北京市安外安华西里三区13号楼 邮码：100011 总编室：65293633 通联部：65293561 64250641（传真） 采编中心：64250635 公路中心：64263538 水运中心：64255824 运输中心：65293642 新媒体中心：64246885 中国交通报社北京中通广告公司：64250642 64255452 广告经营许可证：京朝工商广字0142号 每月定价：20.00元 零售每份：1.00元 中国青年报印刷厂印刷

CHINA TRANSPORT NEWS
http://www.zgjtb.com 邮发代号:1-72 国内统一刊号:CN11-0122
2014年4月30日 星期三 第5743期 今日8版 交通运输部主管 中国交通报社主办

1500人聆听陈维先进事迹报告

本报讯 4月28日，上海市建设交通系统庆祝"五一"国际劳动节暨陈维同志先进事迹报告会，在市委党校大礼堂举行，上海市建设交通系统和上海海事局近1500名干部职工聆听报告会。

陈维是来自海事一线的80后，2002年从浙江大学环境工程学院毕业考入上海海事局，现为闵东海事局危管防污处副处长。海事基层工作十几载，她坚持"多一点付出、多一点用心、多一点坚持、多一点创造"的精神，在海事危防工作领域取得了突出成绩，先后荣获全国先进工作者、上海十大杰出青年、全国"人民满意公务员"等荣誉称号。

从陈维的同事、行政相对人、媒体记者和陈维本人不同角度的深情诉说里，现场观众一步步走进这位基层海事执法者的精神世界，不时响起的阵阵掌声表达着感动和钦佩。

"扎根基层，默默奉献，陈维是普通劳动者的楷模。"上海市建设交通工作党委副书记田春男说，每一个党员干部都应该从陈维精神中汲取正能量，践行"多一点"，创造不平凡！ （孙洪亮）

李克强实地考察长江黄金水道建设，研究依托黄金水道建设长江经济带

打造网络化标准化智能化综合立体交通走廊

本报讯 据中国政府网消息，4月27日至29日，中共中央政治局常委、国务院总理李克强在重庆就西部开发开放进行调研，实地考察长江黄金水道建设，主持召开座谈会研究依托黄金水道建设长江经济带。

中共中央政治局常委、国务院副总理张高丽出席座谈会。

中共中央政治局委员、重庆市委书记孙政才，国务委员、国务院秘书长杨晶，交通运输部部长杨传堂、副部长[illegible]，重庆市市长黄奇帆等陪同考察。

考察中，李克强登船溯江而上，察看长江通航和沿岸生态保护等情况，并召开会议听取黄金水道建设和长江综合交通网规划汇报。他指出，长江黄金水道及沿江各地是一串"珍珠链"，建设好通江达海的综合交通体系，不仅可以带动沿江地区发展，还能辐射带动整个流域，使"黄金水道"发挥"黄金效应"。李克强特别强调，要注重保护好长江及沿江重要水系的水质和生态环境，把长江水道建设成为绿色生态、环境优美的走廊。

果园港是我国规划建设中最大的内河水、铁、公路联运港。李克强在这里听取长江上游航运中心规划介绍，了解港口集疏运和今年吞吐量情况，勉励他们在长江港口中起标杆带头作用。他说，要把港口、物流、产业有机结合起来，打造大交通格局，使黄金水道货畅其流、人畅其流。

4月28日，李克强总理冒小雨来到重庆果园港考察，并与工人们合影。 巨建兵 摄

李克强还来到重庆轻轨6号线施工现场，了解重庆城市交通规划建设情况。他说，基础设施建设是经济发展重要前提，补上交通等方面的"短板"，不仅能够顺应民生期盼，夯实长远发展基础，在当前形势下，还可以发挥投资对稳增长的关键作用，要适时开工建设一批群众急需的重大项目，更好发挥"一举多得"之效。

座谈会上，李克强指出，从沿海起步先行，溯内河向纵深腹地梯度发展，是世界经济史上一个重要规律，也是许多发达国家在现代化进程中的共同经历。长江横贯东中西，连接东部沿海和广袤的内陆，依托黄金水道打造新的经济带，有独特的优势和巨大的潜力。贯彻落实党中央、国务院关于建设长江经济带的重大决策部署，对于有效扩大内需、促进经济稳定增长、调整区域结构、实现中国经济升级具有重要意义。

李克强指出，长江货运量已位居全球内河第一，但还有很大潜力。要更加注重发挥水运成本低、能耗少的竞争优势，加强航道疏浚治理，提高通航标准，推广标准化船型，增强长江运能。以沿江重要港口为节点和枢纽，统筹推进水运、铁路、公路、航空、油气管网集疏运体系建设，打造网络化、标准化、智能化的综合立体交通走廊，使长江这一大动脉更有力地辐射和带动广阔腹地发展。

李克强强调，建设长江经济带也是深化改革开放、打破行政区划壁垒、建设统一开放和竞争有序全流域现代市场体系的重要举措。要建立健全区域间互动合作机制，完善长江流域大通关体制，更好发挥市场对要素优化配置的决定性作用。实施东西双向开放战略，与依托亚欧大陆桥的丝绸之路经济带相连接，构建沿海、沿江、沿边全方位开放新格局。要把建设长江经济带同稳增长、促改革、调结构、惠民生紧密结合，使各项举措既利当前、更惠长远，增强发展韧性和抗风险能力，带动创业就业，为经济社会持续健康发展增添新动力。

"五一"国际劳动节即将来临。考察中，李克强每到一地都向一线劳动者致以祝福。李克强说，各级党委和政府要对广大劳动者给予更多关爱和帮助，使他们通过自身奋斗日子越过越好。

杨传堂勉励部直属机关劳模和先进集体影响一批带动一片

加快形成推进"四个交通"发展强大合力

本报讯 （记者 孙英利）"五一"国际劳动节前夕，4月29日，交通运输部党组书记、部长杨传堂与部直属机关劳动模范和先进集体代表座谈，为近年来受表彰的先进个人和集体代表佩戴荣誉绶带和奖章，向广大劳模表示崇高敬意，向奋斗在交通运输各条战线上的广大干部职工致以节日问候和良好祝福。杨传堂强调，荣誉就是责任，责任就是使命，要珍惜荣誉、再接再厉，立足本职岗位发挥好示范带头作用，比着学、带着干，影响一批、带动一片，加快形成推进"四个交通"发展的强大合力。部党组成员、副部长、部直属机关党委书记王昌顺主持座谈会。

杨传堂指出，劳模是一种荣誉，更是一份责任，劳模和先进集体要坚持走在前、干在前，树立更高的标杆，不断引领广大干部职工在加快推进"四个交通"发展中再立新功。他提出了五点殷切希望。

一是大力弘扬坚定信念、忠于职守的价值追求，不断增强加快"四个交通"发展的思想自觉和行动自觉。要把个人的理想追求与平凡的工作岗位密切联系在一起，开拓创新、奋发有为，坚定不移推进交通运输改革发展。

二是大力弘扬爱岗敬业、无私奉献的高尚品格，不断为加快"四个交通"发展贡献智慧和力量。要以"时不我待"的精神状态和"功成不必在我"的思想境界，着眼长远、甘为人梯，在加快推进"四个交通"发展中谱写精彩的人生篇章。

三是大力弘扬奋发有为、开拓创新的精神风采，在全面深化交通运输改革中攻坚克难、勇立新功。要广泛开展岗位建功活动，改革创新、扎实奋进，着力破解交通运输改革发展中面临的困难和问题。

四是大力弘扬真抓实干、务求实效的工作作风，确保交通运输工作扎实向前推进。要勇于直面矛盾、正视困难，出实招、鼓实劲、办实事，努力打开工作局面。

五是大力弘扬艰苦奋斗、勤俭节约的优良传统，努力建设为民务实清廉的交通运输政府部门。要时刻牢记"两个务必"，努力践行"三严三实"，自觉做艰苦奋斗的表率，做为民务实清廉的典范。

会上，部海事局李恩洪、中国海上搜救中心智广路、部公路院曹东伟、交科院曹沐、中国交通通信信息中心刘建作了发言。部公路院飞达公司李丁代表部直属机关劳动模范和先进集体向全行业发出倡议，呼吁广大干部职工自觉把个人梦与中国梦紧密联系在一起，为加快发展"四个交通"，谱写中国梦的交通运输新篇章努力奋斗。

部长政策咨询小组和部专家委员会换届

本报讯 （记者 孙英利）日前，交通运输部公布部第三届部长政策咨询小组和第四届专家委员会成员名单。换届后，第三届部长政策咨询小组由部党组成员、总规划师戴东昌等25人组成；第四届专家委员会由部总工程师周海涛等98人组成，设铁路、公路、水路、民航、邮政5个组。

▶名单详见2版

■老乡奔小康 交通做保障

开栏的话

党的十八大以来，习近平总书记多次就农村公路发展作出重要指示、批示。本报今日起开辟专栏《老乡奔小康 交通做保障》，关注各地交通运输部门落实习总书记重要指示批示精神的举措和思路。

浙江：四大行动 建好用好农村公路

本报讯 （记者 刘洋 通讯员 张少军 黄增 龚育晓）日前，记者从浙江省交通运输厅获悉，当前和今后一个时期，浙江省交通运输系统将以习近平总书记重要批示精神为统领，以城乡交通统筹发展为主线，实施打造美丽乡村公路行动、农村公路养护专项行动、农村客货运输服务行动、水上康庄工程行动等"四大行动"，努力把农村公路建好、管好、护好、运营好。

浙江省交通运输厅党组书记、厅长郭剑彪介绍，打造美丽乡村公路行动是结合浙江"美丽乡村建设"和新型城镇化规划布局，以省级美丽乡村、中心镇中心村、产业集聚区、生态旅游区、现代农业"两区"、农家乐特色村庄为重点，通过实施专项工程使农村公路技术等级、路况质量、路容路貌、景观绿化和通行能力得到全面提升改善，打造浙江特色的美丽乡村公路。今后五年，浙江规划建设美丽乡村公路8000公里。农村公路养护专项行动将建立健全农村公路管养长效机制，加大地方财政投入力度，将农村公路工作纳入政府公共服务范畴。

刘小明指出

发挥职业资格制度作用 提升运输安全服务质量

本报讯 4月28日，交通运输部党组成员、运输司司长刘小明在部职业资格中心调研时指出，从业人员是运输安全的保障者、服务质量的提供者和市场环境的维护者，要将从业人员职业资格制度要求纳入运输安全监管体系、作为提升运输服务的载体和抓手，适应大部制，借助大改革，谋求大发展，服务大交通，切实把职业资格工作作为提升运输安全水平和服务质量的一项基础性战略性工作抓紧抓好。

刘小明在听取职业资格中心主任申少君的介绍后指出，职业资格中心成立8年来，虽然起步晚，但起点高、发展快、效果好，班子和团队建设成效显著，为提升运输安全水平和服务质量提供了人力资源保障。

刘小明强调，要把职业资格制度作为创新运输行业管理的重要抓手，推进运输治理体系和治理能力现代化；作为促进运输行业安全发展的重要途径，不断提高运输安全监管水平；作为做好大部制顶层设计、履行好综合运输服务新职能的有机组成部分，不断提高运输服务保障能力；作为运输市场诚信体系建设的重要内容，不断规范运输市场秩序；作为引领从业人员素质全面提升的基本制度，不断增强从业人员的行业归属感和职业荣誉感。 （刘大鹏）

杨传堂会见最美快递员

你们是连接用户的桥梁传递美好的天使

本报讯 （记者 孙英利 特约记者 武姝婷）4月29日上午，国家邮政局举办中国梦·邮政情"寻找最美快递员"揭晓发布会，百世汇通公司上海金桥站点快递员李元明等10名基层快递员和2个快递员集体荣获"最美快递员"称号。当天下午，交通运输部党组书记、部长杨传堂会见"最美快递员"当选者，深情地称他们是"连接用户的桥梁、传递美好的天使"，勉励他们珍惜荣誉，谦虚谨慎，为快递业发展作出新的贡献。部党组成员、国家邮政局局长马军胜参加会见。

杨传堂表示，当选的快递员中既有爱岗敬业、勇于创新的业务骨干，也有诚实守信、见义勇为的时代英雄，还有助人为乐、热心公益的道德模范，生动体现了社会主义核心价值观的内涵，准确诠释了交通运输和邮政行业的核心价值理念，全面展示了邮政人、快递人的时代风采和精神风貌。

杨传堂指出，快递企业必须进一步加强企业文化建设、精神文明建设和核心价值体系建设，提升企业软实力，发展原动力和核心竞争力。希望全行业以"最美快递员"为榜样，坚持守法经营、诚信服务，增加企业的无形资产，扩大企业美誉度，树立行业良好的社会形象；大力开展文明单位、文明窗口、青年文明号等创建活动，营造开拓创新、崇尚先进、奋勇争先的创业兴业氛围；自觉承担社会责任，充分发挥先进典型的示范、辐射作用，影响和带动全体快递从业人员，立足本职、无私奉献、传递美好、回馈社会。

另悉，4月29日下午，共青团中央、交通运输部、国家邮政局在京召开快递行业青年文明号创建工作现场会。

又讯 （记者 焦永渊）受部党组书记、部长杨传堂委托，4月28日，部党组成员、副部长冯正霖出席了全国邮政系统先进集体、先进个人表彰大会。140个集体、207人受表彰。冯正霖表示，希望受表彰的集体和个人在今后的工作中更好发挥模范带头作用，不断取得更大成绩、作出更大贡献。

（"最美快递员"相关报道详见4版）

冯正霖在部公路院调研时强调

探索科研改革之路 提升创新和服务能力

本报讯 近日，交通运输部副部长冯正霖到部公路科学研究院调研，详细了解公路科研工作进展，与各研究中心主任、职能部门负责人和技术专家代表座谈交流。

冯正霖先后到特种试验路、汽车排放试验室、智能运输系统试验室、沥青材料试验室、桥梁结构试验室、交通安全试验室等十个科研现场，详细询问和了解各项研究工作进展，并在驾驶模拟器上进行了试驾。在座谈会上，冯正霖高度评价了部公路院为交通运输事业作出的重要贡献，充分肯定了该院"建设国际一流科研院所"的奋斗目标、发展思路和创新成果。

冯正霖指出，在部党组统一领导下，在全院技术专家、科研工作者和干部职工共同努力下，公路院目前呈现出发展思路更清晰、基础更扎实、重点更突出、目标更明确的良好局面。下一步要按照既定工作思路，围绕目标定位、主攻方向、深化改革和"两风"建设，努力进取，不断提升科研创新和服务保障能力。关于发展目标定位，要瞄准努力建设国际一流科研院所目标，在高端人才、科研条件、研究方向、成果水平和建设国际平台方面，不断充实国际一流科研院所的内涵。

（下转2版）

敬告读者

根据"五一"国际劳动节放假安排和本报出版计划，本报节假日期间休刊两期，5月5日再见。

休刊期间，本报将通过交通运输部政府网站（www.mot.gov.cn）、中国交通新闻网（www.zgjtb.com）以及本报官方微博微信及时报道重要新闻。

本报编辑部

招标公告 航行通告 （详见7版）

□值班编委 孙宝夫 本版主编 林芬 责编 刘晓宁 □E-mail:xw1b@zgjtb.com □新闻热线:(010)64255441 □发行热线:(010)65293561 □广告热线:(010)64250642

4版 2014年4月30日 星期三
邮政政务专刊
主编：曲飞 责编：熊水潮 苏晶
电话：010-65293632 64252864 E-mail：zgjtb@126.com
中国交通报 CHINA TRANSPORT NEWS

寻找最美快递员

在我们身边，有这样一群人，他们总是奔波在路上，将幸福传递到千家万户。他们的双手托起了亿万网民的购物热情，他们的汗水创造新的经济奇迹，他们的劳动为社会打造便捷生活。他们，就是我们再熟悉不过的快递员。

4月29日，在中国梦·邮政情"寻找最美快递员"发布会的舞台上，他们是主角。该活动由国家邮政局主办，历时近一年，10名个人和两个团体代表从50名候选人中脱颖而出，成为"最美快递员"。

美的精神需要彼此弘扬，让我们一起聆听他们的故事，以"美"为标尺，理一理这个高速发展的行业触动心灵的收获。

——编者

1 李元明

职业就是一份责任

单位：百世汇通 **地区**：上海

他是上海金桥站点年纪最长的员工。他双脚带有残疾，行动会比常人辛苦很多，但他从不会因为身体缺陷降低对自己的要求。他每天派件200多件，每月派件7000余件，从没丢失过快件。主管对他的评价是："只要是交给老李的快件，就可以百分之百放心。"在去年年底阿里巴巴举办的"明星快递员"活动中，两个月里共有上千位网购消费者为他点赞。

2 艾克帕尔·伊敏

30年无差错

单位：中邮 **地区**：新疆

他是新疆邮政速递物流乌鲁木齐分公司的一名揽投员，55岁，工作30年，投送各类邮件3000余万件；他认真对待每一位用户，准确投递每一份邮件，30年无一例差错；他获得的荣誉不计其数，但他依然兢兢业业，勤奋耕耘。他用自己的行动，诠释了诚实守信的行业精神，彰显了一个普通快递员的职业道德力量，更表现出一名共产党员对事业的忠贞不渝。

3 马朝立夫妇

8年追逐快递梦

单位：中通 **地区**：河南

8年前，因为工作失去左小腿的马朝立，接触并且爱上了快递。5年前，借钱租了一个20平方米的小门面，他和身体同样有恙的妻子一起成立了中通快递鹤壁分公司。从开始的每天30件到现在的每天3000件，他用诚信、速度和周到，赢得了客户的支持。他说："我热爱这个行业，在服务社会的同时，我也收获了很多。不管怎样，我都会坚持干下去！"

4 雷娟娟

快递"女战士"

单位：速尔 **地区**：江苏

在大家认为的这个专属于男人的战场里，她是一位巾帼不让须眉的"女战士"。她在速尔分拨中心最为艰苦的干线车分拨区，她主动挑战最困难的干线组，她在同组的男同事觉得货多很累时说："只要闷头工作，心无旁骛，货物就会很快变少。"她的拼搏精神带动着其他同事，她对未来有着自己的计划，"将错扫率从5000票错四五票降至零票。"

5 石头蛋

会发光的"石头蛋"

单位：国通 **地区**：安徽

他是国通快递安徽阜阳网点的一名普通快递员，收入不高，但是十年间，他捐出去三四十万元。他资助了两名尿毒症患者，他帮助多名学生完成学业，他热心助人的事迹不胜枚举，却从没人知道他的真名。每次他捐出来的钱都很旧、很零散，但每一分钱都是他辛苦做快递的收入。他说："我只是做了应该做的，真的不算什么，我很普通，就叫我'石头蛋'吧。"

6 张锦

"诚信是我的底线"

单位：圆通 **地区**：江苏

2010年，一场突如其来的大火，烧光了仓库里的快件，面对11万元的赔偿，他没有退缩，用两个月时间，逐家上门道歉赔偿。他不仅四处举债，还推迟了婚期。他说："我还年轻，钱没了，以后有大量的机会再去挣。丢掉了良心，就丢掉了做人的底线。"诚信也让他获得了客户的信任，通过老客户不断地推荐新客户，他的事业发展也有了新天地。

7 郭伟聪

5万票快件零差错

单位：中外运敦豪 **地区**：广东

他是DHL东莞分公司的一名普通快递员，3年来，他共成功收派快件5万票，无一延误、错派，收派准确率达到100%，被公司同事称为"虎门鸡腿"。他克服种种困难，练就了一双灵巧的手，收派和操作快件效率在站点永远都是第一。他所负责的区域业务种类也得到了均衡发展，业务量稳中有升。整个团队的客户满意度及忠诚度不断提升。

8 王光成

"我要找到所有失主"

单位：申通 **地区**：安徽

电动三轮车连同20多件快件一起丢失，他挨家挨户逐一道歉赔偿，他说："即使一年工资没了，我也要找到所有失主。"他被评选为"中国好人"，备受媒体和社会的赞扬，但他依然和平常一样，勤勉工作、热心助人、认真生活。他始终以客户为中心，时刻把客户利益放在首位，他相信诚信是命脉，如同一颗种子，它发出的力，超越一切。

9 姜红伟

"人好，服务也杠杠的"

单位：中邮 **地区**：湖北

去年6月29日傍晚，一对母女不慎落水。他纵身跳入水中，救出了这对母女，之后却悄然而去。直到媒体报道，大家才知道他的事迹。几年前，一场车祸夺去了他妻子的生命，有一处钢板仍在他脚踝上。但这丝毫不影响他的工作。7月4日，公司送来5000元"见义勇为奖金"，他坚决不要。客户在网上批他："这个快递大叔，人好，服务也杠杠的！"

10 葛明洋

"天堂最美快递员"

单位：申通 **地区**：北京

在北京气温已降至零下的2013年12月7日，葛明洋和往常一样投递快件。下午1点左右，他刚取出两件快件准备派送，突然听到了呼救声。他跑到池塘边，发现没法找到落水儿童，顾不上脱下棉服棉鞋，就跳进了冰冷刺骨的池塘，营救过程中不幸遇难，一个勤勉认真的年轻快递员就这样离开了我们。生命无价，精神永恒。

11 顺丰8哥

瞬间递回生命

单位：顺丰 **地区**：浙江

2013年6月20日11时许，一名两岁半女童从5楼坠下。事发时，附近的8名顺丰速运浙江宁海分公司快递员没有丝毫犹豫，同时抢上前去，将坠楼女童稳稳接住。瞬间强大的冲击力导致一名快递员脖子受伤，一名快递员手臂拉伤。小女孩有惊无险，安然无恙；快递哥"一夜成名"却安于平凡。他们的身影，已经如往常一样融入到正常的工作当中。

顺丰8哥：李燕辉、谢明、刘明俊、卢新宇、杨文求、葛伟丽、姚鹏飞、娄国兵。

12 吕寒等人

"我们是来抗震救灾的"

单位：韵达 **地区**：四川

他们，是到达雅安地震震中的第一支民间救援力量。在灾区的6天7夜里，他们冒着不断发生余震和从山上滚落巨石的危险，先后把6车赈灾物资送到受灾最严重的地区。他们说："就是爬，也要把吃的喝的再给送上来！"他们的手机里，都有一条未发出的短信："我们是来抗震救灾的，不是来添麻烦的。如果我们有意外，不许给政府添任何麻烦。"

团队姓名：吕寒、刘炼、陈沪、石松、冯东。

本版文图除署名外均由 国家邮政局 提供

国家邮政局党组成员、纪检组组长、精神文明指导委员会副主任解畅在发布会致辞时要求——

全行业要以"最美快递员"为榜样，模范践行行业核心价值理念，扎实推进行业文化建设和精神文明建设，不断增强企业发展的软实力。**一是要坚持守法经营。**提高法律意识，严格遵守各项法律法规，不断规范企业经营行为，**二是要坚持诚信服务。**树立用户第一、客户至上的理念，积极提供客户满意、社会认可的优质服务。**三是要大力加强企业文化建设。**积极构建和完善企业核心价值体系，用优秀的企业文化凝聚人、鼓舞人、激励人，**四是要积极开展文明创建活动。**营造开拓创新、崇尚先进、奋勇争先的创业兴业氛围。**五是要自觉承担社会责任。**积极参与社会公益活动，扩大企业美誉度，树立行业良好的社会形象。

发布会简洁高效。

累着乐着美着

本报记者 熊水潮

他们最美，他们也很累。他们很累，他们也很快乐。

4月29日上午，中国梦·邮政情"寻找最美快递员"揭晓发布会上，主席台上播放关于获奖快递员日常工作的视频时，台下不少人眼角含泪。视频并无过多煽情之处，只是千千万万普通快递员实际生活的真实场景。一位来自顺丰速运的快递员散会后告诉记者，当个好快递员不容易，那些"最美快递员"的故事让他很感慨，感慨同行的质朴与美丽，也感慨工作的"压力山大"。

揭晓发布会上，上台领奖的快递员大多不善言辞。每当主持人问他们当选为"最美快递员"后有什么感受，大部分都先是沉默一会，然后得出一个有点雷同的答案："我心里觉得很意外。"敏于行、讷于言，他们的心里，想得更多的是如何多送快件，如何更好地服务客户。对他们来说，苦点累点没关系，活多还说明生意好，收入有保障，如果能得到客户的一两句称赞就再好不过了。"每每听到客户跟我说'谢谢'、'辛苦了'之类的话时，我就觉得很开心，很有成就感。"中外运敦豪快递员郭伟聪在获奖后的一番话是众多奔走在大街小巷的快递员的心声。马朝立、高红娟夫妇都是残疾人，但他们同样不辞辛劳地奋战在一线，彼此关爱，干出了不俗的成绩。"干快递虽然辛苦，但我们真的很爱这个行业。"马朝立说，"做快递这个行业不仅可以使我自食其力，而且可以帮更多的人，我们会一直坚持下去。"说这话时，妻子高红娟在一旁深情地看着他，并大声说出了一句："我爱你。"会场顿时响起热烈的掌声，为他们辛苦而快乐的生活。

累着乐着美着，正是广大基层快递员的真实写照。为促进快递行业健康发展，这几年，国家邮政局始终以基层一线员工为重点，积极树立和宣扬先进模范典型。据不完全统计，"十一五"以来快递企业先后有126个集体、83名个人受到省部级以上表彰奖励。这次当选"最美快递员"的10名快递员和两个团体，就是百万快递员的典型代表，他们中既有爱岗敬业、勇于创新的业务骨干，又有诚实守信、见义勇为的道德模范，还有助人为乐、热心公益的志愿义工。他们淳朴、真诚、阳光的形象，体现了社会主义核心价值观的内涵，诠释了邮政行业的核心价值理念，展示了邮政人、快递人的时代风采和精神面貌——他们是邮政行业的骄傲。

榜样的力量是无穷的。极目远眺，期待更多的"最美快递员"出现在街头巷尾，快乐地奔跑，享受工作，享受生活。这正如姜红伟获奖后说的那样："服务好客户，把客户当朋友，他们也会把自己当朋友，彼此都很快乐，工作也就成了一种享受。"

发布会上，中国快递协会副秘书长沙迪宣读了倡议书，期望全行业共同行动起来，与"最美"同行，做时代先锋。摘录如下——

倡议书

"诚信、服务、规范、共享"是我们邮政行业的核心价值理念。我们的从业者要统一指导思想、坚定理想信念、强大精神力量、遵从道德规范，以行业核心价值的影响力和带动力催生出行业发展的聚合力、向心力和发展力，最终提升行业整体实力，争做具有4S精神的时代先锋！

我们的企业和行业正在"向下""向西""向外"奋力拓展，中国快递企业将以更加稳健的步伐迈向国际竞争的大市场、大舞台。企业行业的发展在创新，创新的希望在我们，我们应当也必须成为创新的生力军。我们要牢固树立创新观念，努力提高创新能力，积极投身创新实践，把默默无闻的岗位当作增长能力的沃土，把条件艰苦的地方当作施展才华的舞台，把祖国人民需要的地方当作实现抱负的天空，爱岗敬业、笃志力行、无私奉献，争做创新成才的时代先锋！

我们要把"与祖国共奋进、与行业同发展"写在我们努力奋斗的旗帜上，在邮政行业的重要战略机遇期，紧密团结在以习近平同志为总书记的党中央周围，高举中国特色社会主义伟大旗帜，增强进取意识、机遇意识、责任意识，解放思想，锐意改革，推动邮政行业持续健康发展，为全面建成小康社会做出更大的贡献，争做"最美"时代先锋！

中国快递协会

地址：北京市安外安华西里三区13号楼 邮码：100011 总编室：65293633 通联部：65293561 64250641(传真) 采编中心：64250635 公路中心：64263538 水运中心：64255824 运输中心：65293642
新媒体中心：64246885 中国交通报社北京中通广告公司：64250642 64255452 广告经营许可证：京朝工商广字0142号 每月定价：20.00元 零售每份：1.00元 中国青年报印刷厂印刷

4版 2014年5月8日 星期四 铁路
电话：010-65293632 64252864 E-mail:zgjtb@126.com
中国交通报 CHINA TRANSPORT NEWS

■第一报道

迈入"城际列车"时代。 刘俊 摄

整装待发。 刘俊 摄

"北疆之星"城际列车人气旺，本报记者随车体验——

去乌鲁木齐就坐城际列车

旅客在列车边合影。 关剑军 摄

本组稿件除署名由乌鲁木齐铁路局张家启提供

□本报记者 范永伟

"范玲，去乌鲁木齐就坐城际列车，非常干净舒适……"5月3日14时35分，记者同大姐、三妹一起乘坐石河子开往乌鲁木齐的T9572次"北疆之星"城际列车返回乌鲁木齐。由于第一次乘坐城际列车，心里都非常期待，所以一上火车，大姐就迫不及待地给经常往返石河子乌鲁木齐做生意的小妹打电话，建议她乘坐城际列车，感受一下舒适周到的航空式服务。

为了不误点，当日，记者和姐姐提前40分钟来到石河子火车站，在售票厅自动取票机上不到五分钟就拿上了网上购买的车票。到候车室，记者注意到进站口电子显示屏上也不断滚动着"欢迎乘坐乌鲁木齐始发石河子、奎屯、克拉玛依'北疆之星'城际列车"字样。随着客流有序进站上车时，记者眼前一亮，只见干净的蓝色车体前，身穿红色制服的乘务员面带微笑地分站车厢门边迎接旅客，走进车厢内，蓝白相间的座位、窗帘等，都给人耳目一新的感觉。离站20分钟，记者开始感觉列车在不断提速，窗外景物退去的速度越来越快，离站35分钟，列车基本达到最高速并保持匀速前行。此时，车厢内依然感觉很平稳，乘客只能微微听到车轮与钢轨"嘎哒嘎哒"的碰撞声。

经常往返于乌鲁木齐与石河子的三妹说，坐大巴去石河子，要花近40元，两个多小时；坐城际列车只要20多元，一个半小时。"还有乘务员提供专业服务，真是个不错的出行选择。"她笑嘻嘻地说。车厢内，很多乘客都和三妹一样是第一次乘坐城际列车。大家一边体验着列车的平稳舒适，一边由衷地赞叹，有的还拿出手机，纷纷通过微信微博向朋友"炫耀"。

新疆此次开行的"北疆之星"城际列车共计5对，其中包括：乌鲁木齐—克拉玛依1对，乌鲁木齐—奎屯3对，乌鲁木齐—石河子1对。列车使用新型空调车辆，每趟列车硬座7节，软座1节，一次可运送旅客892人，运行最高时速可达140公里。据乌鲁木齐铁路局客运处总工程师斯深民介绍，为做好开行城际列车的准备工作，新疆铁路部门加大投资力度，对乌鲁木齐—奎屯—克拉玛依的铁路线路进行改造，线路运行时速比之前提高30公里。同时，对城际品牌旅客列车实施车体升级改造，全部采用空调车体；改造乌鲁木齐站、奎屯站、石河子站、克拉玛依站的进站通道、候车厅、售票厅等，并扩大乌鲁木齐站自助售票厅、奎屯站售票厅的面积。在乌鲁木齐、奎屯、石河子站设置城际列车旅客专用进站通道；在乌鲁木齐、奎屯站设置旅客专用候车区，并配置相关设备。

其实，乌鲁木齐、石河子、奎屯和克拉玛依之间此前也有多趟列车开行，但大部分是途经石河子、奎屯、克拉玛依的过路车，且开行时间大都在晚上，对旅客来说并不方便。记者后来查询相关数据得知，5月1日城际快客列车正式开通后分流了不少旅客，使"五一"小长假期间新疆公路客运量与去年同期相比下降9.33%。业内专家认为，"北疆之星"城际列车途经的乌鲁木齐、石河子、奎屯和克拉玛依，均是地处天山北坡经济带的重要城市。城际列车的开通，将有效"缩短"乌鲁木齐与周边城市的距离，降低物流、客流的运转成本，对促进区域经济发展、带动沿途旅游业等意义非凡。

"北疆之星"城际列车运行时刻表

	乌鲁木齐	石河子	奎屯	克拉玛依	
T9581次	16:55(发车)	18:25(停5分钟)	19:27(停17分钟)	21:06(到达)	
	14:30(到达)	12:55(停5分钟)	11:46(停12分钟)	10:19(发车)	T9582次

注：始发到达间4小时11分，硬座票价34.5元，软座票价86.5元。

	乌鲁木齐	奎屯	
T9561次	10:48(发车)	13:20(到达)	
	17:50(到达)	15:18(发车)	T9562次
T9563次	15:10(发车)	17:42(到达)	
	21:00(到达)	18:28(发车)	T9564次
T9565次	18:31(发车)	21:03(到达)	
	11:45(到达)	09:13(发车)	T9566次

注：始发到达间2小时32分，中途在石河子停站，硬座票价40.5元，软座票价60.5元。

	乌鲁木齐	石河子	
T9571次	12:25(发车)	13:33(到达)	
	16:15(到达)	14:35(发车)	T9572次

注：始发到达间1小时30分，中途不停站，硬座票价23.5元，软座票价35.5元。

□提醒

专用进站通道口可买票

乌鲁木齐、石河子、奎屯、克拉玛依站售票厅设置了城际列车售票专口和专用自动售（取）票机，乘车前还可在以上车站的专用进站通道口处购买。旅客可随到随买，也可通过互联网、电话订票，或在全疆各铁路客运车站、铁路客票代售点窗口购买。

窗口购票无需实名

针对城际列车开车前旅客集中到站，购票时间紧的特点，旅客在各车站、火车票代售处、自动售票机购买城际列车车票不实行实名制。但互联网购票、电话订票以及学生优惠票、残疾军人或伤残人民警察优待票、使用残疾人专用票额的车票，仍按现行实名制规定购票。

无特殊原因不予改签退票

对有检票标记的城际列车车票，除中途因伤、病、亡等特殊情况外，一律不予改签、退票。本站进、本站出的车票退票、改签时，必须由客运值班员在车票背面签认并注明理由。提前乘车或开车后2小时内乘车的旅客，应先办理车票改签、后检票乘车。

■资讯快车

长三角首个铁路无水港启用

本报讯（通讯员 苏文番 陶利平 记者 王赤凤）4月30日，长三角首个铁路无水港——蚌埠（皖北）铁路无水港启用。

无水港启用后，当地企业的进口、出口货物可在无水港内"一站式"完成订舱、报关等通关手续，然后通过海铁联运的方式将货物运送到沿海港口。无水港位于铁路蚌埠南站货场，去年9月起，上海铁路局专门安排开行了蚌埠至上海芦潮港和杨浦的铁海联运集装箱专线。集装箱专列每周3趟，蚌埠至上海的全程运行时间约18个小时，比水运大约节省近50个小时，每箱费用比公路大约便宜40%。

广东建全国最大铁路物流基地

本报讯 广铁集团日前全面启动广州铁路集装箱中心站建设，大力打造"大田—北站—机场"三港联动大格局，使广州铁空三港成为全亚洲最大的物流中心之一。

广州铁路集装箱中心站位于广州大田，与京广高铁广州北站和白云机场呈现"铁三角"形状，其投资预估算总额将达57亿元，设计吞吐量为3000万吨/年。按照规划，广州铁路集装箱中心站和白云机场之间将建快速通道，全程仅需20分钟左右；广州北站和白云机场将有两条轻轨连接，并接通穗莞深城际等珠三角城际轨道网，实现机场对珠三角9城的1小时覆盖。广州北站和白云机场之间通过不停站的直连轻轨，只需11分钟便可通达。（曾勇）

贵阳市首条市域铁路开通

本报讯 经过3年建设，贵阳市首条市域铁路——新建久长至永温铁路于4月30日顺利开通试运行。运营初期，久永铁路每日将开行2对货物列车。

久永铁路是贵阳市域铁路"一环一射两联线"的联线部分，起于贵阳市修文县久长镇，与川黔线久长站接轨，终于开阳县永温站，正线长度35.7公里，新建双流镇、永温2个车站，线路桥隧比为49%。久永铁路不仅可以作为沿线地区矿产资源、工业产品对外运输的主要通道，还能大大促进地区资源开发和产业布局，加快贵州磷化工产业发展。（石宗林 蔡鹏程 曾莉波）

兰州铁路局首推车身广告

本报讯 4月29日上午，兰州开往上海的T118次列车缓缓从车库开出，停靠在兰州站一站台。列车车身两侧的广告贴画惹人注目，这是兰州铁路局推行旅客列车车身广告投放开行的首趟列车。

今年年初，中国铁路总公司对全路开展动车组视频广告、旅客列车车身广告及列车冠名权经营业务等事宜进行了研究和部署。兰州局抓住这一有利时机，迅速组织相关部门和业务人员就列车车身广告投放进行调研，积极向社会进行广泛宣传推广。甘肃英高实业发展股份有限公司成为第一个客户，在3趟列车上投放了车身广告。（杨宝通 冯枫）

南宁开行赴内蒙古旅游专列

本报讯 5月6日，南宁铁路局开行广西金城江至内蒙古海拉尔的跨省旅游专列，500名广西游客自南向北一路游玩，领略大江南北不同风光。

根据气候特点及运行周期，南宁铁路局专门为该趟旅游专列调配了空调车底，运行速度更快。旅游专列于5月6日15时从广西金城江出发，第一站为长沙，而后由长沙前往山海关，5月12日到达哈尔滨，13日抵达美丽的海拉尔。游玩两天后原路折返，并于5月19日抵达终点站金城江，全程旅游时间为14天。（曾威 凡毅）

■广而告之

实名制车票丢了怎么办？

如果旅客购买实名制票后丢失车票，可不晚于票面发站停止检票时间前20分钟到车站售票窗口办理挂失补办手续。

办理时，须提供购票时所使用的有效身份证件原件、原车票乘车日期和购票地车站名称等，经车站确认无误后，须按原车票车次、席位、票价重新购买一张新车票。旅客持新车票乘车时，应向列车工作人员声明；到站前经列车长确认该席位使用正常的，将开具客运记录交给旅客。旅客应在到站后24小时内，凭客运记录、新车票和购票时所使用的有效身份证件原件，至退票窗口办理新车票退票手续，按规定核收补票的手续费。超过规定时间提出的、原车票已经退票的或者已经挂失补办的，不办理挂失补办手续。办理时，原车票已经改签的按改签后的车票办理挂失补办手续。

4月30日，天津站的免费Wi-Fi热点全面投入试运行。广大旅客可在高架候车区、北站房地下售票处及地下候车区等区域享受免费的高速无线网络服务。

图为旅客在站内用手机体验免费Wi-Fi。 杨宝森 摄

别样的婚礼进行曲

大红蜡烛亮起来，喜庆鞭炮响起来。日前，曾琳这位"修通阜六再结婚"的女孩，在阜六铁路运行列车欢快的汽笛声中，如愿挽起郎君的臂膀，走向圣洁的婚姻殿堂。

身披婚纱的美丽新娘2009年10月来到中铁十五局集团四公司阜六铁路颍河特大桥建设工地，主要负责试验资料填写和试块制作。从采样制作到养生拆模，她总是抢在前面。她说，遇到颍河特大桥这样的工程机会不多，能够为大桥建设贡献一份力量是幸运的。

2012年2月的一天，妈妈打来电话催促："妮子，你都29岁了，妈托人又给你介绍了一个朋友，你得回来瞧瞧。"在此之前，家里给她介绍过3个对象，都是因为双方不能及时见面而不了了之。恰逢工地上的业务不是很忙，小曾请了15天假回家，很快见到男方本人。经过短暂交流，彼此都有好感，男友一再表示愿意帮助小曾调回本县工作。对于常年漂泊在外、居无定所的女孩子，能够找到心仪之人并且有一份稳定的工作是梦寐以求的事，但小曾却为难了——自己经手填写的五千多份试验资料还要等待交验，大桥后续工程的试验资料还要填写，新来的大学生还没有完全进入角色，此时申请调离单位实在不好开口。

15天时间转瞬即逝，小曾回到单位没有提调离之事，5个月后他们中断了联系。就在她和男友分手的那段时间，颍河特大桥主跨120米连续梁顺利合龙，小曾和其他工友一起欢呼雀跃，脸上露出开心的笑容。

去年3月，小曾又认识了一位男友，叫刘兆行，是一家公司业务主管。他向曾琳一再表白，坚决支持她的工作。去年年底他向曾琳提出结婚，可曾琳却"固执"地说："等阜六铁路开通后再结婚。"去年12月28日，满载货物的55011次货车从阜阳北站开出，直奔160多公里外的阜六铁路终点站——六安车站，历时4年建成的阜阳至六安铁路正式开通运营。

今年4月，在运行列车的嘹亮汽笛声中，曾琳的爱情之花随同原野的花朵一起绽放。那声声汽笛声，是别样的婚礼进行曲。

丁清文

地址：北京市安外安华西里三区13号楼 邮码：100011 总编室：65293633 通联部：65293561 64250641（传真） 采编中心：64250635 公路中心：65293615 水运中心：64255824 运输中心：65293642
新媒体中心：64255469 中国交通报社北京中通广告公司：64250642 64255452 广告经营许可证：京朝工商广字0142号 每月定价：20.00元 零售每份：1.00元 中国青年报印刷厂印刷

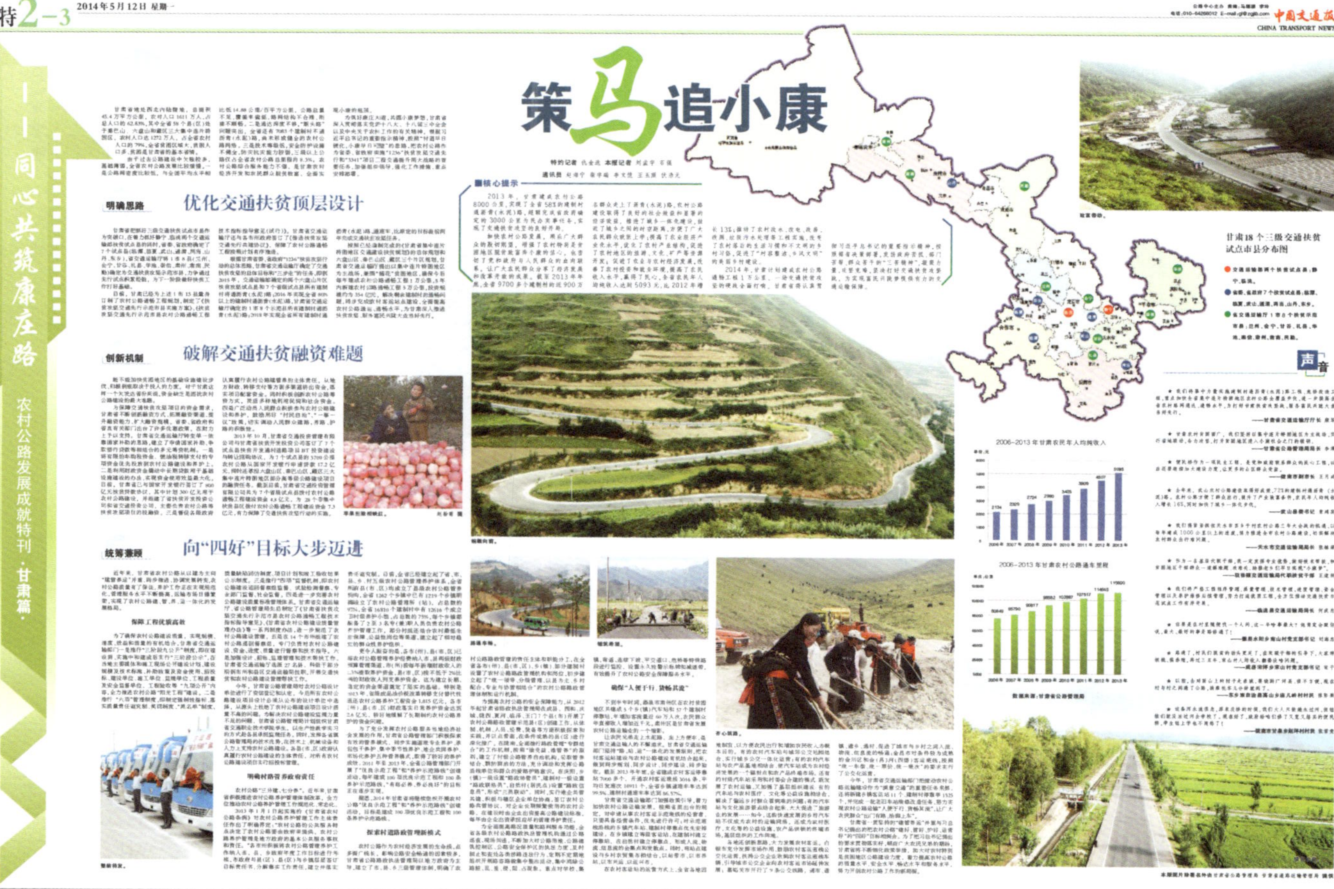

特2—3 2014年5月12日 星期一

同心共筑康庄路 农村公路发展成就特刊·甘肃篇

策马追小康

甘肃18个三级交通扶贫试点市县分布图

优化交通扶贫顶层设计

破解交通扶贫融资难题

向"四好"目标大步迈进

2006—2013年甘肃农民年人均纯收入

2006—2013年甘肃农村公路通车里程

CHINA TRANSPORT NEWS
http://www.zgjtb.com 邮发代号：1－72 国内统一刊号：CN11－0122
2014年6月27日 星期五 第5782期 今日8版 交通运输部主管 中国交通报社主办

交通运输部要求
客滚码头加强查危治超

本报讯 日前，交通运输部办公厅下发通知，要求进一步加强港口客滚码头查危、治超工作，坚决防范和遏制重特大水上交通事故发生。

通知要求，近期，客滚码头经营人要进行一次彻底的、全覆盖的自查自纠活动，对自查发现的隐患和问题及时进行整改。进一步建立健全查危、治超制度，完善安全检查设施、设备，明确专职安全检查人员及岗位职责，严禁无关人员和车辆进港。加大日常检查力度，对上船车辆、人员随身携带物品和托运行李进行逐一安全检查，并将违规车辆和人员信息进行记录整理，建立黑名单制度，在今后的安全检查中进行重点检查。

各省级港口行政管理部门要按照"四不两直"（不打招呼、不发通知、不听汇报、不用陪同和接待，直奔基层、直插现场）的要求，在本行政区开展明察暗访行动，发现安全隐患的，要立即责令客滚码头经营人及时整改。各部门要建立联动机制，齐抓共管。（闻欣）

上延深航道 金链串珍珠

编者按

依托黄金水道建设长江经济带的号角已经吹响。为深入学习宣传贯彻习近平总书记、李克强总理等中央领导对加快建设长江黄金水道的重要指示，营造全面推动长江黄金水道建设的良好环境，按照交通运输部的部署和要求，中国交通报社联合中央主流媒体从6月中旬开始启动"走读长江，感知脉动"主题采访活动。采访团溯江而上，全方位展示、多角度剖析、深层次挖掘长江黄金水道建设的显著成就、发展思路、机遇挑战。

6月19日至22日，"走读长江，感知脉动"主题采访活动在第一站江苏深入采访。由本报记者刘兴增、樊猛，新华社记者林红梅，中央电视台记者陈亮，经济日报记者郭志伟组成的主题采访团，深入南京、泰州沿江一线，进园区，上码头，访企业……记录新变化，探讨新思路，反映新期盼。本报从今日起开辟专栏，陆续推出解读长江经济带建设的系列报道，敬请关注。

□本报记者 刘兴增 樊猛
新华社记者 林红梅
经济日报记者 郭志伟

6月20日下午，位于南京市水西门大街223号的长江南京以下深水航道建设工程指挥部一派忙碌，指挥部长肖大选、副指挥长高晓安正和工程管理人员一起，为长江南京以下12.5米深水航道一期工程交工验收做最后的准备工作。组建工程指挥部三年多来，肖大选大部分时间都奔波在施工现场，肤色晒得黝黑，头发也已渐白。

"我们通过科学管理和科技创新，大大缩短了工期，不到两年时间就把12.5米深水航道从太仓上延到了南通，实现了工程优质、资金安全、干部廉洁的目标。"肖大选向"走读长江，感知脉动"主题采访团一行介绍时自豪地说，"深水航道将在降低物流成本、提升港口效益、促进节能减排、拉动经济发展等方面发挥重要作用。"

一项看不见的大工程

"我们这个工程的最大特点就是看不见，因为大部分工作都在水下进行。"肖大选笑着对记者说。长江南京以下12.5米深水航道工程全长约280公里，主要通过建设堤坝、丁坝等整治建筑物并辅以必要的疏浚工程，使12.5米深水航道自2011年从长江口延伸到太仓后，再上溯贯通至南京。工程分三期实施，其中一期工程治理太仓至南通约56公里航道，重点整治通州沙和白茆沙水道，总投资约51.7亿元。

"一期工程河段受径流和潮流的共同作用，水沙运动机理和河床变化复杂，工程建设遇到了不少难题和挑战。"肖大选介绍说。2012年8月，施工人员刚进场，就发现通州沙下游经过大水冲刷，下沉了8米多，后退了100多米，施工水深达到了30米，比之前测量的深了五六米。为此，工程指挥部组织施工单位专门研制了深水铺排机。

针对工程建设的特点和难点，工程指挥部积极组织国内一流的科研、设计单位在潮汐沙汊河段航道整治理论、生态航道建设技术、航道整治建筑物新型结构、航道整治深水大流速施工技术等方面开展科研攻关。截至目前，已有54项建设技术与发明创新申请了国家专利，其中20项已获批准。

生态保护也是工程指挥部一直小心翼翼面对的问题。肖大选说，在已经整治的河段，露出水面的绿色植物都被原样保留下来。"这就像给绿洲戴草帽，以前是有帽顶盖住的，现在我们把帽顶去掉了。哪怕增加施工难度，也要把植物保留下来。"

据了解，目前二期工程正在进行前期工作，工程总投资估算为70亿元以上，工可报告已上报国家发展改革委待审，力争尽早开工。

一条看得见的黄金链

李克强总理说，要用黄金水道串起长江经济带"珍珠链"。而正在建设的长江南京以下12.5米深水航道，就像一条金链，将串起沿江城市，舞动长江巨龙。

"12.5米深水航道到达南京后，相当于海港区向内地延伸400多公里。对江苏以及长江中上游地区来说，意味着海港离他们更近了。"江苏省交通运输厅厅长游庆仲与"走读长江，感知脉动"主题采访团一行座谈时这样评价。

游庆仲表示，打造长江经济带需要通过一个一个城市来实现，这是一个类似接力赛的过程，从长江下游向中上游一节一节往上传。"江苏沿江港口将依托深水航道，把长三角的活力传递到长江中上游地区。"

据南京港集团副总经理杨联宏介绍，他们正在新生圩、龙潭、西坝、马渡港区相对集中布局江海转运枢纽港区，逐步形成与深水航道相适应的港区布局和基础设施体系。

"江苏经济发展呈现两头在外的特点，原材料在外，产品销售在外，海进江是我们的运输优势。"江苏省经信委交通物流处处长王跃接受记者采访时表示，12.5米深水航道上延到南京意味着长江黄金水道能量的释放，沿江地区经济竞争力的增强。

在泰州滨江工业园区，中海油气（泰州）石化有限公司副总经理任建松告诉记者，他们每年的原油需求量是110万吨，现在主要用3万吨级船舶运输，5万吨级船舶运载成本大约是每吨60元。12.5米深水航道上延南京后，他们每年将节省上千万元的成本费用。

据初步测算，长江南京以下12.5米深水航道建成后，每年可节约直接物流成本近90亿元，减少航运油耗200万吨，相应减少碳排放量超过600万吨，可直接拉动沿江地区新增GDP约215亿元。

国务院第二督查组到交通运输部督查政策措施落实情况

本报讯（记者 孙英利）6月25日至7月5日，国务院派出8个督查组分赴部分省（区、市）、国务院部门和单位，对稳增长、促改革、调结构、惠民生政策措施落实情况开展全面督查。6月26日上午，以国务院副秘书长肖捷为组长的国务院第二督查组到交通运输部检查指导贯彻落实国务院政策措施的工作情况。交通运输部党组书记、部长杨传堂主持，部党组副书记、副部长冯正霖向督查组汇报了交通运输部关于稳增长、促改革、调结构、惠民生政策措施落实情况，国家铁路局、中国民航局、国家邮政局也分别作了汇报。

根据国务院《关于对稳增长促改革调结构惠民生政策措施落实情况开展全面督查的通知》，交通运输部围绕取消和下放行政审批事项、深化铁路投融资体制改革、促进节能环保产业发展、落实企业投资自主权、促进对外贸易稳定增长、实行精准扶贫、扩大营改增试点等重点督查内容，逐一对标，明确时限，分解内容，责任到人，全面完成自查工作。同时，交通运输部对2013年下半年以来全行业稳增长、促改革、调结构、惠民生的重点工作情况一并进行了自查，梳理出存在的问题和整改措施。下一步，交通运输部将以此次督查为契机，在推进"四个交通"发展中更加突出稳增长、促改革、调结构、惠民生，推动各项政策措施落地生根、开花结果，确保实现全年目标任务和可持续发展，为保持经济稳定增长作出应有贡献。

国务院第二督查组全体成员出席会议。交通运输部领导冯正霖、李建波、何建中，国家铁路局副局长陈兰华，中国民航局副局长董志毅，国家邮政局副局长赵晓光，交通运输部有关司局负责同志参加会议。

桂黔滇政协力促三省区江海联运

本报讯（实习记者 蒋光荃）日前，桂黔滇三省区政协推进左右江革命老区振兴发展座谈会在广西南宁召开。会议主要议题是充分利用政协平台，研究如何推进左右江革命老区振兴发展和珠江—西江经济带建设，促进共建"一带一路"（丝绸之路经济带、海上丝绸之路）。

座谈会由广西壮族自治区政协主席陈际瓦主持，贵州省政协主席王富玉、云南省政协主席罗正富出席会议。

会议认为，为加快左右江革命老区振兴发展，三省区政协要加强合作，建立联盟。在推动国家尽快出台左右江革命老区振兴规划过程中，共同推进交通基础设施建设，加强区域间公路、铁路、水运、航空的有效衔接，构建快捷畅通的立体综合交通运输体系。

三省区政协将共同推进珠江—西江经济带的航道、船闸建设，尽快实现江海联运。积极促进共建"一带一路"，依托北部湾经济区开放开发，着眼构建海陆大通道，推进港口、区域航运中心、工业园区和产业合作带建设，打造国际经济合作新平台。

桂黔滇三省区政协将建立长效合作机制，每年就区域内共同关注的一两个重要领域和重要问题进行研讨，提出治本之策。

6月25日，辽宁省葫芦岛市建昌县至兴城市高速公路重点控制性工程——丁家沟公铁分离式立交桥进行转体施工（如图）。经过57分钟的精密转体，长138米、总重量8500吨的T型刚构梁段成功实现69度转体，顺利跨越秦沈铁路客运专线，准确完成与两端引桥的对接。

据了解，丁家沟公铁分离式立交桥的成功转体是辽宁省高速公路建设中首次成功实现桥梁转体。

本报记者 秦昌胤 **文** 潘显光 **摄**

劣质铁路产品禁售禁购

本报讯 据国家铁路局网站消息，《铁路产品质量监督抽查管理办法》（简称《办法》）将从7月1日起施行。《办法》要求对铁路建设、运输和设备制造中涉及安全、质量及环保等的铁路专用产品，组织开展有计划的随机抽样、检验，并定期向社会通报抽查情况。通报的不合格产品，生产企业不得销售，使用单位不得采购。

按照国家有关产品质量监督抽查检验的规定，国家铁路局委托具有法定资质和专业能力并能独立承担相应法律责任的产品质量检验机构承担监督抽查的检验工作。

《办法》规定，监督抽查经费列入财政预算，检验机构不得向被抽查企业收取检验费用。检验结果经国家铁路局审核后，形成监督抽查铁路产品质量情况通报，在局政府网站上向社会公布。不合格产品的生产企业按要求进行整改后，可向国家铁路局申请复查。《办法》还对检验机构和参与监督抽查人员的工作程序提出了规范化管理要求，对相关企业配合抽查检验的相关职责和异议处理程序等作出了明确规定。

依据《办法》，国家铁路局还制定了2014年铁路产品质量监督抽查计划。

7月1日起，2011年发布的《铁道部产品质量监督抽查管理办法》废止。（闻欣）

浙江挂牌督办13座国省道危桥改造

本报讯（记者 刘洋 通讯员 白明 军 郝杨）日前，浙江将329国道大闸口桥和渡口二号桥等13座结构病害较严重的普通国省道4类桥梁改造列入挂牌督办项目。

据悉，这13座桥梁治理工作已纳入各市交通运输部门的年度考核目标，浙江省交通部门要求各市选择有经验的设计、施工单位，加快治理进度，通过治理达到1类或2类桥梁标准。目前，13座桥梁均已采取交通管制措施，并加强了定期观测。督办项目要求2014年年底前完成施工或消除隐患，目前已完成设计工作。

2012年浙江建立省市两级桥梁"一桥一牌一档"的挂牌督办制度，将国省道公路重大隐患桥梁列入省级督办，一般隐患桥梁列入市级督办，实行跟踪督办，完成销号制度，实施第一年就全面完成了65座国省道公路重大隐患桥梁的治理任务。

畅通北京 交通逐梦

北京夜班公交增至34条

本报讯（特约记者 祝海燕 通讯员 马硕）6月24日，北京市夜班公交线网规划方案正式向社会公示，公示期为七天。新方案在优化原有15条夜班线路的基础上，新增19条线路，夜班线路总数达到34条，从而形成6条环线、8条放射线、9条南北向线路、11条东西向线路的夜班线网棋盘型格局，线路长度由306公里增至760公里。

新的夜班线网覆盖北京市二环、三环、长安街、西单大街、东单大街、南北中轴路、学院路等城区主要道路，重点增加了医院、火车站、繁华商业中心区周边夜间公交线路，覆盖人民医院等26所大型医院、北京邮电大学等53所院校和什刹海等热点娱乐休闲区。

记者从北京市公交集团了解到，夜班线网将采取统一服务规范、统一协调调度的全新运营管理模式。公交集团将通过公示行车时刻表、加强信息化建设，实现夜班发车信息、换乘信息、车辆到站信息实时可查，方便市民夜间出行。

■省市领导关注交通

山西省领导调研高速公路建设时指出
狠抓重点工程质量安全廉政

本报讯（郝瑞军 李春光 驻山西首席记者 石中全）日前，李兆前、白云等山西省领导调研高速公路建设，指出要坚定不移地强化重点工程建设质量、安全、廉政工作，进一步加快工程建设步伐，为全省经济止缓、回稳、促增作出积极贡献。

6月18日，山西省委常委、省纪委书记李兆前来到高（平）沁（水）高速公路实地调研、现场办公。李兆前强调，当前正是施工的黄金时期，一定要抓好工程建设管理，确保工程建设顺利进行。征地拆迁补偿资金要及时到位、预先拨付；要高度重视施工质量和安全生产工作，保证汛期安全和施工质量。要吸取交通系统少数领导干部违法违纪的深刻教训，加强资金管理，紧抓廉政建设。

6月12日，山西省委常委、统战部部长白云来到长（治）临（汾）高速公路建设现场进行调研。白云指出，要加强对长临高速公路全过程的监督管理，包括项目规划、招投标、用地、资金使用管理、工程质量和安全施工监理等，及时发现并纠正问题。规范项目建设程序，按照"百年大计，质量第一"的要求，保证工程质量。把安全放在重要位置，确保不发生重特大安全责任事故。坚持阳光作业，杜绝暗箱操作，严防腐败现象，把长临高速公路建成优质、高效、节约、廉洁的精品工程。

■今日看点

□值班编委 陈林 本版主编 林芬 责编 佟亚涛 □E-mail:xw1b@zgjtb.com □新闻热线：(010)64255441 □发行热线：(010)65293561 □广告热线：(010)64250642

4版 2014年6月30日 星期一 民航
主编：曲飞 责编：苏晶
电话：010-65293632 64252864 E-mail:zgjtbmhzk@126.com
中国交通报 CHINA TRANSPORT NEWS

航空业的『绿色』答卷

本报记者 苏晶 通讯员 李蒋

"航企需要笔直的，而不是弯曲的航线；机场需要提供足够的跑道用于降落，而不是让飞机在机场上空盘旋等待；政府需要对空域进行更有效的管理；政府需要展示更大的勇气，关注环保和机场发展。"当被问及如何实现"自2020年起民航业实现碳排放零增长"的目标时，国际航空运输协会（IATA）理事长托尼·泰勒（Tony Tyler）如是说。

在全球气候问题日益突出的今天，各国都越来越重视控制和减少二氧化碳排放。低碳经济已经成为国际新的发展趋势和国与国之间新的竞争手段，民航作为高度国际化的行业，将首先面对挑战。

节能减排工作卓有成效

作为国际民航行业的一份子，中国民航也在积极探索，发展低碳经济，筑梦绿色交通。民航局先后出台了《民航行业节能减排规划》和《民航行业节能减排工作指导意见》等指导性文件，从节能减排组织、统计、监测和考核等基础工作抓起，逐步推行以航空公司节油、机场地面电源替代飞机辅助动力装置（APU）为主的一系列减排工作。

提高燃油率是我国航空公司节能减排的关键。很多航空公司在实践，例如引进燃油效率更高的飞机，保持机龄年轻化，加装翼尖小翼，对发动机进行升级改造等手段确保飞机高效运行，从而有效降低能源消耗。同时，航空公司还通过加强空域规划，优化航路，开辟临时航线"截弯取直"，提高空管效率等方式推动节能减排工作。

机场方面，在设计和建设阶段采用节能减排的方案已经得到实践，机场地面电源替代飞机辅助动力装置（APU）推广工作在积极推进，特种车辆"油改电"专项工作也在计划施行中。

这些工作是卓有成效的。2011-2013年，在航空运输总量持续增长的同时，中国民航吨公里油耗平均值为0.292千克，较"十一五"时期下降5.6%。

据中国民航大学教授赵凤彩研究，在全球范围来看，我国民航目前的能耗水平尚可，单位吨公里油耗和排放量略低于国际平均水平。

未来"绿色"任务严峻

然而，这并不意味着我国民航业可以高枕无忧。

受到GDP水平和人均可支配收入的拉动影响，我国民航业的未来增长需求仍非常强劲。按发达国家经验，这意味着我国民航能源消耗仍将快速增长。

加之，中国已在哥本哈根气候大会上宣布，到2020年我国单位GDP二氧化碳排放量比2005年下降40%～45%的自愿减排目标。未来我国民航业节能减排的任务依然很严峻。

有专家建议说，民航业必须从行业可持续发展的战略高度认识节能减排的重要性。

通过对一些航空公司和机场的采访，记者也发现，将节能减排上升到公司整体"绿色发展"的战略高度，举全公司乃至全行业之力来实现节能减排才是实现我国绿色民航的未来发展之路。

令人欣喜的是，行动已经开始。首都机场试图探索出一套建设标准，为行业树立标杆，在采访中，其节能项目负责人自豪地告诉记者，首都机场已经提前完成北京市发改委的2015年比2010年单位GDP能源消耗量的下降目标。此外，国内各航空公司也从优化激励政策，加强计划管理，强化数据监控入手推进节能减排工作，小而美的绿色项目遍地开花。

2013年我国机场桥载设备替代飞机APU项目推进情况

18个机场实施
9个机场立项审批
若全部实施将：
节省航油27万吨/年
减少CO_2排放85万吨/年

2013年我国民航行业使用临时航线及其减排情况

临时航线	飞行距离（缩短）	航油消耗（节约）	二氧化碳排放（减少）
41.3万架次	140万公里	7.6万吨	2.4万吨

数据来源自2013年民航行业发展统计公报

个案

首都机场 从能源管家到绿色标杆

凌晨4时30分，首都机场制冷站工程师田志刚值班室的电话响起，电话那端是航站楼空调模块技术人员，他在向田志刚详细汇报3号航站楼各核心区域的温度。放下电话后，田志刚开始仔细查看设备运行参数和冷机台时分配表，在对室内外温度、供回水温度、流量、台时数进行快速计算后，他最终确定了开启机组的台数，并精细调控水温。最精准的温度，不但能够让旅客体感舒适，还能最大限度地节约能源利用效率。

从较为粗放的能源运营模式，到以精细化管理为导向的"大能源"运行，从简单的节能减排，到统一部署"绿色机场"的企业战略，首都机场近年来进行了不懈的摸索和尝试，通过管理创新、技术升级和战略规划，不断打造绿色机场建设。

改变带来新效益

早在2011年，首都机场股份公司就与首都机场各类能源的供应者——首都机场动力能源公司签订了为期2年的能源供应合同，将"合同能源管理"这一先进的管理手段引入航站楼能源运行维护工作中。

以制冷工作为例，在航站楼夏季供冷温度标准提高2摄氏度、年旅客吞吐量增长4%、航站楼新增设备每年多耗电70万度的情况下，2011年—2013年，首都机场动力能源公司较供电基准值分别节电600余万度，700余万度和1000余万度。

"首都机场合同能源管理采用节能效益分享与费用托管相结合的模式，有效地激励了合作公司的积极性。"首都机场股份公司技术采购部能源管理业务经理唐孔军介绍说。

数据，是各项设备设施能耗变化的直观体现，同时也是精细化能源管理的基础。唐孔军和同事们正着手进行首都机场航站楼分项计量的规划设计，用数据说话。

在勘察计量器具全部安装完毕后，就可以明确知道每个月、每天甚至是每个小时，首都机场各个能耗系统（包括空调、照明、行李、电梯、商业、广告等）的能耗数值，让首都机场的"瘦身"计划更有针对性，更具操作性。

战略规划带来新标准

在采访中，唐孔军提到最多的两个词就是"摸底"和"汇总"。自从首都机场集团建立能源管理模块以外，唐孔军致力于节能工作已经是第六个年头。不过今年初，首都机场制定了《首都机场绿色机场建设工作方案》，并提出了"环保、节能、科技、人性化"的绿色建设理念，首都机场节能减排工作将迎来新局面。

"'绿色'的内涵很丰富，不仅仅包括节能减排，还有科技和人性化。"首都机场股份公司规划发展部副经理孟宪伟介绍说。

在绿色理念以及工作方案的指导之下，包括桥载电源设备推广和光源改造、首都机场链接以新能源汽车、光伏发电、航站楼新风系统改造、资源节约、废物回收等六项重点领域着手行动。

"我们仍在探索。"孟宪伟介绍说，制定一套全生命周期的绿色机场建设标准，树立行业标杆是首都机场建设绿色机场的终极目标。

链接

航企：节油妙招多

研究显示，飞机每消耗1吨航油，就将产生3.14吨二氧化碳。用航油的能源消耗也占了航空公司能源总消耗的90%以上。可见减少了航油消耗，提高了燃油效率，就打开了航空公司节能减排的闸门。

飞机要减肥

科学研究显示：一架飞机每减少1公斤重量，每年能省3000美元的燃料。于是，航空企业纷纷给飞机减肥。

深圳航空给飞机制定了一套全方位的减肥方案：购置新型餐车，它比老一代餐车轻2公斤左右，全年整个机队将节省油耗90吨左右；减少机载杂志数量，原来经济舱的杂志一排座上的12-15本杂志被改为6本，这样，一个航班就可以减重30公斤左右。

春秋航空试运行电子飞行包（简称"EFB"），也就是采用iPad来代替传统纸质资料，将航图、手册和航行通告等电子文档放入轻巧的iPad中。一个重量仅0.652公斤的iPad取代了总重55公斤的机载飞行资料，"减肥"效果显著，据计每年将节油141吨，将减少二氧化碳排放460吨左右。

南航的飞机减肥探索可谓挖空心思。据南航统计发现，按抽水马桶冲洗一次耗水6升计算，若150人在登机前如厕，相当于飞机减负63公斤。因此，南航为节约飞行成本，参加了"登机前去洗手间，并请转告他人"活动，倡导旅客在登机前如厕。

飞慢点也能节油

"飞机低高度、大速度飞行肯定耗油，节油主要是在高度、速度和长距离航线上挖潜力。"国航浙江分公司的资深机长吴敏介绍说。例如，杭州至海口航线空中飞行去程约需2.4个小时，回程改取直航线飞回杭州节约近40分钟。飞行高度也从过去9600米上升到10000米高空飞行。采取上述两项措施就可节约1吨航油，效益十分明显。据统计，吴敏机组一年共节约航油70多吨。

减少飞行阻力也能减少燃油消耗。2013年，东方航空接收了中国第一架装配有鲨鳍小翼的空客A320。鲨鳍小翼由复合材料制成，可以减少空气阻力，能够降低油耗及减少排放达4%，每架飞机每年可减少二氧化碳排放1000多吨。

宋展行 毛毅 对本文亦有贡献

■新闻对对碰

俄允许航空公司建乘客黑名单

近日，鉴于醉酒乘客威胁机组成员和其他乘客安全事件的不断上升，俄罗斯国家杜马（下议院）修改了航空法典，将允许航空公司建立乘客"黑名单"。

□点评

建黑名单有助于减少因某些乘客过激行为导致的纠纷而引起的机场和机上的违法犯罪问题。但名单的建立与撤销的规则、标准在合法合理的基础上，还要建立相应的监督和申述、仲裁机制。

——徐轲

"黑名单"制度在我国引入时间不长，实践中引发了诉讼和争论，反映了相关法律制度的缺失。我们可以借鉴俄罗斯的成熟做法，出台具体的法律规则。

——刁伟民

国航票代佣金费率降至2%

近日，中国国航决定自7月1日（以出票日期为准）起，将中国销售国航国内客运票证代理手续费率从3%下调至2%，以压缩票代公司的利润空间来降低销售成本。

□点评

之所以选在从7月1日开始下调，是因为航空公司传统的旺季来临，自身议价权增强。但是过了旺季，代理费就会恢复到以往的水平，甚至可能加价"当还"。

——李玖星

长期以来，航空公司虽已意识到直销将不可避免地成为主流，但一直没有什么实质动作。国航此次快刀斩乱麻，走出了第一步，其他航空公司也可能出台这一措施。那么，如何平衡直销和代理的关系将会考验航空公司的智慧。

——林智杰

■云图

漫话安全：红线碰不得

深航维修工程部把实际工作中的违规作业等威胁安全的实际问题浓缩成9条安全红线，以漫画形式展现出来，生动形象。本版精选其中的4幅，以飨读者。

红线一：场内无照驾驶

红线二：维修现场未实施工具"三清点"

红线三：未携带手册、工作单卡实施维修工作

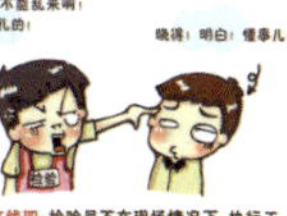

红线四：检验员不在现场情况下，执行工作单位卡RII工作项目

彭彤彤

地址：北京市安外安华西里二区13号楼 邮码：100011 总编室：65293633 通联部：65293561 64250641（传真） 采编中心：64250635 公路中心：65293615 水运中心：64255824 运输中心：65293642
新媒体中心：64255469 中国交通报社北京中通广告公司：64250642 64255452 广告经营许可证：京朝工商广字0142号 每月定价：20.00元 零售每份：1.00元 中国青年报印刷厂印刷

中国交通报
CHINA TRANSPORT NEWS
http://www.zgjtb.com 邮发代号:1-72 国内统一刊号:CN11-0122
2014年7月22日 星期二 第5799期 今日8版 交通运输部主管 中国交通报社主办

交通运输部三级应急响应防御"麦德姆"

本报讯 （记者 ）7月21日下午，交通运输部副部长何建中在中国海上搜救中心主持召开视频会议，宣布启动三级应急响应，防御今年第10号台风"麦德姆"。

据中央气象台预计，"麦德姆"将于22日下午到夜间在台湾东部沿海一带登陆，然后穿过台湾岛进入台湾海峡，向福建沿海靠近，22日至23日，受"麦德姆"影响，福建东部、浙江东南部等地将有大到暴雨，部分地区将有大暴雨或者特大暴雨。

何建中要求，交通运输系统相关单位要认真落实国务院领导重要指示精神和国家防总第二次全体会议精神，密切跟踪台风最新动态，对防抗台风工作进行再动员、再部署、再检查、再落实。在防御"麦德姆"过程中，要做到抓好预控、争取主动，密切跟踪、科学转移，排查隐患、不留死角，妥善处置、减少损失，及时沟通、上下联动，努力把台风造成的损失降到最低，保障人民群众生命财产安全。

按照交通运输部的要求，福建、浙江、安徽交通运输厅、海事部门以及东海救助局等单位认真落实防台风责任制和领导带班制，及时启动相关应急预案，强化预防预警，保证各项措施落实到位。

加强改进作风制度建设 服务"四个交通"发展

杨传堂在部党组中心组第六次集体学习时强调

本报讯 7月21日下午，交通运输部党组理论学习中心组举行第六次集体学习，部党组书记、部长杨传堂主持。他强调，要深入学习贯彻落实习近平总书记6月30日在中央政治局第十六次集体学习时的重要讲话精神，深刻领会以强烈的忧患意识，推动全党抓好党的建设，营造良好从政环境，把作风建设要求融入党的思想建设、组织建设、反腐倡廉建设之中等新思想、新观点，加强改进交通运输作风制度建设，服务"四个交通"发展。

杨传堂就深入学习贯彻落实习近平总书记重要讲话精神提出了三点学习体会。

第一，要进一步树立四种意识，扎实推进作风建设。一是忧患意识。要增强忧党、忧国、忧民意识，不断激发改革发展的奋斗力量。二是宗旨意识。要想群众之所想，急群众之所急，解群众之所忧，办群众之所需，全力建设好人民满意交通。三是发展意识。要紧紧抓住国家实施京津冀协同发展、长江黄金水道建设、"一带一路"等重大战略的机遇，承担起改革发展重任，乘势而为，牢牢把握住发展主动权。四是担当意识。要勇于担责，不断推进交通运输治理体系和治理能力现代化。

第二，坚持从严治党，落实管党治党责任，把作风建设融入党的思想、组织、反腐倡廉和制度建设。一是要进一步坚定理想信念。要强化理论武装，始终坚定道路自信、理论自信、制度自信。二是要进一步严肃组织纪律。要克服组织涣散和纪律松弛现象，切实增强党组织的凝聚力和战斗力。三是要进一步健全作风建设长效机制。要以严格的制度规定和有力的制度执行，在抓常、抓细、抓长上下功夫，确保改进作风规范化、常态化、长效化。四是要进一步落实"两个责任"。要牢固树立不抓党风廉政建设就是失职的意识，决不能只重业务不抓党风，只看发展指标不管腐败。对交通运输党风廉政建设方面出现的问题，要一抓到底，决不手软姑息。

第三，部机关党员干部要在作风建设中走在前、作表率。一是要深入调查研究。组织党员干部深入基层一线，使调查研究的过程成为密切联系群众、改进工作作风的过程。二是要提高行政效能。提高工作上的执行力、制度上的执行力和思想认识上的执行力。三是要严格自律。要强化自我修炼、自我约束、自我塑造、自我改造，在廉洁自律上作出表率。四是要抓好教育实践活动整改事项落实。加快落实目前还没有完成的20多项整改事项，对基层交通运输部门联系点教育实践活动加强指导。

部党组中心组成员参加了学习。部办公厅以"抓好'三个环节'，提高制度执行力，构建良好政务环境"为题，人教司以"以干部制度建设为保障，营造交通运输良好的从政环境"为题，直属机关党委以"以作风建设为切入点和着力点，不断提升机关党建服务'四个交通'发展能力"为题，驻部纪检组监察局以"推动制度建设，监督制度执行，促进作风建设常态化长效化"为题，海事局以"加强海事政风建设，为服务'四个交通'发展、推进海事'三化'建设提供有力保障"为题，分别作了书面交流发言。 （焦党文）

■今日看点

透视理货的第三方公正 5版

深水航道尽显黄金效应 6版

航行通告 （详7版）

中共交通运输部党组召开会议

传达全国培养选拔年轻干部和干部监督工作会议精神 审议通过强化执法监督、整肃政风行风专项工作方案

部党组书记、部长杨传堂主持会议

本报讯 7月21日，中共交通运输部党组召开会议，传达贯彻全国培养选拔年轻干部和干部监督工作会议精神，审议通过《"强化执法监督、整肃政风行风"专项工作方案》等相关工作制度。党组书记杨传堂主持会议，党组副书记冯正霖、王昌顺、党组成员高宏峰、何建中、李建波、马军胜出席会议，有关部门主要负责同志列席会议。

会议传达了全国优秀年轻干部培养选拔工作座谈会和干部监督工作会议精神。会议强调，要认真学习领会会议精神，深刻认识培养选拔优秀年轻干部是党的重大战略任务，事关党的事业薪火相传和国家长治久安，深刻认识新时期新形势下加强干部监督工作的重要性和紧迫性，把思想统一到中央精神上来，进一步增强政治责任感，切实按照中央要求扎实做好年轻干部培养选拔工作和干部监督工作。

会议指出，交通行政执法涉及面广，社会关注度高，与人民群众利益密切相关，直接影响交通运输部门乃至党和政府的形象。要进一步提高思想认识，按照建设法治政府部门的要求，加强交通运输行政执法监督，以良好的政风行风取信于民。

会议强调，以问题为导向强化专项治理。要针对人民群众和社会以及媒体反映强烈的交通运输执法问题，加大专项治理力度，一个一个地治理解决突出问题和矛盾，通过治标，为治本提供经验、创造条件。

会议指出，要按照全面深化改革的要求，深化交通运输执法体制改革，结合实际，在调查研究的基础上，加强顶层设计，研究提出符合行业特点的交通运输行政执法体制和执法模式，同时要努力打造一支政治强、业务精、作风好的执法队伍，勤政廉政，敢于担当，推进法治交通、廉洁交通建设。

会议要求，要加强制度建设。认真总结交通运输行政执法的经验，结合新形势新任务新要求，推进交通运输行政执法法制化、制度化，通过制度的笼子规范执法行为，强化问责，违法必究。

会议还研究了其他事项。（焦党文）

穿越二郎山：感受巨变

□本报记者 孙英利

"二呀么二郎山，高呀么高万丈，古树荒草遍山野，巨石满山岗，羊肠小道难行走，康藏交通被它那个被它挡……"

二郎山是川藏线第一道险关，冰雪、暴雨、浓雾、泥石流使公路断道时有发生，交通运输极为困难，被人们称为天堑。曾经唱响全中国的歌曲《歌唱二郎山》唱出了人们对二郎山的敬畏，也唱出了当地人民跨过天堑通往山外世界的渴望。

川西康定的老百姓在民国年间第一次见到了汽车，而浩浩荡荡的汽车运输队成功翻越二郎山，则是半个多世纪前，解放军第18军打通二郎山隘口之时。虽然二郎山通了车，但千回百转的盘山路依然凶险无比。"车上二郎山，如闯鬼门关。万幸不翻车，也得冻三天。"这首民谣道出了司机们对这段路的恐惧。

上世纪70年代末，四川交投集团董事、藏区高速公路有限公司董事长李永林当时正在读初中，他家住在当时的昌都运输公司大院内。"时不时就会听说哪个挺熟悉的人掉到山下去了，偶尔也会看到有汽车的残骸被运回来，"回忆起那段日子李永林感叹道，"太险咯！太惨咯！"

图为正在建设中的雅康高速公路二郎山隧道。 本报记者 孙英利 摄

随着时间推移，二郎山路况愈发不能适应当地发展。为打通这段瓶颈，1996年7月，全长4176米的二郎山隧道开工建设。隧道建设施工克服了二郎山复杂的地质地貌和寒冷的气候环境，采用了大量新技术、新工艺、新材料，1999年年底试通车，2001年年底通过竣工验收，并先后获得了"中国土木工程詹天佑奖"、"鲁班奖"等荣誉。

作为我国在藏区建成的第一座特长公路隧道，二郎山隧道避开了最危险的路段，确保了川藏公路二郎山段的畅通。"这被藏区人民视为'第二次解放'。"李永林告诉记者，二郎山隧道缩短的25公里路程，在隧道通车前至少要走一天，现在只用十多分钟。

如今，又一条新的隧道正在穿过二郎山。这是正在建设的雅（安）康（定）高速公路的控制性工程，避开了318国道新沟至二郎山隧道的长大纵坡和暗冰路段，将保障雅安至泸定"生命线"常年通车，不受季节气候影响。

"长达13.4公里的主洞穿越了13条地震断裂带，瓦斯、岩爆、涌突水等不良地质频频出现，可以说是西南地区的地质博物馆。"李永林告诉记者，加之恶劣的气候条件和脆弱的生态环境，从2012年年底开工至今，施工图纸已进行了75次动态调整，足见施工条件之复杂。

截至目前，新隧道已累计掘进4509米，一场路带来的巨变还在继续。

走读长江 感知脉动 湖北篇（一）

建设中游航运中心 重塑"货到汉口活"

□"走读长江、感知脉动"主题采访团

编者按

7月12日至15日，"走读长江、感知脉动"主题采访活动来到第二站湖北。由本报记者刘兴增、周献恩、潘庆芳，实习记者毛剑、侯建峰及新华社记者齐中熙、中央电视台记者曹丹、经济日报社记者薛志伟组成的主题采访团，围绕长江中游航运中心建设、江汉运河工程、荆江航道整治、三峡通航管理等热点话题，深入行业主管部门、重点港航企业及建设、运营、管理一线采访体验。今起陆续推出报道，敬请关注。

湖北省"645"长江深水航道整治工程指挥部启动运转，湖北省交通运输厅、长江航务管理局及长江湖北段沿线8市州合作共建机制建立，武汉市航运中心建设工作领导小组成立……7月，与火热的天气一样，长江黄金水道湖北段的建设热潮一浪接着一浪。

乘着国家实施"依托黄金水道建设长江经济带"战略的东风，湖北正在全力打造长江黄金水道，加快建设中游航运中心，重塑当年"货到汉口活"的盛景。

加快推进"645"工程

"湖北的优势在水，命脉在水。依托黄金水道建设长江经济带，为湖北带来了千载难逢的机遇。"7月12日，湖北省交通运输厅厅长尤习贵与"走读长江、感知脉动"主题采访团一行座谈时说，在中国经济增长空间重新布局中，湖北省承上（游）启下（游）、承东（部）启西（部）的区位优势将有效转变为服务全国、直航近洋、远通欧亚的交通优势，进而转变为内需腹地、国际市场枢纽的经济胜势。

统计数据显示，"十二五"前三年，湖北省内河航运建设投资完成188亿元，连续三年居全国第二位。2013年，湖北全省集装箱吞吐量107万标箱，居长江中上游第一；港口吞吐量2.6亿吨、水路货运量2.44亿吨、货物周转量1791亿吨公里，均居长江中上游第二；7家省内航运企业的运力规模超过10万载重吨，全球排名前16位的航运企业中有14家在湖北设有分支机构或办事处。

"与铁路、公路的高速发展相比，湖北省水运还是一种恢复性、补偿性的发展。"尤习贵坦言，建设长江黄金水道需要综合统筹、全面谋划，长远着眼、近处着力，合力共建，优势互补；当前亟待突破骨干航道不畅通、运输衔接不紧密、产业布局不配套和服务体系不完善四大瓶颈制约。

"目前，按照湖北省委、省政府的战略要求，我们已将'645'长江深水航道整治工程作为打造长江黄金水道的重大工程来抓。"尤习贵告诉记者，所谓"645"工程就是武汉至安庆6米、武汉至宜昌4.5米深水航道整治工程，项目前期研究论证已经启动。湖北省交通运输厅将与长江中游四省交通运输部门形成合力，加强与交通运输部及长航局对接，加快技术经济层面论证工作，力争纳入国家"十三五"规划，尽早实现万吨级海轮常年直达武汉。

促进产业集群发展

"作为列入国家战略的长江中游航运中心，武汉在航线资源、船舶制造、航运科教等方面具有优良条件，但产业集群仍然存在空白和短板。"武汉市交通运输委员会副主任夏焕运与"走读长江、感知脉动"主题采访团一行座谈时说，武汉市将抢抓国家建设长江经济带的契机，利用好长江黄金水道资源，计划到2020年投资951亿元，新建、续建50个重点项目，打造长江中游航运中心和中西部"海港"。

据介绍，武汉市将按照"四平台、一特区、一主体"思路，规划建设阳逻港区综合保税园区，武汉航运交易所，覆盖湖北、湖南、河南和陕西等中西部四省的陆地港，联通长江干线的航运公共信息平台；在七龙湖探索建立内陆首个航运产业"特区"；整合市场主体，推进市属国有港航企业重组、整合。

"最终是要实现港航基础设施功能、航运服务水平、航运核心要素和产业支撑能力、航运资源配置能力'四大提升'，促进航运产业集群式发展。"夏焕运告诉记者。根据湖北省政府批准实施的《武汉长江中游航运中心总体规划纲要》，武汉长江中游航运中心的发展目标是到2020年港口吞吐能力达到3.5亿吨，集装箱吞吐能力达到550万标箱，到2025年港口吞吐能力达到5亿吨，集装箱吞吐能力达到1000万标箱。

集聚效应逐步显现

7月12日，虽然是周末，但武汉新港阳逻港区集装箱码头作业依旧繁忙。"阳逻港区每个月有400多个航班，'洋山天天班'、'外高桥五定班轮'等已经成为我们的品牌。"武汉港务集团总经理陈世丰告诉"走读长江、感知脉动"主题采访团一行，今年上半年阳逻港区吞吐量达到29.2万标箱，同比增长16%，"全年有望突破60万标箱"。

据介绍，阳逻港区具有通江达海的航线优势，也是目前唯一试行启运港退税政策的内河港口，所以吸引了川、渝、湘及豫、陕等省市的很多外贸集装箱从这里中转。"中转箱的比重已由2009年的10%上升到了2013年的35%左右。"陈世丰说，随着产业转移和政策完善，武汉的枢纽地位正得到进一步强化。比如，上海通用汽车在武汉设厂，一年将产生10万个箱量，"进口水果指定口岸"若获批，一年也将贡献10万个箱量。

武汉的集聚效应也在上游港口中得到了体现。荆州港务集团副总经理王仁梅告诉记者，2013年荆州盐卡港区完成集装箱吞吐量10万标箱，其中有一半是到武汉中转的。宜昌港务集团总经理庞小波也对记者说，他们的定位就是做武汉新港的喂给港，"他们那儿天天都有发往上海的班轮，有时候货主也会要求我们到那里中转"。

□值班编委 靳杨 本版主编 林芬 责编 佟玉涛 □E-mail:xw1b@zgjtb.com □新闻热线:(010)64255441 □发行热线:(010)65293561 □广告热线:(010)64250642

3版 2014年8月11日 星期一
视点
副主编：王珊珊 实习编辑：白爽
电话：010-64252864 传真：010-64250637 E-mail:xw3b@zgjtb.com
中国交通报 CHINA TRANSPORT NEWS

■聚焦公路投融资体制改革

开启政策红利 持续释放之路

□交通运输部规划研究院战略与政策研究所 俞晋

与国家经济环境和政策同步，公路建设投融资政策改革创新也要符合国家体制改革总体方向，要符合财税体制改革的具体要求，要符合行业发展阶段特征，并考虑地方差异，要与现行的管理体制、运行机制和规章制度紧密相关，需要统筹考虑。我们认为只有这样才能驱动改革进一步加速，并且在未来持续释放政策红利。

问题分析

行业投融资机制及政策事关行业可持续发展问题

1984年12月，国务院第54次常务会议做出的关于"征收车辆购置附加费作为公路建设交通专项资金；提高养路费标准，增加部分用于公路建设；实行'贷款修路、收费还贷'的收费公路政策"三项重要决定，构建了中央和地方两级公路建设资金筹集和使用的基本制度，成为支持公路行业发展的重要政策基础。三项政策与地方体制和积极财政政策等因素共同作用，支持了公路行业的跨越式发展。其中：中央资金（车购税），作为收费公路的资本金或非收费公路的中央补助资金，发挥了调动地方积极性的杠杆作用；地方资金（养路费），发挥了调动市县积极性，为中央资金配套，为地方项目利用贷款提供担保的多重作用；收费公路政策，发挥了使省、市、县交通部门都可以依托养路费和通行费等资为国家项目配套，为地方项目融资的巨大作用。

但是，这种投融资机制在取得巨大成功的同时，也逐步积累了以下几个问题：一是影响了规划的科学实施，如：早期修建的主要通道上的高速公路，因受资金不足限制，多为4车道高速；部分省地方高速公路在两次"实施积极货币政策"期间多次调整，一些本应建成一级公路的项目由于融资需要改为高速公路；普通国道省道改造升级因难以利用收费公路政策而出现融资困难，发展相对滞后等问题。

2009年起，上述三项政策以及宏观经济环境都发生了巨大变化，并出现以下新的情况：一是，高速公路地方自筹资金来源减少，银行贷款收紧，新建和在建项目出现融资困难，已建成项目还款压力增大，债务风险增加。二是，一些早期修建的高速公路收费临近到期，停止还是降低收费尚无定论；一些资产优良的高速公路公司（大都上市公司都在做多元化经营）的投资转向其他行业。三是，普通干线公路很难再利用银行贷款，建设养护资金出现较大缺口（约40%）。四是，已停止收费的普通公路没有地方财政还款资金来源，债务压力大。五是，农村公路地方自筹资金来源急剧减少，养护资金仍未落实，建养压力增大。

行业投融资机制及政策给公路行业带来的问题

当前行业投融资机制及政策对公路行业的发展带来的问题有以下三个：

一是建设方面的科学发展问题。

总体建设节奏持续加快；普通国省干线公路发展相对滞后；一些高速公路、普通国道、省道甚至县乡公路中，存在线位、建设时序、技术标准等方面不衔接而出现的"断头路"问题等。

二是养护管理的可持续问题。

部分省份的高速公路收入偿还债务后的剩余资金不能保证养护的合理投入；普通公路的养护资金投入明显不足，地方首先偿还已有债务、新改建项目，而不是首先保证已有项目的养护；农村公路的养护主要靠"7351"政策支持，资金投入不足，一些省份较难安排农村公路的大中修和桥梁加固等重要事项；收费公路到期后的养护问题目前没有可操作的政策依据；国省道规划调整后，养护管理里程规模大幅度增加。

三是财政资金来源和债务融资的可持续问题。

公路行业的总体资金需求还在增加，即使建设规模会逐步减少，但行业的可持续发展所需要的在维护、大修改造、偿还债务、管理等方面的资金总规模也是巨大的。可预计的资金来源十分不足，按照目前的资金渠道，每年的融资压力都很大。若再考虑2013年新形成的和正在建设项目的债务，已取消收费的政府还贷二级收费公路债务和非收费公路债务，公路行业债务规模很大。收费公路通行费收入增长很难赶上债务增长速度。

四个方面导致问题的产生

产生上述问题的原因有以下四个方面：

一是投资决策与融资责任不对等导致建设速度比较难控制。

二是事权和财力不匹配，导致地方债务和贷款规模不断增加。随着车购税的增加，投资补助范围逐步扩大，补助标准也变动较多，为获得中央各类补助资金，地方要付出更多的配套。

三是管理主体运营分散，不能实现交叉补贴化解债务风险。除个别省市外，绝大多数省份的高速公路运营主体都是多元的。高速公路项目之间不能实现交叉补贴。高速公路与普通公路的管理是两套体系，之间不能实现交叉补贴。

四是融资方式较为单一，成本高、还贷压力大。公路的融资方式主要是银行贷款、其次是债券融资，融资成本越来越高。市县的融资相比省级主体更加困难，融资来源少、融资规模小，谈判能力低，导致融资成本更高、抵抗政策风险的能力更弱，容易出现还款问题。

未来思路

分级负责 科学决策 统筹发展

投融资政策对行业发展具有关键意义。公路基础设施是交通行业服务经济社会的基础条件。保证形成并保持基础设施状态良好的先决条件是规模合理、来源稳定、持续增长的资金。合理的投融资政策，可以引导基础设施的合理规模、布局和建设节奏，减少社会总成本；科学的融资方式，可以降低融资成本，避免债务风险，最终降低使用者成本，使公路的社会效益最大化；合理的投融资政策和制度设计，可以引导公路管理体制的优化，提高管理效率、降低管理成本。

投融资政策改革的基本思路是分级负责、科学决策、统筹发展。公路网是规模巨大的公共产品，由于各级各类公路功能不同、服务范围不同，分级负责提供不仅更有效率，也是理清投融资责任、建立责权对等机制、实现事权财权对应的基础，同时也是十八届三中全会中提出的改革要求和国际基本经验。各级政府明确主体责任后，要建立科学的投资决策机制，统筹考虑需求与来源，合理制定建设、养护发展规划计划；要科学制定融资方案，解决资金来源，降低融资成本，控制债务风险。要通过制度创新，实现各类公路（高速、国省干线、农村）之间的统筹发展。

投融资政策的改革创新要与行业发展改革系统统筹考虑。与国家政策同步，投融资政策改革创新要符合国家体制改革总体方向，要符合财税体制改革的具体要求，要未雨绸缪，提前考虑；与发展阶段相适应，投融资政策要符合行业发展阶段特征，并考虑地方差异，中央的投融资政策一要与中央的事权对应，二要对地方发展差距有一定调控力，三要有政策的"前瞻性和富余量"；与体制改革相协调，现行的投融资政策与现行的管理体制、运行机制和规章制度紧密相关，不能只改政策，不改体制、机制，因此需要统筹考虑。

改革建议

明确事权管理体制及管理机制

明确各级政府在公路行业的事权和投融资责任

事权概念属财政范畴，基于政府职能但主要是指"公共产品和服务职能"的支出责任；事权的划分是各级政府间财权和财力划分的依据，而财权和财力是事权履行的保障；交通领域的公共产品主要是公路、水路基础设施，交通领域的公共服务主要是农村客运和城市公交；公路事权划分主要是指为社会提供各类良好公路设施的资金责任划分以及履行支出责任的方式；事权划分应遵循"受益原则、效率原则、能力原则、激励相容原则"，事权的履行方式有直接承担、委托承担、购买服务等；公路事权可以简单概括为"国道国管、省道省管、农村路县管"；国道的投融资责任应该为中央政府，即，中央政府应主要承担国道建设和养护的资金责任，包括融资责任、负责投资安排、资金使用管理、绩效考评等。

建立与事权对应的管理体制和事权履行的机制

事权明确后，应根据事权特点和我国实际情况，尽快明确实现方式。目前，可供比较借鉴的国际经验有：1）类似直管方式：如美国通过联邦公路局、区域局、地方公路机构的垂直设置国家管理机构的方式，履行了州际公路的主要事权责任，制定了规划和技术标准、安排了建设时序、负责了90%的建设投资和部分养护资金，以及养护质量的监管等；2）类似授权公法人机构的方式：如日本通过组建道路公团负责了国家高速公路的规划、投融资和建设、运营管理，发行了公团债，组建了区域性的分支机构，实现项目和区域的交叉补贴，负责了定价和价格调整等事项；3）类似特许经营方式：如法国的国家高速主要通过国家公路局与国有和私人公司签订建设运营特许合同方式，建设和管理了国家的高速公路系统，履行了投资责任，融资和风险主要由公司承担。事权履行方式确定后，才能明确具体的财政资金需求、融资责任与资金管理等事项。根据我国实际，法国的模式更具有借鉴意义。

建立与事权对应的财力保障制度

公路发展中，各级政府的事权责任明确后，必须有相应的财权或者至少是稳定的财力保证。亚行在2012年完成的技援项目中，对中国政府提出了针对普通公路投融资政策的改革建议，其中建议中央和地方政府都应该建立公路发展基金制度：一是有利于公路养护建设资金不过多受到预算的干扰，确保稳定；二是有利于各类资金的统筹使用；三是有利于资金监管提高使用绩效。同时，亚行还提出了建立一个主要责任是运用中央资金对国道进行综合管理的资金机构的重要建议，新机构的责任应该包括：1）管理中央政府道路基金或普通公路信托账户；2）资金需求估计；3）定义中央资金的使用计划类别、规则和标准，包括采购方法；4）提出对省级和地方政府的资金补助份额；5）为国家道路建设提供资金；6）为省级和地方道路建设、维护和改善提供资金援助；7）对中央资金的使用进行监控、审计和报告，以确保项目的资格、采购和标准的要求；8）监督所有国道的规划和高速公路的管理以及国道的收费特许权。收费特许权可以是私人或国有公司；汇报公路的绩效，省级和地方政府提供管辖区内公路状况的信息。

稳定政策预期、优化资金来源、规范资金使用

政府要给市场准确信号才能吸引投资者，因而，《收费公路条例》要给出可持续发展的法律支撑，重点解决以下几个问题：一是收费期限的问题，包括到期以后养护收费的期限问题；二是收费标准的制定和调整程序与依据，包括为养护而收费；三是特许经营的问题；四是企业是否有融资限制（上市）、事业法人（高管局）融资资格等问题；五是政府政策的补偿问题（绿色通道、节假日免费、应急救灾免费等）。积极争取专项债，用以改善目前以贷款和地方政府债为主的资金结构，降低融资成本、规范政府融资、降低政府债务风险。研究引入机构投资者（如养老保险金）的可行性。加强资金使用的管理：一是建设养护资金需求的数据应更加可靠；二是资金需求应统筹考虑建设与养护和改善的需求，资金使用的优先顺序是养护、改造和新建；建立公路资产管理系统；对每年的投资进行成本和效益的评价分析。

本版文章为作者观点，不代表本报立场。

中国交通报
CHINA TRANSPORT NEWS
http://www.zgjtb.com 邮发代号：1-72 国内统一刊号：CN11-0122
2014年8月15日 星期五 第5817期 今日8版 交通运输部主管 中国交通报社主办

三峡专用公路将对社会完全开放

本报讯 （特约记者 潘庆芳 通讯员 曹宜青 王成龙）8月13日，中国三峡集团公司与湖北省宜昌市政府召开三峡专用公路扩大开放方案对接会，就实施方案细节进行讨论，意味着三峡专用公路封闭运行18年后，近期将对社会完全开放。

三峡专用公路东接宜昌夜明珠，与（武）汉宜（昌）高速公路相连，西至三峡坝区八河口，全长38公里，1996年10月1日建成通车，一直采用全封闭式管理。三峡工程建设期间，该路主要承担工程材料和设备的运输任务，三峡工程建成后，是中国著名5A旅游景点"三峡大坝"陆上的唯一通道。

2003年至今，三峡大坝已累计接待游客1500多万人。有关人士指出，三峡专用公路对社会开放，既有利于缓解三峡船闸通航压力，又将进一步畅通湖北西部交通，对湖北省旅游业和地方经济建设意义重大。

走读长江 感知脉动 重庆篇

长江上游航运中心：路径清晰全力推进

□"走读长江、感知脉动"主题采访团

编者按

8月4日至6日，"走读长江、感知脉动"主题采访活动来到第三站重庆。由本报记者刘兴增、鹤霞、周晓欧、佟亚涛、张泰及新华社记者韩振、经济日报社记者薛志伟组成的主题采访团，围绕长江上游航运中心建设，深入行业主管部门及建设、运营、管理一线采访体验。今日推出深度报道，敬请关注。

8月5日，40摄氏度的高温天侵袭山城重庆。比天气更火热的是，重庆市正在深度融入"依托黄金水道建设长江经济带"国家战略，全力以赴加快长江上游航运中心建设：涪陵至主城航道整治工程编制启动，果园港等铁公水联运枢纽港口建设提速，大长宽比的"三峡船型"示范船即将试航，重庆航运交易所融资担保公司正在组建……

"我们理解的长江上游航运中心，应该是依托繁忙的长江黄金水道、四通八达的高速公路和铁路网，连通国内、国际两个市场，具有'一带一区一圈'空间布局形态，它的核心是一个经济繁荣、高度开放的港口城市。"重庆市交通委员会主任滕宏伟与"走读长江、感知脉动"主题采访团一行座谈时说，"一带"是临港产业带，"一区"是航运服务功能集聚区，"一圈"是方圆100万平方公里的直接辐射圈。

滕宏伟表示，重庆市将遵循"科学规划、统筹协调，适度超前、市场引领，政府引导、社会参与"的原则，大力改善航道基础设施条件，积极推动枢纽港口建设，加快推进船舶标准化，不断完善航运综合服务体系，力争早日建成市场认可的长江上游航运中心。

提升航道干支联动水平

2003年以来，三峡成库极大地改善了长江上游航道条件，上游航运由此进入发展黄金期。据统计，目前重庆境内有长江、嘉陵江、乌江等193条航道，总里程4451公里，其中四级及以上高等级航道1075公里，占24%，长江干线航道679公里，约占长江通航总里程的四分之一。

"以长江、嘉陵江、乌江为主的'一干两支'叶脉形航道体系已经基本建成，5000吨级船舶可常年抵达主城港区，库区10多条主要支流常年通行1000吨级船舶，支流对干流的货运贡献率为23%。"重庆市港航管理局副局长江鸿与"走读长江，感知脉动"主题采访团一行座谈时说。

江鸿表示，航道是水运发展的基础。重庆市正在积极争取交通运输部加快启动长江干线涪陵至主城段和朝天门以上的航道整治，同时继续强化嘉陵江、乌江等主要支流通道以及小江等库区重要支流的航道建设，畅江小江、大宁河等部分支流电子航道图数据。"力争到今年年底，支流对干流的货运贡献率提升到26%。"江鸿说。

位于嘉陵江与长江汇合处以上68公里的草街航电枢纽，是干支联动的典范。"草街航电枢纽有效渠化了180公里航道，其中嘉陵江干线70公里、渠江88公里、涪江22公里。"负责该枢纽建设运营的重庆市航运建设发展有限公司董事长姚小松告诉"走读长江、感知脉动"主题采访团一行，枢纽船闸按三级航道标准建设，年通过能力为1050万吨，是全国内河第三大船闸。

姚小松还告诉记者，草街航电枢纽的建设完全遵循了"以航为主、航电结合、以电促航、滚动开发"的指导思想。"为了在建设期间不断航，我们增加了2亿元的投资，电站投产发电时间推迟了2年。"姚小松说，"如果嘉陵江完成全江渠化，草街航电枢纽1050万吨的年通过能力肯定不能满足需求，所以我们在规划时就预留了二线船闸。"他还希望中型电站也能享受国家的税收优惠，更好地发挥"以电促航、滚动开发"作用。

（下转3版）

丝绸之路经济带交通文化之旅启动

国际卡车集结赛鸣笛开赛

图为连云港港口集团有限公司国际客运站副站长滕义斌向"新丝路·大交通"主题采访团介绍中韩客滚运输情况。 田晏玥 摄

本报讯 （记者 张佳 孟东 实习记者 王冉）8月14日上午，第四届中国—亚欧博览会丝绸之路经济带交通文化之旅暨国际卡车集结赛鸣笛仪式在新亚欧大陆桥东方桥头堡、连霍高速公路东起点江苏省连云港市正式拉开序幕。

交通运输部党组成员、运输司司长刘小明出席启动仪式并为两项活动授旗，江苏、河南、陕西、宁夏、甘肃、新疆等沿线六省区交通运输厅负责人共同按下了活动启动按钮。

刘小明在启动仪式上表示，建设丝绸之路经济带和21世纪海上丝绸之路，是党中央、国务院作出的重大战略决策。交通运输部和新疆维吾尔自治区政府联合主办这次中国—亚欧博览会丝绸之路经济带交通运输峰会及系列活动，是贯彻落实习近平总书记提出的"一带一路"建设战略构想和党的十八届三中全会精神的实际行动。交通运输行业应放眼全球，抓住难得机遇，立足交通运输国际合作和发展大局，调整运输结构，优化运输组织，提高装备水平，整合物流资源，构建衔接顺畅的综合交通运输体系，提升服务质量和服务水平，为"一带一路"建设提供可靠保障。同时继承千百年来丝绸之路所承载的和平合作、开放包容、互学互鉴、互利共赢精神，能够生生不息、薪火相传。

第四届中国—亚欧博览会将于9月初在新疆维吾尔自治区乌鲁木齐市举行。博览会期间，交通运输部将与新疆维吾尔自治区政府共同举办丝绸之路经济带交通运输峰会。丝绸之路经济带交通文化之旅、国际卡车集结赛属于峰会的系列活动。

交通文化之旅活动由中国交通报社承办，包括组织"新丝路·大交通"主题采访、出版《丝路行》主题画册、拍摄专题片等一系列活动。人民日报、新华社、中国国际广播电台等中央媒体记者组成的采访团，将沿途探寻丝绸之路交通文化遗存，实地见证沿线公路、铁路、港口、民航、管道等综合交通运输建设发展成就。

国际卡车集结赛由交通运输部科学研究院承办，活动组织了我国优秀的物流企业、卡车司机和先进的卡车装备，应用"北斗"卫星导航技术，将展示中国交通运输物流发展新成就。

抗震救灾进行时

交通抗震救灾转入灾后评估恢复重建

本报讯 8月13日，交通运输部副部长冯正霖在部路网中心值班室主持召开云南鲁甸地震公路交通抗震救灾工作领导小组第六次会议，传达了8月12日国务院专题会议精神，对公路保通工作、灾后评估及灾后恢复重建工作进行了研究部署。

会议强调，要系统总结此次交通抗震救灾工作，扎实开展好下一阶段工作，按照国务院的统一部署，将工作重点转入到灾后评估和恢复重建阶段：一是建立灾情评估和灾后重建工作机制，科学核定灾情损失，全面评估地震对整个灾区交通的影响，系统总结应该借鉴和吸取的经验教训；二是指导制定灾后恢复重建规划方案；三是研究灾后恢复重建规划中的建设模式、投资方式和投资标准等问题，指导云南省做好灾后恢复重建规划方案。

截至14日16时，通往云南鲁甸地震灾区高速公路、国省干线公路通行正常。其中，省道101线震区沿线通行正常；县乡公路中，沙坝至龙头山、龙头山至乐红等通往灾区公路通行正常；龙泉河钢架桥通行正常，钢架桥瓶颈路段回头湾处已进行降坡处置。

（杨峰 郑京杰）

时间定格在8月3日16时30分，一场云南省14年来的最强地震突然袭击昭通市鲁甸县。乌蒙大地剧烈晃动，震倒房屋，震碎云南，震动中国。习近平总书记第一时间指示：把救人放在第一位！大灾面前，全行业上下齐心、众志成城，一条条生命线被打通，一座座孤岛被解救。

以生命的名义，向前掘进！

交通运输系统云南鲁甸抗震救灾综述

▶详见2版

甘霖

入夏以来，河南平顶山地区大旱。根据河南中原高速公路股份有限公司党委要求，平顶山分公司组织为灾区群众送水志愿活动。

图为志愿者将水送到郏县蓝庄群众家门口。

本报记者 周爱娟 **文**
通讯员 郝东海 **图**

牢记总书记嘱托、弘扬两路精神 推进交通运输科学发展

部路网中心推动工作上台阶

本报讯 8月11日，交通运输部路网中心召开中层及以上干部会，传达习近平总书记关于"两路"精神的重要批示和部有关部署，要求以习近平总书记重要批示精神为指导，大力发扬"两路"精神，推动路网中心工作全面"上台阶"。

路网中心主任、党支部书记李作敏表示，路网中心全体干部职工将不断发展和丰富"两路"精神，弘扬主旋律，凝聚正能量，使"两路"精神成为促进路网中心各项事业健康持续快速发展的强大精神力量。当前，发扬好"两路"精神，就是要切实践行好"人便于行、货畅其流、服务群众、奉献社会"的交通运输行业核心价值观，不断创新交通运输服务理念，不断满足社会公众对交通运输服务的高品质需求。

此外，路网中心还将认真做好援藏工作，按照"使川藏、青藏公路始终成为民族团结之路、西藏文明进步之路、西藏各族同胞共同富裕之路"的总要求，推进西藏交通运输科学发展。

（胡士祥）

福建八条措施促进高速公路发展

增加省级资金 减免部分收费 盘活土地资产

本报讯 （记者 陈智通 通讯员 陈昌和）福建省政府近日发出《关于促进高速公路持续健康发展八条措施的通知》（简称《通知》），提出加大省级资金支持力度、减征行政事业性收费、支持盘活高速公路土地资产等方式，支持全省高速公路持续健康发展，确保到明年年底实现"县县通高速公路、通车里程超5000公里"的目标。

《通知》要求，继续加快构建完善福建省高速公路网络，将沙县至厦门高速公路泉州南化段等15个"十三五"建设项目，提前至今明年实施。

在这15个项目中，对属于鼓励引进社会资本建设的项目，为加大鼓励力度，省级给予每公里400万元投资补助。对属于由政府出资建设的项目，为激发地方积极性，把交通运输部投资作为项目资本金并全部由市级持股；项目资本金扣除交通运输部投资后的不足部分，属国高网的由省市按51:49比例出资，属地方网的由省市按40:60比例出资。

《通知》提出，要加大省级资金支持力度，2014年至2018年给予高速公路省级资本金或资本金债务贴息支持。2017年12月31日前，全省高速公路新开工建设项目按国家《水土保持补偿费征收使用管理办法》缴交的水土保持补偿费，地方留存部分全额返还高速公路公司用于水土保持；对使用重点生态区位商品林、国家级生态公益林、省级生态公益林林地的交通基础设施建设项目，减半征收森林资源补偿费，所收资金用于高速公路两侧红线内造林绿化。2018年12月31日前，对全省高速公路施工企业征收的价格调节基金，统一执行《福建省价格调节基金管理办法》规定的建筑业征收标准下限。

《通知》支持省高速公路公司盘活高速公路土地资产。对高速公路服务区、收费站、养护基地等原以划拨方式取得的存量土地资产进行处置，变更为国家作价出资方式后，办理转增国家资本金手续，按项目省市股比分别持有。对高速公路运营补亏土地收储项目，在林地使用、土地指标上给予优先支持。

■今日看点

□值班编委 彭燕 本版主编 林芬 责编 樊猛 □E-mail:xw1b@zgjtb.com □新闻热线：(010)64255441 □发行热线：(010)65293561 □广告热线：(010)64250642

4版 2014年8月15日 星期五
民航
主编：俞飞 责编：苏晶
电话：010-65293632 64252864 E-mail:zgjtb@126.com
中国交通报 CHINA TRANSPORT NEWS

■奋飞

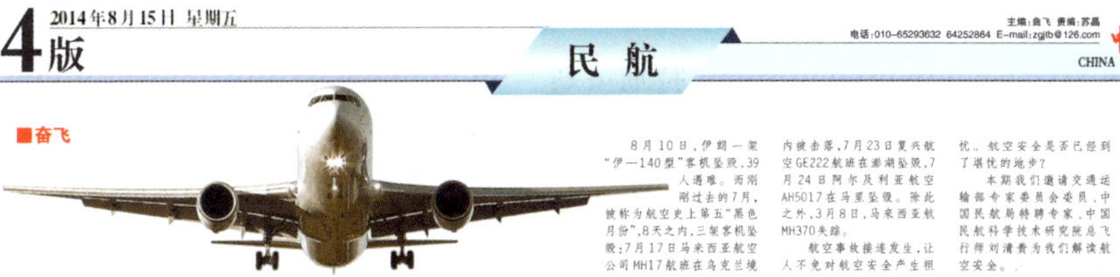

8月10日，伊朗一架"伊—140型"客机坠毁，39人遇难。而刚刚过去的7月，被称为航空史上第五"黑色月份"，8天之内，三架客机坠毁：7月17日马来西亚航空公司MH17航班在乌克兰境内被击落，7月23日复兴航空GE222航班在澎湖坠毁，7月24日阿尔及利亚航空AH5017在马里坠毁。除此之外，3月8日，马来西亚航MH370失踪。

航空事故接连发生，让人不免对航空安全产生担忧。航空安全是否已经到了堪忧的地步？

本期我们邀请交通运输部专家委员会委员、中国民航局特聘专家、中国民航科学技术研究院总飞行师刘清贵为我们解读航空安全。

乘机出行还安全吗

刘清贵

民航班机是当今最安全的交通工具

从国际航空安全网(Aviation Safety Network)提供的数据，我们可以发现，1972年和1985年，全球因为飞行事故死亡人数最多，分别达到了2429人和2331人。而2013年则最低，为265人。

数据统计的结论表明，飞机是目前地球上最安全的旅行交通工具，它造成多人伤亡的事故率约为300万分之一。

据美国国家运输安全委员会(NTSB)对1993年至1995年间所发生的伤亡事故的比较研究，乘飞机比乘汽车要安全22倍。事实上，美国在过去的60年里，飞机失事所造成的死亡人数比在有代表性的3个月里汽车事故所造成的死亡人数还要少。

虽然飞机事故罕见，但损失惨重，受关注度高，因此飞机事故造成的社会影响远比其他事故大。

从第一代到第四代 民航班机安全性提高约10倍

纵观航空史，航空运输变得越来越安全。30年前，重大事故的发生率为每飞行1.4亿英里一次，如今是14亿英里才发生一起重大事故，安全性提高了10倍。

这主要得益于科技创新的推动。自20世纪初人类进入航空时代，随着航空器在结构、材料、通信、导航、自动控制、发动机等方面的技术进步，航空器安全与性能得到一次次明显提升。第一代民航班机主要机型的事故率(每百万架次的事故发生次数)在6~8之间；第二代为2.46；第三代为1.82，目前世界上广泛使用的第四代民航班机已下降为0.69。从第一代民航班机到第四代，其安全性提高了约10倍。

例如"可控飞行撞地(CFIT)"(飞机在完好无损的情况下撞地坠毁)在全球航空界一直是一个棘手的难题，直到20世纪90年代，"增强型近地警告系统(EGPWS)"得到广泛应用，避免"可控飞行撞地"的安全系数才提高了20倍。

如果安全水平没有这种大幅度的提高，以全球航空目前的运输规模，其事故频发的状况将是社会公众无法接受的。

我国民航安全优于世界平均水平

改革开放30多年来，我国民航的安全水平大幅提升。特别是近10年来，我国民航的安全水平明显高于世界同期平均水平，且优于美国、欧盟等航空发达经济体。2009年至2013年，我国民航亿客公里死亡人数为0.002(世界平均水平分别为0.009)，我国运输航空百万架次重大事故率为0.08(世界平均水平分别为0.42)。

我国民航之所以能够保证较好的安全业绩，主要得益于"持续安全"理念的引领和科技创新对民航安全的促进作用。

我国民航通过推行飞行品质监控技术(QAR)，依靠"数字化记录与存储技术"全程监控机组操纵、发动机及各重要系统实时运行的数据。这可掌握真实飞行状况，提前预警，有针对性地采取主动措施，发挥看被其隐患的作用。

在空管领域，在确保安全裕度的前提下，民航部门大幅度提升空域利用率，重点解决运输飞行量高增长与空域资源有限的矛盾，同时兼顾西部高原机场和复杂航线的安全运行问题，建设覆盖理论研究、技术研发、实验验证和推广应用的空管新技术研发与应用体系。特别是在新一代网络综合信息系统、民航流量管理系统、全球卫星导航系统、多模式监视应用、新一代航空气象等关键技术领域，我国民航取得了实质性的突破。

在机场领域，民航部门重点解决繁忙机场运行效率、"跑道侵入"和"鸟击"问题，在机场野生动物监控探测及驱赶装动系统、跑道入侵监视预警系统、机场先进场道滑动引导控制系统、机场智能监控系统、寒动式电容扰动型跑道视频系统等研究和应用上有重大突破。

在运行领域，民航部门围绕航空器安全高效运行，建设了空地一体化的运行控制系统，提高了通信能力和指挥、协调、决策效力。同时，民航部门支持航空公司将建电子化信息平台，整合安全信息资源、综合航行情报、机场保障、机组资源、机组疲劳和飞机状况等方面信息识别航班飞行风险，开发民航运行安全风险实时监测、评估与控制系统，提高了航班安全风险管控能力。

我国在卫星着陆系统(GLS)、电子飞行包(EFB)、平视系统(HUD)、增强飞行视景系统(EVS)、飞机性能实时计算分析和评估审查系统等项目的应用上都有新突破。

围绕民航安全，我国颁布了90多部针对性极强、规章、程序以及咨询通告。我国民航按照"持续安全"理念，强化了安全生产责任制，普遍建立并实施了"安全管理体系"(SMS)，针对安全风险，实施强有力的管控。

各航空公司还广泛开展"安全审计"和"管理评审"。国际航空运输协会(IATA)年度安全报告显示，在2010年，经过"运行安全审计计划(IOSA)"审计的航空运营人比没有经过IOSA审计的运营人的事故率低53%。

新技术突破资源和环境限制

随着我国民航的快速发展，资源约束和环境限制条件下的安全发展瓶颈凸显，给民航安全提出了新的挑战。

我国民航通过实施缩小垂直间隔(RVSM)技术将航路飞行的垂直间隔由600米缩小为300米，使同一条航路可多安排6个飞行高度层，航路利用率提高了46%，在一定程度上缓解了东部地区航路空域拥挤、飞行繁忙、航班延误等问题。

我国民航通过实施基于性能的导航技术(PBN)，摆脱地基导航台站航路，随一段距离修建一个导航台，飞机顺着一个个导航台飞)的限制，利用星基导航，提供更精确、更安全、更经济的导航方式。

凭此技术，西藏林芝机场突破了传统导航因受恶劣天气和复杂环境影响难以完成正常飞行的限制，四川九寨机场大量航班取消和返航率居高不下的尴尬局面从根本上得到了扭转，拉萨贡嘎机场不能夜航的历史被改写，玉树机场抗震救灾的空中生命线也被成功打通。

目前，我国已有40多个机场启用PBN技术，近期还将用此技术陆续升级50个机场。可以说，PBN为我国民航带来了划时代的运行方式的变革，极大地改善了我国民航交通运输状况。

空难 AIR CRASH 原因知多少

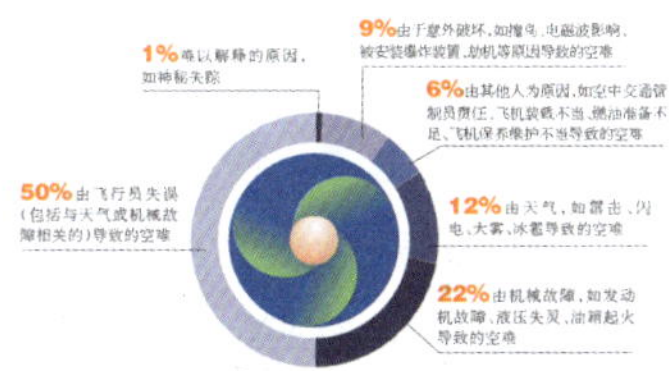

现代民航对于所有可预见意外因素都准备了有效的应急设备和措施，单一原因造成的事故，几乎不可能，航空事故绝大多数是一连串的小概率事件同时发生造成的。同时，统计表明，约70%的航空事故都有人为失误的因素。

两大自然因素

恶劣天气：寒冷、大风、浓雾、雷电

电磁波干扰：天文现象、电子设备

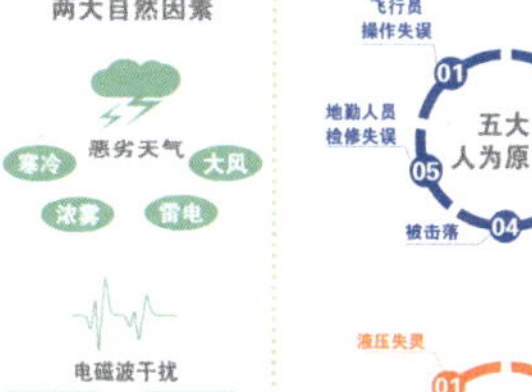

三大意外事件

数据来自空难信息网(http://www.planecrash-info.com)对1950-2009年1300次重大航空事故原因的统计分析。

张涵 张海霞 制图

□链接

那些对乘机出行安全的误解

1 美国专家通过对全球航空公司的运营数据分析后指出，各国的航空安全指数实际上相差无几，并不是说发达国家的飞机就更加安全，当然，那些被制裁和处在混乱状态的非正常国家除外。

2 各家航空公司的安全系数有差异，根据德国的航空事故数据评估中心(JACDEC)综合全球60家航空公司30年的飞行里程以及事故数据，对各家航空公司的安全性进行了评估。评估数据显示，芬兰航空是目前全世界最安全的航空公司，已经有50年没有发生严重事故；紧随其后的是新西兰航空、国泰航空和阿联酋航空。

3 飞机上不同座位的安全程度相差无几，事故中的相对安全主要取决于事故的严重程度和幸运与否，并不是前舱比后舱更安全，或者中间比两头更安全。

4 飞行过程中的安全概率是不一样的，起飞和爬升到巡航高度，下降和着陆是飞行中最容易出问题的阶段。起飞时，发动机推力和结构整体性对飞机的要求最高，而接近地面和着陆时则对驾驶舱的机组人员要求最高。约有四分之三的严重事故都是在这两个短暂的飞行阶段中发生的。

5 大飞机的安全系数并不比小飞机高多少，其执行的安全标准是基本一致的，人们对小飞机的安全性质疑多是偏见。

刘清贵

■新闻对对碰

南航开通 最长直飞航线

8月6日，南航广州—纽约首航航班从广州白云国际机场起飞，16小时后到达美国纽约肯尼迪机场。这是中国民航历史上最长的直航航线，单程航距达到13500公里。

□点评

国际航线的成功很重要的一点就是区位优势。对旅客而言，不论是可以走北极航路的北京，还是中美航线最便捷的上海都比广州更有吸引力。南航想要发展远程航线必将荆棘密布。

——李玉良

它使南航的国际网络更加完善，品牌影响力更大，可以吸引来更多的国际旅客，在不增加更多成本的情况下，获得更多的收益。这正是国际型航空公司所具有的优势所在。

——王疆民

广州至澳门 直升机航线试运营成功

8月8日，由南航珠海直升机公司与广州市穗丰航空运输代理服务有限公司合作经营的广州白云机场至澳门的航线进行了试运营，预计9月份正式开航。

□点评

这条直升机低空目视航线开通，值得密切关注。低空空域管理改革，是一个渐进过程，期间应有一系列标志性事件；低空开放，必然是"由点连线，因线成片"的拓展路径。

——林青山

澳门香港航线的成功，对南航珠海直有信心，不过还是要重视营销。

——@会飞翔的拿铁

IATA：珠三角空域设计低效

国际航空运输协会(IATA)近期发布研究报告指出，现有珠三角空域设计不合理，并建议飞机从香港机场25号跑道起飞后，右转飞越深圳机场，以减少绕飞距离，降低飞行冲突。

□点评

因为离香港太近，国内航班正常情况下不能飞越香港情报区空域，所以深圳机场的双跑道不能独立平行运行。这降低了跑道使用率，所以除了空域设计以外要改的还很多。

——@BP老猫

取消掉香港自己的进离场，将香港的终端交给珠海统一管理，飞机自然就不需要绕了。

——@FL311

■航迹

民航局：乘机可以携带但不能使用"充电宝"

本报讯 8月7日，中国民用航空局发布公告，提醒旅客规范、安全地携带"充电宝"乘机。根据现行有效的国际民航组织《危险物品安全航空运输技术细则》和《中国民用航空危险品运输管理规定》，民航局规定旅客乘机时携带的"充电宝"必须是个人自用，并只能在手提行李中携带或随身携带，严禁在托运行李中携带。

规定对带上飞机的"充电宝"额定能量也有所限制。额定能量不超过100Wh(瓦特小时)的"充电宝"无需航空公司批准；额定能量超过100Wh但不超过160Wh，经航空公司批准后方可携带，但每名旅客不得携带超过两个"充电宝"；严禁旅客携带额定能量超过160Wh的"充电宝"登机，未标明额定能量同时也未能通过标注的其他参数计算得出额定能量的"充电宝"也严禁携带乘机。

规定还明确指出，旅客不得在飞行过程中使用"充电宝"给电子设备充电；对于有启动开关的"充电宝"，在飞行过程中应始终保持关闭。

该规定同样适用于机组人员。（闻成）

地址：北京市安外安华西里三区13号楼 邮码：100011 总编室：65293633 通联部：65293561 64250641(传真) 采编中心：64250635 公路中心：65293615 水运中心：64255824 运输中心：65293642
新媒体中心：64255469 中国交通报社北京中通广告公司：64250642 64255452 广告经营许可证：京朝工商广字0142号 每月定价：20.00元 零售每份：1.00元 中国青年报印刷厂印刷

2014年8月20日 星期三
4版 特别策划
中国交通报 CHINA TRANSPORT NEWS

开栏的话

30年，改革开放波澜壮阔。

30年，交通发展举世瞩目。

30年，我们风雨兼程，甘苦与共，为行业发展写下不朽"史记"。

三十而立，《中国交通报》走到融合发展新起点。

温故而知新。今日起，本报开辟《30年·我与中国交通报》专栏，回忆峥嵘岁月，分享共同经历过的那些人、那些事。

中国交通报 创刊前后的人与事

□李长青

2014年11月7日，是《中国交通报》创刊30周年纪念日。30年的《中国交通报》已成长为行业报林中的佼佼者，实实地令人欣喜！

我已是八十有三的耄耋之年了，回想《中国交通报》创刊前后的人与事，可谓百感交集。

办报起因

1981年我在交通部纪检组任检查处长，当年11月同中远公司的财务处长一起，去香港招商局查办一起有关30万美元存在私人账户的案子。调查后我写了个调查报告，由钱永昌部长审处，经过两三次的修改后通过，因此同钱部长初步相识。

1983年夏季，部机关同志对交通部房产分配问题非议较多，钱部长指名要我负责进行调查，这是一件很棘手的差事，我心中甚是忐忑。但部长下了命令只能尽快去办。结果只查出分房不透明、分房不公平等问题，至于大家反映的分房中的贪腐问题，这已涉及浑水中的事情了，我曾下水试探，但无果而归。

我据上述几个问题写了调查报告，呈钱部长审阅。钱部长基本满意，并上报国务院审查局得到好评。

钱部长平易近人，处理问题严谨，思维缜密。调查结束后，有一天在钱部长办公室我提了一个建议：交通部这么大的事业，应当办一张报纸，活跃上下沟通。钱部长点头称是。同时我毛遂自荐，如果办报，我愿去报社工作。我参加工作30余年，有20多年的新闻工龄。

不久，交通部申请办报的报告，得到中宣部的批准，钱部长提名派我到报社工作。从此我与《中国交通报》结缘。

开门三件事

1984年夏季，交通部政治部组织部（此机构早已撤销），从部直属单位抽调了5位同志到报社工作，计有办公室负责人、会计、出纳员，还有另两位同志。我是随后到报社，离开了政府机关，还真有点恋恋不舍之情。

交通部将中宣部批准办报的决定，复印一份给我。这真是一柄尚方宝剑。当时一共办了三件事：一、同事们拿着文件到北京市委宣传部（或文化局）注册《中国交通报》创刊。二、到北京市朝阳区主管广告工作的部门注册开办广告业务许可证。三、到朝阳区所属银行办理了相关业务。这5位同志骑着自行车顺利办下了几项注册工作。

关于办报资金问题，部领导批示，每年向交通报社提供45万元办报经费。这笔经费连续提供四五年。

报社的办公地点在安外外馆斜街（当时称黄寺）某职工宿舍的一楼。一套三居室做了交通报社的办公室，《中国交通报》有了安身之处，后来还制作了一块一丈来高的"中国交通报"报牌挂在宿舍大门的右侧，看着颇有点气魄，也是对外宣布此处即《中国交通报》办公地点。

部领导还给报社拨了一台老上海牌轿车，作为报社的交通工具。部领导考虑得周到，很关心报社的工作。

这几件事办得很顺利，但我知道，办一张部级的报纸，绝非易事，以后的工作还不知有多少伤人伤神之事呢。

借人办报

第一桩要事，要有一个强有力的编辑部，并且要有各个方面有学识的人才，这样编辑出来的报纸，才会得到读者的青睐！

办报人才从何而来呢？交通部政治部副主任范仰南同志找我商量，他说："我们现在调配编辑记者，不是短时间能办到的，我们采取借人办报的方式，先解决用人之急。"他说，从《长江航运报》借调部分人员来京办报，可说是个救急的招。我很同意范副主任的意见，通过部政治部的工作，陆陆续续从长航系统调来了10余位同志，并得到交通部招待所齐所长的大力支持，抽出来几间客房，把这部分同志安顿下来，吃住在招待所。

经过了解，在《长江航运报》工作的只有两位同志，一位是即将退休的副总编辑，一位是年轻的编辑，其余的均是《长江航运报》的通讯员。与此同时从《上海海运报》借来一位有新闻工作经验的老编辑，从《上海海运报》借来一位青年编辑，他毕业于上海复旦大学新闻系。

以上借调来的同志，均在水运系统工作，没有公路系统的人员。我同部公路局有关同志商量，希望从各省公路报刊中借调两位同志。公路局很快从《云南交通报》、《浙江交通报》借来了两位负责人，一位毕业于云南大学中文系，一位毕业于北京大学中文系。这两位同志的到来，给工作充实了重要力量。

借调来的十余位同志热情很高地来报社报到，我们热情接待，并做好生活安排。几位原单位的负责人，安排住两人一间的房子，其余同志只好多人住双层铺的大间。租用房间的开销由报社负担。

▲1984年10月1日，为庆贺《中国交通报》试刊，报社筹建时期的同志在北京安定门外外馆斜街旧社址前合影。中排左五为本文作者。

▶1984年10月1日《中国交通报》试刊第一期出版。

如何开展下一步的工作？这是件很费心思的事情。当时报社负责人只有我一人。再三考虑后我决定：第一步每天集中学习。介绍交通系统公路、水运、港口、科技、教育（当时交通各大学还是部直属单位）及部机关机构设置等情况。第二步，由我拟了一份新闻报道提要，请大家参与讨论。提要修改后分送部机关各部门领导征求意见。随后打印出来人手一份。第三步，搞了一次采访实践活动，意图是让大家到全国各地进行调研采访，了解各地交通行业的不同特色，回来后总结，交流心得体会。

初始工作杂乱无序，我报告政治部范仰南副主任，决定由《长江航运报》、《云南交通报》、《浙江交通报》及《上海海港报》等几位同志，组成一个临时领导小组，由我任组长。这样就分头负责有关工作，有什么问题亦好商量。

事到此时已进入六七月盛夏季节。钱部长要求10月1日出报。当时的状况，难度很大。

应届毕业大学生陆续报到

借调人员已到齐，应着手的工作已做了一些，但真正开展办报的具体业务工作，尚无着落。恰值此时，部政治部组织部给报社调来了一批应届毕业的大学生，他们陆续到报社报到。我当时愉悦的心情难以名状，筹划办报的工作就此进入了实质性的时期。

大学生们是从全国各大学调入的，其中只有4人是从公路、水运学院毕业的，余者有学中文的、学政治的、学经济的、学法律的。同时有位北京大学中文系毕业的学生主动要求到报社工作。

无巧不成书。工人日报社先后有3位同志希望到交通报社工作。这几位都有数年甚至多年的新闻工作经历，各有专长，一位是值夜班的老编辑，一位是北大新闻系毕业的青年编辑，另一位是有才华的诗人，在工人出版社某文艺杂志任编辑，还有一位曾在《铁道兵报》任编辑。这几位同志的到来，确是又一场及时雨，报社编辑部迎来了顶梁柱。

刚毕业的大学生，生活负担较重，报社决定每人每天补助一元钱伙食费，其余工作人员每天补两毛钱，奖金一律每人每月二十五元。领导层一分钱的系数也没有，但全社大多数同志以办好报纸为己任，并不计较待遇的高低，精神是很值得钦佩的！

编辑部架构的组成

编辑部的组成：总编室负责一版，二版经济部，三版综合部，四版文艺部。另有通讯联络部，还有摄影科、广告科、发行科及校对组。

依据对大学生的初步印象，依所学专业为主，分到各部工作，加上从借调人员中调出几人分到各部工作。从《工人日报》和《铁道兵报》来的几位同志，分别任各部门副主任（副处级）。

编辑部各部组成后，我对借调来的同志们远道进京，参与创办《中国交通报》，而不顾家庭的影响，深表谢意和敬意！这些同志很理解报社的情况，大多数同志愉快地返回原单位了。

初步走上新闻道路的大学生们热情很高，但对新闻知识却知之甚少，对交通业务也不大了解。为此，一、组织他们去某单位的学习班学习新闻业务，每人都给买了成套的新闻教材；二、请交通部公路局等部门的领导同志到报社讲交通业务知识。两个业务建设（新闻、交通）是不可或缺的，也成为以后成长的阶梯。

交通部创办《中国交通报》，得到了交通行业各部门的欢迎和支持。大约到1984年的七八月，报社陆陆续续收到稿件，并且逐日有所增加。这真是一件让人兴奋激动的大好事，离报纸创刊的日子不远了。

组建报社领导班子

1984年10月，部里还没有调配领导干部的计划，报社的领导班子只有我一人在那扛着。但领导班子的组建已成燃眉之急。我左思右想，决定找我以前的老领导和熟悉的同志做工作，拟请一两位老新闻工作者来交通报社任职。

首先想到《光明日报》，因为刚从《辽宁日报》调到《光明日报》任领导的殷参同志（副部级），是我在《辽宁日报》工作时多年的上级，在干校劳动时分在一个小组的同学。他调到《光明日报》时，还从《辽宁日报》带来了两位两地分居进京团聚的同志。殷参同志会见了我，从《辽宁日报》来的同志也一同见面。殷参同志很随和，叙旧之后，我请他帮一把，给交通报社调一位副总编来。他说刚到《光明日报》工作，人员还都不熟，暂时还有难处，那两位《辽宁日报》的老同事，也以此婉拒了。

我又想起一位从《辽宁日报》考入北京新闻研究生院后调入中宣部宣传局工作的同志，经电话联系，亦被婉谢了！又想起了一位年轻的同志，他是中国人民大学经济系毕业生，被分配到辽宁西部某县宣传部任新闻干事。我在《辽宁日报》工作时，曾编发过他的几篇议论性的短文，他的文章很有才气，我曾到那个县采访，是他和县委宣传部长接待，彼此有了些了解。我到交通报社工作后，他已调任国务院某副秘书长秘书，我到他办公室商谈过，亦被婉拒了！我由此想到，他们都有了比较理想的工作岗位。人们常说：动一动不如静一静。我很理解他们。

又一次无巧不成书。一次在某公园里散步，巧遇老朋友康文田同志。康文田同志是1951年我在哈尔滨《东北林业工人报》工作时的同事。当时都年轻，20岁左右的年纪。此后在一起工作。1956年"五一"节，我们一同调到北京中国林业工会创办《中国林业工人报》。1958年4月，我到东北伊春市某林场劳动锻炼，1959年年初回京，到二机部（即现在的核工业总公司）筹建报社工作。由于一些原因，《中国林业工人报》停刊，原报社人员多数调林业部工作。我与康文田同志已分别多年。

这次见面时康文田从林业部调到北京市某局工作。我登门拜访，希望他到交通报社工作，我们一拍即合，事情较顺利地办成。经交通部任命：李长青任副社长，康文田任副总编辑，均为副局级。我们俩分工：我负责全社的统筹工作，康总负责编辑业务。同时成立了报社党支部，李长青任支部书记，康文田等同志为委员。

时间已快到10月，编辑部各部从自流稿（自然寄来的稿件）中编出了各版的稿件送审阅。康总和我分别粗略地看了送审稿，觉得还可以，但马上创刊还粗糙些，商议后决定先办两期试刊版的《中国交通报》，待稍有经验后再正式创刊。

试刊版出报后，得到了较多的好评，编辑部的同志很受鼓舞。两期试刊后，到1984年11月7日《中国交通报》正式创刊，请钱部长题写了报头，我写了一篇"致读者"发刊的话（经主管报社工作的王展意副部长审阅）给办报主旨定了个基调。

《中国交通报》创刊于1984年11月，到1985年即从周一刊改为周二刊，虽有难度，但由于稿源日增，每日有四五十篇以上，再者编辑部同志业务水平提高很快，报纸的影响力加大，钱部长号召交通系统把《中国交通报》发行到公路道班和船舶。《中国交通报》的有些新闻，被中央人民广播电台广播，更成为一时的佳话。《中国交通报》报价每份5分钱（当时的报价大体如此），发行量亦达到万份以上。

创办《交通内参》

报社出版内部参考，可以说是中国报刊的特色。《中国交通报》创刊后不久即创办了《交通内参》。在记者采访和来稿中，有的新闻不便于公开见报，有的稿件又涉及到行业外有关系统或某人某事，也不宜公开发表，适宜发在《交通内参》上。《交通内参》仅供部领导和部有关司局，有参考价值；同时涉及外系统的内参，即发给有关单位领导参阅，所起的作用也不小。

我记得有几份《交通内参》取得很好的效果。

1.河南某市交通部门在火车站设路政检查，交通秩序很好。但有关部门出面干涉，硬是以"违法"为由给取缔了。《中国交通报》发了内参给某部门领导，后来虽未解决，但总算客气地沟通了事。

2.辽宁东沟市交通局，原是全省都有名气的养路器械技术革新的先进单位，对提高养路水平作用很大。后来因资金不足而停止了技术革新。《中国交通报》发了内参以后，得到领导部门的重视，在资金上予以支持，他们的技术革新又活跃起来。

3.有一份《交通内参》报道的问题，得到胡耀邦同志的重视。具体情节已记不清了。

4.林祖乙副部长曾打电话问过我：黑龙江省黑河航运局与河对岸俄罗斯某州开展了旅游事业，但扣除税费、卫生费等支出以后，开一次船几乎没有什么收益。林副部长主管水运，很关心这样的问题。

有一次我到福建公出，恰巧遇到已离休的交通部彭德清部长，闲谈中他问我《交通内参》还出刊吗？我说还出，他问怎么不寄给他了。我回社后给他呈送了全年的内参，并且以后按期呈寄。

以上只是几个事例，说明《交通内参》的参考价值，是报纸上公开报道所不能替代的。

发展党员加强党的建设

中国交通报社1984年创刊后，调进报社的大学生和其他同志，陆续提出入党申请，看到这样的入党申请书，我是异常高兴的。我同部里的同志谈起这件事，心情是很自豪的；经过考察了解，加上来报社后的表现，首批有4位同志经过党小组和党支部的培养考察被吸收到党组织。在党旗面前，我带领他们举行了入党宣誓。后来又有不少青年同志提出入党申请。

对外宣传《中国交通报》

《中国交通报》创刊后，急需扩大影响，使交通行业内外更多人了解我们的报纸，支持我们的报纸。我们做了以下三件事：

1.在央视做了一个30秒的《中国交通报》创刊广告。

2.请《辽宁日报》来的副总编辑帮助在《光明日报》一版发了一条《中国交通报》创刊简讯。

3.举行《中国交通报》创刊新闻发布会。这个发布会在北京市文化宫礼堂举行。钱部长请来了交通部的前任部长叶飞（时已任国家侨委主任）、孙大光等领导，王展意副部长主持会议，钱部长讲话。中国记协书记处书记江涛、新华社新华出版社社长许邦等同志到会祝贺，会上还有其他有关同志近100人出席。这个会对扩大《中国交通报》的影响有很大帮助。

4.《中国交通报》创刊两周年之际，开展了交通系统各单位的祝贺活动。交通系统公路、内河、海运、港口等部门有百八十个单位发来贺信。祝贺名单在《中国交通报》上发表。《中国交通报》得到全行业的祝贺与支持，全社同志更增添了办好报纸的信心！

创建记者站

1985年春，从《长江航运报》借调来的一位老同志几次同我商议建立记者站的问题，我一时抽不出时间，请他先到各地摸摸情况。出乎意料的是，他很快回来高兴地告诉我，陕西省交通厅同意建站，并且指定了记者，这就是《中国交通报》首个记者站的首位记者鲁志理同志。过了不久，河北省交通厅也建了站，记者是谭崛生，两位都是大学本科生。由此得到启发，记者站建在各省交通厅是一个极好的选择，我同康总商量，报社可以向各省交通厅发一个建站函，记者站实行双重领导，人选、资金、办公条件等由厅里负责，新闻业务由报社负责。先从长江以北的诸省试点，在泰安市开一个建站会议，河北省交通厅李副厅长到会，北方各省派出宣传处长、人事处长或办公室负责人到会。报社提出建站的要求：一是希望得到各省厅的大力支持；二是记者站以宣传本省交通新闻为主；三是记者站设一名站长，可兼职，但应设一位专职记者，就新闻业务与报社沟通；由报社通联部负责与记者的联络；四是记者可以到报社暂住，提升新闻业务水平；五是记者站多做《中国交通报》推广工作。

会后各省陆续建立记者站，由此我们又得到一个启发，不久在贵州省交通厅的支持下，报社在贵阳开了一个南方片的建站会议，亦取得了较理想的成绩。

全国《中国交通报》记者站基本建立起来了，记者们积极性很高，竞相寄来了许多稿件，均是各省重点内容，质量较高，对提高《中国交通报》的质量有很大促进。

为了交流记者站的工作情况，也是让各站同志彼此见见面，互相认识，在四川省交通厅的支持下，1985年夏在四川乐山市召开了首次记者站工作会议。交通厅长出席会议，讲了话。会上，我总结了全国建站的情况，并对已建记者站的工作提出要求，使记者站逐步规范起来。康文田介绍了报道要点和提高报道质量等业务问题。会上还对评上先进的记者站和记者给了适当奖励，发了小锦旗。这个会议开得热热闹闹，与会者高高兴兴。

1986年9月，报社得到福建省交通厅的支持，在福州市召开了第二次记者站工作会议，交通厅长出席会议并讲话。会上总结了全国记者站的成长历程和成绩，介绍了新闻报道方面的显著进步，奖励了先进记者站和先进记者。

回顾记者站建设，不可不讲一讲那些建站有功的站长们。他们多是兼职，但他们上下沟通，用很多时间帮助记者站解决财力、物力、新闻报道方面的许多问题。有一些站长后来被选拔到局级领导岗位，有黑龙江的王芮、宁夏的刘全智、陕西的姜志理、上海的干观德等。当然，他们上任局级领导岗位，主要是他们以德才胜出，但站长的工作也不能说一点影响没有。还有很多老站长，对记者站的成长都是有贡献的。这些老站长和初期的记者们都是我的老朋友，每次见面都有聊不完的话题，十分亲切。

《中国交通报》记者站的建立与健康成长，应感谢各省市交通厅、局领导的大力支持。记者站已成为《中国交通报》的得力助手，成为《中国交通报》不可或缺的臂膀。

回首《中国交通报》创刊前后的陈年往事，倒不如说我重新回味30年前工作中的酸甜苦辣咸。一个人在一生的工作与生活中，大约谁也摆脱不了酸甜苦辣咸这五味的缠绕，是甜多还是苦辣多？因人而异。

这篇回忆，就作为大家茶余饭后的谈资吧！

祝愿《中国交通报》前程似锦！

李长青：1984年5月任筹备组负责人，1984年7月任副社长（主持全面工作），1987年12月任副总编辑，1994年离休。

地址：北京市安外安华西里三区13号楼 邮码：100011 总编室：65293633 通联部：65293561 64250641（传真） 采编中心：64250635 公路中心：65293615 水运中心：64255824 运输中心：65293642
新媒体中心：64255469 中国交通报社北京中通广告公司 64250642 64255452 广告经营许可证：京朝工商广字0142号 每月定价20.00元 零售每份1.00元 中国青年报印刷厂印刷

5版 2014年8月25日 星期一

潮涌浙江

水运中心策划 责编：陈桂娟 版式策划：林浩
电话：010-65293640 64255824 E-mail:sy@zgjtb.com
中国交通报 CHINA TRANSPORT NEWS

要从全局和战略高度充分认识重点建设的重要意义，更加重视交通等重点建设，坚持交通先行，努力改善发展环境。交通建设作为基础设施的重头戏，是经济社会发展的先行官。抓好交通等基础设施建设，将对全省现代化建设起到先导作用和带动作用。

——时任浙江省委书记习近平在嘉兴调研重点建设工程时强调

宁波—舟山港货物在长江经济带流向图

从“浙”里，长江走向深蓝

侯建峰

在这里，7000年前的河姆渡人以桨为马，江河为伴；在这里，8.1亿吨吞吐量的超级大港通达天下，服务全球；在这里，26万平方公里的海洋浩瀚富庶，巨轮如梭；在这里，36公里的跨海大桥气势如虹，搏海弄潮……

这里是浙江，她正以钱塘潮般的热情迎接着长江走向深蓝，也正以东方大港的胸怀让世界黄金流入长江。

2002年，时任浙江省委书记的习近平就指出：“新世纪新阶段浙江经济进一步发展的天地在哪里？在海上！浙江省有什么可以做成全世界和全国之最的？只有港口，港口可以发展成全国之最甚至世界之最。”

不负众望，时隔十年后，宁波—舟山港于2012年首次登上全球第一大港宝座，并保持至今。宁波—舟山港背靠长三角，面向太平洋，2013年从这里江海联运进入长江的货物就达1.78亿吨，如果包括其他交通运输方式，宁波—舟山港8.1亿吨吞吐量的绝大部分都服务于长江经济带各省市。

铁矿石、原油、煤炭、液化品、粮食源源不断地从这里流入长江，变成了横跨江河的桥梁、便利出行的轿车、质地考究的衬衫、服务发展的能源、健康安全的油脂、关爱健康的维生素……宁波—舟山港就像聚宝盆，将全球各类资源汇聚中华，辐射长江。

轿车、纺织服装、机电设备、电子产品、手工艺品等各种“中国制造”源源不断地从这里走向世界，化成了工厂扩大再生产的资本、大学生的就业、工人的微笑、百姓的资产……宁波—舟山港好比财富桥，连接全球，用国人的智慧和汗水换来美好生活。

让成本变得更低，让财富聚得更多，让幸福来得更快……要“多快好省”就要向物流要效益，向空间要时间，让地尽其力、物尽其用、货畅其流。

“大港口、大路网、大航空、大水运、大物流”的现代交通体系打牢底盘，奠定基础，让长江走向深蓝的成本更低，让深蓝拥抱长江的道路更近。

月均1345个航班让宁波—舟山港沟通世界，6696公里岸线长度让“海上浙江”雄心勃勃；11.5万公里的大路网畅通货流，海铁联运117%的年增长率让无水港发展前景喜人；3600万人次/年旅客吞吐量的大航空给力浙江，50万吨的年货邮吞吐量构筑航空物流枢纽；9700公里内河航道里程让百业兴旺，富春江船闸让一江春水流金淌银；2000亿元大宗商品交易额的“空中”大物流盘活资源，国家交通运输物流公共信息平台建设确定浙江为全国管理中心地位，“车货不对称”问题有了解决方案。

“对接长江经济支撑带，围绕宁波—舟山港，浙江省将通过五大现代交通体系的建设，充分发挥交通先行作用，通过港口来服务整个长江沿线的港航和集疏运体系的发展，从而带动长江经济带，走向国际、走向世界。”浙江省交通运输厅厅长郭剑彪说。

从“浙”里，长江走向深蓝……

浙江现代交通建设示意图

2013年物流行业货物运输量构成及增长情况

	货运量（亿吨）	比上年增长（%）	货运周转量（亿吨公里）	比上年增长（%）
全省合计	19.57	2.4	9867	7.4
公路运输	11.64	2.6	1569	2.8
水路运输	7.83	2.0	8028	9.0
铁路运输	0.4	4.9	270	-7.1
航空运输	50.4（万吨）	10.0		

注：航空运输货运量为货邮吞吐量。

声音

浙江省委书记夏宝龙：

要牢牢把握稳中求进总基调，紧紧围绕和服务我省经济社会发展大局，切实加大投入，进一步加快大港口、大路网、大航空、大水运建设，构建现代交通大物流体系，建设大交通，促进大发展。

国务院发展研究中心发展战略和区域经济研究部侯永志：

建设长江经济带有利于发挥长江三角洲城市群的龙头作用，通过产业、资本、技术向中西部转移，推进中部崛起和西部大开发，从而构建东、中、西联动发展的经济增长新格局。

浙江省交通运输厅厅长郭剑彪：

长江经济带是国家级的发展战略和思路，交通应该充分发挥先行作用。浙江最大的交通优势在港口。浙江要通过港口来服务整个长江沿线的港航和集疏运体系的发展，从而带动经济的腾飞，带领长江经济带，走向国际、走向世界。

浙江省社科院区域经济研究所徐剑锋：

长江经济带的建设将强化区域间的产业分工协作，有利于浙江加速将劳动密集型轻加工业向安徽、江西、湖南、四川等中西部劳动力资源丰富的地区转移，使浙江能更好地利用省外资源与省外市场。目前有650万浙商在全国各地投资办企业，投资总额达到4.5万亿元。超过6成的浙商投资集中在长江经济带的上海、江苏、安徽、江西等8个省市。浙江加入长江经济带将促进区域间要素资源的优化组合，同时将加快区域市场化改革进程。

浙江省发展规划研究院秦诗立：

从国家层面而言，要大力推进以宁波—舟山港为重要组成部分的上海国际航运中心建设。要从保障国家战略物资储运安全的视角，支持宁波—舟山港加快建设一批战略性深水码头、储运基地，支持宁波、舟山大宗商品交易平台升级建设，成为亚太地区具有较强竞争力的大宗商品储运中转交易加工中心。要从上海国际航运中心建设与能级提升视角，支持宁波—舟山港与上海港共享启运港退税、国际中转集拼、保税船舶登记等试点政策，不断提升宁波—舟山港和上海港一体化水平。

本特刊图片由 浙江省交通运输厅 提供

2014年8月27日 星期三
4版
铁路
副主编：王继娜 责编：熊水湖
电话：010-65293631 64252287 E-mail:tielu@zgjtb.com
中国交通报 CHINA TRANSPORT NEWS

■第一报道

广安是四川省红色旅游最重要的品牌之一，今年8月，4对新开动车组将成都至广安之间的旅行时间压缩为两个多小时——

"小平故里"通动车

胡志强 文/图

乘为D5176次动车"春天的故事"主题餐吧。

"有一位老人，在中国的南海边画了一个圈……"8月22日，在成都开往广安南的动车餐吧里，歌曲《春天的故事》让老家在广安的乘客王秀珍老人感到十分亲切。

"春天的故事"主题鲜明

8月8日，兰（州）渝（重庆）铁路广安段正式开通运营。成都铁路局每日在成都至广安南间开行两对四趟"和谐号"动车组，兰渝铁路高（兴）南（充）线正式开通运营，结束了"小平故里"不通动车的历史，四川省广安市自此步入动车时代。8月19日，成都铁路局增开两对成都（东）至广安南动车组至"小平故里"，广安南站全天有4对动车进出，目的地涵盖成都、南充、遂宁等城市。这对加快推进沿线商贸物流业发展，激发革命老区红色旅游优势，促进人口和资源的快速流动等起到了至关重要的作用。

据介绍，兰渝铁路高南线位于四川省南充地区和广安地区境内，线路北起达成铁路南充东站，向东南方经岳池县、广安市后，止于襄渝铁路高兴站。线路全长88.7公里，设计时速160公里，为客货共线、单线电气化Ⅰ级铁路。8月19日新增开的两对动车分别是成都（东）至广安南D5172/1次和成都东至广安南D5174/3次，每趟车全程两个多小时。比如，D5171次14时26分从广安南始发，途经岳池、南充、遂宁，到达成都东的时间为16时44分。

为给往来广安的旅客提供一个舒适的乘车环境，成都铁路局成都客运段在成都至广安南动车上推出"春天的故事"主题餐吧，餐吧以白色为背景设立"春天服务台"，里面有为旅客提供的母婴巾、爱心毯、爱心凳以及各类常用品。餐吧适时播放歌曲《春天的故事》，并为旅客提供广安市红色线路旅游小指南。同时，"动妹"还组织家长及小朋友在餐车共同种植一种绿色植物，引导孩子多看、多听，发现春天的不同颜色，教育孩子保护大自然，了解保护环境的重要性。"动车开行以来，我们推出的'春天的故事'主题餐吧深受旅客喜爱，很多'动妹'与乘车的小朋友建立了深厚友情。"成都铁路局成都客运段动车车队党总支书记李晓英说。

红色旅游再升温

"广安"作为四川省红色旅游最重要的品牌之一，多年来吸引了不少中外游客。小平故居和陈列馆、华蓥山游击队遗址等12个重点红色旅游区、30条红色旅游精品线路，被纳入全国红色旅游经典景区。最近动车的开行，无疑能为老区红色旅游添"薪"。此前，从成都至广安没有直达旅客列车，或从重庆站中转，或从达州站中转，前往广安旅游的游客基本选择高速公路在成都与广安之间往返，全程需要四五个小时。随着成都至广安南动车的开行，把成都至广安之间的旅行时间压缩为两个多小时。

"'动车游'以其快速、便捷、平稳的特点吸引着更多游客前往小平家乡广安旅游。"据成都铁路局客运处相关负责人介绍，仅成都至广安南动车组开行的前10天，成都铁路局就发送旅客3.42万人次，其中，8月17日出行人数达到4900人次。

为方便暑运期间沿线群众购票出行，成都铁路局在广安南站、岳池站售票厅各设立7个售票窗口，6台自动售取票机。旅客可在广安南站、岳池站购买联程票在成都站"无缝"中转，乘坐高铁动车去往上海、福州、南昌、郑州、武汉当天即可到达。同时，在广安南站候车大厅设立旅客服务台，1、2楼两端设立茶水间和卫生间，开通免费Wi-Fi供旅客上网娱乐。

■管理动态

国家铁路局 公布"黑名单"对重点问题挂牌整治

本报讯　按照国务院安委会关于集中开展"六打六治"打非治违专项行动的通知要求，国家铁路局8月14日召开专题会议，部署开展铁路行业"打非治违"专项行动。

专项行动从8月至12月底，分宣传发动并开展自查、集中打击整治和巩固深化三个阶段进行。国家铁路局成立以陆东福局长为组长的专项行动工作领导小组，各地区铁路监督局具体承担专项行动组织实施，分别成立7个区域检查组，深入铁路运输企业、相关工程建设单位以及铁路车站、沿线及工程现场等，集中查处整治非法运输危险品、铁路工程非法施工、公铁交叉及并行区段违法行为、油气管道违法穿越铁路和铁路安全保护区内违法行为。针对在铁路安全保护范围内违法私搭乱建、挖砂取土等重点问题，国家铁路局将积极协调相关地方政府及部门，开展联合执法，加大对非法违法行为的处理、整治力度。通过开展"打非治违"专项行动，集中打击、整治一批当前影响铁路安全的非法违法行为。国家铁路局将组成3个督查组，对专项行动组织开展和打击整治工作进行重点抽查督办，对重点问题将挂牌整治并严格执法，公布"黑名单"，促进铁路运输生产安全稳定发展。

铁路行业"打非治违"专项行动工作领导小组组长陆东福强调：铁路监管部门要认真学习贯彻习近平总书记和李克强总理关于加强安全生产的一系列重要指示精神，对铁路安全工作不能有丝毫自满、麻痹和懈怠，必须增强忧患意识和责任意识，做到警钟长鸣。要紧紧围绕保障高铁安全、客车安全和行车安全，开展铁路行业"打非治违"专项行动，摸清情况，盯住重点，从严执法，认真督促落实企业的安全生产主体责任，在保障铁路安全上见实效。同时要注重与地方政府、相关部门的协调配合，探索建立跨部门联合执法、安全重点挂牌督办及违法企业公告等安全监管新机制，不断完善新形势下的铁路安全监管体系。（闻欣）

■图片故事

▲擦拭信号机。

清扫注油

列车"眼科医生"的一天

信号机、轨道电路、转辙机等铁路信号设备，用信号工们自己的话说就是"指引列车安全运行的眼睛"。而信号工，则是负责做好这些信号设备的日常维护、检修，确保其安全稳定运行的"眼科医生"。

王磊、胡建鹏，西安铁路局绥德电务段绥德信号工区的两个普普通通的"90后"；周志平，树工区经验丰富的防护员。2014年8月里一个普普通通的早晨，这3个人迎着初升的朝阳，沿着包西线绥德—米脂上行区间的铁路线，开始了一天的工作。

信号机外观擦拭，道岔滑床板清扫注油，道岔内部检修，下道避车，列队撤车……一步步向前，时间一分分过去，所有的作业环节水到渠成、井然有序。

"时间久了，作业就成了习惯，到什么地方该看几个部位，该用什么姿势检测，甚至该走几步，都成了标准化的流程，一个多余的动作都没有了。"

"心到了，该检查的地方一处也不会漏掉。"

小伙子们平静得就像陕北湛蓝的高天。

郑东升 文/图

高铁上吸烟可追刑责

近日，旅客穆某乘坐高铁吸烟被罚千元成为今年暑运北京铁警开出的首张高铁吸烟罚单，也因影响严重和罚款最高成为人们关注的焦点。铁路部门据此提醒，广大旅客一定要严格遵守相关规定，严禁在高铁列车上吸烟，如造成严重后果，将依法追究刑事责任。

8月19日，旅客穆某乘坐由北京南开往天津站的C2245次列车，在列车行驶过程中烟瘾发作，来到3车1号卫生间内吸烟，导致列车烟雾报警。穆某的吸烟行为造成列车晚点进站，铁路警方根据《铁路安全管理条例》给予穆某1000元的行政罚款处罚。

高铁列车全程、全车严禁吸烟，车厢内、连接处、卫生间和盥洗间均不准吸烟。一旦吸烟，列车的烟火报警系统就会自动报警，会造成列车减速或停车，影响行车安全，甚至还会造成列车火灾，危及列车和旅客生命财产安全。对影响列车正常运行的吸烟人员，铁路警方将依据《铁路安全管理条例》，按照违法行为的情节和后果，对吸烟行为人处以500元以上2000元以下的处罚，对吸烟导致列车火灾等严重后果的，还将依法追究刑事责任。

马成喜

如此"爱心通道"

□本报记者 熊水湖 文/图

8月24日，记者去北京西站送家人上火车，牵着小孩的手与众多拖家带口的旅客一起在"爱心通道"等候进站。队伍如长蛇，烈日毫无遮拦地烤着拥挤的人群，排在记者前面的几个小孩被晒得烦躁不安，直呼：这算什么爱心通道啊，连个遮挡都没有，晒死人了！

■广而告之

如何在窗口换取儿童纸质车票？

在互联网购买儿童票时，可以使用同行成年人的有效身份证件信息，也可以用乘车儿童本人的有效身份证件信息。

除使用儿童本人二代居民身份证购票且乘车站、下车站都具备二代居民身份证检票条件，可以使用二代居民身份证直接通过车站自动检票机（闸机）检票进出站外，其他情形都必须在购票后、乘车前换取纸质车票。

使用同行成年人或儿童本人有效身份证件信息购买儿童票的，须提供该同行成年人或儿童本人的有效身份证件原件和订单号码；如儿童未办理居民身份证，而使用居民户口簿所载儿童的身份证号码购买儿童票的，可持居民户口簿原件或车站铁路公安制证口开具的临时身份证明作为有效身份证件，凭此换票。

成年人持儿童票进站、乘车时，车站发现的，应当拒绝其进站、乘车；列车上发现时，按无票处理。

■资讯快车

中秋增开19对跨局直通临客

本报讯　近日，中国铁路总公司公布2014年中秋小长假运输工作方案。在客流需求较大方向，铁路部门及时增开临客，中秋小长假期间全国铁路共安排跨铁路局中长途直通临客19对。

今年中秋假期运输自9月5日起至8日，全国铁路预计发送旅客3120万人次，日均发送780万人次，同比增长12.4%。铁路各主要车站坚持24小时售票，增加自动售票机的数量，互联网购票和电话订票的预售期为20天。此外，高铁动车组列车将按高峰运行图安排行车。在客流需求较大方向，铁路部门及时增开临客，中秋小长假期间全国铁路共安排跨铁路局中长途直通临客19对。各铁路局将根据管内客运市场需求，妥善安排管内客运能力。（闻泉）

无锡火车站售票机可取学生票

本报讯（记者　施科）8月下旬起，长三角铁路将迎来首波入学新生客流高峰。无锡火车站推出延长学生车票预售期等多项措施，并首次在自动售票机上增加学生票取票功能，方便学生旅客出行。

以往通过网上订购的学生车票，乘车前须到车站售票窗口、铁路代售点办理取票手续，取票时须带好身份证、学生证和学生票优惠卡。据介绍，学生的家庭所在地、就读学校等身份信息必须在买票前完整录入购票优惠卡内，这样才能保证在自动售票机上顺利取到车票。

广铁增开直达零担快运专线

本报讯　8月中旬，广铁集团增开14条点对点直达零担快运专线，使零担快运专线的线路总数达到23条，粤湘琼中小货主铁路物流的便利程度有望得到较大幅度提升。

全国铁路首个敞开收货的珠三角至长株潭地区9条点对点直达零担快运专线7月27日启动以来，凭借敞开收货、一站直达、全程配送等优势赢得众多中小货主的青睐。此次广铁推出的散货快运运输业务，可以根据货主个性化需求，提供多达7种受理方式，提供"门到门、门到站、站到门、站到站"4种运输方式，实现珠三角、粤南和湖南区域内主要城市之间货物"当日达"或"次日达"。（来况）

东北鲜活货运快车纵贯三省

本报讯　近日，东北首趟"便民货运快车"和"鲜活货运快车"正式上线运行，这两趟列车由沈阳铁路局负责开行，单程运行里程953公里，纵贯辽宁、吉林、黑龙江三省。

"便民货运快车"为每日对开，车辆编组4辆，两端始发站分别为大连站和哈尔滨站（暂停香坊站），设20个装卸办理站，将原有4类包裹品类进行整合，实行一口价；将原有承运行李和包裹50公斤上限放宽至300公斤。"鲜活货运快车"为隔日往返开行，车辆编组5辆保温车，两端始发站分别为南关岭站和香坊站，经由沈大、京哈、王孙、香孙线运行，办理装卸站为南关岭站、沈阳站、长春站、香坊站，适合各种储藏条件要求的鲜活产品运输。（陶钟）

哈尔滨新开线连通东莞

本报讯　自8月29日起，哈尔滨铁路局将临时开行哈尔滨至东莞东的1522次直通旅客列车，实现"冰城"与"世界工厂"间的互通。本次列车编组17辆，全列为空调车体。

为了满足旅客出行的需求，哈尔滨铁路局将原哈尔滨至九江的1522次旅客列车延长至东莞东。1522次21时54分从哈尔滨出发，途经8个省和1个直辖市，全程3570千米，经停扶余、德惠、长春、赣州、惠州等地，第三日21时39分到东莞东。（张光）

太原铁路局严控高铁路外安全

本报讯　加密巡视检查，强化考核问责。近期，太原铁路局采取多种措施加强高铁路外安全管理。

太原铁路局各工务段采取现场巡查等方式，加强对管辖区段防护栅栏及警示标志等的检查，发现问题及时通知责任单位处理。针对暑运客流较大的实际，该局细化旅客乘降组织方案，加强车站候车室、进出站通道、站台等重点部位管理，加强站场封堵，强化考核问责。检查发现防护设施破损、倾倒、开口、未签订安全协议等问题的，一律给相关单位发警告牌。凡发生路外伤亡事故，对相关部门的季度经营业绩考核"一票否决"。（张建恩）

地址：北京市安外安华西里三区13号楼　邮码：100011　总编室：65293633　通联部：65293561 64250641（传真）　采编中心：64250635　公路中心：65293615　水运中心：64255824　运输中心：65293642
新媒体中心：64255469　中国交通报社北京中通广告公司：64250642 64255452　广告经营许可证：京朝工商广字0142号　每月定价：20.00元　零售每份：1.00元　中国青年报印刷厂印刷

2014年9月1日 星期一
2-3版
丝绸之路经济带 交通运输峰会 特别报道
中国交通报 CHINA TRANSPORT NEWS

《丝路行》序

交通运输部部长：杨传堂

梦想在新丝路绽放

记者感言

乌鲁木齐 Urumqi
吐鲁番 Turpan
哈密 Hami
敦煌 Dunhuang
嘉峪关 Jiayuguan
张掖 Zhangye
武威 Wuwei
兰州 Lanzhou
固原 Guyuan
西安 Xi'an
洛阳 Luoyang
郑州 Zhengzhou
徐州 Xuzhou
连云港 Lianyungang

丝绸之路经济带交通文化之旅采访团行进路线图

中国交通报

CHINA TRANSPORT NEWS

http://www.zgjtb.com 邮发代号:1-72 国内统一刊号:CN11-0122

2014年9月15日 星期一 第5837期 今日8版 交通运输部主管 中国交通报社主办

爱心助学

9月9日15时55分，南方航空CZ6426航班降落湖北武汉天河机场，9名来自云南鲁甸地震灾区的大学新生将在武汉开始四年的大学生活（如图）。据悉，南航湖北分公司为他们提供了免费机票，并派工作人员专程接送他们到学校。

特约记者 晏雷 通讯员 孙红良 文 沈雷 图

杨传堂在交通运输部全面深化改革领导小组专题会上强调

聚焦聚神聚力抓落实 确保完成今年改革任务

本报讯 （记者 孙英利）9月12日下午，交通运输部召开全面深化改革领导小组专题会议。部党组书记、部长杨传堂主持会议并强调，要认真学习贯彻习近平总书记系列重要讲话精神，对今年以来确定的交通运输改革任务进行阶段性总结检查，聚焦聚神聚力抓落实，确保完成今年的改革任务。

杨传堂指出，今年以来，交通运输部加强对改革工作的统筹推进，贯彻落实中央改革部署取得积极进展，行业重大改革稳步推进，改革调研工作扎实深入，改革合力逐步增强，全面深化交通运输改革开局良好。目前，交通运输部落实中央改革任务的31项细化举措已全面启动，近半数任务取得阶段性进展；今年交通运输部22项重点任务改革已全面开展，多数已取得阶段性成果。深化行政审批制度改革等行业重大改革取得明显成效。

杨传堂强调，全面深化交通运输改革工作虽然取得了一定成效，但仍然存在一些问题，少数部门和单位对改革的重要性和紧迫性认识还不到位，一些重要改革破解仍然不够，部分改革统筹推进不够。交通运输系统要按照中央的部署要求，攻坚克难，统筹谋划推进交通运输改革。要动真碰硬，积极推进改革攻坚，从具体问题抓起，着力提高改革的针对性和实效性。要统筹谋划，大胆实践，聚焦聚神聚力抓落实，推动关键改革取得突破，确保改革部署落到实处。

杨传堂要求，各部门各单位要紧抓责任落实，对中央改革部署涉及交通运输部的改革任务、对部确定的2014年改革任务建立总台账，按任务进展时间节点进行督办；聚焦改革重点，从行业发展的实际出发，尽快推出重点改革举措；在充分调研基础上搞好顶层设计，努力形成一批有深度、有分量、有价值的研究成果，在此基础上抓紧起草全面深化交通运输改革的指导意见，明确到2020年交通运输全面深化改革的目标、方向和重点任务；加快推进改革试点工作，鼓励和支持一些具备条件的地方在综合交通运输改革、交通行政执法体制改革等方面先行先试，上下结合协力推进；充分调动各方面改革的积极性，多听行业的声音，不断凝聚各方面力量，共同加强对改革重点难点的攻坚。

部全面深化改革领导小组办公室和专项小组成员单位负责同志参加会议。

杨传堂在交通运输新闻发言人高级研修班暨中国交通报社新闻宣传工作会上强调

提高舆论引导能力推动行业媒体融合发展 以新闻宣传新成绩营造科学发展良好环境

本报讯 （记者 孙英利）9月12日上午，交通运输新闻发言人高级研修班暨中国交通报社新闻宣传工作会在北京举行。交通运输部党组书记、部长杨传堂出席会议并讲话。强调，交通运输新闻宣传工作要切实提高正确引导舆论的能力和水平，高度重视新闻发言人制度建设，推动行业媒体融合发展，充分发挥《中国交通报》等行业主流媒体的主渠道作用，以新闻宣传工作的新成绩，为交通运输科学发展营造良好环境。

杨传堂指出，近年来，各级交通运输部门和行业主流媒体认真贯彻落实习近平总书记有关重要讲话精神，在改进新闻宣传方式、提升舆论引导水平方面取得了新成绩。随着经济社会的快速发展，以新兴媒体为引领的大众传媒快速发展，交通运输新闻宣传工作要科学研判面临的新环境，准确把握媒体多元发展的新趋势，充分认清交通运输新闻舆论的新变化，增强工作的针对性、实效性和主动性。

杨传堂强调，交通运输行业要进一步提高引导舆论的能力和水平，必须坚定不移贯彻好党管媒体的原则，在把握正确舆论导向上下功夫，不断改进新闻宣传策划水平，高度重视热点问题的引导工作，坚守互联网阵地的舆论主导权。全行业要着力加强新闻发言人制度建设，在信息公开、新闻发布、回应热点、解释政策上下功夫，加强新闻发布机制、平台及发言人能力建设，增强新闻发布的时效性和针对性，正确引导公众舆论。

在交通运输部党组书记、部长杨传堂（后排中）和北京市副市长张延昆（后排右二）等见证下，中国交通报社党委书记、社长蔡玉贺（前左）和北京市交通委党组书记、主任周正宇（前右）代表双方签署战略合作协议。 本报记者 杨珍 摄

杨传堂指出，今年8月18日，中央全面深化改革领导小组第四次会议审议通过了《关于推动传统媒体和新兴媒体融合发展的指导意见》。交通运输新闻宣传工作要站在全局和战略的高度，切实增强推动媒体融合发展的紧迫感，尊重新闻传播规律，创新改进网上宣传，要建立适应融合发展的体制机制，要构建新闻采编生产和宣传工作流程，加快构建一体化的组织结构和高水平人才队伍，拓展传播渠道和平台终端，建立科学有效的媒体管理体制；要充分发挥新媒体传播作用，变“宣传思维”为“对话思维”和“服务思维”，通过新兴媒体平等地直接与公众沟通，提升公共服务水平。

今年正值《中国交通报》创刊30周年，会上，杨传堂对中国交通报社的工作成绩给予充分肯定。他指出，30年来，中国交通报社在部党组的正确领导下，坚定不移地为交通运输改革发展鼓与呼，及时传播部党组的决策部署，深入解读重要政策措施，积极引导社会舆论热点，不断挖掘宣传先进典型，以专业性、权威性、指导性为价值追求，很好地发挥了行业新闻宣传主渠道和主力军的作用，成为社会了解交通的重要窗口和载体。

杨传堂对中国交通报社下一步发展提出殷切期望。一是始终坚持正确的办报方向，坚持党管媒体原则不动摇，不断创新思路，深刻洞察，拓展市场，集聚人才，塑造品牌，扩大影响。二是以改革创新精神推进报社科学发展融合发展，创新体制机制，拓宽宣传领域，转变经营管理，进一步拓展市场空间和客户需求，全力开创经营业务新领域，加快建设全媒体的步伐。三是切实抓好人才队伍建设和作风建设，努力建设一支符合行业发展要求、适应市场经营要求，具备较高能力素质的经营管理人才、专业技术人才和领军人才队伍。交通运输部及全行业要充分利用中国交通报社平台，加强和改进新闻宣传工作，创造条件推动报社的平台更好发挥作用。

北京市副市长张延昆出席会议。交通运输部政策研究室主任李刚主持会议。会上，中国交通报社党委书记、社长蔡玉贺和北京市交通委员会党组书记、主任周正宇代表双方签署战略合作协议。会议还表彰了在中国交通报社各项工作中贡献突出的地方交通运输主管部门和驻地记者站。交通运输部有关司局、中国交通报社负责同志，部管国家局、各省（区、市）交通运输部门、部属单位的新闻发言人和主管新闻工作同志，中国交通报社各地记者站站长参加会议。

▶相关报道详见2版

《重点跟踪航运公司安全监督管理规定》10月施行

重点跟踪六类公司 至少每两个月督查一次

本报讯 （记者 蒋桂娟）日前，交通运输部海事局发布《重点跟踪航运公司安全监督管理规定》，明确从10月1日起对在我国注册的航运公司中存在六类重点问题者实行重点跟踪监督管理，其所管理的所有船舶均列为重点跟踪船舶。

按照规定，存在以下六种情形之一的即为重点跟踪对象：航运公司无故拒绝接受海事管理机构日常监督检查或无正当理由对海事管理机构督促整改的事项在规定时间内未进行整改的；所管理船舶发生死亡（失踪）5人及以上水上交通事故，经调查发现公司安全管理存在严重问题的；所管理船舶三分之一及以上被列入重点跟踪船舶的；所管理船舶发生违章、违法行为后拒绝接受或逃避处理，航运公司未采取有效措施的；所管理船舶使用伪造、变造、转让、买卖、租借的船舶证书、船员证书从事营运或其他有关活动的；未按规定建立公司安全管理体系并取得有效的符合证明（DOC）或所管理船舶未取得有效的安全管理证书（SMC），经海事管理机构督促后仍未整改的。

对于被重点跟踪的航运公司，交通运输部海事局将在官方网站发布公司有关情况，相关海事部门将进行更为严格的监督管理，至少每两个月开展一次日常监督检查。在对被重点跟踪的航运公司开展安全管理体系审核时，将扩大审核组规模及审核范围，强化问题跟踪整改。

被重点跟踪的航运公司，自公布之日起六个月后经整改自查认为已不再存在六大类问题的，可向辖区海事管理机构提出申请，脱离重点跟踪。

昔日震区“搓板路” 今朝高速筑坦途

——隧道节能灯折射出的新川藏路

开栏的话：

日前，交通运输部和新华社联合启动“川藏青藏公路60周年”融合集成系列报道活动。新华社和《中国交通报》20余名记者奔赴川藏、青藏公路，通过全媒体行进式报道，带领公众体验“进藏路”，感悟“两路”精神。本报今日起开辟《同走进藏路》栏目，刊发系列报道，敬请关注。

新华社记者 徐博
本报记者 蓝乔

提起汶川，大多数人首先想到的恐怕会是“5·12”地震，随之而来的联想便是泥泞、险峻、狭窄、拥堵的山区公路。2008年记者来到这里参加抗震救灾报道时，情况的确也是如此。

2014年正值川藏、青藏公路建成通车60周年，交通运输部和新华社联合启动了“川藏青藏公路60周年”融合集成系列报道。从成都再赴汶川，记者有了完全不同的体验。

“汶川是通向九寨沟的必经之路，以前的317国道是双向单车道，大部分是‘搓板路’，开起来‘人仰马翻’。”有着30年驾龄的司机李宏兵告诉记者，以前国道基本上是限速30公里。

“正常情况从成都开到汶川要4个小时，还是超速。”李宏兵说，“现在有了都汶高速公路，从成都到汶川最多两个小时就开到了。”

四川省交通运输厅公路局副局长于天才介绍，2003年动工建设的都汶高速公路，起于都江堰，经映秀至汶川，全长82公里。2009年5月，映秀至汶川高速公路开工建设，经过三年多的努力，于2012年11月建成通车，标志着都汶高速公路的全线贯通。

“为提高映汶高速公路抗自然灾害能力，全线多处路段采用顺河高架、半路半桥和隧道等结构形式通过，并23次往返跨越岷江。”于天才说，“映汶高速公路共有桥梁39座11.3公里、隧道9道25.5公里，桥隧总长达到36.8公里，占道路总长的76.3%。”

“要想富，先修路。”俗语赞言，都汶高速公路的贯通，带动了沿线的田园风光旅游、民族特色旅游、农家乐的繁荣发展，生活在道路两边的百姓成为最直接的受益者。

一路走来，给记者留下最深印象的还是隧道里的灯光和标志，看起来很舒服：顶部白色灯光既不晃眼也不昏暗；路面的棱角标和标线的黄色反光也十分清晰。

原来，隧道内设计了多种诱导标志，采用LED节能灯。为避免“黑洞与白洞”效应，保证行车舒适性，洞内进行了许多人性化设计：洞口至洞内，节能灯分别为65瓦、36瓦、27瓦，便于眼睛逐步适应亮暗变化。

从土路、碎石路、沥青路再到人性化的高速公路，记者不禁发自内心感叹：川藏公路60年，沧海桑田换新颜！

■今日看点

航行通告 （详见3版）

□值班编委 刘洪珊 本版主编 林芩 责编 佟亚涛 □E-mail:xw1b@zgjtb.com □新闻热线：(010)64255441 □发行热线：(010)65293561 □广告热线：(010)64250642

CHINA TRANSPORT NEWS
http://www.zgjtb.com 邮发代号:1－72 国内统一刊号:CN11－0122
2014年9月26日 星期五 第5846期 今日8版 交通运输部主管 中国交通报社主办

交通运输行业多个集体获中组部等联合表彰

本报讯 （记者 钱民峰）9月22日，全国杰出专业技术人才表彰大会在京举行，中共中央组织部、中央宣传部、人力资源和社会保障部、科学技术部联合表彰了96个全国专业技术人才先进集体和99名全国杰出专业技术人才，交通运输部天津水运工程科学研究院海岸河口研究中心等交通运输行业单位和个人榜上有名。

获"全国专业技术先进集体"荣誉称号的集体分别是：交通运输部天津水运工程科学研究院海岸河口研究中心、贵州省交通规划勘察设计研究院股份有限公司、新疆交通科学研究院公路雪灾防治研究科研室和中国中铁股份有限公司盾构及掘进技术国家重点实验室等。

获"全国杰出专业技术人才"荣誉称号的个人分别是：交通运输部水运科学研究院研究员曹大山和中铁大桥勘测设计院集团有限公司高级工程师高宗余等。

调整交通运输结构转变发展方式促进转型升级
全面贯彻习近平总书记转方式调结构重要论述

杨传堂在部党组中心组第七次集体学习时强调

本报讯 9月25日，交通运输部党组理论学习中心组举行第七次集体学习，部党组书记、部长杨传堂主持。他强调，要充分认识全面贯彻落实习近平总书记关于转方式、调结构的一系列重要论述的重大理论和现实意义，进一步增强学习贯彻的自觉性和主动性，着力调整交通运输结构，不断推进发展方式转变，努力实现交通运输转型升级、科学发展。

杨传堂就深入学习贯彻落实习近平总书记重要论述谈了学习体会。他指出，习近平总书记关于转方式、调结构的重要论述，论述密集、连续性强；高屋建瓴、思想性强；内容丰富、系统性强；问题导向、指导性强，系统、全面、深刻地阐述了为什么要转方式、调结构，朝什么方向转方式、调结构，怎么样转方式、调结构的问题，要求我们切实增强责任感和使命感，准确把握发展目标和导向，以深化改革、创新驱动战略为着力点推动科学发展。学习好、领会好、贯彻好习近平总书记的一系列重要论述，要准确把握改革发展稳定的平衡点、近期目标和长期发展的平衡点、改革发展的着力点、经济社会发展和改善人民生活的结合点，在转方式、调结构、惠民生、推动可持续发展方面不断取得实实在在的成效。

杨传堂强调，必须准确把握党中央、国务院对经济社会发展的重大战略判断，从经济社会全局和交通运输行业自身两个视角出发，更加注重结构调整和方式转变，推动交通运输科学发展、可持续发展和包容性发展。

一是加快综合交通运输体系建设，适应我国经济发展的新常态。全面完成好"十二五"规划任务，做好"十三五"规划编制的前期准备工作，做好重大项目储备，支撑国家区域发展战略，努力推进综合运输体系发展，全面推进物流业健康发展。

二是尊重经济规律，以全面深化改革推动交通运输行业转方式、调结构。聚焦难点，继续深化行政审批制度改革、财税体制改革和投融资体制改革，抓好试点示范，力争在重点领域和关键环节改革上率先取得突破。

三是尊重自然规律，以绿色交通发展引领交通运输行业转方式、调结构。加快发展绿色低碳运输方式，特别要大力发展沿海和内河水运。逐步建立健全绿色交通制度体系。推进交通运输基础设施建设节约集约发展。

四是尊重社会规律，以公共服务均等化带动交通运输行业转方式、调结构。在加快基础设施建设、扩大运输能力的同时，进一步统筹区域和城乡交通一体化发展，扎实做好交通运输扶贫工作，加快农村交通运输基本公共服务均等化，加快实施公交优先发展战略，深入推进"平安交通"建设。

五是强化创新驱动，为交通运输行业转方式、调结构提供有力的科技支撑。提高科技创新对交通运输发展的贡献率，加强先进实用技术在交通运输领域的研发和推广应用。深入实施科技强交战略，完善科技创新评价标准、激励机制和转化机制。

部党组中心组成员参加了学习。部应急办、财务司、审计司、公路局、水运局主要负责同志和交科院、规划院有关专家作了交流发言。 （朱文）

▶相关内容见2版

招标公告 航行通告 （详见8版）

国务院出台长江经济带发展指导意见

提升黄金水道功能 建设综合立体交通走廊

本报讯 9月25日，《国务院关于依托黄金水道推动长江经济带发展的指导意见》（简称《指导意见》）正式发布，《长江经济带综合立体交通走廊规划（2014—2020年）》作为附件同步出炉。《指导意见》分六个方面，共四十七条，重点包括提升长江黄金水道功能、建设综合立体交通走廊、创新驱动促进产业转型升级、全面推进新型城镇化、培育全方位对外开放新优势、建设绿色生态廊道、创新区域协调发展体制机制等。

长江经济带覆盖上海、江苏、浙江、安徽、江西、湖北、湖南、重庆、四川、云南、贵州等11省市，面积约205万平方公里，人口和生产总值均超过全国的40%，已发展成为我国综合实力最强、战略支撑作用最大的区域之一。

《指导意见》明确，长江经济带发展要遵循"改革引领、创新驱动；通道支撑、融合发展；海陆统筹、双向开放；江湖和谐、生态文明"的基本原则，它的战略定位是具有全球影响力的内河经济带、东中西互动合作的协调发展带、沿海沿江沿边全面推进的对内对外开放带、生态文明建设的先行示范带。

《指导意见》指出，要充分发挥长江运能大、成本低、能耗少等优势，增强干线航运能力，改善支流通航条件，优化港口功能布局，加强集疏运体系建设，扩大三峡枢纽通过能力，健全智能服务和安全保障系统，打造畅通、高效、平安、绿色的黄金水道。

《指导意见》指出，要依托长江黄金水道，统筹铁路、公路、航空、管道建设，形成快速大能力铁路通道，建设高等级广覆盖公路网，推进航空网络建设，完善油气管道布局，建设综合交通枢纽，加快发展多式联运，建成安全便捷、绿色低碳的综合立体交通走廊，增强对长江经济带发展的战略支撑力。

在创新驱动促进产业转型升级方面，《指导意见》提出，建设具有国际先进水平的长江口造船基地和长江中游轨道交通装备、工程机械制造基地；积极发展现代物流、航运服务等生产性服务业。

在全面推进新型城镇化方面，《指导意见》提出，充分利用区域运输通道资源，重点加快城际铁路建设，形成与新型城镇化布局相匹配的城际交通网络。

在培育全方位对外开放新优势方面，《指导意见》提出，推进孟中印缅、中老泰等国际运输通道建设，实现基础设施互联互通；构建多层次对外交通运输通道，加强各种运输方式的有效衔接，形成区域物流集聚效应，打造现代化综合交通枢纽；适时扩大启运港退税政策试点范围，推进航运交易中心建设。

在建设绿色生态廊道方面，《指导意见》提出，强化水上危险品运输安全环保监管、船舶溢油风险防范和船舶污水排放控制；统筹规划长江岸线资源，合理安排沿江工业与港口岸线、过江通道岸线与取水口岸线。

在创新区域协调发展体制机制方面，《指导意见》提出，建立推动长江经济带发展的国际联运合议制度，发挥各部委和地方政府职能作用，协同推进长江防洪、航运、发电、生态环境保护等工作。鼓励开展融资租赁服务，支持长江船型标准化建设；鼓励大型港航企业以资本为纽带整合沿江港口和航运资源；鼓励政策性金融机构加大对沿江综合交通体系建设的支持力度。 （闻欣）

到2020年长江经济带将建成横贯东西、沟通南北、通江达海、便捷高效的综合立体交通走廊

★形成以上海国际航运中心为龙头、长江干线为骨干、干支流网络衔接、集疏运体系完善的长江黄金水道，高等级航道里程达到1.2万公里。

★形成以沿江、沪昆高速铁路为骨架的快速铁路网和以沪汉（蓉）、沪昆铁路为骨架的普通铁路网。

★形成以沪蓉、沪渝、沪昆、杭瑞高速公路为骨架的国家高速公路网和覆盖所有县城的普通国道网，实现具备条件的乡镇、建制村通沥青（水泥）路。

★形成以上海国际航空枢纽和重庆、成都、昆明、贵阳、长沙、武汉、南京、杭州等区域航空枢纽为核心的民用机场体系。

★形成以沿江干线管道为主轴、连接沿海城市群、长江中游城市群、长江三角洲城市群的油气管网。

★形成以快速铁路、高速公路为骨干的城际交通网，实现中心城市之间以及中心城市与周边城市之间1—2小时交通圈。

▶相关报道见4版

强力治超的"郴州模式"

本报记者 綦鸿宗 实习记者 卫涛 通讯员 李平 张季教

107国道距湖南省郴州市区大约10公里的地方，群山环绕，郁郁葱葱。9月4日11时，郴州市杉山岭治超检测站的检测人员们正引导着一辆辆由北而来的大货车，缓缓驶入检测站，陆续通过不停车检测系统。

减速、上磅、显示、放行，不到1分钟，检测磅右前方的电子显示屏幕上，每辆车的总重、限重、超限吨数、超限比率，都显示得清清楚楚。"现在每天能检测300多辆车，过往车辆中非法超限超载现象明显少了。"检测站站长张春一边擦汗，一边告诉记者。

自2010年3月以来，面对屡禁不止的车辆非法超限超载运输压力，郴州市委、市政府强力推进治超工作。通过努力，郴州市车辆非法超限超载率由治超前的86.49%下降到0.1%，并自2012年下半年以来持续保持这一指标，车货总重超过55吨以上的非法超限超载现象基本消除。郴州市的公路优良率大幅提升。如今，郴州全市干、支线优良率分别达95.8%、78.5%。

郴州治超的做法和成绩，得到了湖南省委、省政府的充分肯定，省长杜家毫指示，要全面推广郴州治超经验，加强全省治超工作。8月29日，湖南省加强治理车辆非法超限超载工作现场会在郴州市召开，郴州的治超模式得到了与会代表的高度评价。

在接受记者采访时，湖南省副省长张剑飞表示，"郴州模式"既展示了治超成果，也极大地增强了政府治超的信心。从现在开始，必须要形成统一的思想和行动，在湖南全省推广郴州的经验，以提升道路交通安全水平为目标，开展治理车辆非法超限超载的大行动。

政府主导，治超成为"全市行动"

早在2004年，郴州市就在全国统一部署下开展"治超"工作，并投入了大量人力、物力、财力。

由于当时局限于一两个部门的孤军作战，治超难以形成合力，效果并不理想。

2010年3月6日，郴州市委、市政府召开"治超"集中整治动员大会，郴州市委书记、时任郴州市市长向力力在动员大会上明确指出："不抓治超，我们来之不易的改革成果、发展成果、交通建设成果将毁于一旦，修路很重要，治超更重要，必须要把治超工作放在重中之重的位置来处理。" （下转2版）

▶相关报道见7版

国家邮政局：以开放促快递业提升

本报讯 （特约记者 冯志华）9月24日下午，国家邮政局党组书记、局长马军胜主持召开局党组会议，传达学习当日上午国务院常务会议精神，要求邮政系统以开放促进整个行业发展水平的再提升。

马军胜指出，24日召开的国务院常务会议对邮政行业，特别是快递业发展具有里程碑式的意义，要抓住机遇，借好势，以改革促发展，以开放促提升，提振精神，把各项工作做得更好。

马军胜强调，学习贯彻会议精神，就要把思想统一到改革开放的认识上来。一是统一到会议对快递行业定位和愿景的认识上来，增强使命感、责任感、紧迫感。二是统一到会议作出的全面放开国内包裹快递市场的决策上来，通过开放形成倒逼机制，推动内资快递企业创新产品、提高效率、加强技改、改善服务，形成公平竞争的环境，平等配置市场资源。三是统一到会议对今后邮政管理工作管放结合的要求上来，在做好转变职能、简政放权的基础上，要加强事中事后监管。

马军胜要求，加快快递条例的制定工作；努力落实已经确定的各项优化快递发展环境的工作；抓紧制定对外开放的配套方案；在对外开放的同时，推动国内企业走出去。要把国务院常务会议的要求尽快纳入正在筹备编制的邮政业发展"十三五"规划中。

■今日看点

花儿为何别样红 5版

一条路，圆N个梦 6版

□值班编委 李咏梅 本版主编 林芬 责编 许亚涛 实习编辑 毛剑 □E-mail:xw1b@zgjtb.com □新闻热线:(010)64255441 □发行热线:(010)65293561 □广告热线:(010)64250642

3版 2014年11月3日 星期一 权威发布
责编：任晶惠 付黎明 电话：010-64255824 E-mail:sy@zgjtb.com
中国交通报 CHINA TRANSPORT NEWS

调结构 促转型 深改革

——交通运输部贯彻落实《国务院关于促进海运业健康发展的若干意见》的实施方案

编者按：

10月31日，交通运输部在上海召开全国海运发展推进会，发布了《贯彻落实〈国务院关于促进海运业健康发展的若干意见〉的实施方案》（以下简称《实施方案》）。《实施方案》以国务院提出的"到2020年基本建成安全、便捷、高效、绿色、具有国际竞争力的现代化海运体系"为目标，从加快海运结构调整、加快航运服务业转型升级、努力提升运输服务保障能力等九个方面提出60条具体措施。以下是《实施方案》要点选编。

《国务院关于促进海运业健康发展的若干意见》

基本原则

保障经济安全、维护国家利益
深化改革、优化结构
企业主体、政府引导
全面推进、协同发展

发展目标

到2020年，基本建成安全、便捷、高效、绿色、具有国际竞争力的现代化海运体系，适应国民经济安全运行和对外贸易发展需要。

重点任务

优化海运船队结构
完善全球海运网络
推动海运企业转型升级
大力发展现代航运服务业
深化海运业改革开放
提升海运业国际竞争力
推进安全绿色发展

中海集团散货船靠泊南非港口。

超大型油轮(VLCC)是原油运输主力。

我国自主经营的第一艘邮轮"中华泰山"轮。

国旗在中海客运"永兴岛"轮冉冉升起。

30万吨级超大型油轮(VLCC)"远盛湖"轮。

远近结合 扎实推进

2014年目标：

1.制定航运服务业发展意见

研究制定航运服务业发展意见，推动传统航运服务业转型升级，加快发展现代航运服务业。

2.完善老旧船舶提前报废更新政策

抓紧评估完善老旧船舶提前报废更新政策，争取政策延续实施。

2015年目标：

1.老旧船舶报废更新提速

认真落实老旧运输船舶和单壳油轮提前报废更新实施方案，加快淘汰一批老旧运输船舶和单壳油轮，鼓励建造符合国际新规范和新标准的船舶。

2.开展LNG动力船舶试点示范

优化海运业用能结构，加快清洁能源在海运业的推广应用，开展LNG动力船舶、港口设备等清洁能源试点示范工作，继续推进主要港口码头船舶岸电设施工程的实施。

3.健全防治船舶污染管理体系

健全防治船舶污染管理体系，实施船舶污染排放限值标准，加强船舶防污设施建设。

4.建立海运海事管理权利清单制度

深化海运行政审批制度改革，推进网上审批和备案，建立海运海事管理权利清单。

5.清理不合理行政收费

规范海运行政事业性收费，清理不合理的相关服务收费，公布收费项目清单。

6.修订港口收费规则

推进港口收费市场化改革，放开竞争性环节收费，修订港口收费规则。

2016年目标：

1.优化海运船队结构取得阶段性成果

严格执行船舶强制报废制度，完善船舶技术政策和标准规范，大力发展节能环保、经济高效船舶。鼓励符合条件的国内航运企业和船舶从事国际运输，加强国内沿海客船、危险品船运力调控，引导运力有序投放和合理增长。促进干支线运输联动发展，完善集装箱运输服务网络，提升集装箱班轮运输国际竞争力。

2.健全海运安全应急保障体系取得阶段性成果

健全规章制度，推进并规范海运企业安全管理体系建设和安全生产标准化生产工作。

对列入"黑名单"的船舶、老旧运输船舶进出我国港口进一步加强港口国监督检查。进一步完善安全监管体制机制，推进船舶定线制，加强安全监管与救助打捞能力建设。

加强海运应急体系建设，完善应急预案和应急管理体制机制，强化监测、预测、预警和应急演练等工作，加强专业和社会应急救援力量以及应急装备、应急物资储备建设，着力提升海上搜救、海上溢油和危化品泄漏等监测与处置能力。

3.建设绿色海运取得阶段性成果

落实水运节能减排方案，健全船舶能源消耗管理体系，完善海运节能减排监测、考核制度。

加强绿色海运标准体系建设，制定完善船舶能效规范、清洁能源动力船舶检验等标准规范。

4.制定海运发展战略

强化海运顶层设计，研究制定海运发展战略。

2018年目标：

研究推动《海上交通安全法》、《港口法》和《国际海运条例》等相关法规的制修订工作。

2020年目标：

1.现代海运体系

到2020年基本建成安全、便捷、高效、绿色、具有国际竞争力的现代化海运体系，适应国民经济安全运行和对外贸易发展需要。

2.现代港口服务体系

积极拓展港口服务功能，引导港口企业向提供装卸存储服务和现代港口服务并重转变。鼓励有条件的港口依托主业发展物料供应、中转配送、流通加工服务，拓展港口物流地产，培育电子商务服务。2020年基本建成现代港口服务体系。

3.邮轮产业

在天津、上海、福建、海南等地开展邮轮运输创新试点示范工作，拓展邮轮航线，逐步发展中资邮轮运力，培育本土邮轮运输品牌。到2020年，邮轮航线、航班显著增加，形成2至3个有影响力的邮轮母港。

协同发展 形成合力

提高重点物资承运保障能力

推动海运企业与货主紧密合作，签订长期运输合同，以资本为纽带合资合作经营；推进我国货主、贸易商积极签署海运国际贸易合同，促进海运服务贸易进出口平衡发展。支持船东协会与货主协会、货代协会等相关协会加强协调，促进企业间紧密合作。

加强与相关部门的沟通协调，研究出台意见，支持海运企业与货主、贸易商建立长效合作机制和相互约束机制，建立相应的监督考核机制。

加强与相关主管部门的沟通协调，完善重点物资运输保障机制，建立必要的运力储备，强化运输组织协调，及时、优先保障重点物资、紧急物资运输，提高原油、铁矿石、液化天然气、煤炭、粮食等重点物资的承运保障能力。

建进出境船舶联合查验单一窗口

推动港口管理部门、海事管理机构与其他口岸部门建立信息互换、监管互认、执法互助合作机制，健全与海关总署、质检总局的合作机制。推进港航电子数据交换中心和交通电子口岸建设，加快建设进出境船舶联合查验单一窗口系统。

推进"一票到底"

鼓励港航企业与公路、铁路、航空运输企业深化合作，培育多式联运经营人，推进"门到门"、"一票到底"的一体化运输模式。

制定完善联运单证标准和集装箱铁水联运规则，大力发展铁水联运、江海联运、滚装甩挂运输，推广应用江海直达船型和联运设施，提高集装箱、大宗物资、商品汽车等联运能力。

大力发展以港口为枢纽的物流业务，开展冷链、汽车、化工等专业物流业务，积极推进与港口直接的物流园区、保税区、内陆"无水港"建设。

港航海事协同监管

积极推进海运行政执法、监管职能改革，建立健全港航、海事管理部门协同监管机制。

深化改革 优化结构

积极发展混合所有制海运企业

加强与相关部门的沟通协调，推进海运企业健全现代企业制度，深化国有海运企业改革，积极发展混合所有制海运企业。

适度多元化经营

引导鼓励符合条件的民营企业从事海运业务，有序发展中小海运企业，支持民营企业、中小海运企业合作发展和联合、联盟经营，完善市场准入和退出机制，采取综合调控手段，促进客船、危险品运输企业结构优化。

加强与相关主管部门沟通，研究出台相关制度和办法，推动海运企业兼并重组，促进专业化、规模化经营。支持海运企业在做强做优海运主业的同时，适度开展多元化经营，拓展服务产业链，平抑海运市场大幅波动风险，构建有效的风险防范体系。

构建全球海运网络

支持符合条件的中资海运企业对外投资和跨国经营，与资源能源企业、制造企业合作拓展海外业务。

争取利用国家相关专项资金和金融机构的支持，积极参与国际相关基础设施的投资建设和运营，构建海上支点和服务网络，形成具有较强国际竞争力的港口建设和运营商、全球物流经营人。

积极推进海上丝绸之路建设，加大重要国际海运通道和北极事务的研究与参与力度，支持企业参与北极航线的运行，加强国际海运保证能力建设。

提升国际竞争力

积极参与相关国际组织工作，提高参与制定国际公约、规则、标准和规范的能力和水平，推进国内海运标准的国际化工作，树立负责的海运大国形象。深化双边、多边海运海事领域合作，积极开展海运会谈，维护我国海运和海员合法权益。

善于创新 敢于突破

大型集装箱运输船驶向海外。

鼓励海运企业参与组建船舶融资租赁公司

规范船舶管理、船舶代理等服务业发展，提升船舶航运服务业发展质量；优化航运交易服务机构区域布局，推进航运交易信息共享，编制发布运价指数、船舶交易价格指数等信息；推动建立一批有影响力的航运研究咨询机构，支持航运法律服务机构和仲裁机构发展。

推动金融保险机构加大对航运业支持力度，积极发展船舶融资租赁，鼓励海运企业参与组建船舶融资租赁公司，支持保险企业开展航运保险业务。

建立国际航运发展综合试验区

引导港航及相关行业集聚，完善组合港协调机制，推进建立国际航运发展综合试验区，打造国际航运中心。

建立海运发展基金

鼓励开展航运发展政策、航运金融保险创新。支持建立市场化运作的海运发展基金，推动制定有竞争力的航运融资政策措施，完善国际船舶登记、船舶融资租赁、船舶保险与责任险保制度。在风险可控的前提下，积极探索开展航运衍生品交易，建设海运交易平台和相关信息服务平台，完善信息发布机制，提高海运交易和定价的国际影响力。

建外商投资准入前国民待遇加负面清单管理模式

在中国（上海）自由贸易试验区检验开展外商独资船舶管理公司、控股合资海运公司、海员外派机构等对外开放试点，总结评估效果并形成可复制、可推广的经验。建立海运领域外商投资准入前国民待遇加负面清单管理模式。

研究完善船员个人所得税等政策体系

加强与相关主管部门的沟通协调，推动促进海运业发展的各类专项资金的整合完善，配合有关部门，研究完善海员个人所得税、海运企业税收制度等国际海运财税政策体系。地方交通运输主管部门要加强与同级财政、发展改革等部门的协调，争取出台促进本地区海运业健康发展的财税政策。

中国交通报
CHINA TRANSPORT NEWS
http://www.zgjtb.com 邮发代号:1-72 国内统一刊号:CN11-0122
2014年11月6日 星期四 第5871期 今日12版 交通运输部主管 中国交通报社主办

心路畅瓯越 文化“金名片”

——浙江温州的“文化强路”方略

驻浙江首席记者 贾刚为
特约记者 徐锦烽 汤锡曼 刘晓华

设立全国第一个“公路文化节”、每年举办“公路文化周”，打造浙江省首条“文化公路”，入围“全国交通运输文化建设示范单位”，在浙江省温州市泰顺县，公路文化之花灿烂绽放，并带动湖州、衢州等地交通部门学习借鉴。公路文化品牌成了温州交通的“金名片”。

公路人节:6·19，路要久

顶风冒雨修路、扫路，“最美的路”背后是“最美的人”承担着又脏又累的工作。2007年担任泰顺县交通局局长的黄百晓，提出了“和谐人际，快乐工作”的交通文化理念。此后，泰顺公路人有自己的节日，有属于公路人的歌曲。

“6·19公路人节”，寓意“路要久，服务社会”。如今，泰顺公路旁立着高大的公路人雕像。深山养路工刘小军说，做梦都想不到我们养路工也能像护士、教师一样，有自己的节日。

“6·19公路人节”文艺晚会、浙闽比邻县乒乓球邀请赛、“交通文化周”等文体活动，让公路人的生活有声有色。

“顶风冒雨，穿行四季，为了乡亲那一个久远的梦境……在崇山峻岭之间，在青山绿水之间，留下我们奋斗的身影……”专为公路人创作的歌曲《穿越时空》在公路人中传唱。

现任泰顺县交通运输局局长苏善大告诉记者，这些活动有力传播弘扬了公路文化，凝聚了公路人的文化价值观。

楠溪江畔路成景

驱车在浙江58省道、52省道上行驶，记者看到道路平坦，两侧标识清晰，崇山峻岭间公路蜿蜒，与自然生态、廊桥文化、民俗文化融为一体。

在温州市永嘉县，两侧栽种着桂花树的上桥线公路——“桂花路”，深秋时节浓郁的花香扑鼻而来。

雁楠线有“樱花路”，虹三线有“杜英路”……以不同花卉、林木为特色的公路绿化示范路，成为楠溪江畔一景。

永嘉县公路管理局局长胡志衡介绍，永嘉正在建设公路文化展示厅，年底前对外开放；全力打造公路绿化示范路，建设公路文化驿站；开展提升公路职工文化工程，树立公路单位整体形象。

如今，遍布温州所有县市的2200公里公路绿道，已经成为温州城乡居民和外地游客的文化观光休闲风景道。

路通人和 路畅业兴

一见到记者，温州市公路管理局局长连真毅就拿出3本书——《温州公路文化手册》、《温州公路文化建设实施纲要》、《温州公路文化建设调研报告》，并满怀深情地讲述自己一家三代人的公路情结：用心修路、养路、护路，“把心放在路上”，打造具有文化名片价值的特色公路；“把路放在心上”，以路为家，以路为业。

温州市交通运输局局长董庆华告诉记者，路通人和，路畅业兴，人民的肯定、百姓的满意是交通人的追求。“心路畅瓯越”作为温州公路文化品牌，让路与心相连、心与路相通，努力实现“文化强路”。

满足公众高品质多样化需求

——李彦武解读现代化服务区

特约记者 顾志峰
本报记者 李婷

随着我国经济社会的快速发展，社会公众对提升服务区服务质量的期盼更加迫切，对解决部分服务区在重大节假日期间车辆进出难、加油难、旅客如厕难、环境卫生差等问题的愿望更加强烈。为此，交通运输部出台《关于进一步提升高速公路服务区质量的意见》(简称《意见》)，力争用三至五年时间，打造“布局合理，经济实用，标识清晰，服务规范，安全有序，生态环保”的现代化服务区，满足公众高品质、多样化服务需求。

日前，本报记者专访了交通运输部公路局局长李彦武。

科学定位：保障基本服务 开展延伸服务

《意见》明确指出，服务区需科学定位、强化功能，在保障基本服务功能的同时，提供多元化服务，满足公众多样化需求。

李彦武告诉记者，要不断强化服务区提供停车、如厕以及餐饮、加油、车辆维修、公路出行信息播报等基本服务，在此基础上，因地制宜开展客运接驳、客货运输节点、旅游服务等延伸服务，提升综合服务能力。

首先要加强全天候基本服务保障。停车场、公共卫生间、加油站、汽车修理、便利店、开水供应等基本服务功能场所应提供全天候服务。有条件的服务区，要提供全天候的客房服务，满足长途旅客和接驳运输驾驶员等人员住宿需要。在高峰时段，可利用服务区内部的连接通道，实行小客车错峰调配使用服务设施，最大限度地提高服务接待能力。同时加强公路出行信息服务。提高服务设施的自动化程度和动态监控能力，实现公路运行状况和信息发布联网管理，确保公路路况、公路气象等公众出行信息实时滚动播报。开通微博、微信等公共网络平台，实时发布公路出行相关信息，多渠道提供出行信息服务。(下转2版)

■今日看点

汶川至马尔康高速开工

本报讯 (顾显仁 特约记者 蒋林珂) 11月4日，四川省西向连接西藏的通道——汶川至马尔康高速公路开工。该公路也是《四川汶川地震灾后恢复重建总体规划》中通往重灾区的生命线。

汶马高速公路全长174公里，采用双向四车道标准建设，工期6年。项目开工后，四川省21个市(州)政府所在地全部实现建成或在建高速公路连接。

四川省委副书记、省长魏宏宣布开工，副省长王宁主持仪式。

科技引领 海事通航管理现代化

本报讯 (记者 王倩) 11月4日，交通运输部海事局召开2014年全国海事系统通航安全管理工作视频会议，全面总结过去两年通航管理工作，分析当前形势与挑战，谋划部署今后两年通航安全管理工作。

部海事局局长陈爱平表示，在新的起点上，海事系统要围绕海事“三化”建设，持续推进职能转变，依法行政，切实加强安全监管，提高通航管理服务保障水平，坚持反腐倡廉不动摇、不松懈。一方面，扎实推进专项整治，切实加强重点时段、重点船舶和重点水域的安全监管；落实好重点水域牵头单位协调组织和定期会商制度，坚持属地管理和区域联动；通过信息化推进海事管理方式创新，规范管理和执法行为。另一方面，要提升VTS监管服务水平和窗口形象，按照国际标准完善VTS选人用人等机制，以科技为引领推进通航管理现代化。

11月3日5时，交通运输部南海第一救助飞行队总值班室接南海救助局信息：海南文昌正西方向约70海里处，香港籍海钓船“海豹3号”通过卫星电话报警后失去联系，船上共有16名船员和旅客。事发后，12人被路过的意大利籍邮轮救起，其中2人重伤，另外4人失踪。现场7级风，中到大浪。

接报后，南海第一救助飞行队总值班室立即通知三亚基地“B-7137”救助机组，前往事发海域展开搜救工作。最终，2名重伤船员被接上救助直升机(如图)。目前，4名失踪人员有1名确认死亡，另外3名仍在搜寻中，“海豹3号”沉没。

特约记者 陈建波 文 潘汉飞 图

■国家交通物流平台关联企业创富案例之二

我与平台共成长

——哈尔滨飞扬软件公司总经理陈杨畅谈与国家交通物流平台合作经历

特约记者 康恒成 通讯员 吕芳楠

7年前，黑龙江省哈尔滨飞扬物流软件公司(简称飞扬软件)还只是一家团队不到20人、产值不过几十万元的小公司。2007年6月，一个偶然的机会，飞扬软件总经理陈杨接触到了国家交通运输物流公共信息平台(简称国家交通物流平台)，并由此坚定了依托平台开发软件应用的发展方向。企业的命运，由此发生转折。

到2014年，飞扬软件已拥有上百人的团队，全国十几个分支机构，产值过千万元，客户数量也从最初的不足五十家发展到了现在的上千家，成为物流行业中具有较高知名度的科技企业。

近日，面对记者，陈杨敞开了心扉，将7年的创业经历娓娓道来。

一次邂逅 成就千里姻缘

2007年6月，刚开始筹建的国家交通物流平台准备第一次招标TMS(物流)通用软件，飞扬软件在合作伙伴湖州华安物流的推荐下参与其中，虽然没有中标，但却依托这次机遇与杭州长运物流股份有限公司达成了合作意向，用不到三个月的时间完成了长运物流的系统定制开发并顺利上线成功，而这一成功合作也为飞扬软件和国家交通物流平台的直接合作奠定了基础。

2009年，飞扬软件作为首批签约软件企业，与国家交通物流平台正式签订了共建联盟；2010年，成为国家交通物流平台第一次招标接口改造企业；2012年，成功中标国家交通物流平台普适三号标准软件，飞扬第三方物流系统管理软件成为国家交通物流平台推广应用的45个物流软件之一。

谈起合作，陈杨用了“一拍即合”这四个字。他想的是更大的平台，更多的机会。标准是基础，交换是核心，应用是关键。这是国家交通物流平台作为一个政府主导而又秉承互联网开放、共享理念的公共平台不断前行的法宝。国家交通物流平台让飞扬软件嗅到了先机，看到了无限的商机。飞扬软件也成为这一理念的坚定拥护者和践行者、宣传者。

进军互联网保险 抢滩尝到头口水

如果说物流软件的推广应用只是飞扬软件敲开物联网大门钥匙的话，基于国家交通物流平台开发的增值服务才是飞扬软件更大的增长空间。

飞扬软件瞄准的第一个增值服务领域，是物流保险。

物流企业为避免运输途中的风险，要投保，保费一般在万分之四左右；保险公司做保险业务，需要业务员上门，一单一议，又是电话又是传真，不胜其烦，而且每笔保费的20%至30%要成了业务员的收入。

粗放的业态，让飞扬软件看到了商机。通过努力，陈杨找到了华泰保险，提出了“网上出单+系统对接(物流软件与保险公司系统)”模式，这就是华泰保险与飞扬软件合作推出的货运险。

解决的方案其实也很简单：物流企业抱团投保，保费降至万分之二；用软件代替人工下单，点击鼠标即可完成操作；每笔保费，飞扬提取5%的收入，原本属于业务员单涝保收的20%至30%的保费设计成浮动机制，也划给飞扬，出险先从这部分保费中理赔，到年底华泰再把剩下的钱结算给飞扬。

这是物流公司、软件公司与保险公司三方共赢的合作。而国家交通物流平台，则为实现这种合作提供了可能。“物流企业可以用飞扬的软件，也可以用自己的软件按国家交通物流平台标准进行接口改造后接入货运险系统。正是有了国家交通物流平台，我们才能够解决不同软件间对接的问题，使货运险成为一项无边界的业务，拥有了巨大的发展空间。”陈杨说。

截至目前，全国已有140家物流企业使用货运险系统，每个月有10亿元左右的货物通过这个系统投保，产生保费20万元。

“业内对这项新业务还不太了解。全国有几十万家物流企业，如果都通过这个系统投保呢？”陈杨反问记者。

打造物流支付宝 让商业价值几何级裂变

淘宝支付宝，因解决网购的信任问题，获得了巨大的市场份额。

物流领域，也有类似的业务，代收货款。一笔陌生人之间的交易，货主将货物交给物流企业后拿到一张票据，物流企业运给买家并收回货款，货主再到物流企业凭票据结算货款。每笔交易，物流企业收取少量服务费。

“传统的代收货款业务，货主要跑两次物流企业，货款用现金结算既不方便也不安全，而且货主对货物运输状态的查询也费时费力。信息化可以很简单地解决这些问题。”陈杨说。飞扬软件推出了代收货款管理系统：制作“飞扬卡”，将货主信息及收款银行账号绑定，在使用飞扬软件的物流企业中通用；货主只需跑一次物流企业，物流企业收到货款后会按照约定期限打到货主账户；提供货物运输状态、收账、到账查询和短信提示服务，方便货主。

飞扬的盈利模式因此拓宽。硬件方面，每张“飞扬卡”收20元，并带动读卡器、扫描器等设备销售；服务方面，每张“飞扬卡”收20元年费，每笔代收业务再收取2毛钱服务费。

对于物流企业和货主来说，使用这个系统，流程简化了，信息实现全时可控，支出的费用只是节省成本的“九牛一毛”，也愿意花这个钱。目前“飞扬卡”已发出20多万张，半年下来，代收货款总额超过120亿元，服务费的收入相当可观，占了公司营收的30%以上。

“这些业务，以前散落于各个物流企业，都形不成气候。但碎片化的需求，一旦通过信息化聚拢，就形成了巨大的商机。”陈杨说。

在陈杨看来，其他物流园区也可以推出类似的一卡通服务。更为重要的是，有了国家交通物流平台，不同园区的一卡通有望实现互联互通，做到一卡在手，货通天下。

“如果没有国家交通物流平台，按谁的标准改造，由谁来负责交换？企业之间肯定各不买账。现在，大家都按照平台标准统一改造接口，依托平台实现交换，这个问题便迎刃而解了。”于是，这段时间，陈杨积极奔走全国各地，为建立物流软件企业联盟鼓与呼。

采访中，陈杨说得最多的一句话就是：“标准太重要了，交换太重要了。”而这恰恰是市场想做却做不了、做不好的事情。互联网时代，企业要创业，政府的服务要创新。而国家交通物流平台，正是服务企业创业创新的孵化器。“平台现在已经很有用了，未来会更有用。因为这个平台的存在，对未来物流信息化会产生巨大的影响。只不过很多人还没意识到。”陈杨说，“企业来平台不能只是寻找一些有用的应用。一流的企业，应该来平台发掘未来的商机。”

交通运输物流公共信息平台微信公众号

□值班编委 刘金晓 本版主编 林蓉 责编 佟亚涛 □E-mail:xw1b@zgjtb.com □新闻热线:(010)64255441 □发行热线:(010)65293561 □广告热线:(010)64250642

第二篇

30年·我与中国交通报

百尺竿头更进步

刘晓峰

全国政协副主席刘晓峰

难忘交通情

刘晓峰很懂水运，这和他早年的经历息息相关。

他从重庆交通学院（现在的重庆交通大学）一毕业，就来到九江港务局，成为一名港口机械工人，之后调至成都420厂。1984年，一个偶然的机会，他调到原四川省交通厅，从事港口和航道技术管理工作。

“当时，水运相对于公路来说，发展严重落后了。”刘晓峰回忆说。但是，四川省作为西部航运大省，必须把发展航运放在经济发展的重要位置。于是，他在1993年至2003年担任原四川省交通厅副厅长期间，力促川江航道整治和港口建设。

如今的四川首港——泸州港国际集装箱码头，就是刘晓峰负责建设的。从码头的前期规划和设计，到土地的划归、征用，他全程主导。他回忆说：“当时划了很大一片地，很多人不能接受。但是我知道，以集装箱码头未来发展的规模来说，需要这么大的地方。”

事实证明，他很有远见。当年泸州港设计时，一期工程计划年通过能力1.5万标箱，二期工程计划年通过能力5万标箱。而到2013年，它已经发展成为年吞吐量超过20万标箱的大港。

此外，在四川行政区划调整、大部分水上资源划归重庆之后，刘晓峰还促成了嘉陵江全江的渠化开发工程的实施，制定了以陆补水政策等来发展四川水运。

回忆起这些往事，刘晓峰滔滔不绝，他说：“这些大的工程之所以得以实现，离不开交通部给予的大力支持。”在那些年里，他与时任交通部部长张春贤等建立了深厚的友谊。“因为工作往来，部水运局、公路局的同事我都很熟。”他强调说。

心系交通事

正因为刘晓峰很懂水运，又对交通和交通人有感情，所以他在先后就任四川省副省长和全国政协副主席之后，仍然用自己的方式支持着交通事业尤其是水运的发展。

2014年3月，他了解到长江水富—重庆河段（川江上段）正在规划五个梯级开发，事关重大，他便率领农工党调研组就长江上游综合开发情况进行了调查。

“我们发现泸州和宜宾两地政府对这个开发项目都没什么积极性。”刘晓峰觉得很奇怪。他在调研后找到了答案，并结合自己的专业知识，提出意见：实行梯级开发的建设周期长达数十年，将导致船舶坝间航行时间短、待闸时间长，严重影响航道通过能力，与打造长江黄金水道不符。

9月17日，刘晓峰将一封亲笔信以及长达6页的调研报告呈交给国务院副总理张高丽。信中，他建议由国家发改委和交通运输部牵头，会同各相关部门尽快形成共识，充分释放长江潜能，给长江水运发展留足空间。9月29日，张高丽批示：“请发改委会同有关部门认真研究所提提议。”

这只是其中一个事例。刘晓峰告诉记者，他一直在关注交通的问题。“尤其是水运发展。中国内河航运还存在短板，还需要大力发展，作为一个水运人，我会继续为内河航运发展作出自己的贡献。”他说。

勉励交通报

2001年，第九届全国人民代表大会第四次会议期间，中国交通报记者专访了人大代表刘晓峰，与他畅谈四川交通发展；2003年2月26日，《中国交通报》头版刊登消息——《刘晓峰任四川省副省长》；2014年，《中国交通报》又用三个版面的篇幅报道了四川水运的新发展；《中国交通报》创刊30周年特刊中有着刘晓峰熟悉的面孔……当记者将这些文稿和报纸递给刘晓峰时，他一边看一边说：“我看着交通报一步步成长，报社发展很快，报纸办得不错。”

刘晓峰告诉记者，他在原四川省交通厅工作的20年里，一直阅读《中国交通报》，甚至在参加全国人大代表会议期间，也会仔细研读中国交通报社送去的报纸。他说：“我通过交通报了解到了很多新的技术和管理方法。交通报给了我智慧和力量，我从中吸收了丰富的营养，感谢交通报！”

得知《中国交通报》刚过完创刊30周年生日，刘晓峰想了想，说：“人们常说0岁粉墨登场，10岁天天向上，20岁充满理想，30岁蒸蒸日上，如同30岁是一个人精力最充沛的年龄一样，我希望，不管是交通系统的专家或管理工作者，还是报社同仁，都能共同努力，把这份报纸办得越来越好。”

百尺竿头更进步，他也对《中国交通报》提出两点期许。

一是在交通技术迅速发展的当下，《中国交通报》应当继续保持前沿引领。他说：“比如现在德国已经有水上立交，类似这样的前沿东西，希望在报纸上能够见到。”

二是报社同仁要更新知识，积极报道大交通发展。“尤其是民航和铁路知识。”他说，“大交通发展已是趋势，交通报报道的内容应更加广泛。报社的每一位从业者，也应当更加努力地学习，去掌握更多的知识，把报纸办得越来越好，为交通的大发展提供支撑和正能量。”

《中国交通报》记者 苏晶 采访

肩负时代使命　搭建沟通平台

钱永昌

原交通部部长钱永昌

在《中国交通报》创刊30周年之际，我祝贺《中国交通报》及报社全体职工生日快乐！

光阴似箭，日月如梭，弹指一挥间30年过去了！回忆往事记忆犹新，历历在目。

1984年，正值改革开放初期，当年8月，胡耀邦同志在北戴河主持召开政治局全体会议，听取交通部党组的工作汇报及改革方案，并就交通事业的改革和发展作出了一系列重要指示、决定，部署了交通事业的改革发展大局。

改革开放初期存在许多不一致的认识。在以经济建设为中心的新时期，如何部署交通事业的建设，使全国千百万交通工作者及时了解党中央、部党组的精神，统一认识，步调一致地大跨步进行改革、投入建设，宣传党的方针，统一思想认识，探讨各种思路，及时交流经验，在这样的形势下，肩负着时代的使命，顺应广大职工的期待，《中国交通报》应运而生了。

我当时找了政治部宣传部的李长青同志，提出和商议创办一份交通人的报纸，得到李长青同志及宣传部同志们的积极响应。部党组经过讨论，明确了办报方针，确定了报社人选，商讨了工作部署，甚至包括举办创刊的庆祝酒会等。在缺乏人手、经验和设备的情况下，交通系统职工自己的报纸诞生了！

初创时，报社才十来个人，办的是周刊，信息网络不全，设备十分简陋，只能委托工人日报社代为付印。但正因为它是适应潮流的新生事物，满足了广大职工的迫切愿望，得到了广大职工的热烈欢迎和积极支持。很快就由周刊逐步发展为每周二刊、三刊到五刊。在部党组的关心下，在广大职工的支持下，仅一年余，《中国交通报》已成为行业报刊中有影响力的大报。当时我每周都能听到中央人民广播电台转播《中国交通报》的报道，创办不到一年时间，据我记忆就有70多篇稿件被转载转播，报社的职工取得了优异的成绩，也为《中国交通报》保持优良的传统和作风打下基础。

30年来，《中国交通报》作为部党组的机关报，始终发挥着部党组的喉舌作用，始终围绕党中央及部党组的中心工作，宣传部党组的改革方向及建设部署，成为广大干部的交流平台、凝聚和团结万千职工的园地，为交通事业的改革、建设、发展发挥了重大的作用，作出了突出的贡献！

1984年报社成立时，正逢全国上下都在贯彻党的十一届三中全会确立的以经济建设为中心的路线，实行改革开放的政策。30年来，交通部遵循党中央的路线、方针和政策，交通运输事业在改革、建设各方面都发生了天翻地覆的变化。随着我国经济体制从计划经济逐步走向社会主义市场经济，随着经济的持续高速发展，交通运输事业也从20世纪80年代的滞后于国民经济发展、处于“瓶颈”状态、拖了国民经济的后腿，发展到今天基本适应国民经济发展需要、各种运输方式迅猛发展、构建综合交通运输体系和现代物流业的新阶段。

部党组根据不同发展阶段的形势，适时提出交通运输的发展方针、政策、规划及部署，《中国交通报》始终紧紧围绕部党组的精神，发挥了宣传引导和团结鼓励的作用。

时代不断进步，形势不断变化，而我国幅员辽阔，各地条件不一，认识千差万别。面对这种情况，《中国交通报》以通俗易懂、深入浅出的文章，诠释交通运输部党组的方针政策，发挥上传下达、承上启下、统一认识、促进工作的作用，成为万千职工和干部相互交流、互相学习的平台。

近几年，在国务院大部门制改革的浪潮面前，《中国交通报》担负起更为广泛的工作任务，而且形式和内容更为活跃，越办越好，深受广大职工的欢迎，在报刊行业中有着良好的声誉，取得了名列前茅的优异成绩。

相信和祝愿《中国交通报》在实现中华民族伟大复兴的中国梦的进程中，将为交通运输事业继续发挥更大的作用，作出更大的贡献！

黄镇东来本报慰问座谈 祝贺创刊30周年

原交通部部长黄镇东

2014年10月29日上午，原交通部部长黄镇东到中国交通报社看望慰问干部职工，并送来贺信，对《中国交通报》即将迎来创刊30周年表示祝贺。

在翻阅记载着重大交通运输事件的《中国交通报》经典版面后，黄镇东深情回顾了交通运输改革发展的往事历程；赞扬了报社编辑、记者的工作成绩；也从一名老交通的视角，对进一步做好新闻报道、办好报纸提出了建议。

黄镇东在贺信中表示，30 年来，《中国交通报》坚定不移地为交通运输改革发展鼓与呼，成为交通运输干部职工的良师益友，成为社会了解交通的重要窗口和载体。衷心希望《中国交通报》始终坚持正确的舆论导向，始终坚持立足行业、服务社会，充分发挥行业主流媒体的主渠道作用，为发展中国的交通运输事业凝心聚力，为全面建成小康社会、实现中华民族伟大复兴的“中国梦”作出新的更大的贡献。

三十而"励" 你们发挥了正能量

王展意

原交通部副部长王展意接受采访，讲述《中国交通报》30 年故事

"我一直是交通报的忠实读者，看交通报是我每天生活的一部分！"一见面，原交通部副部长王展意的一席话瞬间拉近了和记者的距离，也真挚地表达了他对中国交通报社的深情厚谊。

2014 年 9 月 12 日，在交通运输部 315 会议室，王展意将他与《中国交通报》、中国公路交通事业之间的故事娓娓道来。30 年前，他作为第一任分管《中国交通报》（以下简称“交通报”）的部领导，为《中国交通报》的诞生和成长付出了很大心血；30 年间，《中国交通报》作为交通系统内第一张全国性报纸，也见证并记录了这位老交通人为中国公路交通鞠躬尽瘁的一段历史。

讲起往事，已 84 岁高龄的王老如数家珍，就像一位慈祥的长者在讲述自己孩子的成长点滴，有对破土而出新苗的爱心呵护，也有对孩子成长到而立之年的喜悦。在总结《中国交通报》30 年的发展时，他笑着用了一个时髦的词说道：“你们为行业发挥了正能量。”

办一份为交通事业呐喊鼓劲的报纸

“要想富，先修路”“公路通，百业兴”在交通报等媒体的传播下成为了社会共识。

为什么创立《中国交通报》？王老说，要从一对矛盾说起。

20 世纪 80 年代，农村生产蒸蒸日上，乡镇企业蓬勃发展，国民经济走上了快速发展的道路，而交通不适应经济发展的矛盾日益突出。那时，公路数量少、标准低、质量差，全国只有公路 90 万公里左右，大部分是四级公路或等外简易公路，而且路窄易堵，90% 左右都是砂土路面。

“然而，社会上重生产、轻流通的思想很普遍，对交通在国民经济中的重要作用认识不足。”王老回忆说。针对当时的情况，公路局和水运司的许多人都主张加强舆论宣传工作，创办一份自己的行业报。

“我也说应当办。”王老说，“文革”之前有《人民公路报》，现在应该办一份交通报，为发展交通事业呐喊、鼓劲。于是，1984 年年初，交通部政治部提出了办报方案，同年 5 月，部党组决定成立交通报筹备领导小组，王展意和范仰南任正副组长。报社的具体筹备工作交由李长青负责，办报的经费由财务司解决，房子由机关事务管理局提供。

对报社刚成立时的艰苦条件，王老记忆犹新："报社是从几间宿舍开始起步的，缺人、缺设施，但是由于党组十分重视，各方面大力支持，同志们艰苦奋斗，报纸很快创刊了。"

1984 年 11 月 7 日，在创刊新闻发布会上，钱永昌部长要求《中国交通报》"大力宣传改革，促进改革，及时报道交通战线的大好形势。"

报社的员工没有辜负部党组的期望。创刊初期，每周两期、每期四个版面的交通报紧密联系实际，贯彻部党组主张。同年，交通部在四川省眉山县召开全国公路建设交流会，《中国交通报》积极宣传眉山县扩建加宽公路的经验，记者赴一线采访，发表了一系列的报道，包括《一路通，百业兴》《公路畅通，百业兴盛》等。

"会议精神通过报道得到了积极宣传，可以说《中国交通报》推动了整个活动。"王老肯定了报社对这次会议的贡献。他还告诉记者，在当时的情况下，修建县乡公路、加宽扩建交通流量大的干线公路的工作，需要依靠地方政府和群众的力量。交通部在会议过后对这这项工作进行了号召，《中国交通报》适时、系统地进行了采访报道。这些报道反映了各地的进展动态和典型经验，也有修路前后的对比变化，还有沿线群众的感受等，很好地配合了交通部，调动了地方的积极性。

很快，全国掀起了加宽改造公路的热潮，仅 1984 年冬至 1985 年年底，即加宽改造公路 3 万多公里。"要想富，先修路""公路通，百业兴"这些道理，也随着报道在社会上广泛流行起来。

为高速公路起步鸣锣开道

我国高速公路能取得今天的成绩，交通报功不可没。

如今高速公路因为舒适、快捷被社会广泛认可，各地修建高速公路的积极性也很高。但是它在起步阶段经历的曲折，许多人并不了解。

王老和《中国交通报》共同见证了这些曲折。王老被誉为中国高速公路的开拓者，在担任交通部副部长期间，促成了中国第一批高速公路的修建。《中国交通报》则根据部党组的部署，积极宣传高速公路的经济效益和社会效益，论述高速公路与现代化的关系，为高速公路的修建鸣锣开道。“我国高速公路能取得今天的成绩，交通报功不可没。”王老如此评价道。

他跟记者细细回味了那些曲折故事。“当时社会各界对我国是否要修建高速公路的争论很大，甚至有人说修高速是高消费和资产阶级自由化的倾向。”王老说起我国高速公路起步时的情形，记忆如昨。

交通部党组强烈主张我国要实现公路现代化必须要修建高速公路。“我先后考察过日本和欧洲的高速公路建设，那些平坦、宽阔、美丽的高速公路振奋人心。如果我国的交通网也能像他们那样畅通，该多好！”王老回忆起当时的迫切心情时说。

为了争取到高速公路修建的批示，交通部党组采取了灵活变通的方法。1984 年 6 月动工的沈大公路，国家有关部门批的是一级公路，王展意就与公路局的杨盛福、李劲等商量，决定采用高速公路的技术指标来修建沈大路，但是对外只说是修建汽车专用公路。王展意还在《人民日报》《半月谈》上撰文论证汽车专用公路的好处：可以避免汽车、拖拉机、马车、自行车和行人相互干扰，提高行车速度，避免交通事故。这一变动得到了各方面的认可，一批汽车专用公路先后列入国家建设计划。

有人因为这件事称王展意为智者，回忆起这些，王老显得很兴奋。他告诉记者，沈大公路动工之后，《中国交通报》及时宣传这条路的建设情况，介绍辽宁省领导如何重视，各途经地市如何支持以及后来公路修建好之后，如何带动沿线经济发展等，报道持续时间长，有系统，有深度。“光是交通报记者苗木就写了很多文章。”王老说着笑了起来，“京津塘高速动工之后，交通报差不多每周都有记者去现场采访。”

1989年7月，交通部党组在辽宁召开了高等级公路建设会议，王老负责会议的筹备和组织工作，时任国务委员邹家华在讲话中，明确指出：“高速公路不是要不要发展的问题，而是必须发展。高速公路不仅要着眼于今天，而且要着眼于未来。”会议过后，部党组商请《人民日报》开辟专栏进行公路交通大讨论。“交通报积极配合，发表言论，论述发展高速公路的必要性。”王老如今仍印象深刻，脱口而出：“文章的题目叫《高速公路不是高消费》！你们回去查一查。”

从此，高速公路建设在我国蓬勃兴起，到2013年年底，我国高速公路通车里程已达10.4万公里。

每一期的报纸我都会看

随着交通事业的蓬勃发展而不断壮大，交通报三十而立，已成为全国非常有影响的产业报。

在王展意的记忆里，《中国交通报》始终坚持正确的舆论导向，积极贯彻交通部党组的部署意见。在他担任副部长、部党组成员期间，交通报除了为高速公路建设鸣锣开道之外，还为道路运输发展、解决公路建设资金问题加油鼓劲，“有水大家行船，有路大家走车”“贷款修路，收费还贷”等部党组的部署，都通过一篇篇报道和评论鲜活地反映到了交通报上，传递到了行业内外。

同样鲜活、生动见报的还有活跃在交通系统中的先进典型。王老清晰地记得交通报在创刊号报道了全国劳动模范、汽车驾驶员焦红，“内容丰富，生动感人，弘扬了正气，倡导了精神。”王老说道。他还列举了一连串先进典型名单，包括客船服务员杨怀远、优秀船长贝汉廷、抓斗大王包起帆，十佳养路工、雀儿山道班、107道班等。

如今，离休在家的王老依然是交通报的忠实读者，他说：“看交通报是我现在生活最主要的内容之一。”每天，他会认真地把报纸上的标题看一遍，对感兴趣的内容重点阅读，了解部党组的最新部署，看看哪里新通了车，哪里新建了桥。“习总书记对‘两路’精神的批示就是从交通报上了解到的。”他强调。

“但是有两点建议，希望交通报改进。”王老说：“一是高速公路路名有时标得不够精确。有些路说了半天，我要查地图才知道在哪里。”他说，“因为现在县县通高速，一些高速公路的起始点的简称不是大家熟知的地方，遇到这种情况最好加括弧，注明从哪儿到哪儿。”

“二是桥梁长度的说明有待规范。因为桥的总长度包括桥头的接线和桥身。”王老说：“要分开说，说明白一些，让读者了解桥的实际长度。”

“我就随便说说，不知道对你们有没有用。”王老用笑声结束了采访。在合影留念时，记者对他说：“报社的前辈要我们千万记得谢谢您为交通报的发展付出的心血。”王老又笑了：“那都是我应该做的。”

《中国交通报》记者 苏晶 曲飞 采访

对公路行业发展贡献卓越

杨盛福

原交通部总工程师杨盛福

《中国交通报》已到而立之年。这30年也正是我国公路行业高速发展的30年，它见证了我国高速公路的诞生和跨越式发展，经历了公路建设体制的不断改革和完善。它为我国公路事业的改革开放和现代化的发展做了大量的宣传报道，对推动我国公路行业的快速发展作出了卓越贡献。现简要谈谈我所经历的印象深刻的二三事。

推动公路行业解放思想、创新发展

20 世纪 80 年代初，随着改革开放不断深化，公路运输与国民经济发展不相适应的矛盾越来越突出，成为社会经济发展的制约“瓶颈”。“要想富，先修路”的呼唤，充分表达了广大群众对公路的渴望，也引起了社会各界的关注，逐步成为共识。

但是，修路需要大量的资金，钱从何来？这个问题能否解决就成为能否加快公路建设的关键所在。是按老办法，眼睛向上，单纯依靠国家投资，还是解放思想，放宽搞活，动员各方面力量，通过各种渠道来筹措建设资金？

两种观点成为争论的焦点。此时，《中国交通报》旗帜鲜明地发声。它破除单纯依靠国家投资的传统观念，支持多方筹集建设资金的意见，大力宣传“征收车辆购置附加费”“贷款修路，收费还贷”“提高养路费的收费费率”等加快公路发展的政策和改革措施。

我记得当时《中国交通报》就刊登过我写的《调整产业政策，发展公路运输》《发展我国公路运输行业的行动纲领》等多篇文章，并跟踪报道、指导、推动这些措施的落实，为我国公路建设近 30 年跨越式的发展，尽心尽力，成绩斐然。

力挺京津塘高速公路工程管理体制改革

能否把有限的公路建设资金管好、用好，充分发挥其效益，直接关系到公路建设能否持续、健康地发展。这就要求我们在工程管理上要有所突破和创新。

我们以世界银行贷款要求按照国际通用的 FIDIC 条款实施工程项目管理为契机，大胆引进国外先进的管理模式，在京津塘高速公路项目上试点，推行项目业主负责制、工程招投标制、工程监理制。

但是，任何新生事物的诞生和发展都不可能一帆风顺，推行工程监理制度也不例外。它是伴随着传统势力对新生事物的不理解、不认可，旧的工程管理观念与FIDIC管理模式的激烈“碰撞”，以及“在资本主义制度下形成的管理模式，是否适合社会主义制度下的工程管理”等质疑前行的。

对此，《中国交通报》连续发表了数篇评论，阐述京津塘高速公路建设管理体制改革的必要性，支持建设中各项改革措施。我当时还接受了报社记者的采访，并撰写了《深化公路建设管理体制改革，坚定不移推行工程监理制度》等文章。

这些报道消除了一些人对改革的疑虑，坚定了工程改革的信心，可以说，作为交通部的喉舌，《中国交通报》出色地发挥了体制改革舆论引导的作用。

大力宣传先进典型，为行业发声

常言道：“言传不如身教”“榜样的力量是无穷的”，抓典型、树新风、促发展是交通运输行业主管部门的重点工作之一。为此，我们与《中国交通报》密切配合，开展了一系列活动。

一是开展“高速公路万里行”活动。

全国第一条高速公路南北大干线——京沪高速全线建成通车后，社会上对高速公路建设议论纷纷。为了让大家了解京沪高速公路运行后的真实情况，我们与《中国交通报》共同筹办了“高速公路万里行”的活动，邀请中央和地方数十家媒体深入高速公路沿线工厂、企业、农村、百姓家采访，让他们亲眼目睹京沪高速公路建成运行后对沿线地区经济社会发展的带动作用和给人民群众生活带来的实惠。

他们的采访报道和评论为高速公路发展减少杂音，效果立竿见影。

二是共同承办“公路养护双十佳”评选活动。

数百万公里公路遍布全国，为了保障这些公路的安全畅通，有一支百万人的公路养护大军，在人迹罕至的青藏高原、崇山峻岭的山区、茫茫大草原、沿海孤岛，日复一日，勤勤恳恳地养护公路，保障公路安全畅通。他们工作条件艰苦，劳动强度大，社会地位低，他们无私奉献的精神未得到社会应有的尊重，很多年轻人不愿从事这项工作。

为了表彰养路工的先进事迹，宣传他们的奉献精神，1992年，我们开展了评选全国十佳养路道班和十佳养路工的“双十佳”评选活动。活动中，《中国交通报》通过报道十佳道班和十佳养路工的先进事迹，为他们发声。

这项活动不仅表彰先进典型，调动了广大养路工的积极性，增强了从业的信心，还让社会了解这个行业，关注这个群体，提高了他们的社会地位，效果不错。

这样的活动还有很多，如“公路质量万里行”“创建文明样板路”等。总之，《中国交通报》作为行业发展的喉舌，30年来为公路的高速发展做了大量的宣传报道，传达了正能量，鼓舞了从业人员的斗志，为推动行业的发展作出了重要贡献。

最后，在报社30岁生日之际，祝《中国交通报》越办越好、兴旺发达。

《中国交通报》记者 苏晶 采访整理

我的精神食粮

凤懋润

交通运输部专家委员会委员，原交通部总工程师凤懋润

我已是70多岁的老交通人了，是《中国交通报》的忠实读者，有时出差耽误了读报，回来后也要补上。《中国交通报》是我的精神食粮，我从中解读方针政策，统观发展全局，透视中外差距，吸收各地经验，收获榜样力量。

报道给建桥者极大鼓舞

20世纪90年代初，来自北京、南京、上海的40人设计团队齐聚长江之滨，展开了1000个日夜的江阴大桥现场设计工作。《中国交通报》的资深记者苗木来了，和大家同吃同住，写出了报告文学《追求卓越》，介绍了中国首座跨径超千米的大桥，展示了建设者的精神风貌，给予设计团队极大的鼓舞。

21世纪，一座座世界级的跨江海桥梁如雨后春笋般拔地而起，《中国交通报》及时跟踪报道：来自润扬大桥的报告《中国桥梁：辉煌的跨越》（作者：苗木，见报于2005年4月29日）、分析润扬大桥通车效益的《推进长三角整体发展的重要一环》（作者：经晓晔，见报于2005年5月12日）、杭州湾跨海大桥竣工验收之际编辑的《敢为人先，勇立潮头》（责编：慕顺宗，见报于2008年7月15日）、苏通大桥科技创新标志系列报道之《我国迈入桥梁建设技术强国行列》（作者：刘布阳，见报于2010年10月15日）、世界第二大悬索桥西堠门大桥建设纪实《精心竭力铸精品，风口浪尖腾蛟龙》（作者：曹小荣、盛朝云，见报于2009年12月28日）、写在“世界第一拱桥”重庆朝天门大桥完美收官之际的《留下美丽，延续梦想》（作者：田翔，见报于2009年3月16日）、泰州大桥系列报道之《走进“多塔连跨”新时代》（作者：钱民峰，见报于2013年9月11日）等。

这些报道从更高的视角、在更深层次上提炼成功的经验，阐述“理念—技术—管理”的三元内涵，揭示“继承—发展—创新”的演化规律，弘扬“功德观”“民族魂”“使命感”，在业内外产生了巨大的反响，引发全国媒体关注交通基础设施建设成绩，助推了我国桥梁建设不断攀登新高峰。

2014年9月2日，在西班牙马德里的国际桥梁会议上，泰州大桥载誉归来，以世界首座双千米主跨连续悬索桥的业绩荣膺了国际桥梁界的最高奖——“杰出工程奖”。

退休后习惯收集交通报

总之，《中国交通报》对我国桥梁事业的不断发展作出了重大贡献。类似的事例还有很多，例如，2007年由78名桥梁工程师和学者组成的代表团飞赴美国参加第24届IBC国际桥梁会议“中国主题年”活动，9个学术报告全面展示了中国桥梁技术的发展，引起了外国同行们极大兴趣，反响热烈。《中国交通报》以《大洋彼岸飘起了中国红》为题用整版的篇幅刊登了我们参会的文章，鼓舞了中国桥梁建设大军的斗志和民族自豪感。

多年来，我与《中国交通报》交往密切。我在担任全国人大代表期间，应《中国交通报》之约写了很多参会手记：《世纪的跨越》《“头号”提案》《头等大事》《无字丰碑》《用好人民的血汗钱》《振奋精神，扎实工作》《十赴盛会，百增信心》《管理科学，兴交之道》《求真务实议发展，真抓实干促发展》。通过这种方式，我得以向交通人汇报参会心得体会，督促自己进步。

回望个人成长和行业发展的历史，我要感谢交通报人的帮助和贡献。我已退休多年，但还继续阅读《中国交通报》，报纸的内容越来越丰富，报道的内涵越来越精深，我的感悟也越来越殷实。我还养成习惯，把《中国交通报》重要而有启示意义的内容收集起来，以便随时学习。

希望交通报人继承传统、贴近国情、深入基层，写出更有分量的文章，编辑出更有亲和力的报纸，使媒体的精神释放出更强大的正能量。当《中国交通报》三十而立之时，祝福《中国交通报》在交通运输事业的持续发展中闪烁出更灿烂的光芒。

风雨同行三十载

梁应辰

交流工作经验的平台

自1984年创刊以来，《中国交通报》成了梁应辰了解行业政策方针、意见通知、规范要求的重要渠道，也成了他汲取经验的主要平台。

梁应辰会认真研读每一期报纸，思考如何将部党组和部领导的要求贯彻落实到工作中，如何将优秀的经验运用到自己的工作中。

“后来，我们的部分工作经验也刊登在了报纸上。”梁应辰介绍，在担任交通部三峡工程航运领导小组副组长兼办公室主任期间，他和三峡工程航运领导小组办公室的成员在坝址选择、船闸总体设计、防淤减淤和通航水流条件、水工结构及输水系统等方面形成的经验，在《中国交通报》上得到了宣传。

在他的印象中，之后还有一些交通人拿着那些报纸，找自己探讨相关问题。

让公众理解交通行业

1991年，梁应辰63岁。时任交通部部长黄镇东的一个电话，开启了他与三峡工程的缘分。从通航标准到船闸方案，从升船机方案到通航建筑物总体布置，从冲沙工程到施工期通航方案……梁应辰和他的团队付出了很多努力。

公众对三峡工程有期待，也有疑问。《中国交通报》以其客观真实的报道、理性公正的言论、清新平实的文风，及时报道了三峡工程的进程和建设经验，回应了期待，解答了疑问。

《中国交通报》还为参建者提供了发声平台。“三峡工程的建成，让川江航道等级得到提高，航运条件得到根本改善，长江上、中、下游的船型船队可以更好地统一起来，不仅船型尺度可以增大，船队吨位可以成几倍增长，而且可以减少编解队环节，提高运行安全度，降低运行成本，对整个长江航运发展特别是开发祖国大西南提供了有利条件。”1997年11月6日，三峡工程实施大江截流前夕，《中国交通报》刊发了梁应辰撰写的《三峡工程建设与长江航运》一文，详细介绍了三峡工程建设过程中长江航运情况，阐述了三峡工程对航运产生的效益和影响，及时解答了公众关心的问题。

然而，直到现在，一些公众对三峡工程影响的认识仍然很模糊。该如何解决？这成了萦绕梁应辰心头的难题。有一次，他乘坐出租车，司机一直向他抱怨，认为三峡工程造成了南方旱涝灾害。他向司机解释说：“事实正好相反，正是三峡工程解决和减轻了这些灾害。”

“要使交通人、交通建设获得更多的支持和理解，媒体尤其是行业媒体责任重大。”梁应辰说。

仿佛在阅读交通行业史

如今，梁应辰经常翻阅收集的一张张《中国交通报》，他说，感觉仿佛是在阅读交通行业的历史。

1994年6月7日的《中国交通报》，梁应辰收藏至今。那份报纸上刊登了梁应辰当选中国工程院首批院士的消息，以及黄镇东部长欣然提笔写下的一封贺信。

“您的入选，不仅是个人的荣誉，也是交通系统500多万职工的骄傲；既是对您几十年来在工程技术界作出的突出贡献的肯定，也是对交通系统广大工程技术人员的鼓舞与鞭策。为此，部党组决定聘请您担任交通部技术顾问。”对于黄镇东部长的贺信内容，梁应辰记忆犹新。

作为交通部技术顾问，梁应辰从事全国水道和港口建设的咨询、论证、审查工作。其间，他参加和领导了多项大中型港口和航道的规划设计工作，组织领导并主持了多项大中型港口和航道可行性研究设计及审查。

上海港吴淞口大型集装箱工程、连云港港30万吨级航道工程、黄骅港综合港区……每当看到自己参与的项目出现在《中国交通报》上，梁应辰总会格外关注。

“30年来，《中国交通报》给交通人提供的舆论支持很重要。”梁应辰说，报纸既记录下了交通发展的历史，也吸引更多人关注交通发展，并促使交通人承担起责任，做好工作。

传承交通精神

梁应辰认为，传承交通精神也应是报纸的责任。

1992年5月21日，《中国交通报》“科技英才”栏目刊登了交通部水运规划设计院教授级高工石衡的事迹，这篇文章正是由梁应辰撰写的。

石衡曾担任交通部三峡工程航运领导小组顾问、副组长兼办公室主任，带领团队解决了三峡工程航运工作中的许多关键技术问题。

“石总一直遵循‘活到老，学到老，干到老’的格言，我非常认同这句话。”梁应辰回忆，自己刚刚从事葛洲坝工程的工作时，连航道图都看不懂，凭着“不怕露怯”的态度，他一边工作一边学习，并向基层工作人员讨教，最终克服种种困难。

梁应辰希望，《中国交通报》能将老一辈交通人传承下来的交通精神，传递给更多年轻的交通人，形成交通运输行业生生不息的力量。“每一项工程都有具体的规范和要求，年轻人除了要遵守规范，还要敢于创新和突破。”梁应辰充满期待地说。

成为另一双眼睛

在交通部工作期间，上班看《中国交通报》是梁应辰的习惯。离开部里后，他将收报地址改到家里。

身虽远，心犹在。"岁月不饶人，我年纪大了，不能再行万里路，《中国交通报》就是我的另一双眼睛，是我了解交通运输行业发展、部党组和部领导要求的主要窗口。"梁应辰说，虽然现在自己视力不太好了，甚至读一会儿报就要休息一会儿，但会坚持把每一期《中国交通报》看完。

四个交通、长江经济带、渝新欧铁路、新丝绸之路……对于交通运输行业发展，梁应辰也有自己的期望："交通领域蓬勃发展，酝酿多年的交通大部门制改革终得实现，但如何做到更好，仍有很长的路要走。"

作为读者，梁应辰祝愿《中国交通报》越办越好，也建议《中国交通报》的记者编辑能够将所学知识与交通运输行业结合，多到基层走一走，多去项目上看一看，为交通运输行业发展贡献力量。

梁应辰系中国工程院院士

《中国交通报》记者 梁微 采访

交通报见证记录了我的成长与创新

包起帆

《中国交通报》迎来创刊30周年的生日，我非常高兴，并深深地祝福。30年来，《中国交通报》是交通运输领域的主流权威媒体，是部党组的喉舌，也是一份传递交通人心声的好报纸。作为一名交通人，我不仅从报纸上听到了部党组的权威声音，看到了行业发展的脚步，还从报纸中学到了好的发展经验，对自己的成长起到了很大的作用。可以说，《中国交通报》是我的良师益友，也是交通人之间沟通传递感情的一个重要纽带。

扎实有效宣传典型

回首过去，我对报社有着一段浓浓的深情。

这段深情首先来源于感动——感动于《中国交通报》人爱岗敬业、不辞辛苦的工作精神和态度。1994年，中宣部、交通部联合下发决定，将我作为全国典型进行宣传报道。两部联合在中南海礼堂举行“新时期创业精神报告会”后，又组织报告团奔赴全国30个省市进行巡回报告。巡回报告团深入交通一线，特别到了很多条件艰苦的地方，道班、工地、码头、船上等。当时，报社苗木等记者全程陪同。一路走来，我为报社记者的敬业精神而感动，他们不畏辛劳，白天要和大家一起赶路、听报告，晚上还要埋头写稿。其间，我与苗木等记者深入接触，成了好朋友。那一年，关于我的稿子在《中国交通报》上刊发了几十篇，可谓硕果累累。时至今日，我很怀念那段难忘的日子，也很想念那些“老战友”。

在“新时期创业精神报告会”上，我是全国第一个上台作报告的交通人。能够在全国脱颖而出，离不开《中国交通报》人为我做的大量扎实有效的工作。他们花了很多心思，帮我整理报告稿、撰写文字材料、总结经验等。以我的体会，《中国交通报》在宣传劳模和先进典型方面走在了全国前列，也为交通运输行业精神文明建设谱写了精彩华章。继我之后，“华铜海”轮、李素丽、许振超、孔祥瑞等一批又一批先进典型，成为一座座精神丰碑，陆续见诸报端，飞入千家万户。

偶尔翻看过去的《中国交通报》，我会感慨万千。比如，看到1994年3月3日报社发表的社论《弘扬新时期的创业精神》，这种引领行业发展、把握时代脉搏的思想和观点，同样适用于现在的社会，很有前瞻性。还有1991年3月30日见报的《抓斗大王的心愿——包起帆与残疾工人的一段佳话》一文，现在读来，依然感人肺腑，文章中提倡的人文关怀精神，具有鲜明的时代特征，与现在倡导的以人为本的理念和党的群众路线教育实践活动等精神一脉相承。因此，我觉得《中国交通报》在弘扬主旋律、把握时代精神、传递正能量等方面，独具眼光，历久弥新。

创新发明一路记录

我是一名从码头工人成长起来的教授级高级工程师，长期在港口生产一线从事物流工程的研发工作。作为一名科技工作者，我深深感到，一路走来，《中国交通报》成为了我的成长“史册”，是我创新发明之路上的见证者、记录者和传播者。

从20世纪80年代至今，我恰逢交通行业千载难逢的战略机遇期，科研成果不断推陈出新。比如，20世纪80年代，我和我的团队结合港口生产实际，开展新型抓斗及工艺系统的研发，创造性地解决了一批关键技术难题，被誉为“抓斗大王”。

1996 年，我和我的团队开通了我国水运史上第一条内贸标准集装箱航线，从零起步，迄今中国内贸集装箱年吞吐量已突破5800万标准箱。

在工程建设上，我和我的团队提出并在世界上首次实现了公共码头与大型钢铁企业间无缝隙物流配送新模式，实现了一条岸线同时供公共码头、钢厂和电厂灰场共用的方案，成为资源节约型、环境友好型码头建设的优秀典范，并于 2009 年获得世界工程组织联合会“阿西布·萨巴格优秀工程建设奖”。这是我国工程界首次获此殊荣。

2006 年 5 月，在巴黎国际发明博览会上，我和我的团队发明的诸多应用在港口物流信息化、自动化和智能化项目获得 4 枚金奖，成为 105 年来在该展会上一次获得金奖最多的人。特别是我领军发明的集装箱电子标签系统已上升为国际标准，于 2011 年 12 月 1 日由国际标准化组织正式发布，编号 ISO18186。这是自我国 1978 年开始参与国际标准化组织活动以来，在物流、物联网领域第一个由中国专家发起、起草和主导的国际标准，是中国拥有自主知识产权的创新成果最终上升为国际标准的典范。

……

这些主要成果，在《中国交通报》上都能搜索到。我知道，我的研究成果只是行业里的沧海一粟，还有千千万万个像我一样的人，依靠《中国交通报》这个传播平台，为交通行业的健康可持续发展，挥洒着青春和汗水。30 年来，《中国交通报》人为科技成果宣传报道和转化搭建了一个广阔的平台，也为交通行业的快速发展营造了良好的舆论环境和精神引领。

在新兴媒体日新月异、传统媒体转型发展的时代大潮中，作为一名忠实读者，我希望，在《中国交通报》上能看到更多有深度、有价值，耐人寻味的优秀作品。同时，也希望报社能在上海设立专门的直派记者队伍，在这个现代交通如此发达的地方，掌握第一手信息，紧跟行业发展脉动，成为交通人和《中国交通报》传递信息与情感的“耳目”。

最后，提前祝福《中国交通报》30周岁生日快乐，未来的路越走越宽阔。

包起帆系上海国际港务集团股份有限公司教授级高工

《中国交通报》记者 姜秋华 采访整理

创刊前后的人与事

李长青

1984年10月1日，《中国交通报》试刊第一期出版

2014年11月7日，是《中国交通报》创刊30周年纪念日。30年的《中国交通报》已成长为行业报林中的佼佼者，实实地令人欣喜！

我已是八十有三的耄耋之年了，回想《中国交通报》创刊前后的人与事，可谓百感交集。

办报起因

1981年我在交通部纪检组任检查处长，当年11月同中远公司的财务处长一起去香港招商局查办一起有关30万美元存在私人账户的案子。调查后我写了个调查报告，由钱永昌部长审处，经过两三次的修改后通过，因此同钱部长初步相识。

1983年夏季，部机关同志对交通部房产分配问题非议较多，钱部长指名要我负责进行调查，这是一件很棘手的差事，我心中甚是忐忑。但部长下了命令只能尽快去办。结果只查出分房不透明、分房不公平等问题，至于大家反映的分房中的贪腐问题，这已涉及深水中的事情了，我曾下水试探，但无果而终。

我据上述几个问题写了调查报告，呈钱部长审阅。钱部长基本满意，并上报国务院事管局得到赞许。

钱部长平易近人，处理问题严谨，思维缜密。调查结束后，有一天在钱部长办公室我提了一个建议：交通部这么大的事业，应当办一张报纸，活跃上下沟通。钱部长点头称是。同时我毛遂自荐，如果办报，我愿去报社工作。我参加工作30余年，有20多年的新闻工龄。

不久，交通部申请办报的报告，得到中宣部的批准，钱部长提名派我到报社工作。从此我与《中国交通报》结缘。

开门三件事

1984年夏季，交通部政治部组织部（此机构早已撤销），从部直属单位抽调了5位同志到报社工作，既有办公室负责人、会计、出纳员，还有另两位同志，我是随后到的报社。离开了政府机关，还真有点恋恋不舍之情。

交通部将中宣部批准办报的决定，复印一份给我。这真是一柄“尚方宝剑”。当时一共办了三件事：一，同事们拿着文件到北京市委宣传部（或文化局）注册《中国交通报》创刊；二，到北京市朝阳区主管广告工作的部门注册开办广告业务许可证；三，到朝阳区所属银行办理相关业务。这5位同志骑着自行车顺利办好了几项注册工作。

关于办报资金问题，部领导批示，每年向交通报社提供45万元办报经费。这笔经费连续提供四五年。

报社的办公地点在安外外馆斜街（当时称黄寺）某职工宿舍的一楼。一套三居室做了交通报社的办公室，《中国交通报》有了安身之处，后来还制作了一块一丈来高的“中国交通报”报牌挂在宿舍大门的右侧，看着颇有点气魄，也是对外宣布此处即《中国交通报》办公地点。

部领导还给报社拨了一台老上海牌轿车，作为报社的交通工具。部领导考虑周到，很关心报社的工作。

这几件事办得很顺利，但我知道，办一张部级的报纸，绝非易事，以后的工作还不知有多少恼人伤神之事呢。

借人办报

第一桩要事，要有一个强有力的编辑部，并且要有各个方面有学识的人才，这样编辑出来的报纸，才会得到读者的青睐！

办报人才从何而来呢？交通部政治部副主任范仰南同志找我商量，他说：“我们现在调配编辑记者，不是短时间能办到的，我们采取借人办报的方式，先解决用人之急。”他说，从《长江航运报》借调部分人员来京办报，可能是个救急的招。我很同意范副主任的意见，通过部政治部的工作，陆陆续续从长航系统调来了十余位同志，并得到交通部招待所齐所长的大力支持，抽出来几间客房，把这部分同志安顿下来，吃住在招待所。

经过了解，在《长江航运报》工作的只有两位同志，一位是即将退休的副总编辑，一位是年轻的编辑，其余的均是《长江航运报》的通讯员。

与此同时，从《上海海港报》借来一位有新闻工作经验的老编辑，从《上海海运报》借来一位青年编辑，他毕业于上海复旦大学新闻系。

以上借调来的同志，均在水运系统工作，没有公路系统的人员。我同部公路局有关同志商量，希望从各省公路报刊中借调两位同志。公路局很快从《云南交通报》《浙江交通报》借来了两位负责人，一位毕业于云南大学中文系，一位毕业于北京大学中文系。这两位同志的到来，给工作充实了重要力量。

借调来的十余位同志热情很高地来报社报到，我们热情接待，并做好生活安顿。几位原单位的负责人，安排住两人一间的房子，其余同志只好多人住双层铺的大间。租用房间的开销由报社负担。

如何开展下一步的工作？这是件很费心思的事情。当时报社负责人只有我一人。再三考虑后我决定：第一步，每天集中学习，介绍交通系统公路、水运、港口、科技、教育（当时交通各大学还是部直属单位）及部机关机构设置等情况；第二步，由我拟了一份新闻报道提要，请大家参与讨论，提要修改后分送部机关各部门领导征求意见，随后打印出来人手一份；第三步，搞了一次采访实践活动，意图是让大家到全国各地进行调研采访，了解各地交通行业的不同特色，回来后总结、交流心得体会。

初始工作杂乱无序，我报告政治部范仰南副主任，决定由《长江航运报》《云南交通报》《浙江交通报》及《上海海港报》等几位同志，组成一个临时领导小组，由我任组长。这样分头负责有关工作，有什么问题亦好商量。

事到此时已进入六七月盛夏季节。钱部长要求10月1日出报。当时的状况，难度很大。

应届毕业大学生陆续报到

借调人员已到齐，应着手的工作已做了一些，但真正开展办报的具体业务工作，尚无着落。恰值此时，部政治部组织部给报社调来了一批应届毕业的大学生，他们陆续到报社报到。我当时愉悦的心情难以名状，筹划办报的工作就此进入了实质性的时期。

大学生们是从全国各大学调入的，其中只有 4 人是从公路、水运学院毕业的，余者有学中文的、学政治的、学经济的、学法律的。同时有位北京大学中文系毕业的学生主动要求到报社工作。

无巧不成书。工人日报社先后有 4 位同志希望到交通报社工作。这几位都有数年甚至多年的新闻工作经历，各有专长，一位是值夜班的老编辑，一位是北大新闻系毕业的青年编辑，另一位是有才华的诗人，在工人出版社某文艺杂志任编辑，还有一位曾在《铁道兵报》任编辑。这几位同志的到来，恰是又一场及时雨，报社编辑部迎来了顶梁柱。

刚毕业的大学生，生活负担较重，报社决定每人每天补助一元钱伙食费，其余工作人员每天补两毛钱，奖金一律每人每月二十五元。领导层一分钱的系数也没有，但全社大多数同志以办好报纸为己任，并不计较待遇的高低，精神是很值得钦佩的！

编辑部架构的组成

编辑部的组成：总编室负责一版，二版经济部，三版综合部，四版文艺部；另有通讯联络部，还有摄影科、广告科、发行科及校对组。

依据对大学生的初步印象，依所学专业为主，分到各部工作，加上从借调人员中调出几人分到各部工作。从《工人日报》和《铁道兵报》来的几位同志，分别任各部门副主任（副处级）。

编辑部各部组成后，我对借调来的同志们远道进京，参与创办《中国交通报》，而不顾对家庭的影响，深表谢意和歉意！这些同志很理解报社的情况，大多数同志愉快地返回原单位了。

初步走上新闻道路的大学生们热情很高，但对新闻知识却知之甚少，对交通业务也不大了解。为此，一，组织他们去某单位的学习班学习新闻业务，每人都给买了成套的新闻教材；二，请交通部公路局等部门的领导同志到报社讲交通业务知识。两个业务建设（新闻、交通）是不可或缺的，也成为以后成长的阶梯。

交通部创办《中国交通报》，得到了交通行业各部门的欢迎和支持。大约到1984年的七八月，报社陆陆续续收到稿件，并且逐日有所增加。这真是一件让人兴奋激动的大好事，离报纸创刊的日子不远了。

组建报社领导班子

1984年10月，部里还没有调配领导干部的计划，报社的领导班子只有我一人在那扛着。但领导班子的组建已成燃眉之急。我左思右想，决定找些以前的老领导和熟悉的同志做工作，拟请一两位老新闻工作者来交通报社任职。

首先想到《光明日报》，因为刚从《辽宁日报》调到《光明日报》任领导的殷叁同志（副部级），是我在《辽宁日报》工作时多年的上级，在干校劳动时分在一个小组的同学。他调到《光明日报》时，还从《辽宁日报》带来了两位两地分居进京团聚的同志。殷叁同志会见了我，从《辽宁日报》来的同志也一同见面。殷叁同志很随和，叙旧之后，我请他帮一把，给交通报社调一位副总编来。他说刚到《光明日报》工作，人员还都不熟，暂时还有难处，那两位《辽宁日报》的老同事，也以此婉拒了。

我又想起一位从《辽宁日报》考入北京新闻研究生院后调入中宣部宣传局工作的同志，经电话联系，亦被婉谢了！又想起了一位年轻的同志，他是中国人民大学经济系毕业生，被分配到辽宁西部某县宣传部任新闻干事。我在《辽宁日报》工作时，曾编发过他的几篇议论性的短文，他的文章很有才气，我曾到那个县采访，是他和县委宣传部长接待，彼此有了些了解。我到交通报社工作后，他已调任国务院某副秘书长秘书，我到他办公室商谈过，亦被婉拒了！我由此想到，他们都有了比较理想的工作岗位。人们常说：动一动不如静一静。我很理解他们。

又一次无巧不成书。一次在某公园里散步，巧遇老朋友康文田同志。康文田同志是1951年我在哈尔滨《东北林业工人报》工作时的同事。当时都年轻，20岁左右的年纪。此后在一起工作。1956年“五一”节，我们一同调到北京中国林业工会创办《中国林业工人报》。1958年4月，我到东北伊春市某林场劳动锻炼，1959年年初回京，到二机部（即现在的核工业总公司）跃进报社工作。由于一些原因，《中国林业工人报》停刊，原报社人员多数调林业部工作。我与康文田同志已分别多年。

这次见面时康文田从林业部调到北京市某局工作。我登门拜访，希望他到交通报社工作，我们一拍即合，事情较顺利地办成。经交通部任命：李长青任副社长，康文田任副总编辑，均为副局级。我们俩分工：我负责全社的统筹工作，康总负责编辑业务。同时成立了报社党支部，李长青任支部书记，康文田等同志为委员。

时间已快到10月，编辑部各部从自流稿（自然寄来的稿件）中编出了各版的稿件送审阅。康总和我分别粗略地看了送审稿，觉得还可以，但马上创刊还粗糙些，商议后决定先办两期试刊版的《中国交通报》，待稍有经验后再正式创刊。

试刊版出报后，得到了较多的好评语，编辑部的同志很受鼓舞。两期试刊后，到1984年11月7日《中国交通报》正式创刊，请钱部长题写了报头，我写了一篇“致读者”发刊的话（经主管报社工作的王展意副部长审阅），给办报主旨定了个基调。

《中国交通报》创刊于1984年11月，到1985年即从周一刊改为周二刊，虽有难度，但由于稿源日增，每日有四五十篇以上，再者编辑部同志业务水平提高很快，报纸的影响力加大，钱部长号召交通系统把《中国交通报》发行到公路道班和船舶。《中国交通报》的有些新闻，被中央人民广播电台广播，更成为一时的佳话。《中国交通报》报价每份5分钱（当时的报价大体如此），发行量亦达到万份以上。

创办《交通内参》

报社出版内部参考，可以说是中国报刊的特色。《中国交通报》创刊后不久即创办了《交通内参》。在记者采访和来稿中，有的新闻不便公开见报，有的稿件又涉及行业外有关系统或某人某事，也不宜公开发表，适宜发在《交通内参》上。《交通内参》仅供部领导和部有关司局，有参考价值；同时涉及外系统的内参，即发给有关单位领导参阅，所起的作用也不小。

我记得有几份《交通内参》取得很好的效果。

（1）河南某市交通部门在火车站设路政检查，交通秩序很好。但有关部门出面干涉，硬是以"违法"为由给取缔了。《中国交通报》发了内参给某部门领导，后来虽未解决，但总算客气地沟通了事。

（2）辽宁东沟市交通局，原是全省有名气的养路器械技术革新的先进单位，对提高养路水平作用很大。后来因资金不足而停止了技术革新。《中国交通报》发了内参以后，得到领导部门的重视，在资金上予以支持，他们的技术革新又活跃起来。

（3）有一份《交通内参》报道的问题，得到胡耀邦同志的重视。具体情节已记不清了。

（4）林祖乙副部长曾打电话问过我：黑龙江省黑河航运局与河对岸俄罗斯某州开展了旅游事业，但扣除税费、卫生费等支出以后，开一次船几乎没有什么收益。林副部长主管水运，很关心这样的问题。

有一次我到福建公出，恰巧遇到已离休的交通部彭德清部长，闲谈中他问我《交通内参》还出刊吗？我说还出，他问怎么不寄给他了。我回社后给他呈送了全年的内参，并且以后按期呈寄。

以上只是几个事例，说明《交通内参》的参考价值，是报纸上公开报道所不能替代的。

发展党员加强党的建设

《中国交通报》1984年创刊后，调进报社的大学生和其他同志，陆续提出入党申请，看到这样的入党申请书，我是异常高兴的，我同部里的同志谈起这件事，心情是挺自豪的；经过考察了解，加上来报社后的表现，首批有4位同志经过党小组和党支部的培养考察被吸收到党组织。在党旗面前，我带领他们举行了入党宣誓。后来又有不少青年同志提出入党申请。

对外宣传《中国交通报》

《中国交通报》创刊后，急需扩大影响，使交通行业内外更多人了解我们的报纸，支持我们的报纸，我们做了以下三件事：

（1）在央视做了一个30秒的《中国交通报》创刊广告。

（2）请《辽宁日报》来的副总编辑帮助在《光明日报》一版发了一条《中国交通报》创刊简讯。

（3）举行《中国交通报》创刊新闻发布会。这个发布会在北京市文化宫礼堂举行。钱部长请来了交通部的前任部长叶飞（时已任国家侨委主任）、孙大光等领导，王展意副部长主持会议，钱部长讲话。中国记协书记处书记江涛、新华社新华出版社社长许邦等同志到会祝贺，会上还有其他有关同志近100人出席。这个会对扩大《中国交通报》的影响有很大帮助。

《中国交通报》创刊两周年之际，开展了交通系统各单位的祝贺活动。交通系统公路、内河、海运、港口等部门有百八十个单位发来贺信。祝贺名单在《中国交通报》上发表。《中国交通报》得到全行业的祝贺与支持，全社同志更增添了办好报纸的信心！

创建记者站

1985年春，从《长江航运报》借调来的一位老同志几次同我商议建立记者站的问题，我一时抽不出时间，请他先到各地摸摸情况。出乎意料的是，他很快回来高兴地告诉我，陕西省交通厅同意建站，并且指定了记者，这就是《中国交通报》首个记者站的首位记者姜志理同志。过了不久，河北省交通厅也建了站，记者是谭峰生，两位都是大学本科生。由此得到启发，记者站建在各省交通厅是一个极好的选择，我同康总商量，报社可以向各省交通厅发一个建站函，记者站实行双重领导，人选、资金、办公条件等由厅里负责，新闻业务由报社负责。先从长江以北的诸省试点，在泰安市开一个建站会议，河北省交通厅李副厅长到会，北方各省派出宣传处长、人事处长或办公室负责人到会。报社提出建站的要求：一是希望得到各省厅的大力支持；二是记者站以宣传本省交通新闻为主；三是记者站设一名站长，可兼职，但应设一位专职记者，就新闻业务与报社沟通，由报社通联部负责与记者的联络；四是记者可以到报社暂住，提升新闻业务水平；五是记者站多做《中国交通报》推广工作。

会后各省陆续建立记者站，由此我们又得到一个启发，不久在贵州省交通厅的支持下，报社在贵阳开了一个南方片的建站会议，亦取得了较理想的成绩。

全国《中国交通报》记者站基本建立起来了，记者们积极性很高，竞相写来了许多稿件，均是各省重点内容，质量较高，对提高《中国交通报》的质量有很大促进。

为了交流记者站的工作情况，也是让各站同志彼此见见面，互相认识，在四川省交通厅的支持下，1985年夏在四川乐山市召开了首次记者站工作会议。交通厅长出席会议，讲了话。会上，我总结了全国建站的情况，并对已建记者站的工作提出要求，使记者站逐步规范起来。康文田介绍了报道要点和提高报道质量等业务问题。会上还对评上先进的记者站和记者给了适当奖励，发了小锦旗。这个会议开得热热闹闹，与会者高高兴兴。

1986年9月，中国交通报社得到福建省交通厅的支持，在福州市召开了第二次记者站工作会议，交通厅长出席会议并讲话。会上总结了全国记者站的成长历程和成绩，介绍了新闻报道方面的显著进步，奖励了先进记者站和先进记者。

回顾记者站建设，不可不讲那些建站有功的站长们。他们多是兼职，但他们上下沟通，用很多时间帮助记者站解决财力、物力、新闻报道方面的许多问题。有一些站长后来被选拔到局级领导岗位，有黑龙江的王茂、宁夏的刘全智、陕西的姜志理、上海的干观德等。当然，他们上任局级领导岗位，主要是他们以德才胜出，但站长的工作也不能说一点影响没有。还有很多老站长，对记者站的成长都是有贡献的。这些老站长和初期的记者们都是我的老朋友，每次见面都有聊不完的话题，十分亲切。

《中国交通报》记者站的建立与健康成长，应感谢各省市交通厅、局领导的大力支持。记者站已成为《中国交通报》的得力助手，成为《中国交通报》不可或缺的臂膀。

回首《中国交通报》创刊前后的陈年往事，倒不如说我重新回味30年前工作中的酸甜苦辣咸，一个人在一生的工作与生活中，大约谁也摆脱不了酸甜苦辣咸这五味的缠绕，是甜多还是苦辣多？因人而异。

这篇回忆，就作为大家茶余饭后的谈资吧！

祝愿《中国交通报》前程似锦！

李长青系中国交通报社原副社长

我们这一棒

李育平

2000年8月，我和黄大斌到中国交通报社接过了社长、书记这一棒。2005年8月我到点退休，又交出了手中的接力棒。在《中国交通报》30年的长跑里程中，我接力跑了五年，这也是我职业生涯的终点线，记忆犹新。

不惧攻坚战

刚进报社时我完全是一个门外汉，对编前会、策划会等一概不知，忧心忡忡。原交通部人劳司领导安慰我说，报社办报人才济济，依靠大家没问题。

后来的实践证明，报社确有多方面人才组成的一批骨干。杜迈驰、赵爱国两位都是有经验的老报人，部门负责人多是科班出身的青壮年。我们的通联工作凝聚力特别强，可以毫不夸张地说，在行业报中是第一流的。更为难得的是时任党委书记黄大斌党性强，原则性与灵活性把握得非常艺术。这样的团队是我们敢打攻坚战的前提。

当时面临的形势是自1999年以来，中办、国办联合下文要解决报纸三脱钩问题，原国家新闻出版总署要求“重塑市场竞争主体”，称“正在建立有500多项指标的报纸评估论证体系，行业报不要有侥幸心理”。

面对既要高举舆论引导大旗，又要在市场中求生存的巨大压力，在原新闻出版总署报刊司司长王国庆的引荐下，报社领导班子和全体中层干部跑遍了北京市、上海市和广东省的各大报社，学习他们是如何做到两者兼顾的。回京后的务虚会上，大家讨论热烈，得出了一句话的结论——不改革死路一条。

在中国报协行业报委员会原会长吕华麟的具体指导下，我们开始了大力度改革。在版面、人事、分配等方面进行大调整，使报纸更贴近交通实际，增强导向性和可读性，让有能力的新人不分先来后到脱颖而出，让分配制度导向作用更为明显。这里要特别提到报社时任副社长谭鸿，他在组织和操作报社改革的工作中起到了极为关键的作用。

截至2004年年底，报社由2000年的78人增至130人，报纸由黑白对开4版，改为彩色对开8版，还同时开通了电子版和中国交通新闻网。

领军行业报

改革后的报社万众一心，热气腾腾，版面焕然一新。由国内著名调查公司进行的社会调查表明，《中国交通报》在9家同类报纸中，“认知率、忠诚度、阅读率、主动推荐率”均居第一位。

报社自主开发的中国交通报综合业务信息系统，获得国家新闻技术进步三等奖。报社实现了无纸办报和财务电算化。

中国产业报协会致函原交通部党组称，《中国交通报》“在宣传报道、报业经营和社务管理等方面，都位于国务院各部委主办的73家全国性行业报的前列”。王国庆也在原交通部分管领导参加的会议上讲：“毫不夸张地说，《中国交通报》是全国行业报的领军报。”

现在的《中国交通报》更是跨了一大步，远非当年可比。每一代交通报人都在接力，只有起点，没有终点，愿大家在新班子的领导下齐心合力跑好这一棒！

李育平系中国交通报社原社长

情系交通

毛惠明

从沪借调京城挥洒创业激情

我是1984年8月1日到北京的。当时，我是《长江航运报》上海站的记者。盛夏的一天，部门的一位领导来到我的办公室说："交通部要办一张报纸，需要借调一批人去北京筹备，上面点名要你参加，时间一年，想征求你的意见。"他刚说完，我连想也没有多想，就一口答应了下来。就这样，我很快了结了手头的工作，打点行装就出发了。由于装了满满一箱行装，加上途中几次搬动，刚出北京站箱子就坏了。后来，报社通联部岳智军的父亲用他的巧手替我修好了。这箱子成了我进北京的小插曲，永远留在我的记忆中。

今天回想起来，我为自己当初毅然决然的决定而庆幸。试想，当时哪怕多想一想自己的家庭，上有老，下有小，唯一的儿子还在上小学，我可能就会犹豫，甚至失去这难得的机会。那样我会后悔一辈子的。到北京后，才知道借调人员中，仅长航系统就有8人，其中4人是《长江航运报》的同仁。言谈中，大家都对这次借调十分高兴，又感到压力重重。

第二天，我来报社报到。报社在安外外馆斜街的一幢住宅楼里，与招待所仅一墙之隔。副社长李长青握着我的手，像老朋友一样热情地说："早就盼着你来，欢迎，欢迎。"其实，我们才第一次见面，我心里顿时涌起一股暖流。后来，听别人说，李社长早年在《辽宁日报》工作过，是一位老报人，还当过宋任穷同志的秘书，这更使我增添了对他的一份敬意。在简单介绍了报社的情况后，李社长嘱咐我先熟悉熟悉情况，写点东西练练笔。

从上海出发前，我对日后北京的工作生活做好了种种吃苦的思想准备，比如住招待所，吃食堂，但想不到洗个澡也那么难。浴室虽在招待所内，但一周只开放一次，每次人满为患。办公条件也差，十几平方米的房间，几张办公桌一放，连转身也困难。没有电视机，业余生活枯燥而单调。

但物质条件的清苦，并没有影响创业的热情，大家只有一个信念：为尽早出版《中国交通报》，这一切付出都值得。我那时被委派为驻部记者，部机关远在军事博物馆附近，每次去先步行，后乘车，再步行。来回路上将近两个小时，等回到招待所，早过了开饭时间。但即使饿肚子，也没有一句怨言。

一天下午，我在院子里碰到李咏梅拎着一个包，刚从部机关采访回来。我问她："吃饭没有？"她笑笑："还没呢。"那时已是下午1点多了。一个刚毕业的大学生，学的专业与新闻毫不相干，但她虚心好学，责任心强，又有悟性，从她身上我看到了报社的希望。像她这样优秀的年轻人还有刘文杰、逄诗铭等好几位。他们依靠自己的努力，很快适应了"角色"，挑起大梁，有的今天还成为报社的领导，这是最让人高兴的。

伴随报纸创刊收获职业成就

我喜欢记者这个职业，或许与我直率、喜欢讲真话的性格有关。在借调到北京之前，无论在海军北海舰队当兵还是后来半路出家成为《长江航运报》记者，我曾经写过不少稿子，有的还被新华社向全国播发。但此刻，我心里明白，过去的已经过去。作为一名来自基层的企业报记者，要担负起驻部记者的职责，必须尽快转变角色。由以前"立足企业，面向职工"转变为"立足行业，面向全国"，这对我来说并不容易。庆幸的是，在这过程中我得到报社和部机关很多人的帮助。他们有的是我的同行或采访的对象，更多的是我的老师。原部办公厅副主任张玉德是我跑部机关第一个打交道的人。我写的第一篇稿子就是与他合署发表的，后来他调任部救捞局后还时有联系。时任部党组秘书陈本还个子不高，一口带四川味的普通话，他办公室就在钱永昌部长的外间。每次去总见他手执毛笔，在聚精会神地工作。据说，部党组给中央、国务院的报告多出自他手。他为人低调，待人谦和，对我的采访给予很多帮助，我从内心敬重他。海洋局老戴，信息多，又是上海老乡，每次去总能从他那里挖到不少“猛料”。后来我回上海建记者站，设在东方饭店的办公用房还是他出面，从上海港务局要来的。还有政研室的鲁勤智主任，每年全国交通工作会议的报告由他执笔，报告传达的许多重要信息，常常提前透露给我们，使我们掌握了报道主动权。后来，他曾调来报社当过一段时间的党委书记。30年过去了，他们的帮助和提携我至今仍铭记在心。

驻部期间，我主要的任务是采访报道，只有一次是例外。一天，报社领导通知我列席部党组会议。后来才知道是社领导为了全面准确了解部有关方面的情况，向部党组建议的结果。这是我在驻部期间唯一的一次。记得那次会议主要是研究部属院校的教育问题，先由部分管教育的副部长、党组成员作主旨发言，部长、党组书记钱永昌作总结讲话。具体内容记不得了，只记得我当时坐在靠墙边的一个位子上，既兴奋又紧张。在我前排的一位党组成员最活跃，不仅自己发言，别人发言时还频频插话。后来才知道，他叫杨战生，是部办公厅主任。这样的会风，是我在基层时从未见过的。当时，脑海中突然冒出了之前听过的一句话——要造成又有民主、又有集中的那样一种生动活泼的政治局面。不过，由于种种原因，那次会议未能公开报道，但使我了解了许多教育方面的有关情况，对今后报道大有裨益，同时也又一次亲身感受到部领导对报社的重视。这种例子不胜枚举。

一次，本报有一篇重要的稿件需领导审阅。那天，钱部长正在家里撰写重要材料，我将稿子送到他在木樨地的家。钱部长见我进门，马上停下了手中的笔，一边看一边修改。修改后，又从头至尾仔细地看了一遍，才放心地交给我。王展意副部长分管报社，每当出版的日子总能接到他打来的电话，或评说稿件，或提出建议。一次，他来报社，当着李社长的面夸奖当天一版的短评写得好，问是谁写的，我听了暗暗高兴，自己当了一回无名“英雄”。

一张报纸的创办，时机很重要。《中国交通报》于1984年11月创刊，可以说占尽了天时地利人和。我作为一名借调人员，能够参与其中，见证《中国交通报》从无到有，一步一个脚印前行，真是三生有幸。记得当时正是十一届三中全会以后，交通部解放思想，实事求是，锐意改革，出台了征收汽车购置附加费等一系列新政，提出“有路大家行车，有水大家行船”的全行业管理思路，一时间“要想富，先修路”等口号成为全社会的共识。在这种情况下，承载着全国交通系统意愿和企盼的《中国交通报》一面世，一炮打响，刊登的新闻经常被中央人民广播电台、《人民日报》摘播（登）。一时间，电台有声，报纸有名。记得那时，每逢出报的日子，一早我便会竖起耳朵听招待所的大喇叭广播。每当听到《中国交通报》的报名，那是最高兴的事。记得有一次记者李彦一回四川采访，发回他写的“修路热引发买车难”的消息，本报刊登的当天，他人还没回来，中央人民广播电台就摘要播出了。还有一次，钱部长到上海开会，住在锦江饭店，我到他房间有事。说来也巧，房间里一张当天出版的《人民日报》（是上海分印点印刷的）第三版报摘专栏中刊登了本报一篇稿子的内容，题目是《上海港使用微机管理集装箱》。钱部长看到了非常高兴，当他得知是我写的后，鼓励我：“今后要多写！”类似被转播的例子自从戴松成副总编从《人民日报》调来后更是家常便饭。他领军采写的“运河行”、修建“断头路”等系列专题报道，屡屡被中央和地方报刊转载，在社会上引起强烈反响。

经过全体采编和发行人员的共同努力，1984年11月7日，第一期

《中国交通报》呱呱坠地，没有鲜花，不放鞭炮。当我们手捧飘着油墨香的这个“新生儿”时，几个月的辛劳顿时烟消云散。作为参与创业办报的一分子，我们以自己的方式庆贺她的诞生。这天临下班前，二版编辑、来自长航镇江港的蒋绍龙拿着创刊号到我办公室，一脸喜庆：“毛记者，签个名，留作纪念吧！”接过报纸，看到空白处已留下不少报社同仁的大名，这真是一个庆贺的好创意！这一天，我签名的次数创造了个人的“吉尼斯纪录”。不久，我完成了“借调”任务，提着那只修旧如新的行李箱离开北京，回上海创建《中国交通报》上海记者站，续写我钟爱的“本报讯”，直到退休。

毛惠明系中国交通报社驻上海记者站原副站长

抹不掉的印记

张忠华

1997 年 10 月，组织上派我去中国交通报社驻青海记者站工作。我一下子懵了：我可从来没有给报纸写过文章啊！能行吗？

张忠华（左一）在 214 国道青海段施工现场采访

果不其然：当我把精心准备了两天的第一篇稿件用信封寄给报社后，没过几天，《中国交通报》就在一个不起眼的位置刊发出了一篇“豆腐块”。

这是我那篇洋洋洒洒的“文章”吗？标题也改了，1000 多字的原稿只剩下了 100 多字。我看看底稿，看看“豆腐块”，心里既服气又难过：服气的是编辑慧眼识“金”，我那 1000 多字的稿子有用的也就是这 100 多字。难过的是我写稿子怎么那么多废话、空话啊，看来这个活儿还真不好干呢。

有一段时间我不愿意写稿，主要是怕“丢人”。报社好像看出了我的心思，时任新闻部主任的李咏梅及版面编辑们不断向我约稿，并指导我怎么写怎么修改。杜迈驰总编辑以及通联部的靳扬主任也鼓励我多写多练，并不时还举出我稿子中的“亮点”来“忽悠”我几句。

就这样，在众人的连拉带搡下，我总算渐渐跟上了“队伍”。报纸上的知名度也提高了，豆腐块也慢慢地从小块变成了中块，甚至大块；再到后来有的稿子居然被评为好稿，有的甚至还获了奖。

我心里当然是美滋滋的。但本人也自认为是重感情讲义气的人，我总想找机会请请这些把我扶上“马”的哥们儿朋友，当然也包括那些可敬的领导“大哥”。可每次出差到北京，汇报完工作后，不是社长、书记请我吃饭，就是部门“掌门”找我“寒暄”，总也找不到机会。尤其是通联部的同志，一见面就端茶倒水，嘘寒问暖，真让人有受宠若惊、宾至如归之感。

有一次，我在报社附近的一家餐馆中点好了菜，要了酒水，然后约朋友们聚聚。朋友如期而至，能来的都来了。大家高谈阔论，酣畅淋漓之至。可到我去“买单”时，发现“单”早被他们“买走”了。他们还安慰我说：等我们去你那里时，你再好好地请我们。

可我知道：他们一个个忙得像陀螺似的，哪有时间到我那里去逛。

最难忘的是2010年那个特殊的春天，4月14日青海省玉树州发生强烈地震。当正在外地出差的我紧急飞回西宁时，面前的情景让我手足无措：数不清的部门要稿子，数不清的活动要采访。这可是政治任务啊！年近六旬的我，“光杆司令”一个，情况不熟，本来就有神经衰弱，可也不敢懈怠，不得不把一点可怜的睡眠时间也搭上了。一个星期下来，渐渐感到头晕眼花，食不甘味，体力不支……

真是“天无绝人之路”，“神兵天将”出现了：张召学、张向东、李国栋先后来到了西宁。他们是受报社派遣，专门来帮助我工作的。

多亏了这几个“哥们儿”。一下飞机顾不上喝水、吃饭，就同我谈情况、定选题、写稿子、四处采访。张向东、李国栋两人，不顾鞍马劳顿，直接同我一起驱车赶往820多公里外的玉树灾区。

张忠华（后左三）陪同时任副社长李咏梅（前左一）在玉树灾区看望慰问交通职工

在此后十多天的采访报道中，我们三人风雨同舟，患难与共，克服了各种常人难以想象的困难，及时发出了一篇篇真实、鲜活、生动的一线报道。同时，报社也给予了最大支援，前方后方互动，采访编辑配合，常常是我们在前方写稿到深夜，报社领导和编辑也值班等待到深夜……

玉树抗震救灾报道终于画上了圆满的句号。弹指之间，我也退休近三年了。三年中，我发现《中国交通报》像一条深深的印记，已经永远镌刻在我的脑海里了。那一个个熟悉可亲的面容，那一幕幕生动感人的场景，什么时候想起来都是热乎乎的。

张忠华系中国交通报社驻青海记者站原站长

难忘的西藏采风之旅

陈光榕

西藏，一直是我向往的一个梦。

1995年春夏之交，我有幸参加由报社组织的西藏采风活动，圆了我的梦。

我与北京、山东、青岛、成都、重庆和云南记者站的同仁，在成都集中后，一起乘飞机去西藏。抵达西藏贡嘎机场时，为了不让大家久等，我跑着到卫生间方便，接着再跑向候车点。我们乘车一个小时，到达住宿的宾馆时，我又很自然地提起行李箱，走上楼。刚走到二楼，我就气喘吁吁，不得不停下来歇息。在旁边的藏族男服务员见状，很热情地帮我提起行李，来到三楼的房间。我想，这就是高原反应吗？拉萨的海拔才3000多米呀。看来，乍到高原真的不能做激烈运动。

拉萨到晚上十点多钟太阳才下山，我们总觉得还早，不知不觉聊天、打扑克到12点。为了第二天的活动，只好散开回房间休息。我洗完澡就上床睡觉，但还不到一个小时，我头痛难忍，仿佛脑袋瓜要炸裂一样，辗转不能入睡，一直折腾到四五点钟，昏昏沉沉似睡非睡。我深深感受到高原反应是何等厉害，想不到初来西藏就被杀了个下马威，实在不敢想再待下去了，明天就打道回府吧。早晨七点，我一阵恶心，呕吐了，好难受呀。不过吐完一阵子，人反而变得舒服多了，头也不痛了。我又躺下睡了一会儿。

九点多，我们吃了早餐就去布达拉宫。我缓缓地走在通往布达拉宫的斜坡路上，不敢走得太快。我感觉自己终于过了高原反应关，有了好心情，开始认真品味着布达拉宫的建筑美和稀罕文物。

布达拉宫依山垒砌，群楼重叠，殿宇嵯峨，气势雄伟，坚实墩厚的花岗石墙体，清白平展的白玛草墙领，金碧辉煌的金顶，层层套接的建筑群体，充分体现了藏族古建筑迷人的特色。参观了红宫和白宫以及部分附属建筑，其中极其丰富、十分珍贵的历史文物，令我震撼。

有人说，没有到过西藏就没有真正见过天和云。到了那里，才懂得什么是蓝天与白云，肃穆与圣洁，神圣与执着，祥和与宁静。看着虔诚膜拜的人们，看着蓝蓝的天，心中有份久违的宁静。

第二天，我们前往日喀则。过了日喀则，我们就开始翻越措拉山和嘉措拉山。西藏“措”的意思就是海，嘉措就是大海的意思，我们两部越野车在弯弯曲曲的山路上行驶，到海拔 4000 米以上植被很稀少，天空细腻柔和，山地粗砺坚硬。从车里往车外看，上半部就是纯净的瓦蓝色天空，下半部是单调的赭红和灰黄色的山坡，几乎没有生命的痕迹。嘉措拉山是珠穆朗玛峰的门户，是从珠峰北坡登顶的必经之路。

很可惜，我们没有去海拔 5220 米的嘉措拉山口，没能领略那里水泥标高牌上五彩缤纷的经幡。据说，像这样好的天气下，站在嘉措拉山口，不仅可以眺望到珠穆朗玛峰，还可以眺望到另外三座海拔都在 8000 米以上的卓奥友峰、洛子峰和马卡鲁峰，十分壮观。我们在另一条路上，来到 5640 米海拔的水泥标高牌旁，下车观赏对面白雪皑皑的珠穆朗玛峰，心情格外兴奋。

我们从拉萨到尼泊尔边境的樟树县，沿途采访了三个公路养护道班。看一看，比一比，西藏的养路工比内地艰苦多了，不仅生活环境艰苦，连基本的生活条件都没有。养护公路的工作都很辛苦，但内地养路道班可以利用业余时间在住房周围开荒种菜，养鸡甚至养猪，改善自己的生活；利用电视、广播、报刊，丰富他们的文化生活。然而，西藏的养路道班多是在不毛之地，连他们吃的水，都要用手扶拖拉机到 20 公里外取；他们吃的粮食和蔬菜、食品，都要托热情的货车司机从几十公里外的市场上捎带过来。正是因为他们辛勤地在公路上养护，司机们都很尊敬养路工，天长日久结下了深厚的友情，给予兄弟般的帮助，这充分印证了因为付出才拥有的道理。

我们到樟树县时，正值下大暴雨。原定要办临时出境证前往尼泊尔的计划泡汤了。第二天，我们返回拉萨，司机告诉我们，下了这么大的暴雨，路上很可能会遇上塌方路堵。果然，我们才行驶了几十公里，就被堵在路上。堵在前面车里的司机告诉我们，昨天就塌方了，养路工已经在暴雨中抢修了一个通宵，现在可能快好了。我走到前面，只见养路工们正挥着铁锹，在小型推土机旁清理石块和泥土。在他们的脸上，分不清是汗水还是雨水。我情不自禁地用照相机拍下了这个动人的场面，我们足足等了两个小时，终于打通了道路。

陈光榕（右一）采访西藏养路工

我们在道班采访时，走进他们的住房。只见炕上花被、花床单与旁边的漆着五颜六色的木箱子、橱柜相映衬，都是以鲜艳的红色为主色调，让人感觉到他们对生活的热爱，对工作的热情，对未来充满了希望。我们与养路工的交谈中，他们不论是男的还是女的、年长的还是年轻的，个个脸上都带着幸福的微笑。他们以当养路工人为骄傲，用他们的话说，虽然很辛苦，但是看到司机开着车在平顺的公路上行驶，微笑着向他们招手致意时，感到特别快乐和骄傲。养路工的微笑，让人把烦恼的“放不下、想不开、看不透、忘不了”抛到脑后。

我们在西藏采风七天，学会了喝奶茶，吃风干肉，享受了蓝天白云下的清新空气和浓郁醇厚的西藏风情，给我留下了难忘的美好记忆。

陈光榕系中国交通报社驻福建记者站原站长

执子之手　与子同行

陈乃文

陈乃文

秋雨中的一缕阳光

时令已是深秋，屋外终日细雨霏霏，浸霪得骨头都仿佛发霉了。执一本书，独坐窗前品茗，平日里清香四溢的普洱茶竟也散发出淡淡的霉味。于是，心头便产生了丝丝的忧郁，渐渐地弥漫开去……

突然，一串急促的电话铃响起，是谁？会在这阴霾的日子里打来电话？

“陈站长，您好！”清纯甜美的嗓音在这沉闷的环境里分外亲切，我心头一颤。她告诉我，报社为纪念成立30周年，约老站长们写点回忆文章，一起追忆过去奋斗的、美好的日子，共同庆祝报社30年华诞。

刹那间，和报社共同走过的岁月汹涌地扑上心头，那些个“执子之手，与子同行”的日子让我心潮澎湃。我想起了报社一步一个脚印，逐年取得不同成就时自己的欣慰；想起了乘长途客车跑遍全省129个县区的艰辛；也想起了获得报社优秀记者荣誉时的喜悦……这如潮的思绪，驱散了满屋的阴霾，给刚刚还郁闷的心，送进了温暖。

谢谢你！感谢你在秋雨中送来的一缕阳光！

永不会忘怀的那些岁月

我从1986年兼任中国交通报社驻云南记者站站长，一干就是26年，在这个岗位上，送走了终将逝去的青春，但我无怨更加无悔，因为那些岁月，也是一生中最值得怀念的日子。

忘不了1995年陪杜迈驰总编赴怒江采访的日子。正值雨季，大雨冲松了山石、冲塌了路基，当地交通部门的人劝我们不要进去了，但杜总为采访怒江交通扶贫而来，他一点也不犹豫地坚持要进去。于是我们冒险前进，怒江在身边咆哮，大雨在头上猛浇，被水毁破坏的公路泥泞成了“猪厩”（杜总对它的称谓）。天黑了还不到采访点，就在一个路边小店住宿，一间屋六张板床，玻璃窗上的玻璃全都破了，风一个劲地往屋内吹，简陋的条件让我很过意不去，但杜总却说很好很好，他一会儿就在硬梆梆的床上睡着了。一路颠簸，我在路上买的一套六个包装很好的瓷杯，竟颠成了粉末，乘坐的丰田越野车也颠得连后门都打不开了，我真心过意不去，杜总却只关心我受过伤的腰是不是颠得旧病复发。

到了采访点，杜总不听同行人的劝阻，执意要上山到老百姓家中去。六七十度的陡峭山坡，加上雨后的湿滑，爬上去真是太难了，但我们在杜总的带领下，手脚并用、一身泥泞地攀了上去，杜总的皮鞋都走破了。进到傈僳族百姓的草屋，几乎空无一物的屋内就只有一个火塘，有一家人的光板床上，没有棉絮、更没有垫单，垫着的竟是拆开来的纸箱，我们都哽咽了,杜总感慨地说,不上山来,怎么会体会到怒江确实需要扶贫?

这是一次艰苦的采访，但艰苦中也有欢笑。杜总的风趣幽默常使我们哄笑，我们也笑杜总那张开了嘴的皮鞋，最好笑的是我和同行的小孟各在山上买了一块表面都露出翡翠绿的“玉石”，下山后性急的小孟等不到回城里锯开看，就在公路边捡块石头砸开了，里面什么也没有，逗得大家开怀大笑，我的那块带回昆明，锯开了也是什么也没，不觉也哑然失笑。

回京后，杜总写了六篇系列报道，真实而生动地反映了怒江的情况，说明了交通扶贫的极端重要性。纯朴的怒江人再三对我说，一定要好好谢谢这位为他们说话的好总编。

从杜总身上，我学到了为事业不畏艰险、吃苦耐劳的优良品质。

忘不了2005年7月陪李咏梅副社长赴思小公路采访的日子。正值夏季，炎热的西双版纳骄阳似火，室外温度高达近40摄氏度，我劝她就在办公室找人来谈谈算了，但她坚持要到工地去采访。看着她汗如雨下地在工地爬高下低，顶着烈日一丝不苟地询问、记录，我不只感动，还有心疼。到茶马古道采访时，下起了雨，她一路拍照，拍好一张马上把照相机收进摄影包，认真地拉好包口的拉链。走一两步又要拍了，她又拉开拉链把相机拿出来。我劝她不要这么麻烦，相机就提在手里多方便，她说，这是报社的财产，电子的东西淋了雨就坏了，麻烦点就麻烦点吧，又让我感动了一回。

回京后，李副社长写了一系列思小公路的报道，从各个侧面反映了这条公路的建设情况。思小路后来名声大震，成为举世闻名的绿色环保公路，获得了多个奖项，胡锦涛、习近平等党和国家领导人都全程视察了这条公路。至今，当时任这条路建设指挥部指挥长、书记的两位领导见到我，仍然要我代向李副社长问候，感谢她对思小路建设的支持。

从李副社长身上，我学到了认真严谨、深入扎实的工作作风。

忘不了陪李育平社长看望他扶助的山区孩子的日子。也是雨季，南华县农村的等外公路狭窄泥泞且多塌方，我提心吊胆地跟着他，一心只祈求苍天不要再下雨，因为再下一场大雨，公路再塌一些泥石，我们就可能回不去了。事先我也劝阻过社长，但他义无反顾地要去看看。在崎岖的泥路上走了好几个小时，好不容易到了那孩子家。孩子的家就是在山坡上开出的一小片平地上建起的一间小屋，贫穷的程度令人感慨。见到扶助他家孩子的恩人到来，他们激动得话都说不出来，非要留我们吃饭，还把家中唯一的鸡也杀了（李社长后来留了饭钱）。他扶助的那个小姑娘，知道社长要来，一大早就走很远的路出去迎接我们，但却和我们错过了，她一直走到县城，找地方打了社长电话，社长叫她不要回家，就在县上等我们返回，我们中饭后返回县城，见到了这个朴实的小姑娘。社长留她和我们一起吃晚饭，之后又请当地人送她回家，看着社长像对自己亲生女儿一样和她私语，我的眼眶也湿润了。听说李社长不仅扶助她上完了学，还帮她联系了工作，使她永远地走出了贫穷的大山。

从李育平社长身上，我看到了包容宽厚、仁慈祥和的博大胸怀。

永不会忘怀的那些挚友

兼任站长 26 年，感谢报社给我创造了很多的机会，使我结识了报社和全国各地记者站的一批挚友。

难忘报社摄影部在云南举办的那一期培训班。在这次培训班上，我和全国各记者站的“同学们”学到了不少的新闻摄影知识。之后赴西双版纳采风，一路欢歌笑语。除了唱歌，大家也拿摄影部彭主任和搭我们车的一位姑娘逗乐，他也随和地和大家一起起哄。每次上车都迟到的河南老康，也是大家逗笑的对象，老是问他迟到是不是因为去找傣家小仆哨。就是这次采风，我和摄影部的吴卫平、杨秉政、杨烨等几位老弟成为要好的朋友。

难忘秦皇岛的王小勇站长，一个豪爽开朗的男子汉，把记者站工作做得井井有条，我跑到他那里去取经学习，他热情地接待我，工作上尽心传授经验，生活上无微不至地照顾，弄得我都很不好意思。后来他也来云南考察，我陪他转了很多地方，接触中更感到了他的真诚和义气。但使人痛心的是他后来得了病，我为他联系好云南一家小有名气的专科医院，可惜他已经不能乘坐飞机，不久就去世了。想起这个豪爽的哥们儿，总忍不住鼻酸喉哽。

还有湖南站老滕、内蒙古站老仇、青海站老张、浙江站小严和小贾、广西站老卢……20多年的交往，结下的深情难以言传。

最难忘的是报社组织的一次西藏采访，我们共去了七个人，有福建站老陈、成都站老苟、重庆站小陈、青岛站小金等。西藏对于我们实在太神秘，因此每个人都兴奋不已，但一到拉萨，除了我这个来自云贵高原的人没有太大反应外，其他各位都有不同程度的高原反应。最惨的是来自海拔为零的青岛的小金，头疼、呼吸困难，让他痛苦不堪。采访中有一夜住在路边小店，深夜我醒来，发现房门大开，看得见路上来往的车辆和行人，我不禁大惊，因为我们每个人都带着几台相机，就放在床下，要是被人进来偷走，损失就太惨重了，我急忙起来关门，忽听最里面一张床上的小金说："陈站长不要关门，我喘不出气来，让它开着吧，我睡不着的。"就是在这样反应严重的情况下，小金还是坚持了十来天，完成了采访任务。

最体现团结与友爱的，是从聂拉木返回的途中。山路崎岖，又遇到了大塌方，车子根本过不去，返程的机票已订，我们都很着急。两位藏族驾驶员更急，决定从坍塌的土石上驶过去，他们叫我们下车步行，并说："我们会挂上前加力慢慢过来，万一我们掉下去了，你们就乘公路段派来的拖拉机回段上，再叫厅里来车接。"如此悲壮的说法听得我们热泪盈眶，一致坚决制止他们的冒险行为，但他们执意要这样办。于是我们七个人和领队走向泥石，大家手拉手地小心前进，互相叮嘱着小心，身体壮实的主动走在外面，想用身体挡住走在里面的同志，眼力好的努力盯住塌方的山头，提防有新的塌方下来，就这样互相拉扯着、鼓励着，艰难地走过了塌方路段，然后就转身大声叮嘱驾驶员，请他们千万小心。只见他俩下了车，在前轮边鼓捣了一阵（那时候的越野车挂前加力还要在前轮上鼓捣），然后就慢慢地驶上了泥石，看着他们的车倾斜成30多度，大家的心都提到了嗓子眼，屏住呼吸不敢出声。在一阵左右歪斜的颠簸之后，两辆车终于驶过了塌方路段，两位驾驶员一下车，大家一起拥上前，紧紧地抱成一团，热泪横流，那一刻，我们体会到的是人间最深沉的大爱，是一种生死与共的深情……

2012年，我从站长职位上退下来了，但和报社并肩携手的26年，却成了我一生最珍贵的记忆。值此报社成立30年之际，谨对她表达最衷心的祝愿：愿报社一天比一天发达！愿挚友们永远健康平安！

陈乃文系中国交通报社驻云南记者站原站长

刻在心灵上的记忆

蒋志安

《中国交通报》已经走过了30年的光辉历程。在这个历程中，报魂把记者站和报社的全体同仁紧紧地连接在一起，放飞梦想，奋发进取，孜孜不倦地追求新闻报道质量，用心血和智慧铸就了这个辉煌历程。

在纪念《中国交通报》创刊30周年之际，打开记忆的闸门，捧出两朵记忆的浪花，献给风华正茂的《中国交通报》！

1999年年底，因国家报刊整顿规定，厅局不能办报，《四川交通报》停办。为了一班人马两块牌子的中国交通报社驻四川记者站和四川交通宣传中心的生存与发展，我们除了办杂志、声像及后来与四川广播电台合办四川交通广播节目外，2001~2002年，我们又与《精神文明报》合办四川交通版，因其主报报道内容与交通版报道内容严重脱节，2002年年底经双方协商终止合作。

至此，我们又主动向中国交通报社提出，承办《中国交通报》四川交通版。对此，初商时，问题主要集中在以下几个方面：一是地方版是否会影响主报质量；二是地方版利用主报品牌资源的问题；三是地方版是否会影响主报经营业务问题；四是四川发行主报的问题。协商解决这些问题是艰难的，但双方又是积极而坚决的。经过双方反复协商，取得了很大进展，只有品牌资源使用问题待协商解决。时任社长李育平的品牌意识很强，记得在2002年下半年的一个晚上，在李育平的办公室里，他和谭鸿、靳扬三人轮番“舌战”我一人。开始双方互不让步，争得面红耳赤，协商几乎夭折，直到凌晨一点左右双方才作出让步，最终解决了这问题，并在其后的不久签订了《中国交通报》四川交通版出版协议。

在中国交通报社的指导下，在四川交通主管部门的领导和支持下，2003~2004 年，我们解放思想，开拓进取，从深度和广度上，深入挖掘四川交通社会新闻，精益求精地宣传报道四川交通建设发展成就和经验，在实践中努力探索办好地方版的新路子。在积极追求地方版质量的同时，我们不与主报争发四川交通的重要稿件和好稿件，并确保地方版不拖主报的质量后腿。在追求经济效益的同时，我们不与主报争抢广告客户，特别是不靠摊派搞发行，而是以地方版的质量促进发行，多刊登发行大户的好稿件，以发稿促发行。因此，当年在川发行《中国交通报》上万份，第二年比第一年更上一层楼，发行数量连续两年稳居全国交通行业第一。

2004 年 12 月底，因国家有关政策限制，《中国交通报》四川交通版停办。尽管如此，但由记者站承办地方版的做法，在中国交通报社的发展中，具有重要的启示意义。

2008 年 5 月 12 日 14：28，8 级大地震突袭汶川。那一刻，山崩地裂；那一刻，惊心动魄。全省 28 万平方公里受灾，3300 多万同胞受灾，大量国省干线公路和农村公路受损。汶川、北川、青川、理县、茂县、平武、绵竹等重灾县，山体裂陷垮塌、江河改道断流、路桥隧道断裂，生命通道全面告急；大量同胞死伤或失踪，无数家园成了废墟，生死救援万分火急。

地震灾难发生后，在党中央和国务院的坚强领导下，全党全军全国各族人民展开了规模空前的生命大营救：13 亿颗心真情交融，13 亿双手紧相挽扶，处处涌动着无疆大爱，时时闪耀着生命光辉，中华儿女用生命与鲜血、智慧与科学、拼搏与奉献，生动地诠释着伟大的民族精神。

在紧急危难时刻，四川交通人在四川省委、省政府和交通运输部的坚强领导及大力指导帮助下，在部队官兵和兄弟省市交通部门的无私援助下，怀着“灾情就是命令，时间就是生命”的紧迫感，第一时间赶赴灾区，并在一万多次余震中，向地震灾难宣战。

一支支道路灾情踏勘小分队，穿越一条条生死线，踏勘收集路桥隧道震毁情况，为抢修生命通道提供决策依据。

抢通大军，为了尽快抢通生命通道，工程机械24小时不停机，施工人员轮流上岗，抢通工作24小时不间断，战胜千难万险，紧急抢通道路。

蒋志安在都汶路百花大桥爆破前采访

保通大军，在有关路段全线日夜坚守，一有险情，立即排除，确保抢通后的道路畅通；在险情路段，冒着生命危险，攀悬崖排危石，确保救援人车安全；在飞石危险路段，安排人员守望飞石，为救援大军和车流站岗放哨。

保运大军，为了把党和社会的关爱及时送到灾区，一支支车队满载灾民、救援大军和救援物资在条条生命通道上昼夜兼程。

总之，四川交通人用智慧、血汗甚至生命，与余震、塌方和泥石流反复较量，筑起了一条条震不垮的生命线。

抗震救灾大战，同时也是新闻宣传报道大战。在血与火的大战场，哪里有灾情，哪里有救援队伍，哪里就有记者在那里战斗。

我们在四川交通主管部门和中国交通报社的领导和关爱下，也随四川交通人在第一时间奔赴到了灾区。置身灾区，那些灾难惨景，那些舍生忘死、争分夺秒的抗震救灾行动，立刻净化了我们的思想和灵魂，抛弃了一切杂念，忘了余震，忘了飞石，忘了脚下的泥泞、乱石甚至陷阱，不顾生死地穿梭在抢通保通保运的战场，满怀深情地记录着那些感天动地的场景。

我和文字记者、摄影记者、摄像记者，白天摸爬滚打在现场，晚上忙碌在斗室。长篇通讯《向地震灾难宣战的交通人》就是满含热泪写成的，同时我们一边整理、筛选图片，编辑电视新闻，然后把新闻稿件、新闻图片和电视新闻分别发往中国交通报社等媒体和有关部门，最后睡上三四个小时，有时甚至通宵不眠，发完稿件又奔赴现场。

在最紧急、最危难的半个月里，我们就是这样度过的，从不同角度、不同侧面全方位再现了交通人奋战生命通道的感人场景和精神风貌。

在很长一段时间，中国交通报社的领导和有关编辑，非常关注我们的安全，也关注我们的稿件和图片，及时发出四川交通抗震救灾报道。那一篇篇闪耀着交通人大爱无疆的战地作品，那一幅幅力透着交通人奋力救灾的感人图片，传播到祖国的四面八方，感动着、激励着广大读者。

2008年下半年，中国交通报社在河南焦作召开全国记者站工作会议，报到时一位工作人员知道我的姓名后便对我说，你们发在《中国交通报》的很多文章好感人啊，我是含泪读完的。正是《中国交通报》这个平台，在民族灾难时刻，向全社会传递着感天动地的正能量。

岁月吹老了我的容颜，但吹不走我的记忆，这些往事历历在目，永远刻在了我的心灵上。

蒋志安系中国交通报社驻四川记者站原站长

为行业发“声”

崔静华

1984年，那是给人激情和斗志、希望与梦想的一年。诞生在彼时的《中国交通报》，带有这个年代的鲜明特征，经历了转型中的追索、苦难后的重生，凝结了这个时期所有的重要印记。作为《中国交通报》的老记者，见证了《中国交通报》的成长壮大，对这张报纸怀有深厚的感情，最为深刻的印象是她深深植根于行业的沃土，高昂着行业精神，始终如一对交通运输行业本质的坚守。

交通运输行业作为国民经济基础性、先导性行业，其鲜明的特征就是要优先和超前发展于其他行业，秉承这样的使命，中国交通运输业昂首向前，连续多年超规模、超速度发展，创造出人类历史上的奇迹：港口吞吐量世界第一、高速公路总里程世界第二……这是一个怎样的时代？风云激荡，大潮汹涌，壮志冲天，豪情满怀；这是一个怎样的时刻？大桥飞架，天堑通途，彩练当空，阡陌纵横。

在这样一个重要的历史时期，《中国交通报》以为交通运输业发展营造良好舆论环境和氛围为己任，坚持为行业发“声”，凝聚行业意识，解析行业政策，弘扬行业精神，传播行业价值，展现行业智慧，彰显行业品质，为推动交通运输业持续快速发展作出了重要贡献。

凝聚意志，形成共识，汇聚起强大的行业力量，为交通运输事业发展提供坚强的舆论支持。

在交通运输业发展的关键时期，在重大事件发生的重要时刻，《中国交通报》总是在第一时间，以最为强劲的主流媒体声音，发出强有力的行业声音，凝聚起行业意志，形成推动行业发展的现实力量，为交通运输事业发展提供坚强的舆论支持。

崔静华（中）在施工现场采访

2010 年 7 月，吉林省连续遭遇三次历史上罕见的特大暴雨袭击，全省多条中小河流发生超过保证水位洪水，第二松花江出现全流域大洪水，多座中小水库出现险情，多处江河堤防发生漫溢。在人民生命财产遇到巨大危险的关键时刻，吉林省交通运输部门全力抗洪保通。我们记者站在《中国交通报》1 版刊发了吉林交通运输部门抢险保通的稿件，时任交通运输部部长李盛霖在稿件上批示，对吉林省交通运输部门的积极工作给予充分肯定。

中国交通报社新闻部主任韩世轶迅速将批示转给吉林记者站，我们马上向厅领导汇报，给在抗洪一线艰苦奋斗的吉林交通人带来巨大的鼓舞和鞭策，也使记者站工作受到表彰。

当年 8 月 5 日，《中国交通报》用整版报道了反映吉林交通运输系统抗洪保通的长篇通讯《钢铁意志勇战洪魔，众志成城全力保通——吉林省交通运输厅防汛抗洪全力保通纪实》，产生了巨大反响。

2013年6月，交通运输部印发《关于交通运输推进物流业健康发展的指导意见》，吉林省交通运输部门迅速行动，时隔一个月，吉林省交通运输厅就出台了《关于道路运输业现代物流工程实施的意见》，对吉林省发展现代物流业进行规划布局。依托区位优势构筑大交通、大通道、大枢纽、大物流；依托支柱产业，培育物流龙头企业；依托客运脉络，"小件快运"进村入屯。

杨传堂部长对吉林省交通运输厅加快现代物流工程建设的做法高度评价，他在批示上写道："吉林省交通运输厅实施道路运输业'现代物流'工程，抓得紧、行动快，所提的《意见》思路清晰、重点突出、措施可行。推进交通运输业与现代物流融合发展，是发展方向、战略选择，也是迫切要求、重大责任。交通运输部门要加强引领，让企业发挥主体作用，在提高运输效率、提升服务水平、降低物流成本上多作文章、做大文章，真正发挥好交通运输业在推进物流业发展中的基础和主体作用。"

吉林省交通运输物流业由此走上了发展的快车道。所经历这一切，又都是借助《中国交通报》这个平台：2013年6月，《中国交通报》1版刊发交通运输部《关于交通运输推进物流业健康发展的指导意见》，以强劲主流媒体声音，发起了行业进军物流业的集结号；8月15日，《中国交通报》,1版刊发《吉林启动道路运输业"现代物流"工程杨传堂肯定其实施意见思路清晰重点突出措施可行》，随之又用整版刊登《吉林高位起步疾书现代物流大文章》。这种大手笔，大气魄，彰显行业媒体主流舆论力量。

解析政策，诠释规范，集中放大政策效应，指导行业科学发展。

在重大行业政策出台之际，中国交通报社及时组织规模性战役性报道，对行业政策进行深入解读，为行业政策执行提供舆论平台。

2003年夏，中国交通报社在北京召开新闻座谈会，就治理超限超载运输新闻宣传工作进行研究探讨。当时，部分社会媒体有意炒作，在舆论上对交通运输部门治理超限政策产生了不利影响。会议围绕如何提高行业主流媒体声音，使利国利民的治理超限工作得到广大人民群众理解和支持，进行了深入的探讨和分析。会议结束后，中国交通报社集中对治理超限工作进行报道，开展了治理超限超载征文大赛，出版了专门论文集，为治理工作顺利开展奠定了坚实的舆论基础。

近年来，《中国交通报》在行业政策解析上已经跃上新的层面：更系统，更全面，更专业，甚至出现从国际化视野和角度阐释新政策的文章，权威性大大增强，行业味道十足。

记忆犹深的是2013年，《中国交通报》对收费公路政策的全方位、系统性、多维度的解析，国内外专家学者会聚，专业性数据权威性话语，发出了行业主流媒体的有力声音。

弘扬精神，推广价值，为行业文明建设作出了不可磨灭的贡献。

在交通运输业快速发展的巨大舞台上，从来都不缺少主角。中国交通报社紧紧围绕交通运输中心工作，以弘扬行业精神，推广行业价值为己任，30年来，从《中国交通报》上展示和推出的模范人物层出不穷，包起帆、许振超、陈刚毅、尼玛拉木，为推进行业文明建设作出了重要贡献。

历经30年风雨历程，《中国交通报》作为行业报纸的品质地位已经大大提升，跃入全国行业报前十名，行业品牌的价值已今非昔比。作为一名老记者，我深深地感到骄傲和自豪。

我也曾认真想过，为什么《中国交通报》能够发展到今天，其实最为重要的是中国交通报社这个集体，我熟悉的老领导都是目标坚定、意志顽强、个性鲜明的人，新领导蔡玉贺更是兼具智慧与激情，富有创新精神。而那些在《中国交通报》诞生之际，刚刚大学毕业就到中交报工作的“老报人”，还有近几年来报社工作的年轻人，他们个性中的执着和坚守、激情与梦想，也许才是《中国交通报》坚韧的行业品质的真正代表。

崔静华（右三）与报社领导李咏梅（右二）、韩世轶（左三）、靳扬（左四）等合影

2014年9月12日，交通运输部杨传堂部长亲临中国交通报社新闻宣传工作座谈会并做专题讲话，指出“无论怎么变，《中国交通报》的属性、功能、地位和作用都没有变”。好朋友靳扬在微信上坦言，部长出席报社新闻宣传工作会并做重要讲话，这是报社历史上第一次，算是30年社庆的大礼吧！我同时在想，杨部长言中的“《中国交通报》的属性、功能、地位和作用都没有变”，是否也蕴含着行业本质的恒定呢？

媒体正在走进黄金时代。

目前，中央全面深化改革领导小组第四次会议审议通过了《关于推进传统媒体和新兴媒体融合发展的指导意见》，习近平总书记强调，要着力打造一批形态多样、手段先进、具有竞争力的新型主流媒体，建成几家拥有强大实力和传播力、公信力、影响力的新型媒体集团。据悉，《中国交通报》手机客户端即将正式运行。我真诚地祝福，在蓬勃发展的时代，《中国交通报》永远植根于行业沃土，不改初衷，一路向前！

崔静华系中国交通报社驻吉林记者站原站长

那样芬芳

张爱玲

光阴如梭，一晃中国交通报社已成立30年了。常言道“三十而立”，作为行业大报的《中国交通报》正是光鲜的年龄，而我等却韶华飞逝，徐娘半老了。《中国交通报》30年发展座谈会上我被点名发言，面对交通运输部许多领导和昔日的同伴，伶牙俐齿的我一时语塞。官场上的话不会说，我肚子里却装满故事，那才是《中国交通报》历史的一部分。

在《中国交通报》的经历改变了我的哲学。由于行业的特点，我与各记者站的同仁去过许多老少边穷地区采访，近距离的触摸那些末梢神经，灵魂受到很大洗礼。终于明白，灯红酒绿的大都市代表不了中国特色，高架桥和万吨巨轮象征不了“初级阶段”。路是文明的载体，中国还有很多文化的沙漠和爱的荒原等待我们去探索和救助。

遥远的牵挂——我的西藏情结

1995年4月中旬，应中国交通报社部署，我与郑强平、王文斌等三名驻地记者进藏进行为期半个月的异地采访。

那个时候去西藏是件挺不容易的事，我向往而又忐忑。向往是因为世界屋脊神秘而又美丽，忐忑是高原气候能否适应。这不，下午到拉萨，傍晚就有了高原反应。头疼欲裂、呕吐不止，那一夜我是在部队医院度过的。还好没影响第二天的采访。虽然西藏交通厅给予了极大支持，但由于地理复杂、道路险恶、温差大等原因，采访的艰苦程度还是超出了我们的想象。随着采访的深入，我们被常年奋战在雪域高原交通战线的干部职工深深地感动。

采访中我们得知，青藏线从格尔木至拉萨1120公里的路，是多年冻土，柏油路面是在冻土上铺就的。在300公里的冻土上铺油路需三四年，川藏线的建成更是惊动全世界。交通厅黄厅长对我们说，修路难，养路更难，由于全球变暖，泥石流、冰川等经常损毁着公路，公路战线的干部职工苦啊。

黄厅长似乎很愿意向我们倾诉。他说西藏是我国西南边陲，西藏公路是边防公路更是国防公路，可解放前根本就没有标准的公路。新中国成立后，西藏的本域及跨省公路才得以建设。其间牺牲了多少武警官兵和参与建设的交通战线的干部职工，每一段路都是战役。黄厅长介绍说，现在以拉萨为中心的全地区公路交通网络已基本形成，公路里程达到21841公里，但仍没有铁路和水路交通。他接着说自然条件恶劣和经济基础薄弱制约，使西藏交通设施长期落后。他鼓励我们到基层去看看，那里是最值得写的。

方根苗，当地最大的国有企业拉萨公路工程公司的经理。他的苦恼是人才奇缺，技术力量不够，三年内没进一个大中专生，去年厅里计划招12名，实际仅来了4名。情急之下，每年都要联系重庆、西安交通工程学院，请他们代培。由于受季节性的影响，工程每年只能干四五个月，所以企业效益一直上不来。交通设计院一位老工程师（由于时间太久名字模糊），1956年成都工学院毕业后本有一份体面工作，1962年他响应国家号召，把孩子托付给亲戚和同学，携妻进藏，成了第一批援藏大学生。自治区筹备委员会让他带领一支测量队，负责做好城市规划，资料就是从学校背来的那些书。就这样在雪域高原公路测绘和设计岗位一干就是30多年，其间妻子因糖尿病调回成都，他都没有动摇，还把他两个孩子动员到拉萨工作。他说，工作很艰难，但活得有意义。

日喀则公路段的49个养路道班房，简陋而又陈旧，有30多个道班房墙上都有了裂纹，我们还发现有几个道班住在帐篷里。多铎段长说：

"都是地震造成的。由于经费不足，维修很困难。所有道班夜间没有照明，每户每月只发六支蜡烛。"多铎说道班工人很善良，1988年发生一次雪灾，一百多个人堵在路上无法回家，道班工人把房子、被子、棉袄和粮食都献出来，帮他们度过了难关。

在西藏近半个月，脸已晒得黝黑，心却变得纯净。如今20年过去了，我依然向往着那片圣洁的土地，同时也牵挂着那些曾经采访过的人。

翁孟勇副部长在去年召开的纪念川藏青藏公路通车60周年座谈会上说，20年来，国家累计对西藏的交通建设投资达830亿元，安排交通援藏项目16个。同时，18个对口援藏省市交通运输系统也按照中央援藏政策，安排援藏项目350多个，落实援藏资金2.38亿元。

西藏新建改建公路里程6.6万多公里，公路里程从1994年的2.18万公里增加到2013年的7万多公里；农村公路通车里程增加到5.8万公里；98.6%的县和61%的乡镇通了客运班车。"进藏难"已成为历史，"出行难"也得以缓解，天上西藏已不再遥远。

这个消息真让人欣慰。

春风已度鸡冠山——鸡西的故事

1995年的3月，报社通联部主任靳扬带领驻东北三省的记者曹兆田、王爱君和我赴黑龙江省鸡西市采访。我们从哈尔滨坐火车赶赴鸡西。坐的是夜车，没有卧铺。到了早晨，我们又困又乏，好不容易接了一壶开水还把自己的脚给烫了。可当我们一下火车，一面大大的"欢迎中国交通报社记者团来鸡西采访"横幅便映入眼帘，感动得我们顾不上吃饭洗漱，驱车直奔鸡西市至七台河市高等级公路开工现场。

曾几何时，地处我国北疆鸡冠山脚下的鸡西市道路运输还都是爬犁、人力车、三轮车的天下。到1980年，畜力车还在集体专业运输中挑着大梁。直到1986年，一位"弄潮儿"斗胆将一辆旧吉普车开到了市中心大街，鸡西人才算见到了真正的“的士”。市委书记孙永纯不无感慨地向记者解释这种现象叫“春风不度鸡冠山”。

我们采访组来到鸡西的时候，看到的是这样的情景：横跨城区南北的鸡西穆棱河大桥上，客货汽车呼啸往来，像穆棱河下的滔滔流水。据测算，此处车流量每昼夜可达 6700 多辆次。乘车在市区内游览，可以看到拿着铁锹三五成群的人们立在道边规定的场所，他们是零散的搬运工和装卸工。穿梭在大街小巷的出租车，更是让人目不暇接，只要你在道边一站，准有“的士”向你驶来……

靳扬和我的任务是写出租车。鸡西的出租车看上去很特别：一律红颜色，远远望去，一个个疾驶而去的小红点，形成一条条红线，鲜艳夺目，把个城市都旋转起来；一律新车，奥拓、美鹿、桑塔纳，车龄也就是一两年。暗访出租车我们俩不敢单独行动，当时鸡西治安形势不太好，是传说出土匪的地方。这不，刚坐上出租车，前方就有人打架，一个年轻人将另一年轻人打倒后，不知又用什么钝器击其头部。我们不敢看下去。自掏腰包坐了一上午的出租车，发现全部没有计价器，下车交五元钱完事儿。出租车司机告诉我们，鸡西的出租车业起步很晚，从 1986 年起直到 1991 年，全市只有 182 台清一色北京吉普车。原因是管理体制不顺，多家管理的格局使经营者办起事来困难重重；二是治安秩序不好，鸡西人有个说法叫“好人不开出租，坐出租的没好人。”从有出租车那天起，已有十几名司机遇害。我们截住一辆美鹿出租车。司机说，你们想市区转一圈可以，可这价怎么出？ 10 元少了点。15 元怎么样？不瞒你说，我都 47 岁了，提前退休，没办法，我们单位快开不出工资了，我两个儿子正在念书。这不，赶上政策好，借钱买了这台车跑出租。为什么不安计价器？我们这地方小，从这头到那头也不过 4 公里，所以市内 5 元钱，出市区 10 元钱，都知道。后又警惕地说，你们是不是记者呀，怎么问这问那的，不过没关系，我们凭良心干活，依法经营，见到谁心也不慌。

鸡西市运输管理处党委书记张桂琴对我们说，为了扭转出租车在社会中的不好影响，他们先后组织了六次清理、整顿，打击非法经营活动；顶住了内外压力，对违纪车辆严格按交通部25号令予以处罚；还强化了社会舆论的监督作用。在整顿过程中，工作人员经常受到歹徒的围攻，当时任稽查股长的吴魁英在执行任务中被违法业户将左腿的筋打断，他们没有退缩。一年下来，全市新增车辆150多台，税费征收额达250万元，超额完成计划，经营秩序明显好转。

在鸡西采访，我们吃了不少苦：天气寒冷，招待所里连洗澡水都没有。有天晚上曹站长带我们到某单位职工浴池洗澡，我们俩女生进去后发现空无一人，而且灯光也不明亮。我们摸索着想找有人的地方，忽然听到有水声，寻着声音走过去，却隐约发现是男浴，吓得我们连澡也没洗好。那时我们还年轻，再苦再累心里也快乐。

推不掉的采访——我写夏任凡

1993年春天，报社对沈阳交通系统改革经验要进行推广，苗木同志组织我们驻地记者六七个人，对“沈阳现象”进行联合采访，每人都领了采访任务。我下午到的，领的任务是写夏任凡。那是与步鑫生、马胜利等齐名的新闻人物，听说他架子很大，只接受艾丰的采访，我不愿意接这个任务。老苗说，让你不早点来，所有题目都分下去了，都不愿接，你是女记者可能好一些。就这样被赶着鸭子上架，我接了。果然我约了夏任凡六次才接受我的采访。大嗓门，大块头，气场非常大。他很有口才，也善谈。只给我一个下午的时间，说晚上要乘机出国考察。

后来我又几次去交通局和沈阳长途客运公司采访，写成了一篇报告文学。发稿前，我电话征求老夏的意见：“做为全国优秀企业家，你曾走进中南海同中央领导谈改革体会，然而当你驾驶着改革之舟乘风破浪时，却触礁搁浅了。你被免去沈阳电车总公司经理职务的新闻在全国引起震动,你成了有争议的人物,因此你被冷冻了一年。”电话那头说“是”。“1986年秋天，沈阳市委书记把你找去，要恢复你的职务，本来想吐点怨气的你，话到嘴边却变成了愣乎乎的请战：哪个企业落后、难搞，派我去！被称为‘烂泥塘’的沈阳长客公司是个让人望而却步的地方，十年中有五名经理从这里降职调走。你的耳朵里灌满了劝阻的声音，可你听不进去，你说改革就是要冒风险，改革者不要有安全感。有人提醒你别忘了那次挫折，你却憨憨一笑说：‘从战场上下来的英雄，哪个身上没有伤疤。’”

“被亮过黄牌的长客公司问题成堆。你了解到企业票款流失每年在百万元以上，气红了脸，你说你最看不得糟践社会主义企业的事儿。你说连小孩子都知道不拿公家的东西。你向这一顽症开了刀，先后开除了30多名严重违纪的职工。你接到了要你脑袋的恐吓电话，但私拿票款现象却明显减少了。”电话那头还是“是是”。当我说道有人说你“扛上”时，他打断了我的话说：“不是扛上，是对正确的东西要坚持。”我说完后，他同意见报。

《又见夏任凡》这篇报告文学后来在交通报和地方报纸上都获过奖，大连日报社还在走廊的橱窗上展出，让记者们借鉴。

常言道性格决定命运。沈阳慕马大案出来不久，夏任凡因涉及此案被判重刑。看到此消息，心里挺不舒服的。人的过去代表不了现在，人的现在也代表不了未来。还好，写他的时候，最后还缀上了一句（我用第一人称写的）：“你似乎血液里就有一种不安分的东西，不甘寂寞、不甘平庸，喜欢做英雄。这使你的道路注定要坎坷和崎岖。43岁仍是一个黄金季节，你还可能辉煌，也还可能触礁，但你会不遗余力地保持你自己的本色。”

唉，人生无常，望他好自为之吧！

在多年的工作中，记者站的同仁和报社的兄弟姐妹们结下了深厚的友谊，不论是在位的还是因各种原因不在位的，都相互关注，相互牵挂。这次在北京老友见面，大家欢快不已，几十岁的人了，还是那样两小无猜童言无忌，心里的花瓣霹雳哗啦开个不停。

岁月如花，那样芬芳。

张爱玲系中国交通报社驻大连记者站原站长

记忆里的故事

曹兆田

退休后，闲暇的时间多了，开始整理工作期间的文字和照片。打开老旧的电脑，看到那些年攒下的文字，仿佛开启了记忆的窗口。往事渐行渐远，但模糊的记忆却渐渐清晰起来。那一段段文字，记录的是奋斗历史；一幅幅照片，却在讲述着平凡的故事。

在我的记事本里，有这样三段文字记忆犹新，它帮助我回忆起与中国交通报社的老师和同事们共事的情景。

曹兆田（右一）从时任中国交通报社党委书记陈忠国（左二）手中接过达标记者站的牌子。

这三段文字是：

1993年7月2日至7月18日，参加中国交通报社组织的黑龙江边境口岸行；

1995年1月13日，参与中国交通报社在哈尔滨召开的小型会议；

1995年3月25日，接待中国交通报社记者到我省鸡西市采访。

边境采访行程2200公里

1993年，中国交通报社走过近10年历程，有组织、有策划的深度报道形成了常态。当时正是国家大力发展边境口岸对外贸易，黑龙江是边境对外贸易的窗口，也是全国边境口岸最多的省份。结合国家形势和交通部门对边境贸易的总体要求，报社决定组织一次黑龙江省边境口岸系列报道，目的是反映在边境口岸对外贸易中交通基础设施建设的重要。接到报社文件，驻地记者站积极取得省厅领导的大力支持，很快，以苗木带队、由驻地记者组成的黑龙江边境口岸采访正式开始。

7月2日，8位记者乘坐两辆吉普车，向第一站牡丹江市进发。

记者们分别来自不同的省份，大家情绪激昂，都想在边境口岸采访中大显身手。然而，出发的第一站就不顺利。哈尔滨至牡丹江公路360公里，其中哈尔滨至阿城40公里为一级汽车专用公路，其余的二级汽车专用公路正在修建。我们的吉普车有一辆没有空调，炎热的夏季只能开窗运行。

汽车行驶在尘土飞扬、弯弯曲曲的砂石路上翻浆的公路上，路面凹凸不平，就这样一路颠簸，艰难前行。

20世纪90年代初期，黑龙江省边境刚刚开放。县级市绥芬河是全国最大的陆路边境口岸之一，借改革开放大潮，市区基础设施建设方兴未艾。我们住宿在绥芬河市交通局办公室的三楼，男女分住两屋，通铺，正在建设中的绥芬河饮用水奇缺，我们洗脸洗澡要到一楼的楼梯间，每次只能容下一个人，大家只能分别擦脸擦身，洗衣洗漱。

我们沿着乌苏里江北上，到东宁、绥芬河、密山、虎林、饶河一带采访后，又沿着黑龙江西进，到同江、萝北、嘉荫、逊克、黑河一带采访，收获丰富，感慨颇多。黑龙江土地的广阔，黑龙江人的热情，特别是黑龙江边境口岸的公路建设，给我们留下了极深的印象。

20世纪60年代初期，黑龙江所有的公路都是解放前留下的警备道和农村大车道；60年代后期，为了战备需要，突击修了一些边防公路，而且是随弯就弯，靠山隐蔽，木桥木涵，有的路基是用木头垫的，由于腐殖土质，气候寒冷，一年四季病害不断；直到“七五”期间，黑龙江省的公路才翻开了新一页。

经过多年努力，绥芬河等口岸的交通基础设施条件相应得到改善；有的县市为加快口岸公路建设，正与外商谈判招商引资；有的通过贸易补偿形式与俄方共建。

在我们采访的时候，黑龙江口岸所在地至边境口岸还有270多公里公路需要新建改建，近80座危桥需要改造。我们看到，黑龙江省交通部门正积极努力，动员全社会力量攻坚克难，竭尽全力加快口岸的公路交通基础设施建设。

黑龙江边防线3050公里，我们行程2200多公里，组织稿件18篇。报社拿出一版版面予以报道，全方位展示了黑龙江省口岸基础设施建设和口岸管理现状及经验。这些报道也引起了交通部的重视。时隔4年，交通部在绥芬河试点，口岸全部运营管理统一由交通部门接管。

为记者站建设出力

1995年，正是报社建社10年后走向成熟的时候。时任通联部主任谭鸿与我联系，要在哈尔滨召开一个小型会议，会议内容是交流探讨如何加强驻地记者站建设问题。

当时，全国各省市基本设立了驻地记者站，但记者站形式多种多样，有的挂靠在省级交通主管部门，有的挂靠在企业，也有的独立设站有单独经费和专职人员；挂靠在省级交通部门的也不一样，有和机关处室合署办公的，有和通信信息单位在一起的，也有的单独设站，形式五花八门。

经过报社多方争取，交通部下发了指导驻地记者站建设的文件，文件对中国交通报社驻地记者站编制、机构和人员做了具体规定。

在哈尔滨召开的小型会议就是要在记者站的建设上探讨一些规范性的标准，形成文字材料提交报社决策参考。参加会议的同志都是一些建站较早，担任站长时间较长，经验多、资历比较深的站长。

大家聚集在哈尔滨文明街一个简陋的招待所里，交流情况，出谋献计。每个人都集中精力学习文件，深入思考，热烈讨论，最后拿出了《中国交通报记者站规范化建设实施方案（初稿）》，附件是《中国交通报记者站规范化建设达标标准》。标准共22条，从机构设置、新闻报道、通联工作、基础建设等方面拟定了具体指标，并提出考核标准，最后由谭鸿主任统一修改定稿，形成规范文字材料上报。

这项工作得到了报社的首肯。一时间，全国驻地记者站都结合自身实际开展不同形式的达标活动，经过实践，记者站面貌有了一定的改变。同年下半年，以报社领导带队的检查组首先到黑龙江记者站检查达标工作，厅长负责接待，记者站全面汇报情况，检查组实地考察，经过评议，黑龙江记者站率先达到记者站规范化建设标准，由报社颁发牌匾。此后，报社组织了4次全国记者站达标检查考评，推动了中国交通报社驻地记者站建设迈向新台阶。

把好经验推向全国

鸡西是黑龙江省的煤炭资源城市，在黑龙江省交通部门建立和完善道路运输市场中起到了先锋示范作用。省道路运输管理局在 1995 年 3 月召开会议，交流推广鸡西建立运输市场的经验，为此，我站请求报社跟踪采访，实时报道。报社领导认为鸡西市是中等城市，政府支持建立和完善运输市场体系，放开审批、放开经营范围和经营方式的做法，在全国具有普遍的指导意义，值得推广，指示通联部具体落实采访事宜。通联部主任靳扬积极运作，记者站多方配合，鸡西市培育和发展道路运输市场的系列报道采访终于成行。

3 月 26 日，由报社抽调驻地记者一行四人奔赴鸡西市。

春寒料峭，巍巍的鸡冠山迎来了来自中国交通报社的记者。这一天正是鸡西市至七台河市高等级公路开工的第一天，下了火车，记者们迎面看见的是一面横幅，横幅上写着“欢迎中国交通报社记者团来鸡西采访”，大家的热情一下子高涨起来，驱车直奔开工现场。鸡西市交通局局长主持开工典礼，按惯例介绍参加嘉宾，我们一行居然也榜上有名，不过是这样介绍的，“参加人员还有中国交通报社联通部主任靳扬等四人”，此后，“联通部主任”一直留在采访组记忆里。

采访是顺利的，从市委书记到主管市长，从运管处长到出租车司机，三天采访了近 40 人。他们从不同角度和个人切身感受，为记者提供了大量生动鲜活的新闻素材，记者成稿也很自如。如今我还记得说政府行为在道路运输市场中的作用时比喻：“风筝放在天上，线牵在手中，这条线看似无形实则有形。当市场不需要时，它是无形的；当市场需要时，则是有形的。只要不离谱儿，风筝在空中可以自由自在地飞翔。”

六篇稿件很快在《中国交通报》头版刊登，一时间，全国各地交通运管部门各种团纷至沓来，取经学习、参观，可见《中国交通报》对全国交通行业发展起到了积极的影响和助推作用。

以上讲的故事都是 20 世纪的事，那些事件在当时或多或少起了些作用。随着传统媒体和新兴媒体的融合发展，许多传统观念已经改变。相信中国交通报社在媒体改革的大潮中会紧跟时代步伐，更加辉煌。

曹兆田系中国交通报社驻黑龙江记者站原站长

那些美好记忆

柯营之

大舞台，大通道，交通行业的改革发展在这里风云际会；小楼房，小院子，编辑记者的职业能量在这里群英荟萃。30 年风雨兼程有艰辛与欢笑，30 年磨砺成熟收获了信任与权威，《中国交通报》30 年的积累和沉淀赢得尊重，在信息时空里与交通人架起了绚丽彩虹。

尽管现在的退休生活惬意逍遥，但是作为一名与《中国交通报》相伴成长 20 多年的记者站人员，那些曾经平淡如水的日子，成为今天弥足珍贵的美好记忆。脑海里时常播放的，是任凭脑细胞疯狂萎缩也抹不掉的精彩瞬间。

相伴《中国交通报》成长是机缘

1984 年报社成立，1985 年湖北省建记者站。当时我在省交通厅办公室上班，报社老领导频繁来湖北，愉快的协商交谈总是风风火火，效率之高，按现在的话叫“秒杀”。前辈以真诚务实的作风开路，为后来者树立榜样，这是湖北记者站长期恪尽职守，保持社站一家互动双赢、共谋发展的基础。

1986 年我当上了报社通讯员，开始把简报寄到报社编辑部，经过编辑们的删改，在报纸的油墨香里，我感悟到了新闻的魅力。成长的路上时常会有挫折，报社领导和编辑们的帮助给了我底气，投桃报李，修炼却在自己。于是，我努力破解难题，让信息像渡河之舟高扬起正能量的主旋律；我努力加快信息传递并更加注重视点聚焦，还原故事及人物的常态常情；我努力加强新闻的发现力，客观报道澄清社会对交通的众说纷纭；我努力守岗、尽职尽责，坚持把报社和厅里交办的每一件事做好。从1987年开始做记者、副站长、站长，在湖北记者站工作的25年，我度过了人生最有价值的黄金时光。

从未披露的赴藏采访往事

我曾在书中写道：交通行业给了我做宣传工作的驰骋天地，让我跳动的心坚守一隅，20多年而乐此不疲。第一次去西藏采访，我就在报纸上发表了长篇通讯，后又与新华社记者联手，完成编写新华内参，成就了稿件主人公时代先锋的完美人生。

在客观事实的背后，总有一些没来得及说的故事。2005年6月，我收到一份反映交通厅某单位一位工程师在西藏修桥患上重病的简报。援藏、患病、化疗、共产党员先进性教育等关键词，引起了我的注意。我推荐这个人物作为报道重点，领导给予了大力支持。在策划了周密的报道计划后，我暗自高兴。

另一串吸引人眼球的词组：昆明丽江、香格里拉、茶马古道、梅里雪山，这些像是马上要实现的美梦。没想到，经过一番调集搭配，他人打点行装捷足先登。半月后，领导对迟来的成果并不满意，赴西藏采访的任务又交给了我。

从武汉到昆明，再到香格里拉中甸，一天的飞行旅程很累人。听说第二天的300公里路要走10个小时，于是，我一大早就催促藏族师傅出发了。沿途美景在车窗外掠过，我们在214国道上拐了500多道弯，连续的颠簸，胸腹似翻江倒海，除壮实的康巴汉子司机洛桑说还行外，坐车的人都说："要崩溃了。"傍晚，汽车到了西藏昌都地区芒康县盐井乡，朴实的采访对象从住地赶了十多公里来接我们。晚餐上一桌人吃着土豆羊肉，谈兴很浓，话题涉及西藏环境、工程艰巨、家庭困难等，采访悄然开始。

我问采访对象："省内工程很多，你怎么要跑到这里来做？"答曰："这个大桥项目是交通部点名要湖北省厅做，但是西藏条件艰苦，单位却没人接这个任务。别人不看好，对我就是机会，我把机会当转折点，从转折点起步，不晚。"我不再问了，而是倾听、沉默、感知。在一个普通人身上找不到标志性事件，只有生命的意义；他简单执着，没有踌躇，只有生命在燃烧。

"转折点现象"让我想到了很多。想做事，做成事，不用语言和行为去更正别人的对与错，而是努力实践自己的精彩生活。人生的路不在于长短，成功的关键在于顿悟的早晚，转折就是顿悟。想到这，我忘记了一天的疲劳。之后的采访，我感觉轻松了许多。

在记者站站长的岗位上，我常与媒体打交道。一次新华社驻湖北分社的记者要一份重要的交通资讯，如果完不成任务，他将面临"下课"的危险。我全力帮助，这位记者十分感动，我便请这位记者修改一篇采访援藏交通人物的稿件，利用新华社的内参渠道进行了报道。没有想到，这篇刊登在内参上的文章，得到了中央领导批示。之后中央新闻采访团80多名记者进藏，对这一主人公进行了全国性的宣传。由此，自己也更加感到做交通记者的光荣与神圣。

到2012年离任时，我与《中国交通报》的结缘留给我许多美好的回忆。刊发在《中国交通报》等报刊上的文件多次获得荣誉：两篇新闻作品获得中国新闻奖，一篇作品获得中组部全国党刊学会一等奖，四篇作品分别获得中国产经好新闻一、二、三等奖……

与报社真诚合作是记者站工作的着力点，今天，我要真诚地说一声："谢谢！"

柯营之系中国交通报社驻湖北记者站原站长

亦师亦友“黄埔”情

滕建福

滕建福

在我的书柜里，珍藏着一本26年前的学习笔记和一本结业证书。岁月留痕，笔记的纸张有点泛黄，发脆，字迹有些陈旧，但每当我翻阅它的时候，眼前便清晰地浮现起在中国交通报社“黄埔”一期学习期间的难忘往事，心中充满对报社的记忆与感激。

1988年3月初至4月初，中国交通报社委托中国社会科学院研究生院新闻系举办了为期一个月的新闻学习班，因为是报纸创刊以后第一期新闻业务学习班，且学习时间又长，所以有人戏称这期学习班为“黄埔”一期。

中国交通报社成立头两年，各记者站也相继建立，通讯员乃至多数记者都是半路出家的门外汉。为适应办报的需要，尽快提高报纸从业人员的思想水平和业务素质，报社决定办一期新闻业务方面的学习班。我记得参加第一次学习班的有 30 多人，有记者站的专职记者，也有各省交通系统的通讯员。当时，我作为湖南的优秀通讯员参加了学习。

回想起来，这期学习班是一次真正的启蒙教育，在学习班里听大师讲课，在人民日报社拜师学艺，让我们受益终身。一个月时间，17 位老师讲了 18 课。讲课的老师有中国社科院研究生院的教授裴达和副教授陈祖声；人民日报社的高级记者及编辑田流、柏生、许仲英、钟立群、艾丰，主任记者段存章、罗荣兴、吴长生等；新华社对外部的主任记者黎信；中国交通报社编辑部主任李志高；北京计算机三厂的技术专家陆云等。讲课的内容非常丰富，涉及新闻学基础知识、新闻采访、新闻写作、新闻编辑、新闻评论、新闻作品分析、西方新闻写作、人物专访、如何采访、如何提炼主题、来稿中的的常见病与多发病、计算机基础知识等等。

人民日报社经济部主任、首届“吴玉章奖”和“范长江新闻奖”获得者艾丰讲授的《新闻采访方法论》是印象最深的。他传授的新闻采访的门头访问、直接观察、采集资料、体验感受四种方法，新闻采访中开放式和闭合式的两种提问方式，以及采访中如何用诱发式、激发式、自发式三种办法等，让我终身受益。

人民日报社主任记者段存章，讲述了自己如何从一个农民通讯员成为人民日报社记者的成功之路；采写新闻如何“抓活鱼”，用自己独特眼睛，寻求独到感悟，去采写独家新闻的经验感受，印象十分深刻。

中国交通报社编辑部主任李志高结合《中国交通报》的特点及版面情况，有针对性地讲述来稿中的常见病与多发病：来稿读者面太窄、主题雷同、主题不集中、题目选得过大、材料不典型、消息中议论过多等十方面问题，针对性很强，启发很大，给我们初学者指明了方向。

还有柏生的人物通讯写作、罗荣兴的消息写作、李克夫的如何提炼主题、吴长生的小言论写作等，内容都非常丰富，很有指导性。

总之，17位老师的每一堂课都做了精心准备，讲课特点是理论联系实际，深入浅出，讲得非常出彩，令学员点赞。不仅学习内容丰富，而且学习形式活泼。除了老师授课以外，学习班还进行课堂实战练习，结合“一个蛇农养蛇”的素材，给我们布置课堂作业，从标题的制作到导语的写作，从主题的提炼到如何结尾，学员自己动手改写，老师对习作进行点评，这样的学习交流方式，立竿见影，收效很大。

一个月的学习时间很短，为什么在我们的记忆中如此深刻，一辈子都难以忘记？

一是这期学习班对我们的影响至深且重。论“深”可以说终其一生，我的新闻生涯从这里起步，第二年即1989年，就调入了湖南记者站，踏上了记者之路，在中国交通报社一干就整整20年，直到退休；论“重”可以说“恩重如山”，老师的“启蒙”教育，让我终身受益，在以后20年的新闻生涯中，成了我奋发工作的动力，为交通事业鼓与呼，写出了不少优稿和获奖作品。真是：学习一个月，胜读十年书。

二是学习班留给我们美好的回忆，孕育了我们的友谊。学习班的驻地在人民日报社后面的九号楼，上课在研究生院新闻系，吃饭在人民日报社食堂，条件虽然不怎么的，但气氛很好。食堂餐厅那热腾腾的小米粥和香喷喷的馒头，确实有点诱人，虽然是普通饭菜但色香味俱全。我们湖南的两位怕在食堂找不到辣椒下饭，从长沙带足了五瓶油炸辣椒和辣椒牛肉干，每餐按计划食用一点，很有乐趣。学习班的学员大部分是年轻人，单纯朴质，风华正茂，在那样一个激情的岁月里，在那样一个优秀的群体中，朝夕相处，结下了深厚的友谊。学习期间，中国交通报社社长刘凤桐、通联部金芳几次来驻地看我们，并同我们一起合影留念。在这里，结识了山西站的田建江、贵州站的谢明、宁夏站的苏惠、青海站的盛国、安徽站的彭建中等，他们都是专职记者，不仅业务上是我们的老师，也是平时生活中的朋友。田建江和苏惠担任学习班的正副班长，召集我们上课，组织我们去中南海、人民日报社参观，工作认真负责，热情似火。我们30多个来自五湖四海的学员，大家生活、学习在一起，白天一起听课，晚饭后一起散步，一起交流、聊天，其乐融融。结业以后，我们各奔东西，有的当上了记者，有的成为骨干通讯员。

我见证了报社的发展壮大，报社也见证了我人生轨迹。《中国交通报》创刊30周年之时，我以一颗感恩的心，向她献上我的谢意和祝福！

滕建福系中国交通报社驻湖南记者站原副站长

“山”外印迹

田建江

2014年9月1日，在上海女儿家中接到一个陌生号码来电：“记不得我了吗？”疑惑间对方慌忙补充“我真的不是骗子啊”！原来是中国交通报社的宁剑波——这个曾语出惊人，令我终生难忘的人。

还是十多年前的事了，中国交通报社在太原迎泽宾馆召开通联工作会，已调离山西记者站的我去看望老朋友。宁剑波见到我的第一句话就是:“田哥，我可知道你处的环境了。”当时的我除了惊愕就是更加惊愕。可见当今被广为垢病的山西政治生态问题，明眼人是早有察觉的。正因为此，当小宁约我写点怀旧文字时，自然就想到了对我新闻生涯产生过重要影响的人和事。

我加入中国交通报社驻山西记者站算来也是30年前的事了。而立之年的我搞新闻是个地道的门外汉，而更令我惴惴不安、压力山大的是，刚刚创刊的《中国交通报》采编骨干几乎全部由小鬼当家，咱这基本受传统教育的“老脑子”还真跟不上趟。好在也正是他们中的大多数给了我最初的启蒙和指引，几个月后才使我有了第一篇新闻作品见诸报端。

可以肯定地说，逐渐使我对交通新闻采写有了自信并有所成绩的，除了各种业务培训外，更具影响力的就要归功于报社组织的深度报道和异地采访了。

记忆最深的当然要数采写《为云冈大佛洗尘》的过程。山西交通建设者为了保护云冈石窟这一世界文化遗产，在建设资金紧缺的情况下，专门为保护文物修建了一条约30公里长的二级公路，以解决经济建设大干快上煤炭运输产生的扬尘对云冈石窟造成的污染问题，当时在全国属首创之举。由于认识局限，起初我并没有想到去深入挖掘其中的新闻价值，是刘金晓从选题、观点到提供素材等多方面都给了我指点帮助，使我打开了思路，深入到交通、旅游、文化等多部门采访，写成了这篇通讯在《中国交通报》上整版发表，产生了较好的社会影响，有多家社会媒体作了跟进报道。

毫无疑问，最使我振奋和长见识的还要数参加报社组织的异地采访了。作为一名驻站记者，我参加的异地采访不少，走出娘子关，不但使我领略了“山”外世界在改革开放大潮中展现的风采，更学到了兄弟记者站同行们的宝贵经验。

记不得哪一年了，报社安排副刊部主任苗木带严闽榕、陈小佩、孟进兵和我到黑龙江省沿边境地区采访。苗老师的才华幽默和小佩的老成机灵为紧张的采访行程增添了无尽的欢乐。东道主曹兆田的组织工作更是无微不至，小佩和我的生日先后不差几天又恰在采访日程中，竟被兆田精心安排了饶有特色的生日纪念活动，在乌苏里江滩度过的那次生日我至今未能忘怀。也许就该着有缘分，我和小佩的交流从此多了起来。小佩是个有思想的才女，她采写的稿件有见解、有深度；她曾为中央电视台大型纪录片《再说长江》重庆篇执笔，我等难望其项背。也正是因为小佩，被她称作“师哥”的我，在她“教父”苗木面前才不那么拘束了。

苗木无愧中国交通报社新闻写作的“大家”，他的严谨、激情和使命感全部融入到了采访和写作过程之中，当然这要凭借他才华横溢的过硬功底来体现。留心他的采访并与他的作品相比照，使我受到很多启发。他对我的多次指教，更使我受益匪浅。

至今清楚地记得，山西在太旧高速公路建设过程中很重视宣传工作，苗木是众多应邀前来采访者之一。我认为在山西乃至国家级媒体的诸多报道中，苗木的报道最有力度，尤其是把山西人称其为“政治路”的含义和做法写得入木三分，令人信服。作为太旧路建设的宣传者之一，我因固执地认为突出政治跟改革开放、经济建设很难合拍，所以在报道中一直有意回避“政治路”的提法。请教苗老后才真正学到了真谛：“新闻就是要如实反映客观事实”，“这就是山西特色”。原来理论和实践的结合竟这么的简单又那么的难。我茅塞顿开。

由于早已开始享受轻松生活，信奉“赤条条来赤条条走”的我，也没有保留发表过的新闻作品，回忆文字难免单薄乏味。翻开如今的同城兄弟谢明送我的新闻作品集《六千里路云和月》，看到我在贵州异地采访留下的墨迹，真有种“触景生情”的感觉……人可以忘记自己的过去，但万不能忘记帮助过自己的人。

田建江系中国交通报社驻山西记者站原副站长

感恩一路有你

严闽榕

今年，杭州的秋天很美，西子湖畔的北山路两旁的法国梧桐树，秋日金黄透过阔大的梧桐树叶洒下来，缤纷的落叶轻轻地飘落，犹如一幅油画，温暖而又安详……我接到《中国交通报》的通知，参加《中国交通报》创刊30周年的会议，报社邀请了部分已退休的记者站老站长参加。哇！这是真的么？退休都十多年啦，正在做晚餐的我，边炒菜边发短信确定，明确告之，11月6日北京报到，平静的心境一下子涌动起来，一切仿佛就在昨天……

1988年中国交通报社领导来杭州，要求浙江省交通厅给记者站配设专职记者。那时我从《浙江交通报》派驻到记者站任专职记者。1988年的秋天，记得第一次坐上北去的列车，36个多小时到了北京，来到了当时在潘家坡胡同的报社，第一次和报社的老师及同仁见面。这以后的十几年，也是我一生值得怀念的日子，从此和《中国交通报》结下了不解之缘。我的记者生涯也起了变化，《中国交通报》给了我广阔的空间，使我这样一个省的交通报记者有机会站在大视角的高度去审视新闻采访，在他（她）们的指引和启蒙下，我渐渐地体会到，报纸的新闻采访，不仅要求新、快，更要求深，教会我懂得如何达到一个产业报记者的高度——深度报道，这对我以后的采访受益匪浅。

记者工作很辛苦，但我也很幸运，和全国一样，浙江交通改革也经历了改革开放初期艰辛跨越期，经历了激动人心的瞬间。1996年的钟声敲响之前，浙江第一条高速公路——余杭至上虞100公里高速公路提前通车，实现浙江高速公路零的突破。浙江是个经济大省，对饱尝道路拥堵之苦的民众，让他们乐意的何止这一条路，自筹资金修建的104国道复线、“四自”工程、股份制修路，浙江的交通从“瓶颈”到“造大路”，从大堵车到大通车，度过了发展中的“阵痛”。我采写的“从大堵车走向大通车”，喜看浙江公路建设登上腾飞起跑线；开拓新思路建设大交通，大投入带来的高效益，“不尽隧道连坦途”；以交通拉动经济发展的“路桥镇靠桥发财”等稿件，均在《中国交通报》重要位置刊登。而作为《中国交通报》，则围绕这些重点做文章，挑出题目，使我采写出一篇又一篇有声有色的报道。

我感恩那些在我采写的获奖稿件以及许多许多稿件中幕后默默耕耘的编辑，他们对稿件改动的每一个词，每一个字，都对我是鞭策、激励，无以言表。

最使我难以忘怀的是在1994年年初，《中国交通报》在贵州省召开全国记者站会议期间，我抱着一线希望，盼望找到失散多年的妹妹，经贵州记者站站长谢明的帮助，终于有了失散40多年的妹妹出现在云南的消息。到云南后，云南记者站的陈乃文站长一起陪我去找小龙路，终于敲开了被惊呆的妹妹家的门……这是一个真实的故事，岂不是与《中国交通报》一种冥冥中的缘分吧。

有一段话说的特别好，“过去的30年，我们幸运的乘客，搭上一辆正在提速前进的快车，赶上沿途最美的风景，遇见一群志趣相投的同伴，共同享受了一段精彩纷呈的旅程。”《中国交通报》就是我搭上的这辆快车。

岁月是把杀猪刀，老友相聚，多少慨慨唏嘘，纵然鬓发如霜，纵然青春像小鸟一样飞走了，当戴上老花眼镜，打开眼前这份《中国交通报》时，却仍然会有怦然心动的感觉。

感恩一路有你！

严闽榕系中国交通报社驻浙江记者站原副站长

当你没看见我们的时候，我们在路上……

熊昌军

时光荏苒，岁月如梭。转眼间，我到中国交通报社记者站已近15年了。"时间都去哪儿啦？"——翻开我的采访日志，一幕幕与报社有关的珍贵记忆清晰如昨日。印象最深的还是2008年那场抗击雨雪冰冻灾害的采访。

这年年初，一场罕见的雨雪冰冻灾害向南方袭来。1月28日，我来到沪昆高速公路江西南昌至樟树段的药湖大桥，见证了干部职工决战"咽喉桥"的壮观场面；1月29日，我来到江西梨温高速公路，深入了解雨雪灾害天气下抗冻救灾和"绿色通道"免费放行情况；1月31日，当得知省领导要现场检查指导昌九高速公路抗灾保畅通工作时，我又赶紧奔赴现场；2月1日，省交通厅领导来到昌九高速公路，看望慰问一线的交通干部职工，并和大家一道挥锹铲雪，在风雪中，我不时按下相机快门。

连续在低温雨雪天气下现场采访，厚厚的积雪浸湿了鞋子，没办法，只好拿几张餐巾纸垫一下。每天得换一双鞋子，后来家里的旧鞋都拿出来应急还不够，只好穿着未干的湿鞋子继续上路——但我这一点小小的"困扰"，与在路上奋力抗灾救灾的交通职工相比，实在是小菜一碟。

1月31日，我随省领导来到昌九高速通远路段采访报道抗灾保畅通工作，通远所的女所长雍成香同志让我深受感动。1月中旬以来，持续的冰雪天气让通远所辖的路段面临着严峻的考验。这里位于庐山脚下，陡坡多，坡度高，桥涵密，下雪极易结冰，危险系数大，保障车辆通行难度非常大。半个月来，雍成香就带领队员一直在路上忙碌着，她以常人难以想象的意志，克服重重困难，顶风冒雪奋力清障，反复对路面进行铲雪和除冰，来回巡走疏导滞留车辆。该所的职工告诉我，雍成香已经连续几天未下火线，通宵达旦地坚守在路上抢险救灾。几天下来，她的眼睛深陷下去，布满了血丝，嗓子减哑了，脸也冻伤了，衣裤不知湿了多少次，鞋子不知道换了多少双。和她一起战斗的抢险队员看在眼里，疼在心里，都劝说她回去稍作休息，可她倔强得很，就是不肯下路。大家战风斗雪的场面，让过往的司乘人员十分感动，他们纷纷向护卫队员挥手示意，竖起了大拇指。自抢险救灾以来，雍成香一直坚守在前线，饿了就啃两块饼干，渴了就喝几口冰凉的矿泉水，困了就靠在车窗上打个盹，随时随地处在紧张战备的状态中。她的宝贝儿子放假在所里，几天都未见妈妈一面，电话里哭着喊妈妈。

采访中，我问雍成香："不想儿子吗？"她眼圈一红："没办法，雪还在下，路还没有通，我们不能停下来。"我和她一握手，感觉满是老茧和冻裂的血痕。刹那间，我鼻子忍不住一酸。

生与死的面前，既考验着交通人的英勇与顽强，也考验着一名新闻记者犹如"生死时速"般抢抓新闻的操守与敏感。

1 月 29 日，江西交通厅温沙高速公路管理处路政员郭燚在抗寒救灾保畅通一线以身殉职。得知消息后，厅领导当即决定，要赶快发掘这一先进典型，扎实做好宣传工作。当晚，我们立即召集有关人员召开紧急会议，搜集素材，了解情况，把握重点。直到晚上 12 点左右，一个总体的宣传思路已见雏形。第二天中午，在其他同志的合作下，《他以热血融坚冰——追记江西省交通厅温沙高速公路管理处路政员郭燚同志》的通讯稿就写出来了，我们第一时间向《中国交通报》等中央及省内外各大媒体发稿。随即中央电视台新闻联播、《人民日报》、新华社、

《中国交通报》、《江西日报》等各大媒体迅速对此做了大篇幅的报道。一位领导看到有关报道对我说："你们的动作真快啊。不容易！"

2月5日，年二十九。雨雪渐小，天气趋于好转，全省道路受阻基本缓解，经过连续数日的奋战，不少外地同志赶回老家与家人团聚。在安排好有关节日间的宣传报道工作后，我也准备年三十回趟老家——弟弟国庆节刚结婚，今年带弟媳第一次回家过年；我小孩出生未满一岁，今年第一次回老家过年；还有父亲年届60。一家人能团聚一下，确有特别的意义。

晚上十点多，正当我在家中收拣行李，准备第二天回老家。厅领导一个电话打来：看能否写一个综述报道，全面反映一下全省交通系统抗灾救灾的情况，大年初一在《中国交通报》上发一下……

2月6日，年三十。经过一天的忙碌，到下午六点多，综述报道终于审核定稿。家里就有我一个人，在交通厅抗寒救灾应急指挥部随便吃了一点，权作年夜饭。晚上九点多回到家，"春晚"已经开始……

噼里啪啦的鞭炮声中，忽然想起那句形容新闻记者的名言：当你看见我们的时候，我们在纸上；当你没看见我们的时候，我们在路上……

电视中的"春晚"，播放着抗灾救灾的片段：漫天的风雪中，一线的交通员工，仍然奋战在路上，坚守在路上……

熊昌军系中国交通报社驻江西记者站原站长

《中国交通报》：我的职业选择

郑强平

我与《中国交通报》的缘分始于1985年5月。那时，我刚被借调到福建省交通厅办公室协助工作，第一次看到《中国交通报》。时任办公室秘书、不久后升任办公室副主任的沈岩正在筹建中国交通报社驻福建记者站，告诉我《中国交通报》的一些情况，引起我很大兴趣。嗣后不久，中国交通报社驻福建记者站经批准正式成立，我也成为中国交通报社驻福建记者站记者。

担任记者后做的第一件“大事”是采编一期介绍福建交通的专版。这项任务对于刚入行的我来说，真是既激动，又手足无措。

“激动”是因为我可以作为记者发表文章。其实我那时已不年轻，也在当地报纸发过“豆腐块”。记得1973年，我出差福建青州造纸厂，碰到一个新华社记者，他正在纸厂采访，准备写一份内参。我们刚好都住在纸厂招待所，又谈得来。他告诉我很多当时媒体上根本看不到的“新闻”，使我对新闻行业产生了“神秘感”，所以当我有机会成为记者时，我毫不犹豫地接受了，放弃了官场生涯。而当我真正成为记者，难免“激动”一番。现在回想起来，真为当时的“天真”脸红。

“手足无措”是因为一开始就是一大版的文章，还要求图文并茂。幸亏当时的责任编辑耐心指点，上上下下反复几次，总算见报了。现在看起来，还真是勉强凑合。

但也因为通过了这次“大考”，使我对新闻行业、对记者工作有了新的了解，因此也增添了我做好记者的信心。此后，见报的稿件越来越多，我的信心也更足了。从1986年到2009年我退休，20多年来，每年见报稿件考核总分一直保持在全国驻地记者前十名，曾经连续三年名列“榜首”，1997年被评为中国交通报社十佳记者。

中国交通报社创业之始，令我印象深刻的是抓好记者站组织、业务工作。报社历任领导、通联部领导每年都到我站检查指导工作，给了我很多关心和帮助。由于特殊的体制，像我这样的记者，实际上“名不副实”，之所以能坚持下来，就是报社及通联部领导的关怀与体贴。有时我为报社的事出差北京，给通联部一打电话，车子再紧张，也要安排接送、登记住宿，每次都让我有回家的感觉。即使到了现在，偶尔跟报社老同志接触，他们总是嘘寒问暖，盛情邀请我到北京，一片真情终身难忘。

那时，报社每年召开三次全国性会议，包括记者站工作会议、通讯员表彰暨培训会、发行会（后来前两会合并），给大家创造了很好的学习交流机会，开拓了视野，对全国的交通工作也有了更多了解，对提高个人业务素质受益匪浅。特别是报社组织的异地采访，极大地提升了记者的素质。

记得20世纪90年代初，报社组织我和大连站的张爱玲、秦皇岛站的王文斌一起前往西藏采访。

此次异地采访，虽然时间短促，前后只有七天，却让我亲密接触到西藏文化，对藏传佛教的历史、藏民的习俗有了新的认识。从拉萨出发，翻越羊卓雍湖、荒漠高原，遥望珠穆朗玛峰，抵达日喀则。一路上领略西藏高原的壮美，更为交通人开山劈岭、甘为“铺路石”的精神所感动，深深领会养路工的博大情怀。回到拉萨，我特意前往瞻仰川藏、青藏公路通车纪念碑，献上我深深的敬意。

记得那次采访重点写了一篇反映养路工工作、学习、生活的文章，呼吁全国交通系统共同支援西藏公路部门，切实改善、提升养护工人的生产、生活环境，提高待遇。不知道是否那篇文章引起有关部门的注意，后来国家向西藏注入极大的人力物力，西藏的交通基础设施发生了翻天覆地的变化，天堑变通途。

十几年后，我有幸再次来到西藏，到达拉萨那天，正好青藏铁路通车，嗣后几天，我到林芝、到山南，往返贡嘎机场到拉萨，看到的都是平整、顺畅的公路。仅仅十几年，西藏的交通发生了翻天覆地的变化。当年采访西藏交通人的艰辛、拼搏、愿景，如今化作通天大道，正如一首歌所唱：那是一条神奇的天路，把人间的温暖送到边疆！是党、是祖国、是包括藏族同胞的中华民族创造了奇迹，从此西藏高原“山不再高，路不再漫长”。

如今我已退休，回想当年曾为改变西藏交通尽了绵薄之力，也算是个美好的回忆吧。

回忆在报社这么多年，我总是对各版编辑满怀感激之情。正是他们的热情、专业、诲人不倦，使我从一名门外汉转变成小有名气的记者，以致我退休后仍有人聘请我担任主编，创办了两本杂志，退而不休。

我特别感谢 4 版编辑。正是他们的约稿，让我有机会深入了解福建交通的过去和现在，至今仍受益匪浅。

为了写好《中国近现代航船：从马尾驶向未来》这篇专稿，我不得不学习福建航运史，一次次采访“马尾船政”的多位专家，搜集了大量资料。如今我的书柜里仍然保存着大量的资料。

采写《福宁高速路呵护古遗址》这篇专稿时，我多次跟随考古队员深入现场，一次次攀爬在荒郊野岭。建于 1400 多年前后唐闽国时期的福鼎分水关古城墙、位于霞浦县砂头村的宋代摩崖石刻、洲洋村的清代古墓葬浮雕、老蛇山遗址等都留下了我的足迹。为了不使自己在采访中显得“外行”，我不得不“临时抱佛脚”，找来几本考古入门书“充电”。当然，通过与考古队员接触，我还了解了一些考古知识，有几次还装模作样，冒充考古队员进行挖掘，挖到一个碎瓷片竟然高兴了好一会儿。

采写《座座彩虹跨闽江》这篇专稿时，我有机会系统地学习了福建桥梁史，甚至还涉猎了桥梁专家茅以升的专著，对福建乃至全国的桥梁有了新的了解。以致报社摄影部主任吴卫平来福建拍摄廊桥时，竟敢班门弄斧，在专家面前夸夸其谈。

跟随吴卫平拍摄福建古桥梁的时间虽然很短，却让我对摄影有了新的了解。古人云："诗言志"，用在摄影上也未尝不可。每一张影像表现的或是自然美或是人像美，其实更凸显出摄影家的人格力量，彰显心灵美。透过影像拍摄的角度，我看到了摄影家宽阔的视野，把握历史和现实的独特视角。一张好的影像可以震撼心灵，引发无限遐思，常常可以改变一个世界。著名的照片"大眼睛"就是一例。我从吴卫平身上看到的，不仅是他作为摄影家的执着和敬业，更看到他的理想与追求，同时，他精湛的技艺也让我深深受益。

自那以后，我便尝试着把我的感受溶入到影像中。虽然不是专职摄影记者，限于条件，没有更好的设备，但用心去做，有时也会拍出几张好作品。一次在拍摄漳龙高速公路时，为了选取一个好角度，竟然连爬了好几个山头，一次还从山上摔下，差点连相机也摔坏了。当然了，惭愧得很，虽然也曾经努力过，至今也没有留下几张好作品。

其后，我还多次与福建日报社摄影部记者合作，用图片报道了福建港口、公路等十余组专版。这也算是我向吴卫平学习后聊以自慰的成绩单吧。

光阴似水，一眨眼20多年过去，我的《中国交通报》记者生涯也结束了。在《中国交通报》创刊30周年之际，报社邀我写篇文章，再次勾起我与《中国交通报》相随相伴美好时光的记忆，其间几多欢乐，几多辛苦，个中滋味只有自己领会，但更多的是怀念和感恩，《中国交通报》让我学到了很多很多。

我不后悔当初的选择，当记者直至退休，至今仍为其着迷。

郑强平系中国交通报社驻福建记者站原记者

相识 相知 相恋

贾刚为

一转眼，《中国交通报》已到而立之年，按中国传统，已是成熟壮实至“成家立业”的时候了。在此，我真诚地祝愿《中国交通报》30岁生日快乐，越办越好！

缘分深厚终成报社记者

人与人之间、人与事物之间是存在着某种很奇妙的缘分的。我与《中国交通报》就属于这种前世今生、上天注定的缘分。

回望1990年左右，我第一次给《中国交通报》投稿，是一篇生活评论，居然在副刊版面刊登出来了。记得当时时常看到一种现象，自己感同身受。下雨天汽车在积水街道上依然快速行驶，行人或骑车者经常被汽车压过的积水溅得满身都是，汽车扬长而去，行人或骑车人虽骂骂咧咧也只能望车感叹。联想到我们敬爱的周恩来总理的一则故事，他在雨天总是提醒司机，开车慢一些，别把地上的雨水溅到行人或骑车人身上。我感慨不已，为此写了一篇小评论。这是我和《中国交通报》的第一次结缘。

后来一次出差到北京，我冒昧地来到报社，有缘结识了李咏梅老师等报社的几位领导与编辑。

20世纪90年代末期，我在《浙江交通报》当记者，我们报社总编兼任中国交通报社驻浙江记者站站长。他交代我在做好《浙江交通报》新闻报道的同时，多给《中国交通报》投稿。记得1997年、1998年、1999年……《中国交通报》刊发了不少我采写的稿件，其中印象较深的是一篇我乘坐杭州至武汉的长途客车，暗访江西境内的车匪路霸猖獗的报道。《中国交通报》刊登后，江西省公安厅领导批示，并告知浙江省公安厅，进行了一次严厉打击车匪路霸的行动，事后还长期巡查。为此，当时《浙江公安报》还想调我过去工作呢。

还有一篇是1997年我采写的偏远山区磐安县农村修路借高利贷负债累累的问题报道，刊登在《浙江交通报》一版，报送中国交通报社后荣获全国交通好新闻通讯二等奖。

我以为与《中国交通报》缘分至此，仅仅是外围供稿发稿而已。没想到，2002年6月的一天，浙江省交通厅办公室主任汤修华突然给我来了一个电话："小贾，到我办公室来一下。"我过去后得知，省厅党组决定，把我从浙江交通报社调任中国交通报社驻浙江记者站做记者。我十分意外。汤主任兼任站长，他领着我到厅人事处办理手续，当人事处处长问我有什么要求时，我还恍若在梦幻之中，想都没想就回答："无任何要求！"

就这样，我成为了中国交通报社的一名记者。

影响深远报社伴我成长

处理完原报社的采访任务与相关事务，我于2002年7月1日这一特殊的日子正式开始履行一名中国交通报社记者的神圣职责。

我担任中国交通报社正式记者的第一篇采访稿件，居然在《中国交通报》头版头条刊登，是道路运输打破一省壁垒方面的报道，此稿刊发后荣获浙江省好新闻二等奖。紧接着，在报社的支持下，浙江记者站策划了"三个代表浙江行"一组10篇系列报道，得到时任交通部副部长张春贤的高度评价。

一晃十多年过去了，自己已从一名普通记者成长为站长，获得主任记者职称，还获得了中国新闻奖、中国产经好新闻奖、全国交通运输好新闻奖等多项殊荣，并被聘为交通系统新闻专业副高级职称评委之一。

我感慨进入中国交通报社驻浙江记者站是我人生的一次重大转折。《中国交通报》的宏大气魄、高瞻远瞩，深刻地影响和改变着我。

部领导为贾刚为（右一）颁奖

这十余年间，有多次到其他机关单位与大报的机会，我均毫不犹豫地放弃了。因为，新闻是我执着一生的事业；因为，《中国交通报》是我付出汗水和赖以生存的媒体平台；更因为，我心中有对报社的那份深情。

忙中偷闲品味自己与《中国交通报》相识、相知、相恋的过程，我回味无穷，一生无怨无悔……

贾刚为系中国交通报社驻浙江记者站站长

难忘的岁月　难忘的收获

石中生

石中生（左）与中央电视台主持人长啸在一起

每当拿到油墨飘香的《中国交通报》，我就由衷地感到兴奋。因为《中国交通报》是我人生走向成功的沃土，是助我走上写作之路、由一名基层通讯员成长为专职新闻干部的"红娘"，伴我在人生旅途中风雨兼程，在我的生命历程中增添了耀眼的亮色。

弹指一挥间。从风华正茂到两鬓斑白，从基层通讯员到特约记者，我与《中国交通报》相依相伴28个春秋。从2001年至今，我在中国交通报社驻山西记者站工作了14年，开阔了眼界，学会了做人，学会了工作，受益匪浅。

1984 年至 2014 年，伴随中国交通运输行业的黄金时代，转眼间《中国交通报》走入而立之年。30 年来，《中国交通报》为交通运输行业撰写了不朽“史记”，重要政策、典型人物、典型事件都在报纸上有客观记载，理性评述。三十而立，《中国交通报》走到新的发展起点。温故而知新，深感报社是个大学校，至今难忘。我不由自主地打开自己记忆的“磁盘”，思绪慢慢“回放”。回忆峥嵘岁月，分享与《中国交通报》共同经历过的那些人、那些事，自己就沉浸在了对悠悠往事的幸福回忆中……

牵手报社，坚定了爬格子的决心

1976 年 7 月高中毕业，我与大学失之交臂，同年 12 月我响应祖国号召，参军入伍，成为一名中国人民解放军战士。在部队里参加了短期新闻写作培训班，开始学着向驻地的报纸、电台投稿。刚开始，由于写作基础差，报道角度把握不准，稿件见报率低。当我正为此发愁时，驻地报纸的老总鼓励我好好读书，多学习理论，对照理论多加练习，并把稿件直接寄给他修改。从军 6 年中，写了几篇豆腐块稿子陆续在当地报刊见报，编辑记者那种认真负责的职业态度，更让我由衷敬佩。

1982 年 1 月，从部队回到地方工作，由省交通厅安置到了太原汽车客运公司工作。1987 年调到太原汽车客运总站工作，随后又调入太原汽车站公安派出所担任内勤、副教导员工作并兼任太原汽车客运总站通讯信息领导组副组长，负责总站和派出所的宣传工作。从那时起，我就和当地报纸、电台的交往次数多了起来。1984 年 11 月《中国交通报》创刊，给交通人提供了一个学习园地。当时单位订有一份《中国交通报》，我有时间就翻看，常被刊登的那些政策性强、知识性或趣味性强的文章所吸引。1984 年 12 月，中国交通报社驻山西记者站成立，因我在《中国交通报》发表了几篇稿子，1986 年，时任山西记者站副站长的单瑞棋推荐我为《中国交通报》特约通讯员，还带我去报社学习和参加报社的会议，久而久之我便同报社的编辑、记者都认识了，也由于《中国交通报》采用我写的稿件数量多，1988年被《中国交通报》评为“优秀通讯员”。

1982年1月至1995年6月我在运输部门和太原长途汽车站公安派出所工作13年之后，借调到太旧高速公路建设宣传指挥部从事《山西交通》杂志的编采工作。1988年，为提高自己新闻写作水平，陆续攻读了山西省委党校政治理论专业大专班、中央党校经济管理专业本科班和山西大学自考法律专业本科班，并取得了各类专业的毕业证书。在诸多编辑老师精心指导下，我的写作技巧和捕捉新闻的敏感性在一定程度上得到了提高。后来厅党组安排我到了山西交通报刊社工作，从那时起，我算是正式干起了“记者的营生”。2000年11月我又被安排到记者站工作，这就使得我与《中国交通报》能再续“缘分”。

从1986年当通讯员到1988年12月，由山西省交通厅和山西记者站推荐，成为一名《中国交通报》特约记者，再到2000年11月到山西记者站工作，的确有许多人和事值得回忆和怀念，挖掘、梳理记忆中最为深刻的。历届山西记者站的站长们在报社和厅党组的正确领导下，兢业工作，紧密结合党的各项工作，坚持正确的舆论导向，坚持原则，求真务实；深入实际，联系群众；高扬主弦律，唱响主题歌，年年完成报社和厅党组交给的任务。在讲好山西交通的故事，传播好山西交通的声音，推进交通运输事业的发展中付出了努力，山西记者站从建站至今连续20多年保持着先进记者站殊荣。

自己从一名基层通讯员成长为全国行业报的驻站站长，感慨之余，总是忘不了《中国交通报》的历届领导、编辑们20多年来对我无微不至的关怀，特别是从1986年开始跟随山西记者站安正义站长、单瑞棋副站长、田建江副站长一同参加中国交通报社一些工作会议，都浮现在眼前。从那时起改变了我的一切，使我与《中国交通报》结下了不解之缘，同时也和报社许许多多领导、编辑、记者成了好朋友。清楚记得自己刚当特约记者不久，当时发表的通讯《从山西罚到山东》稿件，试着向《中国交通报》投了稿。让我惊喜的是，这篇文章不久见报了，发表后产生了很大的影响，并获全国产业报好新闻二等奖和《中国交通报》第三届好新闻二等奖。更令我感动的是，不久，我收到一份《中国交通报》编辑专门写来的回信。信中写道："感谢您对《中国交通报》的支持，希望您能一如既往地支持我们，欢迎来稿，谢谢支持。祝您生活美满如意！"话语不多，寥寥数行。但在我当时看来，字字珠玑，重若千钧，充满了对我的鼓励和期望。编辑们的那种热情、那种责任跃然纸上，唤我努力、奋进，从此更坚定了"爬格子"的信心。

这个平台，让我不断历练成长

在报社这个大家庭中，我被许多的事感动着、激励着、一点一滴学习着、工作着、提高着，爱上了记者站的工作。报社上到领导，下至一般记者、编辑，都十分平易近人，都把记者站的同志们当作朋友看，当作朋友帮，没有一点"居高临下"样子，请教学习，业务交往都处在一种和蔼、和气、和谐氛围之中。每当走进报社大楼，总有一种回家的感觉。

28年的相伴，使我在政治上得到了进步。组织上从记者、副站长岗位，提拔我为中国交通报社驻山西记者站站长；山西省交通运输厅党组又让自己从新闻宣传中心通联部部长、副主任岗位，担任了厅新闻宣传中心党支部书记。

从2004年开始，自己采写的作品年年获奖，消息《不超载，理直气壮一路畅行》在第15届山西新闻奖评选中获山西新闻奖"三等奖"；消息《山西：城乡客运一体化突破"围城"》在第16届山西新闻奖评选中获山西新闻奖"三等奖"；消息《让治超政策家喻户晓》获山西治超好新闻奖"二等奖"；消息《山西大同：五到位使超载车难出产煤区》

获山西治超好新闻奖“三等奖”；通讯《山西平顺：农村物流中心对农民心思》在第17届山西新闻奖评选中获山西新闻奖“三等奖”；消息《山西：治超治得好奖条一级路》获第18届山西新闻奖“三等奖”、2008年度《中国交通报》好新闻“二等奖”；通讯《在“两极”之间寻找突破》在第19届山西新闻奖评选中获山西新闻奖“三等奖”；2010年采写通讯《从治超“重灾区”到治超“样板区”》在第10届山西新闻奖评选中获山西新闻奖“二等奖”；2010年采写通讯《闻垣：闻到自然的味道》获第一届全国交通运输好新闻“一等奖”；2011年撰写的论文《行业报驻站记者如何才能做好行业新闻》获第二届全国交通运输好新闻“一等奖”。

《中国交通报》这个平台给了我发展空间，1997年至今，我所获的各类证书摞起来足有一米多高。诸如山西省委宣传部、山西省新闻工作者协会、山西日报社、山西省摄影家协会、山西新闻摄影学会等5家单位授予山西十佳摄影记者优秀奖，中共山西省吕梁地委扶贫攻坚模范工作队员，山西省劳动竞赛委员会荣记的个人一等功、二等功，山西省交通厅党组大运路上好党员、抗震救灾优秀共产党员，山西省“五一”劳动奖章，中国交通报社抗震救灾先进个人，中国产业报中国产业经济优秀新闻工作者等。2002年至2014年，自己连续13年被中国交通报社授予“优秀驻地记者”称号；2010年至2014年，连续5年被中国交通报社授予“最佳站长”称号；2005年至2014年，连续10年被中国交通报社聘为“驻地首席记者”。2013年1月，还获得山西省人民政府授予的“山西省高速公路建设先进工作者(劳动模范)”荣誉称号，享受省部级先进工作者和劳动模范待遇，并给晋升一级薪级工资，这在我人生中获得这么高的荣誉还是第一次。同时，山西记者站建站以来第一次获得山西省人民政府授予“山西省高速公路建设先进集体”荣誉称号。

回想起我在交通新闻战线上的成长过程，《中国交通报》功不可没，她指导我写稿2000余篇，我也与《中国交通报》结下了深厚的感情和难以诠释的情结。她是我的挚友和知音，更是我心灵的归宿和梦想延伸的地方。因为我与新闻有缘。这缘，是我幸运地选择了新闻；这缘，是新闻给予了我充实和满足，而这缘的牵线人就是《中国交通报》。

《中国交通报》使我的职称从一名助理记者、记者，晋升为主任记者、高级记者；也使我的职务从一名基层通讯员成长为记者，成长为全国交通运输行业报的驻站站长。虽然我对《中国交通报》付出过，但《中国交通报》更是有恩于我。我不能不说：是《中国交通报》栽培了我，并由此改变了我的人生轨迹，使我与写作“签约”。今日再许个愿吧：我的有生之年，就全部交给《中国交通报》了！

正如一首歌所唱的：“你选择了我，我选择了你，这是我们的选择。”如今，《中国交通报》已成了我每天品尝的一道“文化大餐”，离不开的“精神伴侣”。我捡拾脑海中记忆的碎片，写下这些文字，算是对报庆的一种纪念，也算是对报社人文情怀的一种注释。

岁月无痕，笔墨留香。《中国交通报》虽然走过了30个年头，但报社严肃认真的工作作风，蓬勃向上的朝气，融洽的上下级关系，同志之间的友谊，至今难忘。我真心祝福而立之年的《中国交通报》越办越好，再铸辉煌。

石中生系中国交通报社驻山西记者站站长

结下“笔耕”的不解之缘

李黔刚

1986年8月20日，我22岁时，就与《中国交通报》结下了不解之缘。那时是在谢明同志的推荐下，我兼职成为中国交通报社驻贵州记者站的通讯员，发过几篇小稿子。当时的通讯员证是蓝色长条型，我的编号为0048，从此开始了“爬格子”之路。

忙碌中的充实

2004年年初，同样还是经过谢明同志的推荐，我来到了中国交通报社驻贵州记者站工作。真没有想到，当记者会这么忙，一直忙到现在。这样说我在记者站里的“忙”吧：过去业余时间里，我很喜欢与同事们下围棋，但这十年里，业余时间大都用来采访或写稿了，我和同事也就只下过两三盘围棋。不过，这“忙”吧，没有让我虚度，相反，却让我很充实。

“我是一名驻站记者！”这是我时常提醒自己的一句话，也是我对自己言行严格要求的重要原因。我认为，驻站记者就是报社连接省厅的纽带，是报社和省厅对外宣传的一扇“窗口”。驻站记者的精神面貌、言行和能力直接关系到报社和省厅的形象，我感到责任重大。

贵州是全国唯一没有平原支撑的西部省份，国土面积为17.6万平方公里，山地和丘陵面积占总面积的90%以上。贵州经济欠发达，交通建设起步较晚。为了贵州交通的发展，中央领导同志曾多次作出重要指示：贵州经济的发展有赖于加大对外开放的力度，而制约对外开放、阻碍经济发展的是基础设施，尤其是交通，要下定决心，努力改善交通状况。贵州省委、省政府一直把交通建设作为工作的重中之重，并抓住西部大开发这一千载难逢的良机，打响了交通建设攻坚战。我在交通运输战线上工作了多年，深知这“攻坚战”三个字蕴涵着丰富的内容。只有大交通托起了大开发，大开发才能构建大平台，大平台方能带来大发展。这其中也为许许多多的新闻工作者提供了一个宽阔的平台。

平时，我的工作就是紧紧围绕报社安排的工作和省厅党委中心工作，加强与厅机关各相关处室、厅属各单位沟通信息，提前做好有关贵州交通运输建设和发展的新闻采访准备工作，及时完成发稿任务；坚持主动与报社通联部沟通信息，上网登录查看交通运输部网站以及报社通联信息网站及中国交通新闻网；及时了解《中国交通报》每月报道计划，做好与贵州交通运输有关的专题采访准备工作。

2013 年 7 月 29 日至 8 月 3 日，报社记者组赴贵州进行异地采访，李黔刚（左一）介绍有关贵州交通建设情况。

人们说新闻是跑出来的，这话一点不假。要想多写稿，必须多跑。经常往基层跑、往全省各交通运输部门跑，看看交通职工在做什么，听听交通职工在想什么。只要一跑就有了信息源，就有稿子可采写。同时还要快跑。一旦捕捉到有价值的新闻线索，要立即跑去采访，无论远近，无论有多少困难，要快速赶到现场采访，并拍摄下珍贵的照片。

在记者站工作的10年里，我到过全省所有的88个县、市、区进行实地采访，做到发生在贵州省的重要交通运输新闻不漏发，无失实报道，随时关注全省高速公路建设动态并经常深入工地采写稿件。我多次深入省内许多地区采访农村公路建设取得的成就，用一系列典型事例报道农村公路建设给以“生产发展、生活宽裕、乡风文明、村容整洁、管理民主”为特色新农村建设带来的新变化，反映农民切身感受到的农村公路建设带来的实惠。贵州赤水河航道整治效果明显，我重点采写了该地区抓好港航基础设施建设、改善革命老区航运条件、提升赤水河水运生产力水平、促进沿线经济发展成效的稿件，受到普遍好评。

履行神圣职责

“泰山不拒细壤，故能成其高；江海不择细流，故能就其深。”作为一名驻站记者怎样才能成为一名受到编辑、读者认可的好记者，更好、更快地成为读者满意的优秀记者，其关键是驻站记者要知己知彼。知己，就是要正确认识自己。从个人的经历、学历、专长、性格、兴趣、人际关系等诸多方面来审视自己，搞清楚自己的长处和短处、优势和劣势。知彼，就是要认识周围的环境，既包括认识全国交通运输新闻界的发展状况和本报的新闻发展态势，也包括认识所驻地区的政治、经济、科技、文化方面的历史和现状，特别是要准确把握所驻单位工作的特点，也就是说，将当地的交通运输新闻资源与《中国交通报》的要求有机地结合起来，经常思考怎样表达主题、选角度、制作标题等，使之达到最好效果。这样就可以减少盲目，做到有的放矢，事半功倍。

由于历史、地理等方面的原因，贵州发展总体上比较落后，各方面条件比较艰苦。贵州在“硬件”上比不过别人，所以我必须在思想作风、精神状态等“软件”上下功夫，才能补足“硬件”方面的不足。驻站记者工作性质具有特殊性，驻站记者具有多重身份，需要扮演多个角色。我认为，作为驻站记者，有好的人品、有事业心、有责任心是开展工作的基础，具有一定的业务知识及协调能力是开展工作的基石。此外，由于编辑部远离一线，地方一些突发事件发生后，往往鞭长莫及，而驻站记者既熟悉情况又可就近采访。

李黔刚（右二）与报社记者一起采访

对我来说，完成采访任务是最大的心愿。干上记者这一行，就意味着吃苦，但苦中也有甜。为保证完成采访任务，无论是盛夏或是寒冬，无论是山村或是城镇，作为一名记者都尽力做到身临现场，深入细致采访，把看似琐碎、枯燥的事例精心提炼，力争把报道对象真切地融进文章中，形象地展示给读者。

2004 年 7 月 6 日至 8 日，我参加了贵州军、警、地三方联合行动组对假冒军车超限运输进行综合整治的采访活动。据了解，那段时间，违法分子为逃避国家各种税费，利用国家给予军队的优惠政策，自制、贩卖军车号牌，违法进行超限运输，给军队形象造成极其恶劣的影响，严重扰乱了地方道路运输市场秩序。贵阳警备司令部、贵州省武警警备司令部、贵州省交通运输厅为维护军队形象，保护公路建设成果，维护正常的道路运输秩序，按照国家七部委治理车辆超限超载工作要求，组成了联合行动组，行程 1000 多公里，深入省内六盘水、黔西南、遵义、贵阳等地区，对假冒军队和武警车辆超限运输进行综合整治。

由于事先做了认真摸底调查和周密安排，经过星夜长途奔袭和三昼两夜的艰苦奋战，在盘县武装部、盘县公路管理南段、遵义县武装部、遵义公路管理南段的配合下，这次联合整治行动收到了很好的效果，一举查获 12 辆假冒军队和武警车辆进行超限运输的车辆，这些车辆由军区和武警纠察部门及公路管理部门按照各自职权分别依法进行了处理。

当时，我跟随行动组深入安顺、六盘水等地区，在关岭县吃过午饭，一直在路上采访，到半夜 12 点才在黔滇交界处胜境关吃上晚饭，那肚子饿得咕咕叫的感觉至今记忆犹新。几天后，《中国交通报》用一个整版将我此次采写的文章和拍摄的照片刊登出来，对全国治超的工作产生了积极的影响。

一个驻站记者千辛万苦完成的稿件送到报社，就像等待孩子出生一样，每当我看到我的稿件见报后，收获的喜悦和兴奋将采访时所有的艰辛一扫而空。

2008 年春运期间，贵州省大部分地区遭受了多年不遇的持续雨雪冰冻自然灾害，给交通运输造成严重影响。各级交通运输干部职工为保障旅客运输安全和重点物资运输畅通，日夜奋战在抗灾一线，全力以赴落实交通运输部门提出的“五个力保”。为了及时报道交通运输系统干部职工在抗击雪灾战斗中的无私奉献和感人事迹，我深入到抗灾第一线，顶风冒雪，克服种种难以想象的困难，坚持在冰天雪地里连续采访报道，向报社提供新闻稿件（图片）40 多篇（幅），在《中国交通报》上发表 20 多篇；同时还为交通运输部的宣传部门每天提供大量贵州交通职工抗击雪灾的信息。这些报道和信息真实生动地记录了贵州省交通运输职工战风雪、斗严寒、保畅通的顽强斗志和无私奉献精神，鼓舞了行业士气，彰显了行业形象，同时为《中国交通报》发挥交通运输行业新闻宣传主渠道作用提供了坚实的保证。

2008 年春运期间，李黔刚（左）在贵阳客运总站采访

当年 5 月 12 日，四川省汶川发生大地震。5 月 16 日早晨，我就跟随贵州交通运输部门紧急集结的由 115 辆客车组成的支援车队赴四川地震灾区采访。在赴川途中，报社通联部的崔老师和岳老师就开始给我打长途电话，叮嘱我注意安全，并要我的身份证号码，告诉我报社为我赴川采访还投了人身保险。当时，我非常感动。报社考虑周全，解决了我的后顾之忧。随后的日子里，我采写了贵州交通运输职工为四川灾区捐款捐物等一系列爱心活动的稿件，共有十多篇通讯、消息、图片等稿件

刊登在《中国交通报》上，顺利地完成了抗震救灾采访报道任务。

感受劳作喜悦

在这两次主题宣传报道中，我先后受到了中国交通报社的嘉奖，被省交通运输厅评为贵州省交通运输行业抗雪凝保畅通先进个人。

这10年，我已在《中国交通报》刊登消息、通讯、论文、图片等稿件700多篇，其中：一版头条有30多篇；六篇稿件被中央电视台“媒体广场”摘播；70多篇稿件被中国交通报社评为好稿（好图）；《刘恩和的三个心愿》获中国交通报社2004年好新闻二等奖，《“24道拐”见证交通巨变》获2005年度中国交通报社好新闻三等奖；《抗战生命线上的“24道拐”》在第22届中国产业经济好新闻奖评选中荣获三等奖。我连续10年被中国交通报社评为优秀驻站记者。2007年，我获得副高职称（主任记者）；2011年，被报社聘任为本报驻贵州记者站站长；2013年6月，我被聘为第五届交通系统新闻专业副高级职务任职资格评审委员会委员。

我经常在想，之所以能取得这样的成绩，除了自身的努力外，有一个很重要的外在因素，就是我工作的环境始终具有一个“想干事、能干事、干成事”的良好氛围，还有就是离不开报社领导和各部门同仁的大力支持、关心和帮助。今年我50岁，也进入了“老记者”的行列。平时，我和同事们开玩笑说，如果当记者不记不写了，那去掉“老记者”三个字中的“记”字，我就变成了名符其实的“老者”。

选择《中国交通报》，爱我所爱。在以后的记者生涯中，我仍将一如既往，不断充实自己，笔耕不止。我坚信，随着时间的推移，我与《中国交通报》的感情会越来越深，收获也会越来越大。

李黔刚系中国交通报社驻贵州记者站站长

我与《中国交通报》一起走过 30 年

梅宁生

梅宁生（右一）与中国交通报社原党委书记黄大斌（右二）等合影

1984 年，《中国交通报》创刊时，我刚从兰州军区某部复员分配到银川汽车站当长途客车售票员一年的时间。《中国交通报》作为全国交通系统唯一的一张公开发行、具有权威性的报纸，当时的作用和影响力可想而知。不久，各省区交通厅按照交通部及交通报的要求，相继成立了驻地记者站。宁夏也不例外地成立了记者站。第一任站长是刘全智，记者是李宏文和苏惠。由于我读高中时上的是文科班，酷爱写作，加上在部队服役期间经常给兰州军区《人民军队报》写稿，复员后又经常在《宁夏日报》发表点豆腐块，有点写作基础，很快就被宁夏记者站当做骨干通讯员加以重点培养和使用，开始给《中国交通报》写稿，并时不时有小块文章被刊用，为自己10年后顺利到宁夏记者站工作奠定了坚实的基础。

从1984年《中国交通报》创刊之日起到1994年上半年的10年间，我虽然跟报社的领导、编辑、记者见面不多，但从骨子里有一种亲近感，甚至是一种难分难舍的情感。记得李长青社长来宁夏调研工作时，为了让我们这些工作在生产第一线的通讯员能和报社领导见见面、说说心里话、请教一些写作技巧，刘全智站长特意给车站站长请假，让我跟随、陪同李长青社长一起学习、生活、工作了几天，无论从哪一方面都让我受益匪浅。后来刘凤桐社长带摄影部主任吴卫平来宁夏调研工作，刘全智站长又指名让我一起陪同，加深了我们基层通讯员和报社领导、编辑、记者的联系。也正因为有了报社领导和编辑在业务上的耐心指点和热情帮助，让我的写作水平提高很快，上稿率一年比一年高。1990年3月份，我还被《中国交通报》评为全国优秀通讯员，跟随驻地记者陈红到山东烟台领奖。会议期间，又认识了报社许多老前辈、老编辑和来自全国各省区的优秀记者、优秀通讯员，让我开阔了眼界，学到了不少有用的东西。特别是和《新闻写作窗》第一任主编刘建斌老师结下了深厚的友谊，并通过这本杂志发表了不少新闻写作体会和交流文章，一些文章还分别获得了征文比赛的二、三等奖，使自己向驻地记者站的行列又迈进了一步。

功夫不负有心人，1994年6月份，承蒙宁夏交通厅领导和宁夏记者站各位同仁的厚爱，我从基层单位被调到宁夏记者站工作，名正言顺地开始给《中国交通报》写稿。2002年，又成为《中国交通报》特记者证的正式记者，而且连续13年被《中国交通报》评为全国优秀驻地记者，是《中国交通报》圆了我的记者梦。如今，我已经在宁夏记者站工作了整整20个年头，迎来送往了6任站长，是目前宁夏记者站工作时间最长的驻地记者，发表各类文章、图片上万篇（幅）。

我写稿有三个比较清晰的特点：一个是从小处入手，面面俱到。从交通运输行业最基层的养路工、公路建设者、收费员、售票员、驾驶员、路政员、运政执法员、修理工、农民工，到队长、所长、科长、处长、厅长，每一个角色我都力求笔下熠熠生辉。诸如《话说“憨”师傅》《甘当铺路石》《情系旅客》《一名路政执法者的事业追求》《大山深处写春秋》《潘丹丹收费1500万元无差错》《绿色交通践行者》《重视战备是因为我们珍惜和平》之类文章，几乎写尽了交通运输战线干部职工的苦与乐、酸和甜，从中清晰地显现出秉承“铺路石”精神的交通运输人，以路为业、以班为家、甘当路石、无私奉献、艰苦奋斗、吃苦耐劳、默默无闻、保障畅通，为社会发展和人类进步作出了不朽的业绩，感动了一批又一批人们，激励了一批又一批人。

另一个是真实地记录了近30年来宁夏交通运输事业飞速发展的艰辛历程；忠实记录下了它的发展之路、变迁之路、兴旺之路。诸如《银川至古窑子将建高速路》《宁夏“三纵六横”路网规划出台》《宁夏重点建设国道干线》《宁夏“十二五”将新增农村公路8300公里》《宁夏所有市县一小时上高速》《宁夏高速公路突破1000公里》《宁夏沿黄城市带将建设“一小时”经济圈》《宁夏将新增100个建制村通沥青水泥路》等，从这些报道的标题就可亲切地品味到宁夏交通建设的步伐和豪迈进程，无疑为宁夏经济社会跨越式发展插上了腾飞的翅膀。

三是报道紧扣发展之“弦”，紧跟时代旋律。《宁夏所有市县一小时上高速》《宁夏三纵六横干线公路将加三横》，读者只需望文生义，就对宁夏交通的大气磅礴过目不忘；《宁夏村路改造雇当地人用当地材》《宁夏交通建设今年吸纳农民工约2.3万人》，则让人心有所动，交通运输行业对地方发展和当地农民的良苦用心不言而喻；《宁夏什沿高速修路不忘护水源》《刘璟：绿色交通践行者》《张淑娥：在路上耕耘绿色》，前文写事，后两文写人，让人体会到绿色发展理念在宁夏植根之深；《她，唱着花儿上春晚》《陈钧：点燃交通人对奥运的祝福》，多姿多“才”的交通人形象活灵活现……更需一提的是《过年很想家，值守不后悔》，区区十个字，多少交通情！

2005年春天，我在家整理书房的书籍时，发现自己精心收藏的十几本新闻稿件剪贴本已经开始泛黄，里面的稿件一些铅字已经模糊不清，令人非常头疼和着急。如果不赶快想办法处理此事，再过一两年，数千篇稿件恐怕就变成一张张白纸了。也就是说，20多年的心血和汗水将付诸东流，留不下任何有价值的东西了。左思右想，唯一的办法，就是把这些新闻稿件迅速整理成册，以书的形式保存下来。于是，我下定决心尽快自费出版一本新闻作品集。而且出书的目的很简单，就是想把一些文字质量高、有新闻价值的稿件以书的形式保存下来。说干就干，我一方面积极向出版社申请书刊号，一方面快速从各级媒体发表过的数千篇消息、通讯、人物、杂文、小说、散文、诗歌等作品中，精选出300余篇分类成册。因为交通离不开人、车、路，所以作品集的书名就叫《人车路》。经过几个月的反复修改和校对，第一本新闻作品集在我45周岁生日，也就是2005年7月1日与宁夏交通系统的干部职工见面了，这是对我从事新闻写作20多年的一个见证和小结。《人车路》的书刊号和印刷费一共花去我3万多块钱，但我从来没有后悔过，相反非常开心，因为这本书得到了交通厅领导和同事们的认可和好评。时任宁夏交通厅党委书记、厅长周舒，中国交通报社总编辑杜迈驰，宁夏著名历史地理学家、社科院特约研究员鲁人勇先生分别为这本作品集写了序和评论文章。

时光如梭，光阴似箭。在第一本新闻作品集出版后的 8 年中，我集中精力、一门心思、专心致志的给《中国交通报》一家写稿，又有千余篇稿件和图片发表，而且稿件和图片质量都有很大提高。于是，又萌发了出版第二本新闻作品集的想法。考虑到本人在宁夏交通系统搞了整整 30 年的新闻宣传，而且自始至终没有离开过交通，对交通有着一份特殊的感情。正是这种难分难舍的情感，我不假思索地将第二本新闻作品集的书名定为《交通情》。宁夏交通运输厅党委书记、厅长许学民，中国交通报社总编辑李咏梅分别为作品集写了序，对作者给予了公正的评价，对作品集给予了很高的赞誉。

《交通情》可以说是我的《中国交通报》新闻作品集，因为里面所选用的数百篇稿件都是《中国交通报》一家发表过的。分为“关怀与希望”“规划与发展”“运输与管理”“建设与养护”“人物与通讯”五个篇章，内容涉及交通系统的各个工作面，人物也都是近年来评选出的先进模范。《交通情》对我个人而言，每一篇文章都是用勤奋和汗水写出来的，采访的足迹踏遍了自治区所有的市、县、区和每一条高速公路、国省干线，以及许多县乡村道路，交通运输行业最基层的养路工、收费员、售票员、驾驶员、路政员、运政员、修理工、工程师、技术员、农民工等都是我采写的对象。因为我本人就来自最基层，当过兵，干过售票员、库管员、宣传干事、小报编辑等，所以发表过的稿件大多数也都是反映生产一线的。从 1984 年开始写交通新闻到 2014 年，在这 30 年的时间里我始终坚持着一个原则：一门心思写稿，决不追求名利。这一点平心而论，我做到了。甚至在 2000 年的一次下乡采访途中遭遇翻车事故，险些丢掉了性命。感谢苍天有眼，当时只让我锁骨和十来根肋骨骨折、右眼视网膜损伤，住院长达 3 个月之久。出院后，我马上又投入到交通新闻宣传工作之中。“勤勤恳恳、埋头苦干、无怨无悔、任劳任怨”这几个成语，是大家对我人品和文品最好、最公正的评价。如今，我已经从一个青年人变成了一个中年人，但对交通事业的深情厚谊依然如故，而且痴心不改，一往情深。特别是与《中国交通报》共同走过的这30年，让我们见证了报社的诞生、成长、发展和壮大；见证了中国交通运输事业日新月异、翻天覆地的变化和载入历史史册的成就和辉煌；见证了自己从一个无名小卒成长为《中国交通报》优秀驻地记者。俗话说："吃水不忘挖井人。"自己能在新闻写作中取得一点成绩，这都应该归功于《中国交通报》历任领导、编辑、记者的热情帮助和关照。我也应该一如既往地干好本职工作，不骄不躁，多跑动、多动脑、多写稿、写好稿，继续与《中国交通报》一路同行。

梅宁生系中国交通报社驻宁夏记者站副站长

十五年“站学”有所获

吴敏

如同读了一本精彩的长篇巨著，在《中国交通报》安徽记者站15年的“站学”生涯中，植下了很多记忆，收获了很多知识，感受了很多温暖。

1992年我加入安徽交通报社，当时中国交通报社驻安徽记者站和安徽交通报社合署办公，系一个班子两块牌子，即站长和社长均为一人。那时，虽然我不是记者站一名正式记者，但已和《中国交通报》结缘了，站里的很多事务均由我做，尤其是写稿，大部分都出自本人之手。1998年经省厅同意和报社批准，我正式步入了本报驻地记者行列。

黄大斌书记（右四）、李育平社长（左五）、杜迈驰总编辑（左四）、谭鸿副社长（右三）与第一批“首席驻地记者”合影。右一为吴敏。

岁月不居，流光不老。如今，《中国交通报》背负着传递交通正能量的使命与希望，在探索中迎来了30岁难忘的生日，奋斗中走过了30年非凡的时光。30年，我虽然没能全程追随，但这15年也足以让我感到荣幸和自豪！

15年的“站学”，收获温暖

2003年，国家对报刊进行整顿，要求厅局级报刊一律停办。《安徽交通报》作为安徽省交通行业公开出版的主流媒体当然不能例外。当时，《安徽交通报》只有两条路可走，一条是停办取消报纸刊号，报社在编人员进行分流；一条是划转强势媒体，部分人员一并划转过去，其他人员分流厅直单位。考虑到刊号保留问题，经厅党组研究、安徽日报报业集团同意，《安徽交通报》划转安徽日报报业集团，但报业集团只要4人，并要求是从事5年以上采编岗位，年龄在40岁以下的在编人员。据说，在省厅和报业集团磋商期间，报业集团就对本报人员进行了摸底，由于本人条件符合被列入所要的人员前列。安徽日报报业集团分管领导和集团人事部门负责人示意我在递交去向意愿时，就填安徽日报。当时，我省报刊停办人员分流去向是采取个人志愿和单位意愿相结合的办法。是走？还是留？正在我犹豫不决时，中国交通报社李育平社长建议我留在交通部门。他说，因为交通行业你已有一定的基础，如果愿意，我来和厅里沟通。经他的联系和推荐，我被分配在省公路管理局并上挂厅人事教育处从事新闻宣传工作。随后，中国交通报社谭鸿副社长又亲自到安徽向厅领导举荐我担任中国交通报社驻安徽记者站副站长。

在报社领导和同仁们的关心和帮衬下，随着时间的推移，我在安徽交通运输系统的影响也日渐提高，工作也得到了领导的肯定和赞赏。但工作关系不够顺，说白了就是没有一个好的工作平台。一边负责省公路管理局宣传教育工作，一边挂职在厅里从事新闻宣传工作和负责记者站工作，工作起来，让人有种名不正言不顺的感觉。得知此事后，时任的周世旺社长亲自来安徽和厅领导沟通，并多次在部里召开全国性交通工作会议时向参会的省厅领导介绍我的工作情况，关心我的成长。2012年年底，省厅专门成立新闻宣传办公室。2013年2月份，经考核和推荐，厅党组任命我为厅新闻宣传办公室主任，兼任中国交通报社驻安徽记者站站长。

2008年，我女儿考上中国政法大学。9月初，我和爱人送女儿去学校，报社靳扬副总编和通联部的同志热情关照，不仅安排了车辆接送，还帮助联系住宿。在女儿求学期间，报社的李宁、韩昆、边华等同仁经常给予关心和帮助……

每念及此，这道难忘的酽酽人情尤如初春河上飘过一丝草甸，雨丝中袅袅撑起红油纸伞，酒店抱幽幽品味一杆烟香——既温馨，又温暖。

15年的“站学”，收获知识

在部队、在地方报社工作期间，我已写了不少新闻稿件，也多次获得过新闻奖，如1993年采写的一篇《走出去前面是个天》一文获得安徽省当年度好新闻一等奖，开创了《安徽交通报》创刊后之先河。但真正增长见识、懂得新闻，还是加入《中国交通报》记者队伍之后。中国交通报社为我提供了一个学习的平台。在这里，从为文、做人各个方面，得到了报社领导、编辑、记者的言传身教和精心指导。同时，各兄弟记者站同仁们的每篇佳作都是我学习的范文，受益良多。

记得2005年11月，报社策划“中部崛起，交通先行”专题，要求中部地区记者站针对本省的交通助力中部崛起发展战略写一篇全景式的深度报道。为了使这组报道出彩，时任报社杜迈驰总编亲自深入中部六省对记者站进行采访指导。在安徽采访时，令我长见识的是在采访安徽省政府参事、安徽经济研究所所长王傲兰时，杜总那种采访前准备的充分度、丰富的知识面以及采访的提问技巧，使我受益匪浅。

2006 年 5 月 21 日，在大连召开的重要报道选题研讨会上，总编辑、副社长李咏梅对重点报道的思考，给我上了一堂深刻的新闻业务课。她结合值班、评报中的一些体会和经验，就如何判断新闻选题的价值，如何把握重要选题的组织和采写，《中国交通报》关于重要新闻的处理原则等内容进行翔实的分析和讲解。尤其是她提出，好的重要报道要把握定位，有的放矢；要熟悉行业主旋律，牢记关键词；要以交通行业全局为背景，抓住省厅最主要的工作思路，盯紧厅长最关注的事件；要挖掘上述要素的新闻价值，善于用最合适的形式，在最恰当的时机成文成图；要经常用新理念刷新大脑，及时删除陈词滥调等理念，使我很受教益。再一个是她举的一个例子，让我开拓了思路。中国铁道建筑报社总编辑朱海燕在青藏铁路建设之初，很多铁道建筑企业纷纷表态：一不怕苦，二不怕死，用生命和青春筑成青藏铁路。朱海燕意识到这与以人为本的新政有出入，于是在报纸上发表了“要奋斗不要牺牲”的评论，引起了读者的强烈共鸣，后来青藏铁路很多工地都挂着这条既鼓舞士气又温暖人心的大标语。基于此，在铜（陵）黄（山）高速公路和安徽公路部门采访时，我细心观察工地上的标语和路上的标志牌，分别撰写了《从禁止到劝诫，从生硬口号到温馨提醒——公路建设标语人情味渐浓》《安徽新标志让行车更便捷》的稿件，先后在三版头条和头版头条刊发，并获当月好新闻。2007 年安徽发生水灾，在灾区采访时，我听省公路局的领导说，今年这么大的水灾造成公路的损失还没有以前小水灾的损失大，职业的敏感使我眼前一亮，于是紧跟着采访了水灾重的地市和省公路局相关人员，很快写了一篇《安徽公路：从“小水大灾”到“大水小灾”》在头版头条刊发，先后获得报社年度好新闻和安徽新闻奖二等奖。

受此影响，加之报社领导和同仁们的关心支持，近年来安徽站的重大选题无论在数量和质量上都有了质的提升，在安徽交通运输系统产生了一定的影响。

可以说，报社每次召开的重要选题会和举办的新闻研讨会，都让我耳目一新，收获颇丰。

15 年的“站学”，收获友情

报社就像一个磁铁石，将分居全国各地记者站的百余名记者聚合在一起，而且大家在相识和交往中，加强了了解，密切了联系，增进了友谊，建立了情感。这里有丰富的资源，有畅通的人脉关系。通过这个平台，我结识了风格迥异、各具鲜明个性的记者站成员及各地交通系统新闻宣传工作者。

2006 年 7 月报社组织的首批新闻宣传骨干赴国外学习考察，让我至今记忆犹新。本次出国考察共 13 人，除了报社韩世轶和记者站的谢明、赵志礼、曹兆田、王秋霞以及安徽泾县交通局局长丁桢外，我结识了交通部政策法规司副巡视员谷秀英、山东海事局党工部副主任张永刚、深圳海事局党工部主任蒋群英、辽宁海事党工部主任刘立才、贵州高速公路公司党委书记钟蔚、吉林省交通厅厅直党委专职副书记李忠效。13 天的考察中，我们不仅考察了三家传媒，还参观了异国美好山河和人文景观。其间，我们把酒言欢，毫无保留地交流着彼此对职业、对人生的看法，共同享受着难得一次的闲暇时光……

2009 年 10 月，我有幸参加了中国公路学会和报社组织的赴台湾考察代表团。其间我和几位来自北京、广东、湖北、江西、安徽等省市高速公路广告公司老总们走进船说饭店。饭店正对门墙壁上，一张蒋介石与一家普通百姓家庭的合影照片特别显眼。一打听，正是这家主人，蒋介石旁边的两个小孩就是该店的老板和姐妹。原来蒋介石暨夫人生前时常漫步于涵碧步道欣赏日月潭的美景，每次来都是这家老板的父亲掌舵游览日月潭。我们一阵狂喜，合影、唱歌、笑谈……不知不觉到深夜12时。如今，虽然时间在拉长，但那时结下的情谊却依然如故，每逢节日，大家还相互致电祝贺问安。

每每参加报社举办的年度工作会、业务研讨会和座谈会，集体采访和考察，总有一股温馨、亲切之感迎面扑来，那是一方精神家园，徜徉其中，天高、云淡、风清，很温暖，很享受。在迎来报社30周岁生日的时刻，作为报社记者站的成员之一，心生无限感慨。春华秋实，在记载着报社30年成长轨迹中，相信每个成员都和我一样，均能够从中寻觅到自己为交通新闻事业奋斗的身影，和一份沉甸甸的收获。我虽然没能够有幸与报社前15年的时光结缘，但今后的岁月中，我愿意和报社同仁们一起为这个温暖的精神家园创造和谐与美好。

三十余年堪耀夸，千红万紫竞芳华；因何着意垂青眼，此处原来是我家。谢谢您，《中国交通报》。生日快乐！

吴敏系中国交通报社驻安徽记者站站长

爱要深爱　行要力行

邹立新

在《中国交通报》记者站工作过的人，都有一句发自肺腑的话：我酷爱《中国交通报》。也许我们与《中国交通报》的缘分有深有浅，但大家对于她的感情是一样的。因为我们曾经把自己的青春岁月和她紧紧联系在一起，共同经历了她的发展壮大，体验了一样的欢乐与艰难。

我和《中国交通报》的缘分，开始于 20 世纪 90 年代初期。那时我还在长沙理工大学（当时叫长沙交通学院，是交通部部属院校）担任校报编辑，也是《中国交通报》的一名通讯员。每当学校的新闻登载于《中国交通报》，我就会感到很高兴，宣传部就会参照中国交通报社的标准给我发稿费，再奖励我同样数额的奖金。

小小的奖励，并非我的追求。然而把自己的文章变成铅字，却是我 1983 年从湖南师大中文系毕业以后的最大心愿。

大学毕业后我在中学担任了七年半的语文教师，繁重的教学工作使自己"试水"写作的愿望成为奢望，而边做编辑工作又兼对外宣传的职责，使我的一篇篇小文见诸报端，也是很有意思的。

1997 年 11 月，我调动工作到了湖南省交通厅，成了中国交通报社驻湖南记者站一名专职记者。记得当时的通联部主任是谭鸿同志，我第一次到报社，就是他通知我的，似乎是办理记者证等事宜。当时的报社在外馆斜街，一条曲里拐弯的胡同里头。那天是在一个小店吃饭。主任没有时间陪我，是靳扬女士陪我吃的饭，当时还来了一位男士。我很高兴，说咱们报社的氛围真好，同事之间就像一家人一样。后来知道了，那个男士叫刘文杰，他俩本来就是一家人。想来这也是很有意思的。

后来就是红尘滚滚啦。最大的体会是视野扩大了。我们从事的工作，从地域上来说，扩大到了全省的整个交通行业。四五个行业局、14个市州，100多个县，所有的交通新闻，都在我们报道的范围之内。湖南这个中部省份，冬季有冰雪，春夏有水毁，只有秋季是建设的黄金季节。作为民工输出大省，每年的春运是我们全省上下关注的焦点。每当年前年后，我们是马不停蹄，跟着春运检查的队伍，保畅通、保安全……在报道的空闲，时刻不能忘记的还有报纸的宣传推介工作，在十一二月，得连轴转，记得好几次我的生日就是在火车上度过的。

邹立新采访长沙公路比武

在报道过程中，我们认识了大量的通讯员和交通系统各级干部。他们是流水的兵，我们是铁打的记者。经常是他们在我们的报道中升迁了，我们还像蜜蜂一样在花丛中飞舞。但我们看到自己报道过的典型，能够在事业上蒸蒸日上，而我们的足迹，也遍布三湘四水，内心也感到很有意思。

加强报社的凝聚力，每年的记者站会议功不可没。我们的足迹，也会遍布全国各个省份，甚至迈出国门。上半年的宣传报道工作会议，下半年的报纸通联会议，还有重点选题会和记者异地采访活动，把每年辛勤工作的我们带入了快乐之旅。中国交通报社的编辑、领导和全国记者站的同仁，共同分享工作中的感受，一起倾诉工作中的困难，在这个自己热爱的事业上彼此鼓励，彼此关爱，交流思想，交流经验。因此，记者站很多同志和报社之间建立了真挚的信赖关系，各站记者站站长和记者们之间也建立了兄弟姐妹般的情谊。一拨拨的站长们离开了岗位，不少成绩突出的站长幸运地走上新的领导岗位，也有很多老站长在岗位上光荣退休，甚至也有的积劳成疾，献出了宝贵的生命。当我们翻看一张张纪念照片时，心中涌起的是难忘的回忆。

判断一个职业是不是很有意义，肯定是看它能不能体现人生的价值。记者站工作平凡而琐碎，但有不可替代的地位和作用，尤其是在关键的时候，就能发挥四两拨千斤的作用。

邹立新（右二）在采访湖南湘西古丈公路局尚爱国家人

我在工作中经历了很多事情，其中2008年年初的雨雪冰冻是最为难忘的经历。《九天九夜，一场对身体和灵魂的检验与洗礼》这篇文章，是在我的眼睛处于半盲状态下写出来的。“我所经历的，是中国人共同经历的一件大事；我们众志成城战胜的，是50年来从未发生过的一场自然灾害。每个亲身经历过的人，都在这个考场经过了一次身体和灵魂的检验与洗礼。”这些话，也是我从自己内心流露的真实感受。

当时，因为高速公路、机场等交通中断的缘故，在一线的记者数量很少，就那么几个，并且停水停电网络中断通讯不便，而全国人民和各级领导都高度关注，我们的报道就尤为珍贵，从而记者也发挥了重要作用。养兵千日，用兵一时啊。中央领导、省领导、交通运输部领导、各级交通运输系统干部职工在一线的工作，得到了及时的报道。

事后，国家、部、省、厅各级给我很高的荣誉。这个荣誉，平时根本轮不上记者。

回忆起来，也许就是记者的职业敏感、职业的基本操守和工作激情支撑我完成了应该做的事情。

最近我又去了郴州，这个当年几乎被冰雪摧毁的城市，由于连续几年进行的交通大建设和治理超限超载，经济持续腾飞，并且成为了国家园林城市，当年冰雪肆虐的痕迹已经荡然无存。看到这些，内心涌上一种特殊的喜悦。《中国交通报》的记者，在郴州成为受人欢迎的好朋友，《中国交通报》也成为了当地主要领导心目中的一个重要媒体。这也是我们对于《中国交通报》多年信任和培养的一种回报吧。

谨以此篇小文，献给《中国交通报》创刊30周年。祝愿《中国交通报》越办越好，成为更多人喜闻乐见的报纸。

邹立新系中国交通报社驻湖南记者站副站长

那些点滴　镌刻在记忆里

朝霞

朝霞（右二）在治超现场采访

转眼间，到中国交通报社驻重庆记者站工作竟然已经18个年头了！许多记忆，都被时间冲刷得模糊而依稀，但有些点滴，却又异常清晰地镌刻在记忆的褶皱里。

九年前的3月，具体哪一天已经忘记了，正在重庆富金坝航电枢纽工程工地采访，蒙蒙细雨中，踩着一脚腿的稀泥正记着笔记，突然电话响了，是中国交通报社通联部主任靳扬打来的，告诉了一个让我有些不敢相信自己耳朵的消息：我被推荐为全国优秀新闻工作者了，让赶紧写个材料报上去。

这一消息既让我兴奋雀跃，却也让我高兴之中有丝丝隐忧：我能行么？材料怎么写？忐忑中将材料报了上去，不知道能不能成。

后来，我如愿获得了“全国优秀新闻工作者”这一殊荣。后来，如愿赴京参加了表彰大会，如愿在会上见到了自己喜欢的主持人白岩松。在几年后，我才知道自己的“如愿”背后，是时任报社总编杜迈驰亲笔为我一句一句修改的材料。

朝霞（左一）在汶川大地震灾区卧龙采访

不善言辞的我将这份感激深藏于心，感谢《中国交通报》给了我这样一个平台，让我能追逐自己年轻时的梦想，更感谢报社各位同仁和领导，为我的成长所付出的精力和心血，这份感激，伴我更投入地工作。

借着《中国交通报》这一平台，我在自己的职业生涯里，享受过欢乐喜庆，经历过艰难困苦，领略过平凡淡然，直面过生离死别，让我感动的，让我愤怒的，让我宁静的，让我流泪的……所见、所感、所写、所悟，到最终的所得，一句话：且行且珍惜！

朝霞系中国交通报社驻重庆记者站副站长

我心中的路与桥

练崇田

2007年，我大学毕业后到中国交通报社驻江西记者站工作，七年来，在我的笔下书写过许多的路，赞美过许多的桥，然而，心中最坚实的路、最稳固的桥，还是娘家人《中国交通报》。

为我铺就人生最坚实的道路

在大学，我学的是汉语言文学。回首七年前，在我踏入记者站门槛的那一刻之前，我从来没想过自己会成为一名新闻记者，而且一干就是七年。我常常想，假若我不来中国交通报社驻江西记者站，我的人生将会怎样？或许会是一名基本称职的中小学教师，或许会是一个整天忙忙碌碌的小公务员，或许会是一个差强人意的企业文员……但唯独不会是一名新闻记者。

练崇田（左）深入一线挖掘采访江西交通职工敖志凡先进事迹

江西记者站给了我一个弥足珍贵的机会，让我有幸融入这个集体大家庭。回顾这些年的成长历程，非新闻专业出身的我，能有今天的进步，与《中国交通报》的关心培养是分不开的。可以说，没有《中国交通报》就没有我的今天，《中国交通报》是我一生成长的重要阶梯。回眸我的写作之路，得到《中国交通报》记者、编辑和工作人员们无数次的悉心指教，我心存感激，真诚地向娘家人道一声“谢谢”。

中国交通报社记者、编辑们的贴心指导，让我受益终身。他们一丝不苟的敬业精神和专业素养，一直鼓舞和感染着我。在他们的影响下，我坚持认真对待每一次采访，认真思考每一个报道选题，认真组织每一篇报道的文字。正是凭着这一份积累，我慢慢成长，慢慢成熟，在记者站七年工作中，几乎每年都被中国交通报社评为优秀驻地记者。

为我搭起学习与交流的桥梁

《中国交通报》是我生活的“头版头条”。每天上班，我第一件事就是打开电脑阅读《中国交通报》电子版（纸质印刷版要晚两三天才能收到），等报纸送到，又再翻阅一遍，并将重要的文章和信息存留。以前《中国交通报》还没有手机客户端，阅读电子版还要用加密狗，有时候出差在外看不到，心里总觉得缺了什么，回来还是要补上这一“课”。

我如此喜爱《中国交通报》，不单单是她给了我一个发稿的平台，更多的是她为我搭起一座学习与交流的桥梁。

《中国交通报》作为全国交通运输行业新闻宣传的主渠道、主阵地，涵盖公路、水路、铁路、航空、邮政、城市交通等方面大量的资讯和知识，是一份具有高权威性、高影响力、高公信力的报纸，也是我学习政策的教本、掌握信息的窗口、获取知识的源泉，同时也让我学到了很多写作的技巧。

练崇田（中）采访高速公路抗冰冻保畅通工作

不仅《中国交通报》于我如师如友，而且借助《中国交通报》这个平台，我结识了许多优秀的记者、编辑老师和兄弟记者站的同仁，与他们结下了深厚的友谊和感情，他们都是我的良师益友。每次去报社，总是倍感亲切和开怀，宾至如归。每年最期待的是报社记者站会议，可以跟“知心朋友”们相聚。报社建的QQ群，更是探讨工作、交流思想、活跃氛围、碰撞火花的空间。

足迹相随，风雨相伴。岁月流逝，一路有你。走过30年风雨历程的《中国交通报》，在创造、见证一个又一个辉煌后，肯定会与时俱进，越办越好，为越来越多的作者、读者铺就道路，搭起桥梁。

练崇田系中国交通报社驻江西记者站副站长

缘分在延续

潘庆芳

三十而立，标志着一个人进入成长的重要时期；30 年，一份报纸见证了交通运输行业发展的点点滴滴。

十年前，《中国交通报》创刊 20 周年，我曾经写过《我深深地感谢〈中国交通报〉》一文，讲述我与《中国交通报》的情缘。

十年后，我有幸成为中国交通报社驻湖北记者站的一员，我同样以文字的形式，记录《中国交通报》与我个人的无尽缘分，讲述《中国交通报》对我个人成长进步的难忘经历。

阅读报纸是交通情结的延伸

20 世纪 80 年代中期，在交通系统湖北省黄梅县造船厂、105 国道黄梅县建设指挥部工作的父亲，为指导交通企业的发展与壮大、指挥 105 国道干线的建设与管理，阅读《中国交通报》是父亲工作的一部分。我寒暑假才有机会到父亲工作的单位做作业、度假，才有机会看到《中国交通报》，至于当时报纸发表了什么内容，现在没有印象，但却是我阅读《中国交通报》的最早记录。

学生时代有幸阅读《中国交通报》，是沾了父亲在交通系统工作的光。20 世纪 80 年代，黑白电视刚刚进入效益较好的单位与普通百姓的家庭，人们的生活极其枯燥乏味，一份报纸肯定在领导、工人之间反复传递，所以说学生时期阅读《中国交通报》创刊初期的报纸，是交通情结的延伸。

发表文章是挑战自我的体现

1995 年年底，我离开哈尔滨部队回到家乡黄梅县，领导得知交通人后代的我在部队从事文字工作，当时局里正好缺少这方面的年轻人做事，便分配我到了黄梅县交通局政工股工作。

从一名军人到机关工作人员，我坚持每天必读《中国交通报》，并向《中国交通报》投稿。1996年10月29日《中国交通报》4版发表了我的第一篇文章——诗歌《山路悠悠》。1997年4月15日《中国交通报》3版发表了我的第一篇新闻稿件——《黄梅成立交通法庭》。

在《中国交通报》发表文章，实现了黄梅县交通系统在《中国交通报》上发表稿件零的突破，又让鄂赣皖三省交界的黄梅县走向了全国。稿件在《中国交通报》发表，更加坚定了我写作的信心和决心。把写作当作一种爱好，既少了麻将桌上的时刻揣摩，又少了酒桌上与人推杯换盏；既少了一些压力浮躁，又有利于养生健康；既锻炼了我养成平和的心态，又让我学会了自我欣赏的宁静。

2000年元月，通过考试我以总分第一名的成绩调到黄石至黄梅高速公路工作。刚开始我分配在小池管理所从事收费工作，从机关到收费岗位，落差巨大，但我在干好本职工作的同时，积极阅读《中国交通报》并投稿。2000年5月12日《中国交通报》2版发表了我撰写的新闻稿件《黄黄路小池所百日征费千万》，随后又发表了许多文章，之后我调离了收费岗位，进入机关工作。

不管是在上海参加《中国交通报》"主人翁风采"主题征文笔会，还是在北京参加《中国交通报》通讯员培训班，不管是参加中国交通报社组织的新闻工作座谈会，还是参加中国交通报社在武汉召开的全国记者站工作会议的会务接待，我近距离接触了报社的编辑、记者，聆听编辑、记者的授课，这些都进一步提高了个人的写作水平。

走进报社是一种难得的缘分

2004年年初，国家七部委联合开展全国车辆超限超载治理工作。

交通部安排《中国交通报》出版一份专刊报纸，报社决定在全国各地记者站抽调选派两名有一定新闻写作基础的人员，湖北省交通厅研究后推荐我到中国交通报社跟班学习，6 月底我走进了北京安外安华西里三区 13 号楼的中国交通报社。

当时我的工作就是编辑《中国交通报》的《行车指南·治超专刊》相关版面，我相当珍惜这难得的缘分和学习的机会。

那段时间，我在拥挤的办公室里，一起与报社的各位编辑记者上下班，一起参加每天上午的编前会议，一起步行到中国交通通信信息中心食堂吃中餐，一起讨论稿件的修改与排版，一起聆听报社前辈的指导与教诲，一起参加报社组织的集体活动。在报社期间，我满满地感受着报社领导、编辑记者的关心和帮助，这些往事已成为难得的回忆。

在报社期间，杨宝众等老师教我使用报社采编系统软件、熟悉出报流程、审定稿酬等，进一步理解了当编辑的不易、办报纸的不易，每一张报纸都浸透着编辑的心血。

中国交通报社李咏梅总编与潘庆芳（左）探讨如何办好报刊杂志

当熟视无睹的错别字被时任李咏梅主编、杨宝众副主编改正过来，我心中充满内疚和歉意，做人要踏踏实实，不要忽略任何一个可能导致失败的细小地方，这也教会我不仅熟悉如何当好编辑，更要学会如何做人。

在一个多月的时间里，我先后编辑《中国交通报》的《行车指南·治超专刊》五期十余个版面，我编辑的稿件中先后有十多篇被报社评为好稿。

走进报社，不仅提高了我的写作水平，更给了我许多启迪，即做文先做人，做人首先要热爱自己的事业；对人要真诚，即文如其人。

驻站记者肩负责无旁贷的重任

2012年9月中旬，得知湖北省交通运输厅发布了公开选拔副处级干部的通知，其中就有中国交通报社驻湖北记者站副站长岗位，我毫不犹豫地报名选择了这个岗位。9月底笔试，我有幸在120余人参加的六个岗位竞争中，取得了笔试第一名的成绩。经历面试后，我以总分第一名的成绩进入考察、公示，后经厅党组开会讨论，年底参加完成2012年全国公路交通联合应急演练任务后，我正式走上了中国交通报社驻湖北站副站长的岗位，成为一名驻站记者。

进入中国交通报社驻湖北记者站工作是我人生的一次重大转折，我牢记自己的职责，忠实履行一名副站长的职责。

从一名业余新闻爱好者，到一名驻站记者、副站长，我知道自己的责任更重了、压力更大了、要求更高了。我始终怀着一颗感恩、进取的心，积极向报社老领导、优秀记者及《中国交通报》发表好稿件的作者和其他媒体学习，认真配合石斌站长完成中国交通报社和湖北省交通运输厅党组布置的各项工作任务，受到了各级领导的好评。湖北记者站被中国交通报社评为2013年度最佳记者站。

在完成站内工作的同时，我始终将自己定位为一名交通新闻战线的新兵，从零开始学习、从小稿写起。2013年我积极结合《中国交通报》

的宣传重点和湖北省交通运输厅的发展实际，努力认真撰写各种新闻稿件，一年在《中国交通报》《湖北日报》等报刊发表稿件达百余篇，其中发表在《中国交通报》1版稿件十余篇，1000字以上的稿件20余篇，有力地宣传了湖北交通运输在科学发展过程中取得的辉煌成就。

与此同时，我继续发挥理论指导实践、注重学习与思考并重，结合实际撰写并发表了农村公路、城际公交、高速公路运营管理等十余篇调研论文，并被收录在《中国公路学会2013年学术年会论文集》《中国高速公路管理学术论文集2013卷》《社会主义核心价值观的理论与实践》第七届荆楚学术前沿论坛论文集中。

2014年4月，中国交通报社在浙江宁波召开年度记者站工作会议，在中国交通报社驻湖北站副站长岗位上的第一年，我有幸荣获七个年度最佳站长（副站长）之一、31名优秀驻地记者之一，我和石斌站长采写的《湖北城际公交打破区域壁垒》获12篇重大选题优秀选题奖之一。

从一名县级交通部门办事员、高速公路收费员起步，到机关办事员、机关部门负责人，再到中国交通报社驻湖北记者站副站长，可以说《中国交通报》一直陪伴我成长进步。我深深地感谢《中国交通报》，因为《中国交通报》帮助我不断成长进步，我愿为《中国交通报》的发展壮大作出应有的贡献。

当前，新媒体蓬勃发展，综合交通运输加速融合，交通新闻宣传任重道远。《中国交通报》始终承担着传递交通运输行业社会主义核心价值观、传递行业正能量的使命和希望，承担着传承交通精神和“两路精神”的责任与重托，我将一如既往地与全国交通新闻战线的同行一起不断求索、不断进取，为《中国交通报》的发展壮大服好务、写好稿，因为交通新闻人的缘分在不断延续。

潘庆芳系中国交通报社驻湖北记者站副站长

我为你加油

刘孟宇

多年来，《中国交通报》都是我学习写作、编辑报纸最实用的“教科书”，曾经的我多么渴望当一名《中国交通报》的记者啊。好在甘肃交通新闻信息中心工作19年之后，我终于实现了这个夙愿。

新变革，我赶上了

2013年8月，甘肃省交通运输厅党组任命我为中国交通报社驻甘肃记者站副站长。上任第一件事，就是赶往济南开报社组织的新闻报道工作座谈会，清楚地记得报社党委书记蔡玉贺的话：“这次会议是中国交通报社历史上具有划时代意义的一次会议。中国交通报社正在进行转企改制。”变革在即，报社发展迎来难得的历史机遇。这变革，我赶上了！

刘孟宇（右一）在甘肃省交通运输厅双联点甘南州临潭县范家咀村采访

2014年被称作“媒体融合年”。9月12日，交通运输部部长杨传堂在报社新闻宣传工作会议上强调，要变“宣传思维”为“对话思维”和“服务思维”，通过新兴媒体，平等、直接地与公众沟通，提升公共服务水平。媒体融合发展刻不容缓，报社发展迎来新的挑战。这融合，我赶上了！

大策划，我经历了

2014年，报社以做好整体宣传策划为纲，用大型策划带动整体报道，我站配合报社，积极做好农村公路发展、“一带一路”建设等活动的宣传和组织工作。

5月12日，《农村公路发展成就特刊·甘肃篇》刊发，全方位展示了我省农村公路建设、管理、养护、运输等方面的做法和经验。为做好这期特刊，我站三名同志用整整一周时间收集材料、辛勤写作，报社公路中心也集中优势力量为这期特刊策划、排版，编辑老师们不厌其烦修改，排出的版面内容丰富、清晰雅致，宣传效果不言而喻。

9月，中国—亚欧博览会丝绸之路经济带交通运输峰会在新疆召开，中国交通报社策划了“交通文化之旅”主题采访系列活动。这次采访在甘肃历时七天、行程1100公里。记者们都是不顾鞍马劳顿，白天采访赶路，晚上加班写稿。我注意到，每天晚上，韩世轶副社长都要召集报社成员开会，总结当天工作，提醒注意事项，安排次日任务。

记者们沿着河西走廊一路采访一路发稿，通过手机，每天都能看到大家的精品力作，报社更是传统媒体和新兴媒体齐上阵，在中国交通新闻网开设了“丝绸之路经济带交通文化之旅”专栏，设置了“要闻”“高层关注”“视频”“文化之旅微播报”“记者手记”等栏目，多层次、多角度报道，全方位刺激着观众的眼球，令我真切体会到报社同仁们工作的高效和严谨，同时也感受到大家的朝气和活力。

勤笔耕，我努力着

不论编辑记者，不论是否谋面，我和报社同仁沟通起来都非常顺畅，就像通联部的QQ群名称——“驻站记者之家”，让人打心里感觉到“家”的温馨。我热爱这个“家”，愿意为她笔耕不辍。

平日联系比较多的报社采编中心和公路中心的编辑们，他们虽然年纪较轻，但对待工作一丝不苟，为了改好一篇稿件，往往要和我沟通多次。在一次次的写作、修改和再修改的过程中，我学习着、努力着、感悟着。在传统媒体和新兴媒体融合发展的新形势下，我给自己也提出新要求：从习惯和热衷的成就报道思维中跳出来，站在更高角度看交通，扑下身子“捉活鱼”，为甘肃交通新闻宣传工作尽一份绵薄之力，为交通报社的事业加油鼓劲。

刘孟宇系中国交通报社驻甘肃记者站副站长

《中国交通报》史上的首次“双语”报道

胡荣山

在21世纪初，国际航运人才市场的中心已开始由发达国家向发展中国家转移，世界航海教育的重心出现东移现象，亚洲已成为国际海员的重要输出地区，这为我国航运事业、航运教育的发展以及航运人才走向世界创造了难逢的机遇。

在这一背景下，2002年10月，国际海事教师联合会第12次大会（IMLA）决定在上海召开。IMLA是联合国国际海事组织的正式咨询组织之一，这也是首次在发展中国家举行国际海事教育盛会。

在部科教司、水运局的大力倡导下，在上海航运单位、上海海运学院的鼎力支持和帮助下，中国交通报社《水运周刊》主编杨江虹对大会宣传报道进行了特别策划，并几经修改制定了会议报道的详细方案。

当时了解到，到会的嘉宾是来自20多个国家和地区的100多位航海院校的校长、著名专家，他们在世界航运界有着极高的知名度，是不是可以通过这次报道，通过报纸这扇窗口，让世界了解到中国航运的发展，看到中国也有着一份和英国《劳氏日报》一样的航运专业刊物呢？

一定要抓住这次走向世界航运业的机会。报社最终决定，这次专题报道实行中英双语报道，英文部分报道由部国际司、上海海运学院进行翻译、编辑和校对。

中国交通报 专题 ■中国交通报广告信息中心 ■责任编辑：何滨 ■电话:(010)65293640 ■传真:(010)64250638 ■E-mail:sy@zgjtb.com ■2002年10月22日 星期二 B6

祝贺IMLA第十二届会议在上海召开

上海海运学院

Shanghai Maritime University

於世成院长

上海海运学院地处浦东新区陆家嘴金融贸易区，是一所以经济管理与航运技术为重点的具有工学、管理、经济、文学、法学等学科的多科性大学。

目前学校设有商船学院、交通运输学院、经济管理学院、工学院、外国语学院、基础教学部、研究生部、高等技术学院、继续教育学院、浦东工商管理学院、明华-上海海院深圳进修学院。现有31个本科专业(专业方向)，13个高职专业(其中两个与美国合办)，24个学科有博士和硕士学位授予权，有两个专业硕士学位授予权，其中工商管理硕士(MBA)是全国55所具有学位授予权的高校之一，高级管理人员工商管理硕士(EMBA)是全国30所具有学位授予权的高校之一。交通运输规划与管理、产业经济学、电力传动与自动化、国际法学、机械设计及理论5个学科为交通部和上海市重点学科。学校现拥有专职教师500余人，其中正副教授300余人，在校本、专科生12400余人，研究生1300人，成人教育学生3000余人，并招收海外留学生。学校与美国、英国、日本、挪威、荷兰等20多个国家、地区和国际组织保持着友好往来、学术交流和合作办学。

拥有交通部重点实验室"航运仿真中心"、设备先进的航海和轮机实验中心(包括雷达模拟器、船舶操纵模拟器、天象馆、轮机自动化机舱等实验设备)、管理模拟中心、现代教育与计算中心及其他各类实验室40多个。设有水上训练基地，以及游泳池和体育馆。拥有"育锟"、"育锋"等万吨级远洋教学实习船和"天鹰"、"天琴"两艘无限航区远洋训练帆船。

Shanghai Maritime University (SMU), located in the Lujiazui Finance and Trade Zone, Pudong-the east area of Shanghai bordering on the Huangpu River and the East China Sea, is an institution of higher learning with 5 fields of study, i.e. engineering, management, economics, literature and the science of law, particular stress being placed on the disciplines of economic management and navigational technology.

SMU has Merchant Marine College, College of Communications & Transport, College of Economics & Management, College of Engineering, College of Foreign Language, Division of Basic Courses, Graduate School, Vocational College, Continuing Education College, Pudong Business Administration College, The MING WAH-SMU Shenzhen Continuation College. It provides 31 programs leading to the Bachelor's degree, 13 programs leading to the Associate's degree, 2 of which are jointly run with U.S.A. SMU has been authorized by the State to offer 24programs leading to the Doctor's degree and Master's degree. Besides, it is one of the 55 institutions of higher learning that have been authorized to award the Master's degree in business administration (MBA), and is one of the 30 institutions of higher learning that have been authorized to award EMBA. The course of "communication & transport planning and management", "industrial economics", and "electrical drive and automation", "international law" and "mechanical design & theory" are designated as five key specialties by the Ministry of Communications and Shanghai Municipality. SMU is proud of having a competent full-time teaching staff of nearly 500,including more than 300 professors and associate professors,and 12,400 students studying for the Bachelor's degree or the Associate's degree, 1300 graduate students studying mostly for the Master's degree and partly for the Doctor's degree, as well as over 3,000students receiving adult education. It enrolls overseas students, too. And keeps exchange of friendly visits, academic exchange and cooperative relations in education with such foreign countries as the USA, the United Kingdom, Japan, Norway, Holland, and so on, in addition to the various regions and international organizations concerned.

SMU has a maritime simulation center, an experimental center for navigation and marine engin (armed with such outstanding support facilities as radar simulators, a ship maneuvering simulator, a marine engine simulator, a planetarium, an unmanned marine engine room), a management simulation center, an audio-visual education and computing center, and more than 40 labs for different purposes. SMU also has an aquatic training base, a swimming pool, and a gymnasium. In addition, it owns two training ships of the 10,000 DWT class, the *Yu Yin*, *Yu Feng*, as well as two ocean-going sailing boats, *Tian Ying* and *Tian Qin*, without any limitation on their range of navigation.

大连海事大学

Dalian Maritime University

吴兆麟校长

大连海事大学位于中国北方海滨名城大连市的西南部。学校占地面积86.5万平方米，校舍建筑面积44万平方米，固定资产5.2亿元，现有各类在校学生10600人。学校拥有设施和功能齐全的计算中心、电化教学中心、航海训练与研究中心、图书馆、游泳馆、天象馆等，拥有航海模拟实验室、轮机模拟实验室等40余个教学科研实验室，拥有3艘万吨级远洋教学实习船。该校是中国著名的高等航海学府，是交通部所属的惟一的全国重点大学，是被国际海事组织认定的世界上少数几所享有国际声誉的海事院校之一。目前，学校已形成了以航海类重点学科专业为主干，以海上交通运输类学科专业为主体，包括工程、管理、经济、法律等学科在内的学科专业体系，有26个本科专业、17个硕士点、6个二级学科博士点和1个一级学科博士点。她所取得的成就以及在国内外所享有的声誉得到了中央领导的充分肯定和高度评价，1993年8月22日和10月20日，江泽民总书记和李岚清副总理等党和国家领导人先后视察了该校。江泽民总书记亲笔为学校题词："坚定、严谨、勤奋、开拓，建设世界第一流的高等航海学府！"

Dalian Maritime University (DMU), located in the southwest part of the coastal city of Dalian in Northeast China, has a total area of 865,000 square meters, of which the ground is 440,000 square meters. Its fixed assets value half a billion RMB. Currently the undergraduate and graduate students have increased to nearly 10600. It is equipped with the following modern teaching and research facilitates: a computing center, an audio-visual teaching center, a navigation training and research center, a library, a natatorium, a planetarium, a simulated navigation laboratory, a simulated marine engineering laboratory, over 40 laboratories for teaching and research purposes, and 3 vessels of 10,000 tonnage each to facilitate teaching and training.

DMU, the sole key university under the administration of the Ministry of Communications, is a renowned higher learning institution of navigation in the People's Republic of China, and one of the few institutions of maritime education acknowledged by the International Maritime Organization (IMO) to enjoy an international prestige. DMU has developed a set of comprehensive educational and research mechanisms, which include navigation, marine transportation, engineering, administration, economics and law specialties, with the navigation and marine transportation related disciplines as the mainstay. DMU now offers 19 specialties for undergraduates, 17 specialties for masters degree candidates, 6 specialties of national top priority and 1 specialty of national secondary priority for doctorate students, and a post-doctorate mobile research center of national priority for the discipline of marine transportation engineering.

DMU's great achievements and its prestige both at home and aboard have been spoken highly of by China's state leaders. In 1993, on August 22nd and October 20th respectively, Chinese President Jiang Zemin and State Council Vice-Premier Li Lanqing visited DMU. President Jiang Zemin was delighted at DMU's rapid progress and encouraged as following:

"Be Steadfast, Rigorous, Industrious and Pioneering; Build Dalian Maritime University into a first-rate Maritime University in the world!"

武汉理工大学

Wuhan University of Technology

周祖德校长

武汉理工大学是教育部直属全国重点大学，是教育部直属重点高校中惟一具有航海类专业的学校，国家"211"重点建设高校。学校拥有工学、理学、文学、管理学、经济学、法学、哲学、教育学八大学科门类，办学实力雄厚。

学校占地面积2772亩，建筑面积120余万平方米，图书馆馆藏书272万余册，在校教职工6000余人，其中中科院院士两人、中国工程院院士两人，教授359人，高级专业技术职称人员1888人。学校有本科专业69个，硕士学位授权点51个，博士学位授权点15个，博士后科研流动站4个，博士、硕士学位授权一级学科3个，国家级重点学科3个，省部级重点学科21个。各类在校学生近50000人，其中博士、硕士研究生3370人。学校广泛开展对外学术交流活动，先后与美国、俄罗斯、英国、德国、日本、澳大利亚等国的多所高校和科研院所建立了良好的校(所)际关系。国际性的科技合作与学术交流日趋活跃，聘有100多位国内外知名专家、学者担任我校兼职或客座教授。

Wuhan University of Technology (WUT) is a key institution of higher education under the direct administration of China Ministry of Education. It is now included in the State 211 Project. The University is strong in eight major disciplines, which are sciences, engineering, management, economics, law, liberal arts, education and philosophy.

The total area of campus amounts to 2772 mu. And the gross floor space of the university is 1,200,000 sqm.It possesses three libraries with a collection of 2,720,000 books. There are more than 6,000 staff members, 4 of which are academicians of China Academy of Sciences and China Academy of Engineering respectively, 359 of which are full professors and 1888 of which are individuals with senior academic of professional titles. The university has 69 programs for undergraduate students, 51 master programs, 15 Ph. D. programs and 3 post-doctoral mobile stations for scientific research. There have founded quite a few of branches of learning well-known domestically,——3 of which are authorized the first-class Ph. D and Master programs, 3 of which are at the state level and 21 at the ministerial or provincial level. There are almost 50,000 students of different kind, among which 3,370 are doctoral or mater students. WUT has extensively established academic exchange programs and cooperative relationships with more than sixty universities or research institutions, which are from USA, UK, Japan, Russia, France, Germany, Italy, Canada and Australia. More than one hundred famous foreign scholars have been appointed as either concurrent or honorary professors of the university.

Wuhan University of Technology is situated in the famous historical city —— Wuhan, through which runs the Yangtze River. It has two main campuses located in Ma Fang Shan and Yu Jia Tou respectively. The campuses are full of ever-green trees and flowers and considered as ideal reading and teaching places.

WUT is the only key university under direct administration of China Ministry of Education that has navigation majors. The School of Navigation Technology has been developed into a multi-level teaching unit since it was established more than 50 years ago. The four-year program for undergraduates is mainly implemented in the School of Navigation Technology and the School of Energy and Power Engineering, the three-year program in Vocational School while necessary training and certificates will be provided by the Ship's Crew Center for sailors, mechanics and ship's crew.

集美大学航海学院

Jimei Maritime University Navigation College

集美大学

集美大学航海学院是由著名爱国华侨领袖陈嘉庚先生于1920年创办的，1994年10月并入集美大学后，为适应教育改革和航海教育发展的需要，现以航海学院、轮机工程学院、航海职业教育学院构成集美大学航海教育的新架构。80多年来，培养了数以万计的毕业生，遍布于世界各地，被誉为"航海家的摇篮"，是我国高等航海教育和船员培训的重要基地之一。学校现有航海技术、轮机工程、交通运输(国际航运管理、物流管理)三个航运类专业，为我国航运企事业单位培养高素质的应用型人才和管理人才。

学校在长期的办学实践中，积累了丰富的教学经验。现有航海类专业教师和实验人员152人，其中具有教授、副教授等高级专业技术职称的69人，船长、轮机长29人。学校拥有航海、轮机模拟器、自动化机舱和水上训练中心等一批具有国内先进水平的实验中心，建立以两艘4万吨级船舶为主的海上实习基地，对航海类专业学生实行半军事化管理，并建立"船员教育和培训质量体系"，从而确保高质量人才的培养。

Jimei Marine Education was promoted by the famous patriotic overseas Chinese Cheng jiageng in 1920. With the progress of the reform of education and the development of marine education, the new framework of marine education of Jimei University has come into being, which is composed of Navigation Institute, Marine Engineering Institute and Marine Professional Institute. Over the past 80 years, as a cradle of navigators, we have cultivated tens of thousands of undergraduates and have become one of the most important bases of advanced marine education and seaman training. Now we offer such shipping majors as Art of Navigation, Marine Engineering and Transportation (including International Shipping Management, Logistics Management) and aim at cultivating high-qualified applied personnel and management personnel for shipping enterprises and institutions.

During the long period of school running, we have accumulated rich teaching experience. Now we have 152 full-time teachers specializing in navigation and laboratory technicians, among whom 69 are professors or associate professors and 29 are masters or chief engineers. We are also in possession of such advanced experiment centers as navigation simulator, marine engineering simulator, automatic engine room and waterborne training center and have established a sea practice base consisting of 2 vessels with 40,000 tons of gross tonnage respectively. The implementation of semi-military management of the students specializing in navigation and the establishment of the quality system of seafarer education and training has guaranteed the cultivation of more high-qualified personnel.

宁波大学海运学院

Maritime College of Ningbo University

郑道昌院长

宁波大学海运学院是一所培养德、智、体全面发展，具有安全、环保和用户意识，符合国家、国际有关法规、公约要求的高素质航海人才的学院。现有航海技术、轮机工程、国际航运管理本科专业3个，师资结构合理，高级职称占36%，持有甲类船长、轮机长等高级船员适任证书的教师占50%。学院现有"航海模拟器"、"轮机模拟器"、"GMDSS模拟训练"、"海运"号散装液货模拟实习船等30余个功能齐全、技术领先的实验室。

学院注重培养学生较强的自律意识和服人意识，锻炼学生的意志品质和团队精神，以适任船上和国际航运管理级岗位；英语教学贯穿于整个大学教育过程使学生获得能熟练运用英语处理国际航运业务的能力。

学院注重教学、管理、实践和素质能力的培养，多年来学生参加交通部组织的海船船员适任证书考试中一次性通过率和单科合格率均在全国名列前茅。学院根据《STCW78/95公约》和《中华人民共和国船员教育和培训质量管理体系》，建立了宁波大学船员教育和培训质量体系，并通过交通部海事局专家组的评审，被交通部列为向国际海事组织(IMO)推荐的中国现有7所高等航海院校之一。

Maritime College of Ningbo University aims to cultivate qualified shipping personnel with high ethical, moral, intellectual and physical standards, to promote the students' awareness for safety, environmental protection and loyalty to their employers, and to implement national and international maritime legislation.

The College has now 3 departments: Navigational Technology, Marine Engineering and International Shipping Management. 36% of the faculty possess higher technical and/or professional titles and 50% hold appropriate certificates of competence for officers including masters and chief engineers of Class A. More than 30 laboratories have been established, especially the newly built Maneuvering Simulator, Engine Simulator, GMDSS Simulator tanker mock-up "Hai Yun" have all necessary fittings and rank among the most advanced in China.

The College takes an active role in the students' self-discipline, obedience, solidarity and co-operation necessary for the competence in the posts of management level. English teaching and training are continuously strengthened throughout all the 4 academic years so that the undergraduates can become proficient in using English in the international shipping business.

The College lays stress on teaching management and students' full-development of skills. In all the examinations for seafarers' certificates of competence over the past years, the graduates' results of the College have been among the best of all the China's candidates. Meanwhile, the College has established Maritime Education and Training (MET) Quality System and has successfully been audited and approved by the experts from China's Maritime Safety Administration of Ministry of Communications according to STCW78/95 Convention and Regulations on Quality Control of MET of the People's Republic of China. The College now ranks one of the 7 maritime colleges or universities that Ministry of Communications of the PRC has recommended to IMO.

青岛远洋船员学院

Qingdao Ocean Shipping Mariners College

林金和院长

青岛远洋船员学院隶属于中国远洋运输(集团)总公司，是集普通专科教育、高等职业技术教育和成人高等教育于一体的以航海类专业为主的高等院校，也是目前中国最大的国际海员培训中心。学院1996年在全国高等院校中第一个建立了ISO9001质量保证体系，1998年通过了国家海监局审核，成为首批法定的船员教育和培训院校。

学院占地213亩，建筑面积10万平方米，拥有先进的航海操纵模拟器、轮机模拟器、自动化机舱、全球海上遇险与安全系统等大型教学设备和英语听说训练中心、航海技能训练基地、微机实验室等40多个实验室，教学设施处于国内航海院校领先地位。

学院开设航海技术、轮机工程、海洋船舶驾驶、轮机管理、交通运输管理、计算机与信息管理等专业，多年来共培养了30000多名专门人才，许多毕业生已成为航运企业的骨干力量。

近年来，学院在改革和发展中确立了"适应市场、服务企业、突出特色、争创一流"的办学之路，对学生实行半军事化管理，注重其作风培养和综合素质教育，突出"敬业精神好、英语水平高、实践技能强"的办学特色，同时不断加强与国内外航运公司和航海院校的交流合作，为毕业生走向国际市场开辟了广阔的前景。

Qingdao Ocean Shipping Mariners College is a higher educational institute attached to China Ocean Shipping Corporation (Group). It is a higher learning college majoring in navigational studies for associate degree education, advanced vocational education and advanced education for adults. She is also the biggest Training Center for mariners in China. In 1996, she was the first college among all the higher learning colleges and universities to pass the rectification by DNV to establish ISO9001 Quality Control system. In July 1998, she passed the verification by the National Maritime Safety Administration to become one of the institutions that gained the green light to training and educating seafarers.

The college occupies an area of 142.4 thousand square meters, with a construction area of 100 thousand square meters. She has advanced navigation simulators, one engine simulator, one auto engine room, GMDSS, etc. What's more, she also has more than 40 training centers and labs like English Language Training Center, Navigational Skill Training Base and Computer Application Labs. All these training and teaching facilities push QMC to be the leading one among all MET institutions in China.

The college offers such majors as Navigation, Marine Engineering, Marine Engineering management, Transportation Management, Information Management and Computer Applications. Since her founding, she has had more than 30,000 graduates working on international lines with excellent seamanship and fluent English.

舟山航海学校

Zhoushan Navigation School

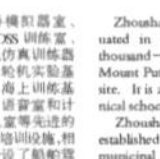

王捷校长

舟山航海学校座落在美丽的千岛新城——舟山，毗邻海天佛国普陀山，是一所全日制的中等专业学校。

1990年7月，香港董氏集团主席董建华先生(现香港特别行政区行政长官)回舟山省亲，与舟山市人民政府共同协商，在舟山水产学校船舶驾驶和轮机管理专业的基础上，兴办了舟山航海学校。

学校现有在册生1526人，在编教职工114人，占地面积68.715亩，建筑面积21124.51平方米。学校图书馆藏书4.2万册，电子图书5万多册，实验仪器设备投资1800余万元人民币。在香港董氏集团的大力支持下，学校已拥有船桥模拟器室、GMDSS训练室、轮机仿真训练器室、轮机实验基地、海上训练基地、语音室和计算机室等先进的教学培训设施，相继开设了船舶驾驶、轮机管理、驾轮合一、港口装卸、生态环境和渔业资源保护等专业。

1994年，学校开创中专毕业生劳务外派路子，迄今已有401名学生在香港金山轮船国际航运有限公司、香港大古轮船管理有限公司等诸多知名船公司工作。

1998年6月，学校建立ISO9001质量管理体系和船员培训教育体系，分别于1998年9月通过挪威船级社(DNV)认证，1999年4月通过了国家海事局审核，是中国政府履行《STCW78/95公约》的履约学校之一。香港船东会经过考察，把学校列入其与中国内地七家航海院校联络及合作网络院校之一。

Zhoushan Navigation School is situated in Zhoushan - a beautiful thousand-island city, bordering on Mount Putuo ,the famous Buddhism site. It is a full-time secondary technical school.

Zhoushan Navigation school was established in 1990 by Zhoushan municipal government in cooperation with Hongkong Tung's Group. The School has a campus of 4.6 hectares with a building area of about 21124 sq. meters. There are over one hundred working staff and more than one thousand students at school. The school library holds 42,000 paper books and over 50,000 electric books. With the great support of the Tung's Group, the invest on the facilities and equipment reaches as much as RMB18 million, including a bridge simulator, an engine room simulator, a GMDSS training simulator, a waterfront training base, language labs, multi-media rooms and computer rooms. The school has already set up quite a few majors such as marine navigation, marine engineering management, General purpose manning, port handling, ecological environment & fishery resource protection, finance, etc. Up till now, 401 graduates of Zhoushan navigation School have been employed by many well-known shipping companies such as the Orient Overseas Container Liner Ltd, the Island Navigation Corporation International Ltd., Swire Pacific Ship Management Ltd., the Schogan Shipping Company in Norway, Yuwentin Company in German,etc.

According to the requirements of STCW 95, the management system of seafarers' training and education has been set up in the school. In September 1998, the school was certified to ISO 9001 by the Norwegian certification society Det Norske Veritas. In April 1999, it was certified to be in compliance with with the Seafarers' Training and Education Quality System established by China Maritime Safety Administration,and in July 1999, the Hongkong Ship Owners Association listed Zhoushan Navigation School as one of the seven maritime schools which it is connected with.

中国交通报 观点·Opinion ■责任编辑:何涵 ■电话:(010)65293640 ■传真:(010)64250638 ■E-mail:sy@zgjtb.com ■2002年10月22日 星期二 B4

(上接B2·B3版 continue B2·B3)

国际航海教育:一个全球性的挑战

Competence based training and assessment through maritime simulation

Prof. Capt. Stephen J. Cross, MSc, FNI,
Director, Maritime institute Willem Barentsz,

The Revised STCW95 Convention and Code describes the seafaring profession from a competence based point of view rather than from a knowledge based approach.

STCW95 also brought us is the identification of learning objectives required to be met for various ranks, functions and subjects. Demonstrating one's competence can be done by approved simulator training where appropriate. Standards of competence are by definition related to functions. The functional approach will now allow for competences be developed which can form a common basis for the certification of seafarers.

More complicated and interesting issue of assessment and examination of the evidence from simulator training obviously show if a person is able to perform a competence.

With input from IMSF, the major simulator users and manufacturers, a standard was designed on a functional basis which saw the light in early 2000 and was presented at the Marsim conference. This standard has been implemented now by numerous users and even national administrations are known to have accepted such in lieu of an own classification system in the maritime regulations.

The instructor will probably come from the seafaring community. Having had the operational experience seems to be a commonly agreed minimum requirement. At least basic simulator pedagogic's are essential. The relevant simulator instructor courses from either the manufacturer of the system or an experienced simulator institute will make the instructor further capable. Possibly the instructor will even become an experienced instructor.

As a new phenomenon and the last step in competence based training system, a quality monitoring and control system has now entered the maritime establishment through STCW95. Measuring the performance and improving on the quality of training will become an important element in management considerations. The revised STCW95 as well, has indicated that QA is an important aspect. Ignoring such or not complying has become impossible and unacceptable.

As part of the development of the EU METNET Project a course is being developed on the Use of New Technology in Assessment and a workshop is being offered to selected invitees from the METNET MET institutions reference group. The workshop will be based on the course and the experiences gained will be used to further enhance the initial course content. It is expected that the METNET Project will be finalized in mid 2003 and that subsequently the developed materials will become available for (European) MET institutions. ⑨

Pier head and liver buildings looking onto the River Mersey, Liverpool, England.

Establishment of a legal frame—work for Chinese MET

WU Zhaolin, ZHANG Renping
Dalian Maritime University

China is one of the major maritime countries in the world. Maritime education and training institutions in China play important roles in educating and training senior specialist personnel for maritime community. Maritime education and training (MET) is a special part of the education, and it has peculiar characteristics which need national and international recognition; on the other hand, legal framework shall be established to ensure maritime education and training for the purposes of high quality and international competence.

The shortage of ship officers and the retirement of ship officers in the OECD countries who will peak during this decade will bring an opportunity for Chinese ship officers to enter the international seafarers labour market. Though Chinese seafarers are said to have good academic educational backgrounds and good operational skills as well as adaptability in emergency situations, there are some drawbacks in the international seafarers manning market, such as the insufficiency in the English language. Chinese MET therefore needs to reform. The legal frame for MET shall be the foundation guaranteeing that Chinese MET is on the right track.

As one of the developing countries, China has not yet had a well developed, specific maritime education and training (MET) law, though the overall maritime educational foundation whose basic forms are still the governmental documents, administrative decisions and instructions was established by the Teacher's Law, the Educational Law, and the Vocational Educational Law which provide a basic legal assurance for the development of maritime education. It is obvious that maritime education and training in China has been somewhat curbed in its development by the fact that no specific maritime education law has been promulgated. Thus China lacks MET laws similar to the maritime education and/or college act in place developed maritime countries. ⑩

An evaluation of the MET systems for ratings in the context of a global shortage of seafarers

Dr. Jaime Veiga and Professor Tony Lane
Seafarers International Research Centre

The education and training of ratings has historically been neglected in most countries. The rapid development of specialist ships since the 1960s and the substantial reduction in crewing levels since the 1970s has had relatively little impact on the shipboard social structure, the technical division of labor or training and certification requirements, that put in place entirely new training systems.

The amended Convention of 1995, STCW 95, has developed more detail regarding the certification and training of ratings but, as with officers previously, is essentially focused on watchkeeping duties.

In the absence of global standards of all-round crew competency there are some indications that STCW 95 may unintentionally be taking role. In these circumstances there is a definite need for a broad and probing world-wide inquiry into seafarer training.

So in 2000, the ITF commissioned SIRC to conduct a study of the global supply of suitably trained ratings. This study, the first comprehensive analysis of ratings MET, was conducted during 2001 and included a fieldwork survey of training establishments in Latin America (Brazil and Ecuador), N America (USA), N Europe (UK and Denmark), S Europe (Spain and Portugal), E Europe (Ukraine and Romania), SE Asia (Indonesia and the Philippines). Information was also collected for Norway, Japan and India through documentary sources and telephone interviews.

The findings of the field-work are about training institutions, ownership of training schools, minimum educational requirements, avialable programmes and its content and duration, combined dual purpose training, organisation of career progression, hotel and catering ratings and so on.

The fieldwork allowed the identification of world wide MET practices for ratings. It was intended to be a useful tool for the identification of suitably trained ratings to work in the international fleet when there is an identified shortage of officers. ⑪

航海教育与培训的法律机制建立

WU Zhaolin, ZHANG Renping
大连海事大学

作为世界上主要的航运国家之一,中国的航海教育与培训机构为航运界高级专业人员的教育与培训起到了重要的作用。航海教育与培训是教育中特殊部分,同时,它的特性是要得到国内和国际二者的认同;另一方面,它还需要建立法律机制以确保航海教育与培训的高质量和国际竞争力。

当今高级船员短缺,近10年内经合组织成员国高级船员大批退役,将为中国的高级船员进入国际海员劳务市场提供机会。中国船员虽然有较好的学术教育背景,良好的操船技能以及在紧急情况下的适应能力,但在国际海员劳务市场中中国船员仍存在一些不足,例如英语上的欠缺。因此中国的航海教育与培训需要进行改革。法律体制将会成为保证中国航海教育与培训走上正确轨道的基础保障。

虽然中国航海教育以教师法、教育法、职业教育法为基础的大体框架已形成,其基本形式仍然是政府的文件、管理决定和指示,并为航海教育的发展提供的基本的法律保障。但作为一个发展中国家,中国还没有一部发展完善、具体、明确的关于航海教育与培训的法律。很明显,这一事实在某种程度上阻碍了中国航海教育与培训的发展,因此,中国缺少的是与发达国家海事教育或海事学院相近的法律法规条例。⑩

普通船员航海教育与培训体系的评估

Dr. Jaime Veiga and Professor Tony Lane
海员国际研究中心

在历史上,普通船员的教育与培训曾被许多国家忽视了。自从19世纪60年代特种船舶的快速发展和19世纪70年代船员配备的大量减少,对船上结构、劳动的技术分工、培训和发证的要求都相对地产生了一些影响,这就把全新培训系统推上了日程。

修订后的STCW95公约虽然发展了更多关于普通船员培训与发证的细节,但是它像以前一样,基本上是针对于当班船员的。

由于缺少适合评定所有船员能力的全球标准,有迹象表明STCW95公约可能会无意充当这一角色。在这种情况下就很明显需要一个广泛而深入的全球范围的船员培训的调查。

所以在2000年,ITF委托SIRC开展了一项有关经培训适任的普通船员全球供给情况的研究。这项第一次全面分析普通船员航海教育与培训的研究是在2001年开展的,它包括一个在拉丁美洲(巴西和厄瓜多尔)、北美洲(美国)、北欧(英国和丹麦)、南欧(西班牙和葡萄牙)、东欧(乌克兰和罗马尼亚)、东南亚(印度尼西亚和菲律宾)的培训机构的实地调查。我们还通过文献资料和电话访问形式为挪威、日本和印度收集了信息。

实地调查的结果是关于培训机构、培训学校的资方、受教育的最低要求、可上课程及其内容和时间、海机合一培训、职业晋升的组织、招待和服务船员等方面的情况。

实地调查的结果肯定了世界范围内的普通船员航海教育与培训实践的鉴定。它将作为在高级船员明显紧缺时,鉴定经培训的适任普通船员到世界船队去工作的有用工具。⑪

International maritime education: a global challenge

从某种意义来说，这是《中国交通报》实行“走出去”战略的第一次大型对外报道活动。当时报社《水运周刊》的主编和编辑记者们多次往返北京、上海，就大会的宣传报道工作，与上海航运单位和海运学院沟通协调，从方案策划开始，报社和院校就决定形成合力，为使稿子尽快翻译成英文，上海海运学院还抽调了外语系一群研究生帮助稿件的翻译和润色。

会议的那几天，报社的编辑、记者和学院的研究生们常常是通宵达旦写稿、译稿、编辑、上版。最后的大样同时传到国际司的专业翻译那里，请他们进行最后的文字把关。

通过这次双语报道活动，全体人员都得到了锻炼，更是开阔了记者、编辑们的视野。

除了会议当天报纸以头版位置进行图文报道外，《水运周刊》还用八个整版，以消息、专访、评论、图片等形式全方位进行报道，并送报上会。22日上午大会结束后，走出会场的代表都拿到了当天的《中国交通报》。

当外国代表看到关于会议的英文报道之后，非常惊喜。两位在报纸上看到自己照片的外国学者高兴地对记者说：“真的很好。”

不少院校长向记者打听本报网址，希望通过本报获取更多中国海事与海事教育方面的信息。

世界海事大学校长罗伯斯坦风趣地将报纸举在胸前说：“我喜欢《中国交通报》，我会给我母亲看，并珍藏它。”

在报道内容方面，记者对时任部科教司司长任茂东和国际海事教师联合会秘书长的专访，在刊登后引起了与会者尤其是国外专家、学者的高度关注。

任茂东在采访中明确提出了航海教育是国际化教育，中国航海教育要针对国际海事组织STCW78/95公约，在办学目标上必须兼顾学位教育和 STCW78/95 公约的要求，从而培养具备国际竞争能力的高素质航海技术人才。同时他还透露了我国到 2015 年航海教育发展的总目标。这些观点、信息，不仅对与会外国专家学者来说非常新鲜，而且也向国际航海教育界及时传递了中国航海教育的清晰办学方向和理念。

这次大会吸引了全球航海教育界人士的目光，它的成功召开，扩大了中国航海教育在国际航海教育界的影响力，提升了中国航海院校的地位，而《中国交通报》及时、专业、深入、强势的“双语”报道也是功不可没的。

值得一提的是，至此以后，国际海事教师联合会主席这一历来由欧美人担任的职位，一直由我国航海教育专家出任。其中，上海海运学院副院长高德毅在担任主席以后，被我国外交部、中组部选中，出任中国驻欧盟参赞，后又出任中国驻莱索托王国大使。

胡荣山系中国交通报社驻上海记者站特约记者

引领前行的航标

董景舜

华灯初上的青岛，霓虹闪烁的都市街道，脚步匆匆的下班人群，连绵不绝的车水马龙。倚在交运集团（青岛）办公大楼的窗口，俯瞰繁华的延吉路，别有一番韵味。拿起手边的《中国交通报》，看着由交运集团赞助的“30年·我与中国交通报”专栏，回忆的思绪不禁慢慢打开。

儿时渴望让我走上交通战线

我从小出生于农村，成长在农村。作为农村的孩子，儿时出行难的记忆至今仍然刻骨铭心。那晴天一身土、雨天一脚泥，近路靠腿走、远路自行车的日子始终相伴我的童年生活，尤其是风雨交加的时候，出行难更是体现得淋漓尽致。那个时候，能有一条不泥泞的路，就成为儿时心里最大的奢望。

也许正是因为深藏心底改变出行条件的那份渴望，大学毕业后我来到交运集团辖属的第一汽车运输公司工作，成为了一名交通战线上的新闻宣传工作者，亲身参与到了交通事业的改革进程中。十多年来，我经历了交通运输大发展的全部历程，品牌公交“温馨巴士”的诞生与成长，城乡公交和温馨校车在城区和乡村的全域覆盖，高端定制公交的全国首创与迅速发展，交通与旅游的创新融合……出行条件翻天覆地的改变，让我们不仅“行有所乘”而且“乘有所选”。

交通事业的大发展，始终督促着我、激励着我，用手中的笔不断地描绘交通出行的变革轨迹，而这力量和知识的源泉大多就是来自于

《中国交通报》，我们交通人自己的报纸。《中国交通报》不仅指引着交通行业前行的方向，更是成为指引我在交通宣传战线上不断前行的航标。

初次见面就结下“师生”深情

人生的第一次总是那么的难忘。还记得2001年7月16日第一天上班的情景，7月的青岛还有点微凉，干净整洁的街道、红瓦绿树在蓝天的映衬下显得尤为娇美。我早早地来到单位，从传达室取了当天的十多份报纸，其中一份《中国交通报》映入眼帘，它的每一篇文章或者牵动着行业的变革，或者指引着未来的方向，或者传递着企业成功的经验，初次相识我便爱不释手。

因为大学读的是化工类专业，无论是对宣传工作本身，还是对交通行业来说，我都是一个彻彻底底的新兵，是一个全新的起点。因此，从就业的第一天起，我就把它当作了我职业生涯中的老师，每天读《中国交通报》已然成为一种学习的习惯。它的每一篇评论，每一则新闻，每一篇专题，我都会仔仔细细地阅读，它就像是一位无声的良师，默默地教导着我。我每天都会从“老师”身上得到最新鲜的资讯，获取最专业的解读，学习最前沿的知识。

工作不久之后，一篇由交通报记者采写的文章，深深地吸引了我，这是一篇关于我们集团“情满旅途”品牌发展的报道。文章并没有从传统的角度去讲述这个品牌的成长打造过程，而是从旅客出行的变化、旅客和“情满旅途”的小故事，通过旅客的视角把“情满旅途”这些年的发展展示在读者面前。这个全新的视角为我打开了一扇全新的窗户，启发了我新闻稿件写作的多向思维。我也开始提起笔、拿起相机，在“老师”的默默教诲帮助下，正式履行起一名交通宣传工作者的职责。

初战告捷从此笔耕不辍

作为一名宣传工作者，最基本的职责就是要把企业的好经验好做法宣传出去。青岛地区生活类的报纸相对好上，因为我们的工作与市民的生活息息相关，但是行业报纸要上就难了，毕竟全国的交通企业太多了，没有好的新闻视角和写作技能，怎么能引起报社编辑部的关注呢。为此，我从学习和效仿开始，不断锻炼自己的写作水平，终于在入职三个月以内就开始有“豆腐块”见诸于《中国交通报》报端，这对我来说是极大的鼓励和鞭策，再后来我的一些新闻摄影也开始有了较大篇幅的刊登。

也许是职责所在，也许是经常有稿件在报纸上刊登，领导开始把大的宣传写作任务交给我这个职场的“菜鸟”来做。“小董，最近咱们有一个关于品牌文化建设的报道，以‘温馨巴士’为主题，这个由你执笔吧。”领导的一番话，让我的心里着实激动了一下，从一个《中国交通报》的忠实读者，变成与它一起成长的执笔者，这个看似小小的转变，在我心里却是一个伟大的跨越。这也是我入职以来第一次撰写如此大篇幅的稿件，而要面对的又是行业内专业性最高的报纸，这对我来说无疑是一个很大的考验。幸好我平时就注重阅读和学习《中国交通报》，也大概了解了这份报纸对稿件的一些基本要求。我从公司以“情文化”创建国内第一个城市公交品牌入手，通过从经营理念到服务细节的创新，从乘客赞誉到行业效仿的引领，不仅要对比出品牌公交与传统公交的本质区别，更要写出城市公交创建品牌对推动行业发展、服务社会民生的重大意义，让广大读者全面了解一支公交新军是如何颠覆传统产业成为领军者的。

经过多日对文章的细细打磨，对字句的仔细斟酌，对视角的不断调整，终于形成了初稿，带着紧张而又忐忑的心情，送到了领导的办公桌上审核。“文章写得不错，角度很新颖，个别数据和措词上再跟同事们一块推敲核实一下，就可以发了。”领导的肯定让心里的一块大石头安稳地落了地。两天以后，这篇文章出现在了《中国交通报》上，看着自己署名发表的文章，一种被认可的满足感和成就感从心底蔓延开来，这是交通报对我的肯定，也是我今后更加努力前进的动力。

风雨征程三十载，乘风破浪正当时。三十载寒来暑往，三十载风雨春秋，《中国交通报》以其对政策的精准解读、对变革的前瞻把握，成为引领交通运输行业前行的航标。我虽然未能见证它的诞生，但却有幸一入职就成为它的学生，并相伴成长十余年。我坚信，这份深厚的师生情将会延续到下一个三十年，这将是我们交通人携手再创新辉煌的三十年。

让我们一起走进新的时代。

董景舜系交运集团（青岛）文化宣传部副部长

古桥，在这里焕发新生

康志保

我在退休之后出了两本书，一本是有关桥梁文化的，约40万字；一本是交通对联，2500副。这两本书在一定范围内受到了重视，无疑是《中国交通报》这一阵地成就的。

索尽千家寻佳句　汇成一片作新诗

我1986年来到《中国交通报》，在这里工作了10年，当过经理部主任、监察员，主编过《新闻写作窗》。《中国交通报》初期的四版有一个栏目叫《桥梁趣话》，我读了几篇之后，觉得很有兴味，于是也开始了学习、写作这方面的文章。

一经接触便发现桥梁文化的底蕴深厚，需要深入挖掘，我便开始搜集与积累这方面的资料。十几年间，我购买了《中国古代道路交通史》《中国古代桥梁技术史》《中国石桥》等专业书，以及旅游、园林、名人传记等相关书籍。为了写作桥梁诗歌需要，我买了《全唐诗》以及唐诗宋词等多部鉴赏辞典；为了写扬州的古桥，我买了《扬州历代诗词》，还搜集了对联书籍40多册。

我边阅读、边消化、边写稿、边发表。以扬州五亭桥为例，我从不同的书刊上搜集到7篇资料，然后把它们揉在一起写成了《五亭桥秀恰如莲》一稿，并在发表前反复修改了7、8遍。

《中国交通报》的同仁们有的提供版面、有的安排专栏、有的奉献照片，为我的文章发表提供便利。仅在《中国交通报》上，我就发表了30余篇桥梁相关稿件。

经过十多年的积累，我写就了“名人与桥”“名城与桥”“史典与桥”“景观与桥”“传说与桥”“美学与桥”“奇异的桥”“诗歌与桥”“对联与桥”“科技与桥”“桥界精英”等200多篇文章，最后集结成书为《桥典桥景桥趣——中国桥梁文化撷珍》。时任交通部总工的凤懋润十分重视这本书，并对它的出版给予了很大的支持与帮助。

接着茅以升科教基金会聘请我为古桥委员会委员，并向我颁发了古桥研究与保护积极贡献奖。我还应邀出席了8次全国和国际古桥研讨会，并在会上宣读了论文。北京市科技协会也邀请我在首都科学讲堂、中科院报告厅作了有关桥文化的讲座。

要特别感谢《中国交通报》原总编辑杜迈驰，我的论文提要都是他帮忙翻译成英文的，每每有人赞扬我英文好时，我都赶快说明实情。

登临方能领略桥梁之壮、秀、奇

对于桥的“认识”，不能只停留在书卷里、图片中，于是，一有机会我就去看桥。钱塘江大桥、武汉和南京长江大桥、赵州桥、卢沟桥、五里桥等自不待言，改革开放后建起来的有代表性的大桥，我也尽量去看。

要特别感谢记者站的同志们，虽然我已退休多年了，他们仍一如既往地给予热情的支持。王瑞水为我安排参观了南京长江二桥三桥、润扬长江大桥、扬州的廿四桥、五亭桥等；贾刚为为我安排参观了杭州湾跨海大桥、宁波灵桥、拱宸桥等；康继民给我安排考察了郑州黄河上的几座大桥。在他们的支持下，我领略了梁桥的平直刚劲力量之美、拱桥的曲线长虹倩影之美、索桥的飞索高悬险峻之美、斜拉桥新颖奇特的科技之美。

我积极向相关专家学习，并对他们的事迹加以报道。浙江省天台县交通局工程师夏祖照在退休之后，用8年时间跑遍了全县1018个建制村，查看了300多座古桥，拍摄了大量照片。其最大的贡献是发掘出隐藏在山林中古代石拱桥中稀有桥型8座，受到唐寰澄、凤懋润等专家的表扬。我为他写了人物通讯刊登在《中国交通报》上。此外，北京的孔庆普、梁欣立，福建的陈镇国、广东的於贤德等，我都采访报道过他们的事迹。

康志保系中国交通报社退休职工

“咱养路工也上了头版”

陈朝阳

1986年到1988年，我在甘肃省甘南藏族自治州碌曲公路段和甘南公路总段工作。作为一名普通的交通职工，我热爱自己的工作和事业，并深深地了解广大交通职工工作和生活中的酸甜苦辣。当时，甘肃养路工的事迹没有上过报纸。于是，我便提起笔，写出了第一篇稿件《桥头道班七姑娘》，还拍了一幅题为《养路工作，很有干头》的照片。不久，即在《中国交通报》头版发表了。不少养路工拿着报纸，激动地奔走相告：“没想到咱养路工也能上报纸啊！”

接着我又写出了《尕海养路十六载》《夜宿牙而玛》《在高原养路的日子里》等十多篇稿件，先后在《中国交通报》发表。

1988年年初，中国交通报社驻甘肃记者站与中国交通报社协商，在北京由中国交通报社牵头，中国社会科学院研究生院新闻系、人民日报社和新华社等单位共同举办了一次全国交通系统新闻高级培训班。甘肃有6名通讯员参加了培训，我们过完春节就来到北京一直学到4月中旬。我在培训班写的实习稿《处处留心皆学问》《浅谈多侧面报道》，发表在《新闻写作窗》上，编辑还加了编后语。有一天，中国交通报社领导李长青和几位编辑来到培训班看望大家，我把我和王晓亮写的一篇开办培训班的消息和拍的照片交给他，他很高兴地说：“新闻抓得好。回甘肃以后，也得处处留心新闻稿件和照片。”第三天，稿件和照片便见了报。报社还安排学员们去中国交通报社，亲眼看了编辑的工作流程，学习编辑技术。

回去后，我成为了甘肃交通报社的编辑，其他五个人成为了甘肃交通报社驻地记者和中国交通报社专职通讯员（当时专设）。

现在我退休了，但每天一拿到《中国交通报》，我依然要认真地读几遍，对那些好文章，我还要剪下来留存慢慢阅读。

陈朝阳系甘肃交通报社退休职工

30 年　一路有你

孙宇峰

2006 年秋，我和随州市摄协的艺术家们去洛阳镇采风。那里有成千上万株古老的银杏树，一到深秋，漫天金黄，蔚为壮观。古树傍着古村落，古桥连着石板路，唯一不古老的是新修的通村公路，若不是这条路，银杏谷的美景不可能为外人所知、所至。在一段铺满黄叶的公路旁，我将艺术家们醉心摄影的场景摄入镜头，回来后配上文字发到了《中国交通报》的邮箱。几天后，我惊喜地发现，照片居然在一版刊登了。我永远记得那一天是 2006 年 11 月 23 日，我在《中国交通报》发表了第一篇稿件。

四年后，我正式调入市公路管理局工作。那年春节，应中国交通报社一位编辑之约，我将回安徽枞阳县老家过年的交通感受写成散文《为了亲人的守望》发了过去，刊登在 2012 年 1 月 30 日的报纸上。编辑还特意作了编者按，和我们一起期待回乡路上“最后一公里路”的打通。

2012 年春天，我得知一位名叫王何林的女养路工为给中风瘫痪的养母和罹患胃癌的养父治病，举债近十万元，生活陷入了困境。我便将她的事迹写了出来，《中国交通报》先后 4 次从不同侧面报道了她的事迹，引起了社会各界的广泛关注，行业内外的好心人也纷纷捐款，帮她还清了债务，她个人也先后被评为道德模范、十佳女杰，上了中国好人榜，入选了全省百姓宣讲团。

2014 年春天，省局希望我们配合拍摄一部反映公路人的微电影，经过认真考虑，我们将镜头对准了“90 后”女养路工易清清和她的爱情故事。从《一路有你》这部微电影的开机、首映到网络热播，《中国交通报》都给予了大力的支持和关注，增添了我们的信心和力量。

未来的路还很长，希望能与《中国交通报》一起，共同成长，共同见证中国梦、交通梦和每个人梦想的实现。

孙宇峰系湖北省随州市公路管理局员工

《中国交通报》给我知识 给我力量

黄云武

2008年，我转业到了交通部门工作。“门外汉”如何尽快了解交通、融入交通、建设交通、热爱交通、奉献交通，是我思考最多的问题，也是我最头疼的问题。在我迷茫、困惑和彷徨的关键时刻，同事们热情地向我推荐了交通人的良师益友——《中国交通报》。

2010年，在城市建设“三年大变样”的快速推进中，我们单位接受了城市道路拓宽改造的全新课题。我过五关斩六将入选指挥部决策层，兴奋劲儿还没有完全退去，一道道难题就摆在了我的面前。作为指挥者和战斗者，怎样把握建设大局，怎样制订周密方案，怎样加快工程进度，怎样打造精品工程等等，千头万绪。

在焦躁不安、寝食难安的时候，我想到了老朋友《中国交通报》。《高速公路》《干线公路》《城市交通》《智慧交通》《深度观察》《绿色交通》等，在数以万计的信息中，有公路建设权威的知识，有难题会诊专业的解读，有项目建设成功的案例，还有未来发展前沿的展望……这些，不正是我梦寐以求、通达胜利彼岸的船帆吗？

业余时间，我找来以往的报纸，如饥似渴地吸取着营养，一个个疑问被化解，一个个瓶颈被攻克，一个个蓝图被描绘……在缜密设计、科学施工和有力保障的基础上，经过全体将士近三个月的浴血奋战，一条双向八车道、拥有两座500m大桥且功能配套齐全的城市进出口路全线正式贯通。举起庆功酒的一刹那，我深深地知道：这一切，应该归功于一见钟情且赋予我聪明才智的《中国交通报》。

2012年，我被调整到公路主枢纽组织管理中心，全面负责客运工作。我再一次想起了给我知识、给我力量和给我智慧的《中国交通报》。我马上安排政工部门在全系统专门订阅了《中国交通报》《客运》《运输管理》《物流》《行业文明》和《平安交通》等，正是我重点关注的对象。一篇篇关于客运真知灼见的文章，点亮了我心中的明灯。客运成功运营的经验打动着我，让我步入正路有了捷径；客运重点问题的探讨影响着我，让我谋划出路有了依靠；客运未来发展的探讨激励着我，让我寻求新路有了希望。特别是多篇关于郭娜陆地航空班先进典型的全方位报道，犹如和煦的春风，让我耳目一新、茅塞顿开。受郭娜陆地航空班先进事迹的启发和影响，结合单位点多面广分散、人员参差不齐、设施老化的客观实际，在我的倡议下，单位轰轰烈烈地开展了以“诚心服务、热心服务、细心服务和暖心服务”为标准，“做文明服务标兵，展公路枢纽风采”的专题创建活动。

《中国交通报》像灯塔，引导我前行；像阳光，哺育我成长；像雨露，滋润我心田。每每想起我与她相识、相知和相伴的岁月，心中就多了一份记忆，多了一份美好，也多了一份幸福。

黄云武系石家庄公路主枢纽组织管理中心主任

交通报助推新工艺

吴德华

“废旧油层再生利用”是一项节能环保的新工艺。早在20年前，湖北省竹溪县公路局就组织专业技术人员对此反复试验并攻克了道道难关。最终，“废旧油层再生利用”获得国家科技奖，并在竹溪进行了实地推广应用。可是，由于专家学者对这一新工艺所持的观点不一致，这一新技术在很长一段时间里得不到推广应用，我们眼睁睁望着先进科技不能转化为生产力。

在走过很多弯路，“废旧油层再生利用”仍没能得到广泛推广应用的情况下，笔者抱着试试看的心理，给《中国交通报》投了一篇题为《废旧油层再生利用大有可为》的论文稿。当时我对这篇稿件能不能见报没报多大希望。没想到，这篇文章却在2004年2月2日的《中国交通报》B7版上公开发表了，编辑还加了很有力度的编者按。

自我的这篇论文发表后，这项新技术有利环保、有利节约土地资源等声音不断发出。同时，交通运输部还在与竹溪相邻的陕西平利召开了“废旧油层再生利用”现场推介会。此后，“废旧油层再生利用”新工艺在全国各地得以普遍推广。

时下，“废旧油层再生利用”这项技术越来越得到全社会的高度重视。回想起来，这项昔日在学术界一直争论不休的新技术如今却能发挥出如此巨大的经济和社会效益，《中国交通报》功不可没。

吴德华系湖北省竹溪县公路局员工

一篇报道启发了我们“五慢三勤”保安全

滕昌盛

在公交基层车队，重中之重的一项工作是做好安全事故的预防工作。我们车队地处乡镇，公交车途经的道路有很多是“羊肠窄道”，也有崎岖蜿蜒的山岭，而乡村山区一带的一些交通参与者安全意识、守法意识较为淡薄，乱冲乱闯，对公交车的行车安全构成威胁。当然我们的公交车也进入交通流量大的市区繁华地段，驾驶员稍有疏忽容易引起擦碰、紧急制动。还有，在我们金华，60 岁、70 岁以上老年人享受半价和全免优惠乘车政策，每天都有大量老年乘客涌入公交车厢，老年人骨脆体弱，站立不稳，容易引发车内伤客事故，很多老年伤客事故处理起来相当棘手。

2012 年 5 月，我在公司传达室阅览 5 月 20 日的《中国交通报》时，发现有关介绍无锡公交提倡广大驾驶员在行车当中注意“五慢”的新闻《无锡公交提倡“五慢”》（“五慢”是进出站要慢，转弯要慢，过人行横道线要慢，过路口要慢，遇情况提前要慢）。文章篇幅不长，但以一种专业的眼光来看，无锡公交的做法非常好，表述非常细，非常准确，让人眼前一亮，值得借鉴。

看了这则新闻之后，当天下午，我就把五慢的具体文字打印起来，也张贴在车队下属的两个驾、乘人员休息室内，并且逐个与驾驶员们聊起“五个慢”，结合身边的一些事故案例教训，驾驶员很听得进。

张贴“五慢”宣传单后的两个月，车队事故为零。车队长表扬我起来："这两个月我们车队事故为零，事故杜绝得好，你的'五慢'宣传有功劳。"

那一年的9月初，我调到集团另外一个分公司三车队，所辖的线路也要途经农村山区。车队不同，但车队安全工作任务依然很重。在新车队，我在思考怎样将"五慢"宣传更好地应用到实际工作中去。

通过《中国交通报》了解到无锡公交开展"五慢"活动，再借鉴应用宣传倡议到我们金华公交，已经有两年多了。这两年，我们车队以及整个公交集团，安全事故发生起数、千公里事故费用呈明显下降趋势。饮水思源，这个宣传倡议活动来源启发于《中国交通报》的一则报道。

滕昌盛系浙江金华公交集团营运三公司员工

再给《中国交通报》投一稿

郑天佑

我是一名交通老兵，一直工作在基层，78岁，文化不高，没有上过初中，但对《中国交通报》情有独钟。最近，在《中国交通报》4版连续看到老交通、名记者、大站长……为纪念《中国交通报》30华诞的特别报道十分感人。10月30日刊登的山西记者站石中生站长的文章“难忘岁月，难忘收获”同样激起了我与《中国交通报》的难忘与收获。因为我与石站长想当年都是本报通讯员。他在《山西交通报》为我精心编发过不少稿件。那时，他年青，我年长。我俩在《中国交通报》这个平台上，他练上去了，晋升为本报驻山西首席记者、站长。而我年近八旬，慢慢练回了家。人虽老了，但心还不老，在他的感召下我再给《中国交通报》投上一稿。登了算上报，登不了顶汇报，以了心愿。

20世纪70年代，我步入交通行业，分管县社道路，不懂交通业务，政策、法规、技术水平更谈不上。深感力不从心，难以胜任，凑合着充数尽职数年。

改革开放后，县社道路分级管理，公路建养标准提高，形势逼人，要求管理者必须提高业务水平，否则下岗。为难之际《中国交通报》创刊了，单位订了一份。从此，她成为我的良师益友。单位就那么一份报纸，同志们看完后，我就加班加点做笔记或把最适用的精篇剪辑下来作为工作指南。这样做有点自私，影响了别人阅读。为了工作，单位又专门为我增订了一份。日积月累，我便从《中国交通报》积累了大量的资料，又经过实地考察，在80年代初，我写出了“阳曲县十年公路建设养护规划”，报县政府后，得到了领导的认可并实施。几年后，阳曲县的公路建设养护发生了较大的变化。

回想难忘的岁月，思绪万千，我的发展、我的进步都源于《中国交通报》。如果不是她帮我全面提高综合素质进入角色，也没有后来的一帆风顺、得心应手。知恩图报，在我任职期间，以我为例，我在干部职工中提出多读《中国交通报》，早读早受益的号召。我曾写过一篇题为“阳曲县发行《中国交通报》达到158份”的消息，刊登于《中国交通报》1990年12月某日1版。

1998年退休后，离开了单位，16年看不到《中国交通报》。2013年县交通局邀我写报道，我寻问《中国交通报》的邮箱时得知局里没有订《中国交通报》，我给局里提出了建议：“搞交运工作，必须订阅《中国交通报》，要了解全国交通运输大政方针，要应用新科技，实施大交运……”，局里采纳建议后专门给我订了一份。每周我都能看到这张久别重逢的新型报纸。二次与《中国交通报》结缘，是我晚年的幸事。2015年，我还订《中国交通报》，单位不订，自费订，抖起老精神，再写稿，多投稿……

郑天佑系山西省阳曲县交通局原总工

第三篇

30年·我们

三十年前我们共同走来

三十年后我们携手前行

关 怀

杨传堂部长与参加《中国交通报》30 年发展座谈会的老同志握手

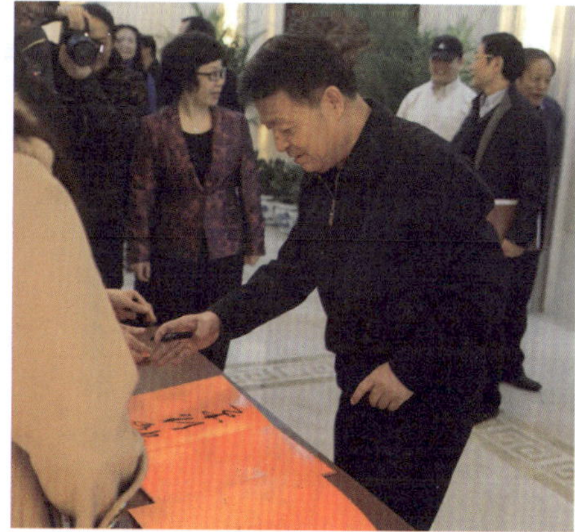

重　逢

聆 听

韩世铁
徐文杰

畅 谈

李吉川
谢明

李秀平

代　跋

长路修远　与您同行

——《中国交通报》创刊三十周年致读者

今天，2014年11月7日，是《中国交通报》30岁的生日。30年，我们感恩一路有你。

1984年，伴随“春天的故事”，交通运输行业迎来了锐意创新、大胆改革、跨越发展的黄金时代。当年11月7日，《中国交通报》在北京安定门外一栋职工宿舍楼内应运而生。30年，5872期报纸，不仅呈现了一份报纸的成长跨度，更彰显了交通运输事业达到的辉煌高度。

从1984到2014，于一个国家，是改革开放、震古烁今；于一代人，是奋发图强、梦圆今朝。30年中，我国交通运输实现了从“瓶颈制约”到“总体缓解”再到“基本适应”，目前正按照“适度超前”的原则，加快综合交通运输体系建设，加快发展“四个交通”。30年中，一代代交通报人忠诚履职、薪火相传，紧随时代节拍，记录交通运输举世瞩目的发展成就和人民群众沧海桑田般的生活变迁。

翻看30年来的报纸，一段段文字，一幅幅照片，一张张面孔，一个个故事，都能轻松搅动记忆的深流，令人回想起中国交通运输改革每一步坎坷艰辛的跨越，再度沉醉于中国交通运输发展每一个激动人心的瞬间。

国内第一条高速公路通车时，万人空巷，亚洲第一长公路隧道贯通时，群情振奋……你们创造奇迹，我们记录精彩；“贷款修路、收费还贷”政策制定、实施备受争议，燃油税改革酝酿、决策艰难抉择……你们改革攻坚，我们释疑正声；雪域高原坚守保障畅通，灾难来临时舍身救人……你们奉献青春，我们歌颂平凡。无论是热火朝天的建设工地，还是险象环生的救援现场，我们总和你们在一起。所有的报道，既出自新闻宣传的历史责任，也源于融身行业的荣辱与共。

我们诞生于改革开放初期，也见证了改革的风雨；我们记录了发展的高度，也实现了自身的成长。因改革发展而生，为改革发展鼓呼，这是《中国交通报》的使命。

发轫于交通，服务于交通。我们是新闻人，也是交通人，这样的身份浑然一体，无需切换；你是交通人，也是我们的读者，以报为媒，相濡以沫。过去的30年，我们像幸运的乘客，搭上了一辆正在提速前进的快车，赶上了沿途最美的风景，遇见了一群志趣相投的同伴，共同享受了一段精彩纷呈的旅程。

最近一段时间，陆续有一些老领导、老读者撰写文章或接受采访，讲述与本报的渊源、故事，表达对报纸的肯定、感谢，不乏溢美之词。让我们感受到浓浓的关切和期许，以及对自家报纸由衷的热爱。这沉甸甸的感情，是时间无言积淀的财富，是值得我们永远珍惜并继续奋斗、不断提升的信心和动力。

植根行业方得生机，深耕行业才有未来。车船的价值在于承载，路桥的价值在于联通，人生的价值在于担当，媒体的价值在于传递。我们深知，春天播种，秋天收获，更要在夏天挥洒汗水，为行业服务，从不敢懈怠；我们感恩，《中国交通报》的发展得益于行业的滋养，得到了各级领导、各单位、广大读者及社会各界的关心和支持；我们愿意，和你一起，继续走下去，开创另一个辉煌的30年。

这个行业依然光景日新。一系列国家战略、“两个百年目标”“中国梦”……都是交通运输发展的机遇，也是交通运输人奋斗的目标。这样波澜壮阔的事业，我们仍将一同经历、分享、见证、记录。

这张报纸可谓风华正茂。面对媒体多元发展的形势，我们正按照杨传堂部长的指示和交通运输部党组的要求，直面冲击和挑战，积极转变转型，推进内容生产、传输方式、经营和业务拓展方式的变革，开拓一条行业传统媒体与新媒体的融合发展新路。

30年，一张张报纸和照片已经泛黄，但记忆却永不会暗淡。

30年，一代人的鬓角泛起了白霜，但又一代人已经扛起了理想和责任。

这是一个追梦的时代。中国梦鼓舞着我们，为实现中国梦提供交通运输保障的责任催促着我们，30岁的《中国交通报》踌躇满志，站在新起点、聚力再出发，携三十而立的底气、继往开来的大气、勇于担当的锐气、创新求变的志气，讲述交通好故事，传递交通好声音，弘扬交通正能量，与全行业一道，昂首迈向交通运输深化改革、转型发展的辉煌未来！

《中国交通报》编辑部